Franz Pfeiffer

Deutsche Klassiker des Mittelalters

Franz Pfeiffer

Deutsche Klassiker des Mittelalters

ISBN/EAN: 9783743388031

Hergestellt in Europa, USA, Kanada, Australien, Japan

Cover: Foto ©Andreas Hilbeck / pixelio.de

Manufactured and distributed by brebook publishing software (www.brebook.com)

Franz Pfeiffer

Deutsche Klassiker des Mittelalters

DEUTSCHE CLASSIKER

DES

MITTELALTERS.

MIT WORT- UND SACHERKLÄRUNGEN.

BEGRÜNDET

VON

FRANZ PFEIFFER.

ZWÖLFTER BAND.

ERZÄHLUNGEN UND SCHWÄNKE.

LEIPZIG:
F. A. BROCKHAUS.
—
1883.

ERZÄHLUNGEN UND SCHWÄNKE.

HERAUSGEGEBEN

VON

HANS LAMBEL.

ZWEITE AUFLAGE.

LEIPZIG:
F. A. BROCKHAUS.

1883.

EINLEITUNG.

Die hier herausgegebenen Dichtungen gehören einer Richtung der Literatur an, die uns in reicherer Entfaltung erst entgegentritt, als die Blüte des Volksepos und der höfisch-ritterlichen Kunstepik bereits zu welken angefangen: gegen die Mitte des 13. Jahrhunderts. Wir bezeichnen sie, gleichviel ob ihr Inhalt ernst oder komisch sei, mit dem gemeinsamen Namen Novellen. Auf die Lösung der Aufgabe, diese Richtung der altdeutschen Literatur in ihrem Werden und ihrer Entwickelung bis zu ihrem Übergang in den Meistergesang und in die Prosasammlungen des 15. und 16. Jahrhunderts zu verfolgen, die einzelnen Stücke nach Zeit und Ort ihrer Entstehung zu prüfen und den Antheil der einzelnen deutschen Länder an dieser Dichtart festzustellen*), mit einem Worte diese Richtung in ihrem historischen Zusammenhange zu erfassen und darzustellen, muß hier verzichtet werden, und nur in den allgemeinsten, auch flüchtiger Beobachtung auffallenden Zügen soll eine kurze Charakteristik versucht werden.

Die ältesten literarischen Belege dieser Richtung finden wir in der lateinischen Spielmannspoesie des 10. und 11. Jahrhunderts: ein keckes Lügenmärchen, eine frivole Ehegeschichte, einen das Heilige humoristisch behandelnden Schwank, einen Klosterscherz, aber auch ernste Erzählung von rührender Freundestreue, die bereits auf orientalische Grundlage zurückführt (alles beisammen MSD.² XX. XXI. XXIII—XXV); und manche ältere Legende hat neben der Erbauung und Belehrung auch die Unterhaltung zum Zweck. Auch der nächstfolgenden Zeit fehlte Ähnliches schwerlich

---

*) Einen Beitrag hierzu hat F. Bech geliefert, Germania, XV, 149.

ganz; aber es wurde vorläufig noch niedergehalten durch mächtigere Richtungen und erst durch einen neuen Anstoß eigentlich frei und fruchtbar gemacht.

Es ist bekannt, welch große geistige Bewegung und Umgestaltung der gesammten Bildungssphäre und Weltanschauung die Kreuzzüge in ihrem Gefolge führten: eine Fülle neuer lebendiger Anschauungen, eine ungemeine Erweiterung der Erfahrungen des Einzelnen, die auch eine ganz neue Schätzung des Lebens und andere Ansprüche an dasselbe bedingte, eine Bereicherung der Phantasie um eine neue Welt der farbenhellsten Bilder, des Geistes um mächtige Ideen und zugleich durch das unmittelbare Gegenübertreten contrastierender Erscheinungen ein verschärfter Blick für das Eigenthümliche und Charakteristische. Das alles half die einseitige Beschränktheit der bloß kirchlichen Bildung und Anschauung, des asketischen Triebes, der die ganze Bewegung hervorgerufen, durchbrechen und neben diesen einer weltlich heitern und darum auch künstlerischern Anschauung des Lebens gleichberechtigte Geltung erringen. Jetzt werden wie für das ganze Abendland so auch für Deutschland die Keime der Novelle theils neu geweckt, zum größern Theil frisch und reichlich gesät, um dann nach der Gunst der localen Verhältnisse in dem einen Lande früher, in dem andern später aufzugehen.*)

Allerdings zunächst kam der neue ideale Schwung der Phantasie, die Bereicherung des Geistes und Herzens höhern Richtungen der Literatur zu Gute: dem epischen Volksgesang, der sich nun zu seiner höchsten Vollendung, der Epopöe, erhob und vor allem der Dichtung des in Leben und Bildung herrschenden Standes, dem höfischen Ritterroman und der höfisch-ritterlichen Lyrik. Daneben fand die literarisch ausgebildete Novelle noch keinen rechten Platz: indess es liegt in der Natur dieser kleinen Erzählungen, daß sie eine geraume Zeit lang von Mund zu Mund gehen oder um die hervorragendsten historischen Personen und Thatsachen in Chroniken sich ranken (vgl. Kaiserchronik, bes. Lucretia), ehe sie zu selbständig ausgebildeter literarischer Geltung gelangen und dann begreiflich an allen Orten plötzlich in reicher Fülle hervortreten. Dazu bedurfte es eines weitern Anstoßes. Wir wissen, wie kurz eigentlich die rasch

---

*) Vgl. *Erdmannsdörffer*, Das Zeitalter der Novelle in Hellas (Abdruck aus dem XXV. Bde. der Preuss. Jahrb.), Berlin 1870, besonders S. 3—12.

sich entfaltende Blüte der altdeutschen Literatur dauerte, und
bekannt sind die früh lautwerdenden Klagen auch begabter,
ja großer Dichter (schon Walther's) über den Verfall höfischer
Kunst und die immer steigende Theilnahmlosigkeit des Publikums, für das sie dichten, die Hand in Hand geht mit der
Trübung des politischen Horizonts und der immer mehr um
sich fressenden innern Zersetzung, der die höfische Sitte,
deutscher Stammesart im innern Wesen fremd und nur künstlich aufgepfropft, rettungslos anheimfiel. Die anmuthige sinnige Idealität und der milde Ernst eines Hartmann, die beredte Leidenschaft eines Gottfried und der oft dunkle Tiefsinn
eines Wolfram verlangten auch vom Hörer eine willige Hingebung, liebevolle Vertiefung, einen idealen Aufschwung des
Geistes, eine Denkarbeit, und selbst die unbedeutendern Producte ihrer schwächern Nachfolger zum mindesten eine Ausdauer
des Interesses, wie Leser und Hörer immer weniger willens
wurden sich zumuthen zu lassen und wie man sie ihnen den
letztern gegenüber auch wirklich nicht immer zumuthen konnte.
Der Stricker, ein Dichter, der selbst mit einem Ritterroman
begann, sich dann aber in richtiger Würdigung seiner Begabung von der höfischen Richtung abwandte, äußert in dieser
Beziehung ein beachtenswerthes Wort, das auch W. Wackernagel bereits herbeigezogen hat*): er klagt, daß die Hörer
niugerne (neugierig) geworden seien, wer eine Erzählung zwei
oder dreimal vernommen, dem sei sie alt und abgethan. Also
statt liebevoller wiederholter Vertiefung die Sucht nach immer
neuem buntem Wechsel ungehörter Stoffe: mit einem Wort,
man hört und liest nicht mehr aus dem Bedürfniss poetischer
Erhebung, sondern angezogen gerade durch den Wechsel reizender Unterhaltung und am liebsten, wenn dies Bedürfniss
rasch, ohne viel Zeit daran setzen zu müssen, durch ein
«Abendmärlein» befriedigt werden kann. Nun gerade dieser
Neugier, diesem Bedürfniss nach einem immer wechselnden
Inhalt, nach spannenden Neuigkeiten kam, wie schon ihr
Name bezeugt, die Novelle entgegen.

Also in einem gewissen, theils unbewußten und ungewollten,
theils aber auch wirklich beabsichtigten Gegensatz zur höfischen
Richtung, die, soweit sie nicht Legende war, und selbst diese
nicht ganz ausgenommen, alle erzählende Dichtung beherrschte
und auch das Volksepos nicht unberührt gelassen hatte, entwickelte sich der neue Literaturzweig, und dieser Gegensatz

---

*) Literaturgeschichte, I², 277 (§. 66, 4).

tritt auch in einzelnen Zügen zu Tage. Freilich an vermittelnden Übergängen fehlt es auch hier nicht. Mit Recht hat bereits W. Wackernagel auf den uns leider nur durch Gottfried's Erwähnung bekannten Umhang des Blicker von Steinach (Tristan ed. Bechstein 4690 und Namenverzeichniss) hingewiesen, ein Gedicht, das einzelne Fabeln des classischen Alterthums, den Stickercien eines Teppichs folgend, zu einem Ganzen aneinanderreihte, und daher ebenso gut als eine Sammlung kleiner Novellen wie für ein zusammenhängendes episches Gedicht genommen werden konnte. Und der Zusammenhang der ältern und jüngern Richtung läßt sich auch darin nicht verkennen, wenn halb legendarische Stoffe immer wieder behandelt werden, wie das alte in die Kaiserchronik eingegangene Gedicht von Crescentia, das neu überarbeitet wird, im 14. Jahrhundert dann bis in die Meisterlieder hinein die Königin von Frankreich, der König im Bade u. a., oder wenn das Ritterthum und die höfische Minne mit all dem Ernst und Schwung geschildert wird, wie z. B. in den beiden von mir aufgenommenen Gedichten Konrad's, oder classische Fabeln, wie Pyramus und Thisbe, Hero und Leander bis ins 14. Jahrhundert in Ehren bleiben. Daneben zeigt sich aber zugleich schlagend der Gegensatz. So, um bei dem letztgenannten Kreise zu bleiben, reizt es, sich den großen Aristoteles vorzustellen, wie er von der Liebe zu Phillis, der er seinen Schüler Alexander zu entfremden gesucht, selbst überwältigt, sich von der Schönen als Reitpferd gebrauchen läßt. Und in welchem Lichte die ritterlichen Kreise aufgefaßt und dargestellt werden, mag im Gegensatz zu Konrad die von mir aufgenommene Erzählung Herrant's von Wildon oder Sibote's Frauenzucht und der anonyme Sperber zeigen. Die Komik, die im großen Epos bis dahin keine oder höchstens ausnahmsweise eine Stelle gefunden, ist das recht eigentliche Lebenselement, in dem bei weitem die Mehrzahl dieser Producte sich bewegt, für die man im Gegensatz zu den ersten Stücken (Erzählungen) unbedenklich den spätern Namen «Schwänke» in Anspruch nehmen durfte. Diese Komik ergreift nun schonungslos alle Kreise und Verhältnisse des Lebens, nichts ist ihr heilig, unantastbar. Im Königssale wie in der Bauernhütte ist sie zu Hause, auch die Klostermauer und selbst die Kirchenthüre schließen sie nicht aus, besonders gern aber reibt sie sich an den faulen ehelichen und geschlechtlichen Verhältnissen im allgemeinen: die Ehemänner scheinen nur da zu sein, um von ihren Weibern und deren

Liebhabern, nicht selten Pfaffen, betrogen zu werden, und die Töchter wetteifern mit einer Lüsternheit und Koketterie, die gern die Maske der Naivetät vornimmt, galanten Rittern oder fahrenden Schülern, jungen Geistlichen, wo nicht gar einem verstellten Thoren, von dem Verschwiegenheit zu hoffen, ihre Gunst zu erweisen. Roheit und Frivolität sind die Extreme, in die diese Komik gern verläuft, und wenn die ritterliche Dichtung mit dem Weibe einen leicht der Lächerlichkeit verfallenden Götzendienst getrieben, so erfreut man sich jetzt daran zu hören, wie ein roher Mann seine widerspenstige Gattin und Schwieger mit sehr handgreiflichen Argumenten zum Gehorsam bekehrt.

Besonders beachtenswerth ist eine Seite dieses Gegensatzes, die uns einen socialen Vorgang literarisch abspiegelt: der Kampf, den der niedere Klerus und die untern Stände gegen die herrschende Geistlichkeit und den Adel begannen. Gervinus[*]) hat diesen Zusammenhang an einer Reihe von Dichtungen nachgewiesen, die mit der Erzählung vom Pfaffen Amis anfängt, jenem englischen Priester, der, wie der Dichter selbst uns bedeutet, der erste Mann war, der die alte ritterlich-höfische Zeit unterbrach, der ursprünglich ein trefflicher, mildthätiger Mann, durch den Druck seines Oberhirten dazu gebracht wird, mit List und Betrug sein Leben zu fristen, ein rechter Repräsentant jener Klassen, die gegenüber der Macht, der überlegenen Feinheit und Gelehrsamkeit ihrer Gegner und Unterdrücker zur List zum angeborenem Mutterwitz unter der Maske der Einfalt und der Naivetät ihre Zuflucht nehmen mußten und eine gewisse grobkörnige Derbheit mit Vorliebe hervorkehren. Man braucht z. B. nur die kleine Erzählung von Heinz dem Kellner im Liedersaal zu lesen, wie der Bauerntölpel durch seine Fragen und Antworten die Königstochter gewinnt, um die viele adeliche Werber in den Tod gegangen, um zu sehen, mit welcher Freude man allmählich diese Derbheit bis zur Roheit und Unflätigkeit ausbildete. Es ist übrigens kein Zufall, daß jener Amis von einem Fahrenden und zwar in Œsterreich gedichtet ist, wo ein volksthümlicher Geist sich immer lebendig erhalten hatte.

Dem Gesagten entspricht es, daß wir unter den Dichternamen, die uns genannt werden, einen einzigen sicher adelichen finden: Herrant von Wildon, daneben zwei, die, ohne selbst adelich von Geburt zu sein, in höfischer Weise dich-

---

[*]) Geschichte der deutschen Dichtung, II³, 514 fg.

teten: Konrad von Würzburg und der Stricker, von denen aber der letzte die ursprünglich eingeschlagene höfische Richtung bald wieder verließ. Sonst weisen die anderweitig nicht vorkommenden Namen, zu deren Gebiet die Novelle von alters her gehört, auf Bürgerliche, Handwerker, fahrende Sänger und Spielleute, in deren Pflege die Novelle von altersher stand, auch eine Frau (Bech, a. a. O., S. 139) ist darunter. Sehr viele der kleinen Erzählungen sind uns aber ganz namenlos überliefert: man fand es nicht der Mühe werth, vielleicht auch nicht passend, bei so kleinen Producten, deren Stoffe man in der Regel nicht einmal selbst erfunden, sein literarisches Eigenthumsrecht zu wahren. Wie manche Analogie sich mit dem Volksepos ergäbe, das sei bloß angedeutet, ohne eine Ausführung auch nur zu versuchen.

Es ist soeben gesagt worden, daß die Erfindung in den meisten Fällen nicht dem deutschen Dichter gehört. Viele der behandelten Stoffe sind aus dem Orient eingewandert, aus Indien, das nach Th. Benfey's glänzender Entdeckung*) die eigentliche Heimat der Mehrzahl der im Abendlande umlaufenden Novellen und Märchen ist. Im einzelnen mag dies Resultat Einschränkung erfahren, im großen Ganzen ist es unanfechtbar. Die Vermittelung übernahmen, abgesehen von dem, was im mündlichen Verkehr die Kreuzfahrer, die Araber und im Norden die Mongolen nach Europa bringen mochten, für die Literatur jüdische und arabische Schriftsteller. Auf Grund dieser entstanden gewöhnlich lateinische Übersetzungen, aus denen die Stoffe dann in die Volkssprachen übergiengen und dann ihre internationalen Wanderungen durch die verschiedenen Literaturen des Abendlandes fortsetzten. Lateinische Novellensammlungen, meist mit dem Zwecke, Erbauung und Unterhaltung zu verbinden, wurden bis zum Ausgang des Mittelalter namentlich in Klöstern gelesen: ich nenne nur die berühmtesten: die Disciplina clericalis des 1106 zum Christenthum bekehrten spanischen Juden Moses, danach Petrus Alfonsi genannt, das auf indischer Grundlage beruhende Buch der sieben weisen Meister, die sogenannten Gesta Romanorum, den Liber facetiarum des Gervasius von Tilbury und den Dialogus miraculorum des deutschen Klostergeistlichen Cæsarius von Heisterbach. Aus solchen lateinischen Büchern, zumeist aber aus den seit der Mitte des 12. Jahr-

---

*) Pantschatantra, 2 Bde., Leipzig 1859, 8. Vgl. Hermann Brockhaus in den Berichten der philos.-histor. Klasse der königl. sächs. Gesellschaft der Wissenschaften, 1860, S. 101. 102.

hunderts an den französischen Fürstenhöfen beliebten Fabliaux, erst spät und vereinzelt auch aus italienischer Novellenprosa schöpften unsere deutschen Dichter, und hier fanden sie namentlich die Vorbilder jener schlüpfrigen Erzählungen, die uns allenthalben begegnen. Aber nicht immer kommen die fremden Stoffe auf literarischem Wege nach Deutschland, mehrfach berufen die Dichter sich auf mündliche Überlieferung, und der Sachverhalt gibt keinen Grund, diesen Angaben Glauben zu versagen. Ohne auch nur entfernt auf Vollständigkeit auszugehen, suchen die Vorbemerkungen zu den einzelnen Stücken dieser Auswahl die wichtigsten Behandlungen der Stoffe und ihr Verhältniss untereinander darzulegen, wobei natürlich vorzugsweise die ältern und selbständigen Fassungen hervorgehoben, die jüngern und abgeleiteten dagegen in der Regel übergangen werden.

Wie viel aber auch aus der Fremde entlehnt ist, eins muß man diesen Dichtungen zugestehen: eine ganz achtenswerthe Kraft, das Entlehnte zu verarbeiten und umzubilden, bis es den Geruch der Heimaterde angenommen hat. Gar manchem dieser Gedichte wäre es an und für sich betrachtet gar nicht anzusehen, daß es aus der Fremde eingewandert ist, besonders solchen, die auf den Kreis des heimischen Bauernlebens übertragen sind, wie der Block in vorliegender Auswahl oder, wenn die Erzählung an den Namen einer populären historischen Person geknüpft wird, wie der seltsame Rechtsstreit, den Kaiser Friedrich zwischen einem Ritter und seiner alten Mutter schlichten soll (GA. I, 85; vgl. Haupt, Zeitschrift, VI, 497), eine Übertragung, von der das entsprechende altfranzösische Gedicht, das eine unerbauliche Pfaffenhistorie erzählt, natürlich nichts weiß. Überhaupt haben die deutschen Dichter, so wenig es auch bei ihnen an Frivolität fehlt, nicht selten die Stoffe von dem rohen Schmuz der welschen Originale geläutert (vgl. Vorbemerkung zu VIII).

An diese Gedichte schließen sich passend solche, deren Stoffe wirklich dem heimischen Boden entnommen sind. Der realistisch gewordene Sinn wendet sich von außen zurück auf sich selbst und sucht mit geschärftem zu eindringlicher Beobachtung befähigten Blick aus der eigenen Umgebung Typen zu poetischer Darstellung. In dieser Beziehung war schon Neithart vorangegangen, wenn auch in einer andern Gattung (vgl. S. 134 fg.). Obenan steht hier der Meier Helmbrecht, ein Bild bairischen Bauernlebens, dem im 15. Jahrhundert ein viel derberes und wüsteres aus Schwaben in Metzen Hochzeit

(Liedersaal, III, 397 fg.; Liederbuch der Clara Hätzlerin, 259 fg.) zur Seite tritt. Die letzte Consequenz dieser Richtung bilden Gedichte, wie der Weinschwelg, Weinschlund, das übele Weib, in welchen die Erzählung zurücktritt und in bloße Zeichnung von Charaktertypen verläuft und die schon merklich der Didaktik naherücken, während entgegengesetzt die erregte Phantasie märchenhafte Stoffe, mythologische Züge sich aneignet oder in den Lügenmärchen in übermüthiger Aneinanderreihung und Häufung des Unmöglichen, allerdings nicht immer ohne Sinn, schwärmt. Nicht unerwähnt bleiben darf ferner, wie früh übrigens schon beim Stricker die immer mehr vordringende didaktische Richtung sich der Novelle bemächtigt, die auf solche Weise in das sogenannte Beispiel und selbst die Fabel übergeht (vgl. die Vorbemerkung zu Amis).

Es ist noch übrig, über die Form dieser Dichtungen zu sprechen. Sie sind sämmtlich in den hergebrachten kurzen Reimpaaren geschrieben. Bezeichnung von Abschnitten durch dreifachen und des Schlusses durch noch gehäuftern Reim, wie z. B. in der Wiener Meerfahrt, die aber aus der geistlichen in die weltliche Dichtung übergegangen, ist die einzige Ercheinung von formeller Gliederung. Strophische Behandlung findet sich erst in den Meisterliedern vom 15. Jahrhundert an. Besonders hervorzuheben ist die Verbindung mehrerer Novellen durch einen gemeinsamen Rahmen zu einem größern Ganzen. Diese Form ist orientalisch, ob sie aber wirklich allein auf orientalische Vorbilder, etwa das Buch von den sieben weisen Meistern, zurückzuführen ist, scheint doch noch fraglich; Ovid's Metamorphosen konnten im Abendlande selbst ein Beispiel geben. Voran ging in dieser Beziehung der schon genannte Blicker von Steinach mit seinem Umhang, und 1210 übersetzte Albrecht von Halberstadt den Ovid. Aus der eigentlichen Novellendichtung gehört der Amis hierher und aus dem Ende des 14. Jahrhunderts dessen roherer Nachfolger und Geistesverwandter der Pfaffe vom Kalenberg des Philipp Frankfurter; drei Geschichten sind zu einem Novellenwettstreit verbunden in dem verbreiteten Novellenkreis von den drei Frauen (Germ. XXI, 385 fg.) Die einzigen Beispiele, wo diese Form sicher auf orientalischen Vorgang zurückzuführen ist, sind natürlich die Bearbeitungen der sieben weisen Meister durch einen Unbekannten und durch Hans von Bühel (1412) in seinem Diocletianus.

Über die Einrichtung der vorliegenden Ausgabe habe ich

nichts Besonderes zu sagen: sie schließt sich ganz an die der frühern Bände der Classiker. Aber ich darf diese einleitenden Worte nicht schließen, ohne einiger persönlicher Beziehungen zu gedenken. An freundlicher Unterstützung hat es mir bei der Arbeit nicht gemangelt. Wie die Herren Director Bergmann in Wien, Professor K. Schmidt in Straßburg und der Freiherr von Münch-Bellinghausen, Präfect der Wiener Hofbibliothek*) mich bei Benutzung des handschriftlichen Materials gefördert haben, darüber geben die Vorbemerkungen im Einzelnen Aufschluß und ich spreche ihnen hier noch einmal freudig meinen wärmsten Dank aus. Professor K. Bartsch hat durch eingehende briefliche Besprechungen einzelner Textstellen und guten Rath namentlich für Stricker und Konrad geholfen und meiner Arbeit eine rühmenswerthe Theilnahme geschenkt. Noch aber muß ich des verehrten Todten gedenken, der diese Sammlung begründete. Franz Pfeiffer wollte die «Erzählungen und Schwänke» selbst bearbeiten. Er hatte diesen kleinen Dichtungen schon lange seine Aufmerksamkeit zugewendet, wie seine Recension von Hagen's Gesammtabenteuer und seine Ausgaben einzelner Stücke in Haupt's Zeitschrift und der Germania beweisen, Arbeiten, die neben Haupt's Leistungen eine rühmliche Ausnahme machen vor der Gleichgültigkeit, mit der die Kritik diese Producte zur Seite liegen ließ und vernachlässigte. Als ich aber nach seinem Tode in die Lücke eintrat, fand ich in seinem Nachlasse keinerlei Vorarbeiten. Nicht einmal die Auswahl der einzelnen Gedichte war endgültig festgestellt. Die längst vorher gemachten genauen Abschriften von Stricker's Block, Konrad's Herzmäre, Wiener Meerfahrt und Frauenzucht aus der Heidelberger Handschrift sammt Collationen der übrigen Handschriften mit Ausnahme des Koloczaer Codex für den Block und Eintragung der Lesarten dieses Codex zur Meerfahrt sind alles, was ich von seiner Hand benutzen konnte. So war ich an nichts gebunden und bin für alles verantwortlich. Ich kann ihn nicht mehr fragen, ob er mit meiner Arbeit zufrieden sei; nicht überall konnte ich seiner Ansicht folgen. Aber das Vorbild seines treuen, nur die Wahrheit suchenden Forschergeistes stand mir überall vor Augen, und wenn er auch keinen Blick mehr gethan in diese Blätter, kein Wort des Rathes

---

*) Der Vermittelung des letztern verdanke ich es auch, daß ich nachträglich noch den Koloczaer Codex benutzen konnte. Leider trifft ihn mein Dank nicht mehr am Leben.

und der Aufmunterung mich dabei stärkte, ich weiß doch, was auch diese Arbeit ihm verdankt.

Durch den zwischen der ersten und zweiten Ausgabe liegenden Zeitraum hielt ich mich verpflichtet, das mir seither ziemlich fremd gewordene Buch einer gründlichen Revision zu unterziehen, wovon namentlich die Texte und Anmerkungen Zeugniss ablegen werden. Gern hätte ich dieselbe auch auf die in den Vorbemerkungen gegebenen stofflichen Nachweisungen ausgedehnt, wenn es mir möglich gewesen wäre; aber nach einem vergeblichen Versuche bei den Nummern I und II mir genug zu thun mußte ich darauf verzichten. Gerade mit dem Abschluß der ersten Ausgabe fiel eine Veränderung meiner äußern Lebensverhältnisse zusammen, die es mir unmöglich machte, diese Richtung meiner Studien weiter zu verfolgen; ich mußte mich daher begnügen, die Ergänzungen einzufügen, die mir gerade zur Hand waren. Auf einige derselben hat mich R. Köhler zum Theil bald nach dem Erscheinen der ersten Ausgabe freundlich aufmerksam gemacht. Auch sonst hatte ich mich wieder mannichfacher Unterstützung zu erfreuen, und ich habe derselben bei den einzelnen Stücken, denen sie zugute kam, dankend gedacht. Im allgemeinen bin ich noch besonders dem Vorstande der Wiener Hofbibliothek, Hrn. Hofrath Dr. E. von Birk, zu Dank verpflichtet für das freundliche Entgegenkommen, womit er mir nicht nur während der Bibliotheksferien die Benutzung der seiner Obhut anvertrauten Schätze an Ort und Stelle gestattete, sondern auch die Handschrift 2885 zu erneuter Verwerthung nach Prag sandte. Auch mein Freund Dr. J. Kaltenleitner hat mit unermüdlicher Gefälligkeit Bücher und Handschriften der Wiener Hofbibliothek für mich eingesehen und Fragen und Zweifel durch dankenswerthe Mittheilungen beantwortet. Karl Bartsch endlich hat mir nicht nur die schon früher benutzten Abschriften aus Pfeiffer's Nachlaß wieder mitgetheilt, sondern überhaupt das ganze Buch abermals mit freundlicher Theilnahme begleitet. Ich wünschte, daß ich es verstanden hätte, so vielfaches Entgegenkommen auch durch meine Leistung selbst einigermaßen zu verdienen.

WIEN, 2. August 1870.
PRAG, 25. April 1883.

HANS LAMBEL.

INHALT.

	Seite
Einleitung	V

I. Der Pfaffe Âmis von dem Stricker	1
II. Daz Bloch von dem Stricker	103
III. Meier Helmbreht von Wernher dem Gärtner	131
IV. Der verkêrte Wirt von Herrant von Wildonie	203
V. Der Wiener Mervart von dem Freudenleeren	225
VI. Otte mit dem Barte von Konrad von Würzburg	251
VII. Daz Mære von der Minne oder daz Herzemære von Konrad von Würzburg	283
VIII. Daz Mære von dem Sperwære	307
IX. Der Vrouwen Zuht von Sibote	323

Wortregister	349
Erklärung einiger gebrauchter Abkürzungen	375
Berichtigungen und Nachträge	376

I.

DER PFAFFE ÀMÌS

von

DEM STRICKER.

VORBEMERKUNG.

Die Heimat der Erzählung, welche ich an die Spitze meiner Auswahl gestellt habe, ist Œsterreich. Denn daß hier der Stricker, wie sich der Dichter V. 39 nennt, gelebt und mit Land und Leuten und ihren Interessen sich innerlich eins und untrennbar verwachsen fühlte, das zum mindesten verrathen uns seine Gedichte, wenn uns auch kein Zeugniss meldet, wo seine Wiege gestanden. Auch ist der Geschlechtsname Stricker von Pfeiffer (Germania, II, 499) in Œsterreich schon aus dem Jahre 1190 wirklich nachgewiesen und daher nicht, wie man vordem glaubte, ein angenommener, den Beruf des Dichters bezeichnender (von *stricken*, verknüpfen, componieren), sondern ein Gewerbename (Seiler). Ueber seine äußern Lebensverhältnisse wissen wir weiter nichts, als daß er dem Stande der fahrenden Sänger angehörte. Darauf deutet er selbst, wenn er in der Einleitung zu einem später noch zu erwähnenden Gedichte zum Lobe der Frauen dem Einwande vorzubeugen sucht, sein Stand und Frauenpreis hätten nichts mit einander zu schaffen, er thäte besser ein Pferd und ein altes Gewand zu loben (V. 142 fg.), die gewöhnlichen Geschenke, mit denen Fahrende bedacht wurden. Als solcher scheint er doch kaum über Œsterreich hinausgekommen zu sein, hier aber hat er, nachdem er noch die bessern Tage der Kunst gesehen, auf die er wie Walther, auch sonst theilweise sein Vorbild, sehnsüchtig klagend zurückblickt, den ganzen traurigen Umschwung der Verhältnisse erfahren. Ueber die Zeit, in die seine dichterische Thätigkeit fällt, belehrt uns er selbst durch eine Anspielung in seinem Gedichte von den Edelsteinen (Kleinere Gedichte von dem Stricker, herausgegeben von K. A. Hahn XI, 206—213; vgl. Lachmann zum Iwein, S. 508**), wonach er den Tod eines Herzogs Heinrich von Medling (22. Mai 1236) überlebte, und Rudolf von Ems (1200—1254), der seiner zweimal, in seinem Wilhelm und Alexander, als eines jedenfalls bereits angesehenen Zeitgenossen gedenkt. Allerdings sind die Ansichten über die Reihenfolge dieser beiden Dichtungen getheilt, weil man ja auch darüber streitet, ob aus der Erwähnung im Wilhelm mit M. Haupt zu schließen sei, daß der Stricker damals (um 1238) bereits todt war, oder nur, wie Bartsch will, daß er sich vom höfischen Epos ab- und andern Richtungen zugewandt hatte. Indess nach der jüngsten Controverse zwischen J. Schmidt (Paul und Braune, Beiträge zur Geschichte der deutschen Sprache und Literatur, III, 156 fg.) und Bartsch (Germania, XXIV, 1 fg.) wird man letzterm mindestens zugeben müssen, daß jene weitergehende Folgerung keineswegs zwingend ist.

Das früheste seiner auf uns gekommenen Gedichte, in den zwanziger Jahren verfaßt, ist der einem provenzalischen Originale (Germania, II, 29. 449) nachgedichtete Daniel von Blumenthal, ein nach dem einstimmigen Urtheile derer, die ihn ganz gelesen, und den Mittheilungen, die Bartsch daraus (Einleitung zu Karl, VIII—XXXV) gibt, nach Form und Inhalt schwacher Artusroman, der sich von den übrigen Producten dieser bis dahin weder von einem Standesgenossen, noch auch, wie es scheint, einem Landsmanne des Strickers betretenen Richtung nur durch den auffallenden Mangel von Liebesabenteuern, allegorische Namen, Kenntniss der classischen Mythen und — für den oesterreichischen Fahrenden doppelt charakteristisch — durch Anklänge an die deutsche Heldensage auszeichnet. Mehr als dieses Gedicht, das übrigens nicht nur von Rudolf v. Ems, sondern noch spät (14. u. 15. Jahrh.) im Friedrich von Schwaben (v. d. Hagen, Grundriß S. 188) und bei Altswert erwähnt wird, scheint sein Karl (herausgeg. von Bartsch, Quedlinburg und Leipzig 1857) den Beifall seiner Zeitgenossen gewonnen zu haben, wie die Zahl der Handschriften und die Benutzung in Heinrich's von München Weltchronik und der prosaischen Weihenstephaner Chronik beweisen. Er kam damit einem Bedürfnisse seiner Zeit entgegen, indem er mit Heranziehung noch anderer Quellen (W. Grimm, Ruolandes liet, Göttingen 1838, LXV—LXXIII u. C—CVII; Germ., VI, 30) das alte Gedicht des Pfaffen Konrad aus dem 12. Jahrhundert umarbeitete und Vers und Reim sowie die kräftig gedrungene, manchmal herbe Erzählung den gesteigerten technischen Forderungen und dem weichlichern Geschmacke einer verfeinerten Zeit anpasste. Wiewol das nicht ohne Geschick geschehen ist, hat W. Grimm doch mit Recht bemerkt, daß auch hier nur die Anlehnung an ein bedeutendes Original die eigene Unzulänglichkeit nicht so auffallend hervortreten läßt wie im Daniel. Das große Epos war nicht das Feld für sein Talent, das scheint er selbst gefühlt zu haben, denn wir sehen ihn nun Richtungen einschlagen, die schon früher von den Fahrenden gepflegt wurden und bereits im Daniel nicht unvortheilhaft durchblicken, zunächst auf das Schalk- und Schwankhafte in einer Reihe von Novellen, später auf das didaktische Gebiet, in beiden mit entschiedenem Erfolge.

Unter den Producten der heitern humoristischen Richtung gehört vor allen unser Pfaffe Âmis hierher, der Glanzpunkt Stricker'scher Dichtung, entstanden gewiss nach dem Karl, wie der Fortschritt nach technischer Seite zeigt, aber wahrscheinlich noch vor 1236, wo in Œesterreich für solche Dichtungen die Stimmung kaum mehr vorhanden sein mochte. Zunächst um den Âmis, das umfangreichste Gedicht der Art, gruppieren sich, wol auch der Zeit nach, einige kleinere Novellen, in denen das schwankhafte Element rein waltet, wie: Der Block, Scheidung und Sühne, Der begrabene Ehemann, Der Schlemmer, während andere, wie: Der kluge Knecht, St. Martinsnacht, Der bloße Ritter, Der nackte Bote, Der Richter und der Teufel*), sämmtlich wie jene dem häuslichen und ehelichen Leben namentlich der Dorfbewohner entnommen und zum Theil vortrefflich erzählt, durch eine freilich noch ganz kurze moralisierende Schlußbetrachtung bereits einen Übergang bilden zu den entschieden didaktischen Beispielen (*bispel*, wie das Mittelalter selbst diese Dichtungen nannte), in denen das geringe epische Element, das noch vorhanden ist, nur noch der Lehre, die sich in breitem Flusse gehen läßt, als Unterlage dient. Denn es sind meist kurze Erzählungen, zum Theil erst erfunden für die einzuprägende Lehre, zum Theil ältere Fabeln, Gleichnisse ähnlich denen der Bibel, selbst Märchen, welchen dann mehr oder minder geschickt und zutreffend eine häufig gar zu redselige Moral angehängt wird. Wollen wir ihn für diese Dichtungsform auch nicht als vorzugsweisen Begründer ansehen, so war er darin doch ein Vorbild, dem reichlich Nachahmung folgte.

---

*) Die genannten Stücke finden sich im 2. und 3. Bande des Gesammtabenteuer von von der Hagen und in Hahn's Ausgabe der kleinern Gedichte des Stricker, viele ohne Namen überliefert. Ich folge Bartsch (Karl L), indem ich sie unserm Dichter zuspreche.

Für die Verbreitung seiner hierher gehörigen Gedichte zeugt unter anderm auch die von Bartsch (Germania, VIII, 46) nachgewiesene Benutzung in einer Reimchronik. Von diesen Beispielen und Erzählungen mit einem Sinn und Zweck nebenbei (daher der Name) ist nur noch ein Schritt zum völligen Fallenlassen der ohnehin nicht mehr selbständigen Erzählung, und es bleibt die reine moralisch-didaktische Abhandlung. Den Wendepunkt von jenen heitern humoristischen Dichtungen zur eigentlich didaktischen Richtung bildet das Gedicht: Die Klage (Nr. 12 in Hahn's Auswahl), das Bartsch wol richtig unter Berücksichtigung der Zeitverhältnisse zwischen 1236 und 1247 gesetzt hat. Der Dichter erklärt zu Eingang desselben: was er bis dahin gedichtet habe, sei zur Unterhaltung *(kurzewile)* bestimmt gewesen, nun aber habe er Dinge gesehen, die zur Kurzweil nicht mehr passen, und beklagt dann in eindringlicher Rede die Abnahme der Freude und ritterlichen Tugend am Hofe, die schlechten Rathgeber der Fürsten, die ungerechten Richter, das Los der Frauen, den Unglauben, den die Ketzer verbreiten, und andere Verirrungen, in welche die unnatürliche, raffinierte Sitte die höfische Gesellschaft des Jahrhunderts geführt hatte. Erinnert die Klage über die entartete höfische Gesellschaft einerseits an das Beispiel vom Nimmersatt (Wackernagel, Altdeutsches Lesebuch[5], S. 807), der, nachdem er sich einmal überladen, der nüchternste Faster der Welt wurde, ein Bild, unter dem der Dichter die Herren in Œsterreich meint, die, ehedem so unermüdlich im Streben nach Ehre und dem Ruhme freigebiger Kunstpflege, nun ebenso karg von jeder feinern, edlern Unterhaltung sich abgewendet hätten, so leitet andererseits eine genau zusammentreffende Äußerung über die Frauen (Klage, V. 72 = Frauenehre, 1310) bequem über zu einem andern der Rüge auch wenigstens nicht ganz entbehrenden Gedichte von etwas größerm Umfange: einem Lobe der Frauen („Frauenehre", herausgeg. von Pfeiffer, Zeitschr. VII, 478 fg., Ergänzung dazu von K. F. Kummer, XXV, 290 fg.). Der Dichter beklagt sich zu Anfang desselben über die Flüchtigkeit der Theilnahme, mit der seine Zeitgenossen seinen Dichtungen begegneten, dieselben kaum zwei-, dreimal hören möchten, um sofort als von etwas Veraltetem sich abzuwenden, und bezeigt Lust, das Dichten ganz aufzugeben, läßt sich aber von seinem Herzen, mit dem er eben darüber berathende Zwiesprache führt, beruhigen und ermuntern, wenn sein altes Gedicht vergessen sei, ein neues zu bringen, das wieder auf Interesse zählen dürfe; es sei ja allen seinen Kunstgenossen, darunter den ältern unnachahmlichen, nicht besser gegangen. Als einen Vorwurf zu einem bleibenden Gedichte wählt er sich dann das Lob der Frauen. Er betritt damit, allerdings von der lehrhaft satirischen Seite, ein Gebiet, das erst Walther von der Vogelweide, selbst ein ritterlicher Sänger, den Fahrenden erschlossen, das aber wenigstens seinen nicht ritterbürtigen Standesgenossen noch immer nicht unbestritten eingeräumt wurde' (vgl. Burdach, Reinmar d. A. und Walther, S. 131). Der Stricker ist sich dessen auch vollkommen bewußt (vgl. S. 3); aber trotz einem Ritterbürtigen preist er die Frauen und betont wiederholt seine Ohnmacht, das Lob ihrer Tugenden zu erschöpfen. Das Gedicht ist eben auch nicht besonders zu rühmen und erhebt sich trotz formeller Eleganz nicht über das Hergebrachte zu tieferer, eigenthümlicherer Betrachtung. Charakteristisch ist im Eingang jene schon bei Walther anklingende, bei den Epigonen Mode gewordene Klage über die schwindende Theilnahme an der Dichtkunst und den Dichtern, mit der auch unser Âmîs beginnt, und die Erwähnung der Neugierde der Hörer, die sich bald vom Alten zu Neuem wendet, und die wesentlich in Betracht kommt, wenn man nach den Ursachen und Bedingungen fragt, die unsere reiche mittelalterliche Schwank- und Novellenliteratur begünstigten. Bartsch hat auf den Eingang hin das Gedicht zwischen Daniel und Karl gesetzt, indem er die Klage auf den Misserfolg dieses Erstlingswerkes bezieht (Karl, V). Ich kann nicht zustimmen. Der Wortlaut scheint mir vielmehr für mehrere derartige Erfahrungen zu sprechen (der Dichter sagt: *swenn' ich gemache ein mære*, also jedesmal wenn, so oft); ein einzelner Misserfolg, der noch dazu beim Daniel nicht gar so arg sein konnte, da ihn Rudolf von Ems doch im Wilhelm rühmt, konnte auch nicht so sehr entmuthigen, und wir haben es, wie ich schon sagte, mit einem allgemeinen Zuge der Zeit zu thun, also gar nicht nöthig, die Worte des Dichters auf ein einzelnes seiner Werke zu beziehen; die äußere Form zeigt aber auch einen Fortschritt gegen den Karl, und der bei aller äußern Glätte doch etwas kalte und redselige Ton der Behandlung passt ganz zu den übrigen didaktischen Gedichten, denen es daher auch in der Entstehungszeit nicht fernstehen wird. Den moralisierenden Standpunkt des Dichters verleugnet auch dieses Gedicht nicht, und von diesem Standpunkte kehrt er, der hier selbst den höfisch minniglichen Ton anschlägt, ein andermal (vgl. Hagen's Germania, VIII, 295) seine Rüge gegen die um die Minne verheiratheter Frauen buhlenden Minnesänger. Indess dabei darf auch der Standpunkt des Fahrenden überhaupt nicht übersehen werden, und der Stricker steht mit diesem Angriff keineswegs allein (Burdach, S. 132). In politische Opposition gegen den Adel seiner Heimat zu Gunsten des Bauernstandes stellt er sich in seinem Beispiel von den Gäuhühnern (herausgeg. von Pfeiffer, Wien 1859, und Germania, VI, 457), einer culturhistorisch interessanten Warnung vor Bedrückung und Aussaugung des flachen Landes, womit die Reihe der Gedichte, die aus der großen Zahl seiner Beispiele und didaktischen Reden etwa besonders hervorzuheben wären, beschlossen sein möge.

Trotz der wiederholten ernsten Klagen, die wir bei unserm Dichter treffen, dürfen wir ihn uns gleichwol am Abend seines Lebens nicht etwa als finstern Schwarzseher denken, wie das Gervinus, auf dessen treffliche Charakteristik ich überhaupt verweise (Geschichte der deutschen Dichtkunst, II^5, 29 fg.), bereits betont hat. Immer wieder predigt er Freudigkeit, und auch über die Sünden seiner Zeitgenossen weiß er sich im Vertrauen auf die christlichen Heilsmittel und den Glauben zu trösten und hofft, wer nur diesen habe, werde, wenn auch ein Sünder, durch den Heiligen Geist schon gerettet werden. Am wenigsten aber ist daran zu denken, «daß er fast die Absicht hatte, in ein Kloster sich zurückzuziehen», wie Bartsch (Karl, VII) vermuthet. Die Stelle, auf der diese Folgerung beruht, ist vielmehr vom Dichter dem Sünder in den Mund gelegt, der, wie der Hund gegen den nach ihm geworfenen Stein schnappt, so auch gegen das aus Priesters Mund ihn treffende Wort Gottes sich wendet, dessen Wirkung er sich freilich vergebens zu entziehen sucht; unter dieser Gestalt wollte der Dichter doch schwerlich sich selbst verstanden wissen.

Nach dieser allgemeinen Übersicht der poetischen Thätigkeit des Strickers wende ich mich zu dem uns hier zunächst angehenden Pfaffen Âmîs und seinem Inhalt.

(I.) In einer Stadt Englands lebt ein gelehrter und überaus freigebiger Priester, namens Âmîs, der durch seinen Aufwand den Neid seines Bischofs erregt, sodaß dieser zu ihm kommt und einen Theil von seinem überflüssigen Gute verlangt, auf die Weigerung des Priesters aber mit der Drohung antwortet, ihm seine Kirche zu nehmen. Âmîs verlangt, aus den zu seinem Amt gehörigen Kenntnissen geprüft zu werden, und weiß den verfänglichen Fragen, die der Bischof ihm vorlegt, durch so geschickt ausweichende Antworten zu begegnen, daß dieser ärgerlich ihm zuletzt die Aufgabe stellt, einen Esel lesen zu lehren. Auch diese Aufgabe löst Âmis durch List zur Befriedigung des Bischofs, der sich freut, bei einem Besuch zu sehen, wie der Esel bereits umblättern und das A aussprechen gelernt hat. Bald darauf stirbt der Bischof. Âmis unterläßt es nun, den Esel weiter zu lehren, sein Ruf zieht·aber eine Menge bewundernder Leute in·sein gastfreies Haus, bis seine Vermögensverhältnisse sich so verschlimmern, daß er, um sein Haus zu retten, auf Gelderwerb ausziehen muß.

(II.) Mit sechs Knappen macht er sich auf den Weg. Auf einem Kirchweihfest weiß er sich reiche Opfergaben zu verschaffen, indem er in der Predigt erklärt, auf Befehl des heiligen Brandanus, dessen Haupt er vorzeigt, ein Münster zu bauen, aber nur von solchen Frauen Gaben entgegennehmen zu dürfen, die ihren Männern die Treue bewahrt haben, worauf natürlich alle sich beeilen zu opfern.

(III.) Âmis zieht nach Paris an den Hof, wo er Bilder zu malen vorgibt, die nur ein wirklich ehelich Erzeugter sehen könne. Der König läßt ihn einen Saal schmücken, bewilligt ihm die verlangte Summe und von jedem Ritter ein Eintrittsgeld. Âmis schließt sich, wol versehen mit Speise und Trank, in den Saal ein und malt — nichts. Als aber der Tag kommt, wo das Bild gezeigt werden soll, sieht weder der König noch sonst jemand etwas davon, gleichwol behaupten alle, um nicht als unehelich geboren zu gelten, daß sie es sehen. Erst als Âmis fort ist, kommt der Betrug an den Tag.

(IV.) Der Priester begibt sich nach Lothringen, wo er auf den Befehl des Herzogs die Kranken gesund macht, indem er erklärt, den Siechsten unter ihnen tödten und mit seinem Blute die andern heilen zu wollen. Natürlich erklären sich nun alle für gesund, und der Betrug wird auch hier erst entdeckt, nachdem der Betrüger sich mit seinem Gelde davongemacht.

(V.) Dieser kommt als Prediger mit seinem Reliquienkasten zu einer Bäuerin, erbittet sich ihren Hahn zum Nachtessen, und setzt dann einen andern ganz gleichen, den er früher hat kaufen lassen, an dessen Stelle, sodaß die Bäuerin, als sie diesen des Morgens krähen hört, an ein Wunder glaubt und den Wunderthäter reichlich beschenkt.

(VI.) Auf diese Weise hat er auch die Frau eines Ritters in Abwesenheit ihres Mannes bethört, daß sie ihm 100 Ellen feines Tuch zum Geschenk gibt. Der Ritter aber eilt ihm, sobald er es erfahren, nach und nimmt ihm das Tuch wieder ab. Der Pfaffe hat aber in Voraussicht dessen eine glühende Kohle in das Tuch gewunden, und der Ritter, sobald er den Brand entdeckt, hält ihn für Gottes Strafe und führt nun den Pfaffen in sein Haus, wo er von ihm und allen seinen Nachbarn reichlich beschenkt wird.

(VII.) Auf seinen weitern Zügen fängt er im Hofe eines Bauers Fische aus dem Brunnen, der im Hofe fließt, sodaß dieser ihn auch als einen Wunderthäter reichlich beschenkt.

(VIII. IX.) An andern Orten erhält er sich in dem Rufe eines Wahrsagers und Wunderthäters, indem er sich den Anschein gibt, als ob er die vorher ausgekundschafteten Lebensverhältnisse der Leute kenne und Krüppel, in welche sich seine vorausgeschickten Knechte verstellen, zu heilen vermöge.

(X.) Weiter betrügt er einen reichen Probst, bei dem er sich als Laien einführt, und der ihm die Verwaltung des Klostervermögens anvertraut. Nach einigen Wochen theilt er dem Probst mit, sein Engel habe ihm befohlen, Messe zu lesen. Der Probst macht den Versuch mit ihm, und der angebliche Laie liest eine richtige Messe. Auf das Gerücht davon kommen von allen Seiten Geistliche, um den vom Heiligen Geist erfüllten Mann zu sehen und zu prüfen. Nachdem er vier Wochen Opfergaben empfangen, macht er die Klosterleute trunken und geht mit den Opfergaben und mit dem Gute des Klosters davon.

(XI.) Um noch mehr Geld zu erjagen, begibt er sich als Kaufmann nach Konstantinopel, redet hier einem Maurer, seinem Landsmanne, ein, er wolle ihn zum Bischof machen, und entlockt dann in dessen Namen einem Kaufmanne kostbare Seidenstoffe; mit diesen macht er sich davon und läßt den angeblichen Bischof bei dem Kaufmanne zurück. Da dieser sich betrogen sieht, misshandelt er den Mann, bis ein Bürger denselben als seinen Maurer erkennt und befreit.

(XII.) Das gelungene Gaunerstück lockt Âmîs abermals nach Konstantinopel. Diesmal schwindelt er einem Juwelenhändler für 600 Mark Edelsteine ab, läßt den Mann in der Herberge binden und begibt sich vor seiner Abfahrt zu einem Arzt, bei dem er den Juwelier für seinen irrsinnig gewordenen Vater ausgibt, der von ihm fortwährend Bezahlung verlange, und bittet ihn zu heilen. Der Arzt behandelt den Juwelier nach der Angabe als irrsinnig, bis dieser von seiner Forderung an Âmîs absteht, sieht sich aber betrogen, als er von diesem sein Geld holen will, das nun noch obendrein der Juwelier bezahlen muß. Âmîs war bereits weg und nach England zurückgekehrt.

(XIII.) Zuletzt begibt er sich mit seinem Gute in ein Kloster, wird daselbst Abt und erwirbt die ewige Seligkeit.

Wir haben es hier mit einer nach orientalischer Weise aneinander gereihten Sammlung von Novellen zu thun, der ersten in deutscher Sprache. Auch der Inhalt scheint fremd. Der Dichter bezeichnet seinen Helden als einen englischen Pfaffen, wozu der Name stimmen würde, der in Trânîs zu Hause gewesen. Eine solche Stadt gibt es nicht, weshalb Lappenberg (Ulenspiegel, Leipzig 1854, S. 324) statt: *in einer stat ze Trânîs* vorgeschlagen hat zu lesen: *zer Tâmîs*, an der Themse, was jedenfalls vortrefflich passen würde. Wie dem auch sei, ein englischer Pfaffe Âmîs ist bisjetzt nicht bekannt geworden, denn was bei Jacobs und Ukert (Beiträge, III, 368) aus Weber's *Metrical Romances* als ein solcher beigebracht wird, ist, wie schon der Titel vermuthen läßt, die im Mittelalter weitverbreitete Geschichte von Amicus und Amelius (Amis and Amiloun). Dagegen fehlt es für die einzelnen Stücke nicht an anderweitigen Nachweisungen, die ihr höheres Alter und ihren fremden Ursprung bestätigen.*) Gleich die ganze erste Situation zwischen dem Bischof und Âmîs erinnert an die von Kemble (S. 320) aus einer Cambridger Handschrift mitgetheilte Geschichte der Gesta Romanorum, worin ein Ritter durch Lösung von Räthselfragen sein Leben vom Kaiser Andronicus zu lösen weiß, an die von unserm Bürger nachgedichtete Ballade: *King John and the Abbot of Canterbury (Percy, Reliques, II, 256 Tauchnitz)*, an zahlreiche deutsche und bei andern Völkern des Abendlandes verbreitete Märchen und Schwänke (s. u. a. Grimm, KHM. Nr. 152 Das Hirtenbüblein; vgl. auch Nr. 94 Die kluge Bauerstochter, dazu III, 236 u. 170, Germ., II, 246. 244; Pauli Schimpf u. Ernst, Nr. 55 u. Oesterley's Anm.; B. Waldis, Esop, III, 92 mit d. Anm. von H. Kurz u. Liebrecht, Germ., VII, 506; Gesta Rom. ed. Oesterley, Nr. 70 u. Anm.; Abt Sorgenlos bei Kaden Unter den Olivenbäumen, S. 201; auch dramatisiert: Keller,

---

*) Ich verdanke ein gut Theil davon Kemble, der in seinem Buche «The Dialogue of Salomon and Saturnus with an historical introduction» (London, printed for the Aelfric Society 1848, p. 302—322) auch unser Gedicht besprochen hat. Auch Liebrecht's Anmerkungen zu Dunlop's «Geschichte der Prosadichtung» boten mir mehreres.

Fastnachtsspiele, Nr. 22; Herzog Julius von Braunschweig, Comœdia von einem Edelmann, vgl. bes. Tittmann's Einl. zu seiner Auswahl Deutsche Dichter des 16. Jahrh., XIV, S. XXXII fg.); endlich — und damit sind wir an den Ausgangspunkt des Ganzen gelangt — die orientalischen, namentlich indischen Märchen von den klugen Räthsellösern, über deren Zusammenhang und Verbreitung Th. Benfey im Ausland, 1859, Nr. 20—25 lehrreich gehandelt hat. Sind nun damit auch die Räthselfragen, welche dem Âmis vorgelegt werden, zum Theil aus der Fremde entlehnt (vgl. auch Gaster, Germ., XXV, 288), gerade durch sie knüpft die entlehnte Geschichte doch zugleich wieder an altgermanischen Brauch an. Denn bekanntlich bildet das Räthsel von ältester Zeit her einen Bestandtheil, wenn nicht altarischen Erbes (Kuhn in s. Zeitschr., XIII, 49), so doch germanischer Volksdichtung, ist im skandinavischen Norden, bei den Angelsachsen als Räthsellied, und selbst in der Lyrik des 13. Jahrhunderts in Lieder und Sprüche eingestreut zu finden und hat im Traugemundslied, einer Spielmannsdichtung des 12. Jahrhunderts, und im bekannten Wartburgkrieg beachtenswerthe Ausläufer nach volksthümlicher und gelehrt meistersängerischer Richtung. Begründet im ältesten einfachsten Verkehr zwischen Fremden und Heimischen, zwischen Wirth und Gast, für die Frage und Antwort das einzige Mittel ist sich kennen zu lernen, genährt durch die Freude am poetisch bildlichen Ausdrucke, worin sich das Räthsel mit dem Mythus selbst berührt, ist es in Dichtung und Leben der Germanen ein alter lieber Bekannter, sei es nun, daß Wirth und Gast einander prüfen (auch der Gast gibt Räthsel auf: Odin in Vafthrudnismal), oder in Handwerksgruß und Wechselrede der Altgeselle den Wandergesellen ausforscht, Jäger im Waidspruch sich um Fährte und Zeichen des Wildes fragen, der weit herbeigereiste Sänger mit den Zunft- und Kunstgenossen im Meistersang sich mißt, oder der Jüngling um die Gunst des geliebten Mädchens wirbt, oder Ritter und Jungfrau zur Verstandesprüfung sich Räthsel zu lösen geben, ehe sie sich für immer wählen. Immer findet der kundige, verständige Löser Belohnung, ein Preis ist gesetzt: die Aufnahme ins gastliche Haus für den Wanderer, der Kranz für den Dichter und Liebenden, die Braut für den Werber. Oft aber geht es auch höher und ernster los, und das Haupt selbst ist Pfand der Lösung (Odin in Herwörsaga, Vonved, vgl. Gesta Romanorum, Abt Sorgenlos). So löst auch Âmis seine Kirche vor dem räthselstellenden Gaste.

So sehen wir den Dichter, der auch sonst volksthümliche Züge zeigt, auch hier von solchem Gehalte erfüllt. Wie die Fragen beantwortet werden, erinnert es an die Lieder von unmöglichen Dingen, wo der Forderung unerschwinglicher Leistungen «der angesprochene Theil nur mit Ansinnen derselben Art entgegnen» kann. «Ein Sieg durch Lösung ist hier nicht zu erkämpfen, es gilt nur, eine abenteuerliche Forderung durch die andere aufzuheben oder zu überbieten» (Uhland, Schriften, III, 213, und die ganze Darstellung, S. 181 fg.). Âmîs antwortet wie der Jüngling dem Mädchen, das verlangt, er solle ihr die Sterne am Himmel zählen (Uhland, Volkslieder, Nr. 4, A. Str. 5):

> Und sol ich dir die sterne zeln
> die an dem himel scheinen.
> so můstu mir ein leiter bauu,
> daß ich darauf künd steigen.

Aber das Volksthümliche berührt sich hier mit geistlicher Gelehrsamkeit und die Räthsel im Âmîs bieten der Betrachtung noch eine andere Seite dar. Aus den gelehrten geistlichen Kreisen gingen jene weitverbreiteten lateinischen Frag- und Antwortbüchlein hervor, die wir bisjetzt bis ins 7. Jahrhundert hinauf verfolgen können, und die später mehr oder weniger vollständig in die englische, französische und deutsche Literatur eingingen, und aus denen selbstverständlich die theologische Literatur gern schöpfte (MSD., S. 343, Zeitschr., XIV, 530. XV, 166; Monatsber. d. Berliner Akad. 1872, S. 106—118; Kemble a. a. O.; Bartsch, Denkmäler der provenz. Literatur, S. 306 fg.; Germ., IV, 308). Daraus sehen wir nun, daß mehrere dieser Fragen wirklich Prüfungen des Wissens sind, auf die es gelehrte Antworten gab, sodaß das Examen von Seite des Bischofs durchaus ernst gemeint ist. Freilich hing sich schon früh in den geistlichen Kreisen selbst an die saure Gelehrsamkeit Scherz und Witz, und schon das Schlettstädter Frag- und Antwortbüchlein aus dem 9. Jahrhundert führt den Titel *joca monachorum*; die volksthümliche Literatur aber griff ihn mit begreiflicher Vorliebe auf und bildete ihn fort nicht ohne satirische Tendenz.

Es wird nun nicht mehr verwundern dürfen, wenn wir die einzelnen Räthselfragen und ihre Beantwortung anderwärts mehr oder weniger zutreffend wiederfinden. Die erste Frage hat Kemble aus der zuerst von Urry herausgegebenen Nachtragerzählung der sogenannten zweiten Erzählung des Kaufmanns in Chaucer's *Canterbury Tales* nachgewiesen, wo Geffrei den Beryn vor der Erfüllung seiner übernommenen Verpflichtung, alles Salzwasser des Meeres auszutrinken, ganz auf dieselbe Weise bewahrt, wie Bias den Amasis bei Plutarch im Gastmahl der sieben Weisen (C. 6, Moralia ed. Hercher, I, 345). Hier stellt der äthiopische König an Amasis auch die Aufgabe, das Meer auszutrinken, und Bias räth diesem, zu verlangen, daß der Äthioper die Flüsse verstopfe. Aufgabe und Lösung ist dann in der dem Maximus Planudes zugeschriebenen Biographie des Äsop (17, Eberhard Fabulae romanenses, I, 269 fg., Steinhöwel 14ᵃ fg., 43ᵃ fg.) auf den Philosophen Xanthus und den Äsop übertragen und in einem serbischen Märchen (bei Wuk, 25) weist ein Mädchen mit der gleichen Gegenforderung das Ansinnen des Kaisers von sich, das Meer mit einem Gläschen auszuschöpfen (vgl. Benfey, a. a. O., S. 489. 590). Aber auch in der schon erwähnten Erzählung der Gesta, im deutschen Märchen vom Hirtenbüblein (Grimm, Nr. 152), im Orlandino des Teofilo Folengo (Orient und Occident, I, 439) findet sich die Frage ungleich bestimmter gefaßt: wie viel Tonnen oder Tropfen Wasser im Meere seien, mit der gleichen Antwort, und im Spiel vom Kaiser und Abt (Keller, S. 207 fg.), im Deutschen Räthselbuch des 16. Jahrhunderts*) und bei B. Waldis (III, 92) wird dieselbe Frage dahin beantwortet: 3 (1) Kufen voll, wenn sie groß genug sind. Auch um die Tiefe des Meeres wird in englischen und deutschen Räthselbüchern und bei B. Waldis gefragt mit der Antwort: einen Steinwurf. Das nähert sich schon der vierten Räthselfrage bei Âmîs, wie weit der Himmel von der Erde sei, die selbst wieder, nur mit verschiedener Lösung, wiederholt nachzuweisen ist. Im jüdischen Maasäbuch (Grimm, KHM, III, 237) mit der Antwort: vom Himmel sei es gerade so weit zur Erde, als von der Erde zum Himmel. Die englischen «Demaundes joyous» fragen (Kemble, S. 287, Nr. 6) wie viel Kalbschwänze man brauche, um von der Erde zum Himmel zu reichen, und geben die Antwort: nur einen, wenn er lang genug ist. Im Deutschen Räthselbuch heißt es übereinstim-

---

*) Ich habe das Exemplar der Wiener Hofbibliothek (vormals Kuppitsch) vor mir: Eyn newe Spinästub. (Holzschnitt: Drei spinnende Weiber in der Stube, das eine links von einem nebenan sitzenden Manne umfaßt, der die Kunkel hält. Darunter:) Schimpfreden, märlin vnd kurtzweillige Rättersche, auß Johanne Boccatio, Poggio Florentino, vnd Johanne Bebelio zusamen verteutscht. Straßburg, Jacob Cammerlander von Mentz. s. a. 4⁰.

mend mit B. Waldis: Frag, wie hoch oder wie viel tagreiß in den himmel seind. Gib antwurt ein halb tagreis, dann Christus für zu mittag hinauff, wer jm meer zeit not gewesen, er hets nit also lang auff den tag verzogen (vgl. Simrock, 1. Sammlung, Nr. 440. Wie hoch ist der Himmel? Eine Tagereise, denn wir haben einen Himmelfahrtstag; ebenso im Märchen bei Colshorn, Nr. 36, weil es heißt: «Heute wirst du mit mir im Paradiese sein.») Im Orlaudino (a. a. O., S. 440), lautet die Antwort: «solo un salto», mit Berufung auf den Teufel, der bei seinem Sturz die Entfernung gemessen habe. Mit derselben Berufung beantwortet das Räthselbuch die Frage nach der Entfernung vom Himmel zur Hölle, die auch in den Gestis gestellt wird, aber mit der Antwort: «quantum suspirium distat a corde» (vgl. Simrock, 197; Wackernagel, Zeitschr., III. 32, Nr. 45, und Wolf, Wodana, XXXIII). Der scherzenden Antwort des Amts liegt ursprünglich gewiss dieselbe sinnig fromme Auffassung zu Grunde, wie sie sich noch erhalten hat in der Antwort der Weimarer Räthselsammlung (Weim. Jahrb., V, 335, Nr. 10) auf die Frage: «Wie ferr ist von dem untersten stein biß ine die neun kör der engel?»: «das bet (Gebet), das du herniden treibst, das weistu wol, daß es kumpt ine die neun kör, das ist für got.» Ernst und wörtlich zugleich aber ist die Sache gemeint in der Alexandersage, sowol der syrischen (Ausland 1875, S. 889), wo Alexander selbst «Neugierde, wie breit die Erde und wie hoch der Himmel» u. s. w. als Motiv für seinen Auszug bezeichnet, als in der jüdischen (Grenzboten 1879, III, 272), wo er den «Alten des Südens» die Frage vorlegt: «Welche Entfernung ist größer, die des Himmels von der Erde oder die von Westen nach Osten» (die Fragen nach beiden Entfernungen stehen auch im Orlandino nebeneinander), und die Antwort erhält: «die von Westen nach Osten; denn steht die Sonne im Westen oder Osten, so können alle in sie sehen, was aber nicht der Fall ist, wenn sie in der Mitte des Himmels steht.» Ebenso im deutschen Gedicht (Diemer, Deutsche Gedichte, 188, 5; Weismann, V. 218), wo der dritte Lehrer Alexander lehrt *den list wie hôch von dem wazzer zem himel ist*. Eine ziffermäßige Berechnung gibt unter Berufung auf Beda der englische Cursor Mundi: 7700 Jahre, wenn man täglich 40 Meilen zurücklege. Ebenso findet sich eine ernste Antwort auf die dritte Frage um den Mittelpunkt der Erde. Bibelstellen wie Ezechiel V, 5; XXXVIII, 12; Ps. LXXIII, 12 ließen die Deutung zu, Jerusalem sei der Mittelpunkt der Erde. Dem entsprechend heißt es im Talmud, Tractat Synhedrin 37ª mit Bezugnahme auf Hohel. VII, 3 und Ez. XXXVIII, 12: das Synedrion hatte seinen Sitz im Mittelpunkte der Welt (nämlich im Tempel). Diese Auffassung ging auch in christliche Schriften über. So findet man mehrfach in alten Berichten über die heiligen Stätten (bei Arculfus, c. 13, Publications de la société de l'orient latin. Série géographique: Itinera Hierosolymitana, I, 157; Beda, c. 3, a. a. O. 219; einem Ungenannten, a. a. O. 347) und noch in den Epistolæ obscurorum virorum (I, 30. VI. Huttenii Opera ed. Böcking Suppl., I, 46, 4) Jerusalem (que mediterranea et umbilicus terre dicitur: Arculfus) oder eine bestimmte Stelle der Stadt, auch Golgotha, als Mittelpunkt der Erde bezeichnet. Insbesondere wird von Arculfus und Beda eine Säule in der Mitte der Stadt hervorgehoben und bei den Mohammedanern soll noch in der H. Grabkirche ein Mann mit brennendem Licht in der Hand die Stelle jener Säule vertreten und Mittelpunkt der Welt heißen. Aber auch eine scherzhafte Antwort gewährt uns zunächst wieder der Talmud.*) Im Tractat Běchoroth 8ᵇ legen die Weisen Athens unter andern witzigen Räthseln dem berühmten Josua ben Chananjah (blühte Anf. des 2. Jahrh.) die Frage vor: Wo ist die Mitte der Welt? Er erhebt seinen Finger und antwortet: «hier!» Wieso denn? «Nun so bringt Stricke und meßt es aus.» Dem mehr oder weniger ähnlich ist sie öfter nachgewiesen (beim Herzog Julius von Braunschweig Von einem Edelmann, V, 1; Orient u. Occident, I, 440; Germ., VII, 506), ganz genau zu der des Âmis stimmend bei Pauli Schimpf und Ernst, Nr. 55. Für die zweite Frage nach der seit Adam verflossenen Zeit könnte ich mich begnügen, auf Ideler, Handbuch der Chronologie, II, 445 zu verweisen; ich will aber doch nicht unterlassen, auf die wiederholten derartigen Berechnungen in der Schlettstädter HS. 1093 aus dem 7. Jahrh. (Monatsber. d. Berl. Akad. 1872, S. 116—118, bes. 19. 22) aufmerksam zu machen. Eine scherzende Antwort, ähnlich der des Âmis, kenne ich nicht.

Auch die Aufgabe, den Esel zu unterrichten, steht nicht vereinzelt. Mit gleicher Lösung wie beim Stricker, aber ohne Frist, erzählt sie eine orientalische Quelle (Germ., XXV, 299); ohne die Lösung und mit einer Frist von nur zehn Jahren Poggio in den Facetiis (Londini 1798, I, 258; vgl. II, 257) und

---

*) Die beiden Talmudstellen verdanke ich freundlicher Mittheilung des Hrn. Rabbiners Dr. Moriz Tauber in Prag.

B. Waldis, Esop, IV, 97 (vgl. Kurz dazu); aus Poggio entlehnen das lustige Geschichtchen dann die *Merry tales and quicke answers* (1567)*) Nr. 99 (ed. Hazlitt, S. 115). Als Schüler des Fuchses, der ihn lehrt *sprechen wihteclich* (alle Dinge, alles mögliche? aber vgl. Germ., XXII, 36), kennen wir den Esel aus der Thierfabel beim Marner (Grimm, RF. CCIX fg.; ed. Ph. Strauch, XV, 7).

Wenden wir uns nun zu den einzelnen Schwänken, so findet sich zunächst der Kirchweihspaß nach Kemble wieder in der Apologie pour Herodote des Henr. Stephanus, wo ein Bettelmönch, seine versetzten Reliquien zu lösen, mit der Wirthin um die schuldige Summe wettet, daß er sie dazu bringe, eine Kohle, die er vor ihren Augen vom Herde genommen, vor Abend zu küssen. Er gewinnt die Wette, indem er die Kohle dem Volke als eine vom Rost des heiligen Laurentius stammende ausgibt, die nur eine reine Jungfrau oder treue Gattin gefahrlos küssen dürfe. Das Haupt des heiligen Brandanus passt gut zum englischen Schauplatz des Âmis. Die Legende von diesem irischen Abte des 6. Jahrhunderts, dem Begründer der Abtei Cluain-Fert, und seinen Wunderreisen, lateinisch bereits im 11. Jahrhundert vorhanden, bald weit verbreitet und populär, ist auch mehreremale in England gedichtet worden. Eine altenglische Bearbeitung in Versen aus dem 13. Jahrhundert mit einer jüngern Prosabearbeitung hat Th. Wright herausgegeben, und um 1121 widmete ein anglo-normannischer Dichter eine französische Bearbeitung der Gemahlin Königs Heinrich I., Alice (A. Jubinal, La légende latine de S. Brandane, Paris 1836, p. XI).

Die Novelle vom unsichtbaren Gemälde findet ihr Gegenstück in der siebenten Erzählung im Conde Lucanor des 1347 gestorbenen Infanten Don Juan Manuel (übersetzt von Eichendorff, Werke, 2. Ausg., VI, 424), nur daß hier an die Stelle des Gemäldes ein Gewebe tritt und der Ritt des blos mit diesem, also so gut wie nicht bekleideten Königs im Âmis natürlich fehlt. Den Zusammenhang des Conde Lucanor mit dem Orient und seinen Erzählungen hat F. Wolf in den Wiener Jahrbüchern, 1857, 193 fg. nachgewiesen.

Die Heilung der Kranken geht auf ein altfranzösisches Fabliau (bei Le Grand d'Aussy, 3me éd., Vol. III, 1, in Auszug

---

*) Kemble verwechselt diese wol (S. 316) mit den «A hunderd merry tales», worin ich das Stückchen nicht finden kann, weder in Hazlitt's noch Osterley's Ausgabe.

und Textmittheilung; Montaiglon, III, 156; vgl. Benfey, Pantschatantra I, 515) vom Bauer als Arzt oder Le médecin de Brai zurück, worin ein Bauer auf Anstiften seines Weibes als Arzt an den Hof des Königs kommt und, nachdem er dessen Tochter geheilt hat, noch die Kranken der Stadt heilen soll, was er wie Âmîs anstellt, nur daß er den Siechsten statt zu erstechen zu verbrennen droht, um mit seiner Asche die andern zu heilen. Auch Poggio (I, 200) hat diese Erzählung unter dem Titel Xenodochium. Der Vorfall ist hier nach Italien verlegt, und Petrillus erweist damit dem Cardinal von Bari, der in Vercelli ein überfülltes Spital hat, einen Dienst. Er will die andern mit einer Salbe aus dem Fett des Kränksten unter ihnen heilen.

Der Schwank vom brennenden Tuch findet sich wieder in des Stephanus Apologie nach Jean Menard erzählt, wo er nach Calabrien verlegt ist. Die Erzählungen stimmen in allem Wesentlichen, nur daß bei Stephanus der Mönch von der Frau das Tuch durch Versicherung ihrer Schweine durch geweihte Eicheln gewinnt.

Endlich die letzte Erzählung vom Juwelenhändler geht wieder auf den zweiten Theil eines altfranzösischen Fabliau von Courtebarbe zurück: Les trois aveugles de Compiègne (Le Grand, III, 49 und 5 des Choix et extraits; Montaiglon, I, 70), wo ein junger Geistlicher. erst drei Blinden vorspiegelt, als beschenke er sie, worauf sie sich für das vermeintlich erhaltene Geld gütlich thun und dann noch den Wirth, bei dem sie sind, täuscht, indem er die Zeche zu bezahlen verspricht, ihn aber nachher an den Priester des Ortes als seinen Bürgen weist, mit dessen Wort der Wirth sich auch vorläufig genügen lassen will. Der junge Geistliche trifft den Priester eben da er Messe lesen will, und flüstert ihm zu, der Mann, der ihn begleite, sei nicht ganz bei Troste und wünsche zu seiner Heilung, daß man ihm ein Evangelium lese. Der Angeredete verspricht das gerne und heißt den Wirth bis nach der Messe warten, dann wolle er ihn befriedigen. Der junge Geistliche geht davon, und der Wirth, der sein Geld will, wird als Narr behandelt wie unser Juwelenhändler. Beide Theile der altfranzösischen Geschichte sind mit unwesentlichen Änderungen (so zwölf Blinde statt drei) in den Ulenspiegel eingegangen als 71. Erzählung der Straßburger Ausgabe von 1519 (Lappenberg, S. 104; vgl. S. 270—273).

Wenn so unser Dichter seinen Stoff nicht erfunden, sondern in Volksüberlieferung und Dichtung schon überkommen hat, so bleibt ihm das unbestrittene Verdienst trefflicher Darstellung, durch die er jeder Novelle zu ihrem Rechte verhilft, und in welcher er, was Schwankliteratur betrifft, unübertroffen dasteht. Mehr dürfen wir von einem Novellenerzähler der Zeit nicht verlangen; auch Boccaccio hat nicht erfunden, sondern zum größten Theil wenigstens Vorgefundenes erzählt, dieses freilich mustergiltig für immer. Wenn uns der Schluß des Âmis befremdet, so ist zu erinnern an das, was ich oben über die Lebensanschauung unsers Dichters sagte, und seine Zeitgenossen theilten sie mit ihm. Ebenso wird auch mancher der Schwänke, die für uns nicht mehr harmlos genug sind, um leichten Herzens mitzulachen, wie namentlich die beiden letzten, seine Zeitgenossen nicht verletzt haben, die hierin offenbar viel weniger empfindlich waren. Wir finden viel Ärgeres, wo der Spaß dem Betroffenen das Leben kostet, und es soll gleichwol komisch bleiben. Nur eine Geschichte, Nr. X, erschien den Zeitgenossen anstößig, hier schien der Spaß doch gar zu gottlos und traf überdies einen Probst. Das veranlaßte eine Umarbeitung des Gedichts, die uns in der Mehrzahl der erhaltenen Handschriften vorliegt, wobei die anstößige Geschichte wegblieb und in der Reihenfolge der übrigen eine Änderung eintrat. Sonst hat sich das Gedicht gewiss großen Beifalls erfreut. Nicht nur daß in einem Gedicht, das Jac. Grimm (RF. CLXXXI) «nicht weit hinter 1250 rücken» mochte, die Wölfin, die ihren Sohn nach Paris in die Schule bringt, dem sich verwundernden Meister entgegnet, es stehe doch geschrieben:

«daz der pfaffe Âmis
was von künsten alsô wîs
daz er einen esel lêrte
daz er diu blât úmbe kêrte
und dâ von sanc das Âbêcê» (Kl. Stücke, V. 1197.)

und daß in Ottokar's Reimchronik (um 1300) der Marschall, der die Schuldigen, die der Königin Schmährufe nachsandten, ausfindig machen soll, sagen kann:

pfaff Âmeis senfticleicher was
mit zal des meres ünde *)
e ich den reht schuldegen fünde
der daz geschréi hât erhebt (109^b),

---

*) Pfaffe Âmis hatte es leichter, die Wellen *(ünde)* des Meeres zu zählen.

Anspielungen, welche die allgemeine Bekanntheit des Gedichtes voraussetzen; dasselbe wurde in der überarbeiteten Gestalt nicht nur bis in den Anfang des 16. Jahrhunderts abgeschrieben, sondern war auch unter den ersten mittelalterlichen Dichtungen, deren sich zu Beginn des 16. oder noch im 15. Jahrhundert der Druck bemächtigte (Docen, Miscellaneen, I, 76; Haupt's Zeitschrift, IX, 399), sodaß wir in der That nicht ein prosaisches für uns verloren gegangenes Volksbuch annehmen dürfen zur Vermittelung zwischen unserm Gedichte und dem Ulenspiegel (Lappenberg, S. 354), der, nach ausdrücklicher Versicherung der Vorrede in der Ausgabe von 1519, fünf seiner Erzählungen (die Heilung des Kranken, das Gemälde, die Räthselfragen, die Unterweisung des Esels und die Kirchweihpredigt) aus dem Âmis herübergenommen hat, was man bei der dritten und vierten auch ohne jene ausdrückliche Erklärung erkennen müßte. Sie sind übrigens sämmtlich frei und mit eigenthümlicher Situation benutzt: so ist die Krankenheilung nach Nürnberg versetzt, und wol nicht ohne Einfluß Poggio's der Herzog von Lothringen in einen «spitelmeister» (Spitalaufseher) umgewandelt, während die Heilung sogar mit dem französischen Fabliau zusammentrifft, wofür ich keine Vermittelung zu geben weiß. Der Schwank mit dem Gemälde spielt am hessischen Hofe, und die Bilder, die Ulenspiegel malen soll, sind entsprechend gewählt. Die Räthselfragen und die Unterweisung des Esels sind an die Universitäten zu Prag und Erfurt, und die Kirchweihpredigt nach Pommern verlegt. Letztere ist dann noch weiter auf Grund des Ulenspiegel von Hans Sachs versificiert worden (als Meisterlied ed. Gœdeke, I, 203 und Spruchgedicht, II, 220) mit so treuem Anschluß, daß man noch durch seine Verse Stricker's Worte hindurch hört. Im ganzen muß man das Lob, das Lappenberg der Verwendung und Anpassung dieser Erzählungen im Ulenspiegel spendet, unterschreiben. Nur bei dem Schwank mit dem Gemälde muß ich doch bekennen, daß mir die Erzählung Stricker's nicht zum Vortheil geändert scheint, nicht was die Situation, sondern einzelne Züge betrifft; sie scheint mir verschoben, namentlich kommt die Entdeckung durch die Hofnärrin viel zu früh, wodurch der Schluß gegen Stricker verdorben wird.

Meine Ausgabe des Âmis beruht im wesentlichen auf dem durch Benecke (Beiträge, II, 499 fg.) herausgegebenen Texte der Riedeggerhandschrift (R). Neu benutzt habe ich die Ambraserhandschrift, die mich Director Jos. Bergmann († 29. Juli 1872) mit gewohnter Gefälligkeit im Winter 1869 bequem in seiner Wohnung vergleichen ließ. Ebenso hat mich Hr. Professor K. Schmidt in Straßburg durch seine unermüdliche Gefälligkeit, womit er mir einzelne wichtige Stellen aus der 1870 leider auch verbrannten Straßburgerhandschrift verglich und meine Fragen beantwortete, zu großem Danke verpflichtet. Die Münchenerhandschrift Cgm. 711 (Schmeller, Handschriften, I, 115), die mir auf Vermittelung der Präfectur der Wiener Hofbibliothek von München bereitwillig zugesendet wurde, konnte ich schon früher für nicht mehr als einen von dem ehemaligen Besitzer der Gothaerhandschrift, Panzer, auf Grund derselben gemachten Versuch einer Ausgabe halten, der für die Kritik keine Bedeutung beanspruchen kann. Vollkommen bestätigt wurde diese Ansicht durch eine neue nicht ergebnisslose Vergleichung der Gothaerhandschrift selbst, die mir durch die zuvorkommende Gefälligkeit des Hrn. Dr. Georges für die zweite Auflage im Sommer 1881 ermöglicht wurde, wofür ich ihm ebenfalls herzlichen Dank ausspreche.

1.

ÁMÍS UND DER BISCHOF.

Hie vor was vröude und êre
geminnet alsô sêre,
swa ein hövsch mán ze hove quam
daz man gérne vón ím vernam
seitspil singen oder sagen.   5
daz was genæme in dén tágen.
daz ist ab nuo sô únwért
daz es der sehste nine gert,
er'n kunde danne ein mære
daz guot den liuten wære   10
vür sorgen unt vür ármúot:
anders dúnket ez vil selten guot
swaz er mit worten künste kan.

---

1 *Hie vor*, vor dem, vormals. — 3 *hövsch, hövesch*, hofgemäß, fein gebildet. Nach dem unbestimmten Artikel bleibt das Adjectiv häufig unflectiert. — *ze hove*, nach Hof. *hof* ist sowol der Aufenthaltsort eines Herrn, eines Fürsten, als die Versammlung der Edeln an demselben. Der Relativsatz ist, wie häufig im Mittelhochdeutschen, zwischen den Hauptsatz und den unmittelbar davon abhängigen Consecutivsatz eingeschoben. — 5 *singen*, vom Vortrag von Liedern, lyrischen wie epischen; *sagen*, erzählen, vom Vortrag epischer Gedichte; in der Zusammenstellung beider Ausdrücke wird der Gegensatz lyrischer und epischer Dichtung bezeichnet; vgl. Lachmann, Über Singen und Sagen (Kl. Schr. I, 461 fg.). Dieselbe Verbindung der Begriffe in der Klage (Hahn 12, 237): *si (die Herren) enfröut beizen (Falkenjagd) noch jagen, seitspil singen noch sagen*, und in dem Beispiel vom Nimmersatt, das überhaupt mit dem Eingang des Àmís zu vergleichen wäre, LB.[5] 810, 12 *ritter und vrouwen mugen wol klagen daz seitspil singen unde sagen sint worden widerzæme* (vgl. 21. 37). — 6 *genæme* angenehm, beliebt. — 7 *ab (abe)* gekürzt aus *aber*. — *unwert*, gering geschätzt. — 8 *der sehste*, wie heute «der Zehnte» statt einer unbestimmten Zahl. — *nine, niene*, aus *niht ne*, starke Negation, nicht. — *gern* mit gen., etwas begehren, nach etwas verlangen. — 9 *er'n* (= *er en*) — *danne*, es wäre denn daß er (sc. *der höfsche man*) wüßte. — *mære* stn., Erzählung, erzählende Dichtung. — 10 f. *guot vür* «gegen»: das den Leuten über Sorgen und Armuth hinweg hülfe. — 12 *anders* adverb. (ten., sonst, andernfalls. — 13 *künste* gen. abhängig von *swaz*, wie viel auch. — *mit worten* bezeichnet die Dichtkunst und den Vortrag von Gedichten. —

wie sol dann' ein gevüege man
ze hove nuo gebâren?   15
des enkán ich niht gevâren.
ich kan gevüeger worte vil,
daz bezíug'ich swer si hœren wil;
swâ man dér ze hove nine gert
dâ bin ich eines tôren wert.   20
nuo hœret waz hie vor geschach.
dô vröude vür die sorge brach,
dô man êre vür die schande enphie,
unt milte vür die erge gie,
unt triuwe vür untríuwe schreit,   25
unt vrümekeit vór der bôshéit
âne kumber wol genas,
unt wârheit vor der lûge was:
dô was diu zuht genæme
und unzuht widerzæme,   30
unt besáz diu tugent elliu lant,
daz man untúgent ninder vant;
vür übele gienc diu güete,
vür trûren hôchgemüete
unt gie daz reht vür'z únréht;   35
der mûot wás der frides kneht.

---

14 *gevüege*, der *vuoge*, Kunstfertigkeit (Kudrun 389, 4; Tristan 3633) hat, kunstreich. — 15 *gebâren*, sich benehmen. — 16 *geeâren* mit gen., erlauern, ins Auge fassen, ersehen. — 17 *worte* (gen. abhängig von *vil*) von Gedichten zu verstehen wie 13. — 18 *beziuge*, beweise durch Zeugniss. — *swer*, wenn jemand; das Correlativ leitet oft, ohne daß ihm ein Demonstrativ im Hauptsatze entspräche, einen conditionalen Relativsatz ein, s. Bartsch zu Karl 9055, wo die Beispiele aus Stricker sich leicht noch mehren ließen. — 20 «da bin ich so viel werth, gelte ich als ein Thor»; vgl. *er muoz vor gote ein zage* (Feigling) *sin swer hie niht stehet daz swert: ern wart nie mannes wert*, Karl ed. Bartsch 7408 (= Rolandsl. 272, 3). *dune wirst niemer mannes wert ze hove noch ze teidinge* 11420. — 22 *brechen* mit der Præp. *vür*, gewaltsam vor etwas vordrängen, «da Freude die Sorge verdrängte». — 23 *vür* bezeichnet den Vorzug vor der Schande, «der Schande vorzog». — 24 *milte* stf., Freigebigkeit. — *erge* stf., Kargheit. — 25 *schrite* (schreit, schriten) schreite: «und Treue der Untreue vorgieng». — 26 *vrümekeit* stf., Tüchtigkeit, das Gute, und *bôsheit* stf., Werthlosigkeit, das Schlechte, beide mhd. nicht in ausschließlich moralischem Sinne. — 27 *kumber* stm., Bedrängniss. — *genesen* m. præp. *vor*, heil, gesund bleiben, gerettet werden vor etwas. â. k. w. g. «ungekränkt blieb». — 29 *zuht* stf. (von *ziuhe*), das Ergebniss der Erziehung, Wohlgezogenheit, edele Bildung des Außern und innern Menschen. Das Gegentheil 30 *unzuht*, Ungezogenheit. — *widersæme*, missfällig. — 31 *besaz*, bewohnte. — *tugent* so wenig als *untugent* (32) in ausschließlich moralischem Sinne. — 32 *ninder* Ortsadv. nirgends. — 33 *übele* stf., Bösartigkeit. — 34 *hôchgemüete* stn., gehobene Stimmung, Freudigkeit. — 36 das gesammte Denken und Streben des Menschen (*der muot*; vgl. Karl 2 fg. *swaz in des mannes herzen ist, daz wir dâ heizen der muot*) war im Dienste des Friedens. —

daz was in dén stúnden
è triegen wurde vunden.

 Nû saget uns der Strickære,
wer der érste mán wære.   40
der liegen unt triegen ane vienc,
unt wie sin wille vür sich gienc
daz er niht widersatzes vant.
er hét hûs iu Engellant
in einer stat ze Trănjs,   45
unt hiez der phaffe Ămîs.
er was der buoche ein wise man
unt vergáp sô gar swaz er gewan,
beidiu durch ére unt durch got,
daz er der mîlté gebot   50
ze keiner zît übergie.
er lie die geste unde enphie
baz denn' ieman tæte,
wand' er es state hæte.
sin miltekeit was alsô grôz   55
daz es den bíschóf verdróz
dem er was gehórsám.
daz er dés sô vil von im vernam,
daz liez er niht âne nit.
er kom zem phaffen z'einer zit.   60
zuo dem sprach der bíschóf:
«herre, ir habet grœzern hof

---

37 *stunde* (in adv. Ausdrücken *stunt*) stf. bezeichnet überhaupt einen Zeitabschnitt, *in den stunden* also ein den Zeiten». — 38 *wurde vunden* (erfunden): der Conj. steht mhd. wie überhaupt nach einem positiven Comparativ (V. 53) so auch gern in Temporalsätzen nach *é, é daz, é das* bei positivem Hauptsatze. Vgl. Bock, QF. XXII, 25 fg.
42 *vür sich g.*, vorwärts, in Erfüllung gieng (Hahn 11, 143 u. Anm.). — 43 *daz* mit einer Negation entspricht unserm nhd. ohne daß. — *widersatz* stm., Widerstand; der gen. von *niht* (substant. nichts) abhängig. — 44 *hûs haben*, wohnen, Haus halten. — 45 «in einer Stadt Trânis» vor dem nom. prop. wird nach *stat* die Præp. gesetzt. — 47 *der buoche* der gen. von *wise* abhängig, ein in den Büchern, d. h. besonders der Bibel bewanderter Mann. — 48 *vergeben*, verschenken. — *gar* adv., gänzlich. — 49 *beidiu* n. pl. von zwei mit und verbundenen Begriffen entspricht unserm sowol — als auch. — *durch* causal, um der Ehre (hier des Lobes wegen der *milte*) und Gottes willen. — 51 *übergie*, übertrat. — 52 *lie*, entließ. — 53 *tæte* stellvertretend für die im Vordersatz stehenden Verba. Ueber den Conj. vgl. zu 37 u. Bock, a. a. O., 6 fg. — 54 *wand'* (*wande*) conj., weil. — *state* stf. bedeutet alles, wodurch etwas möglich wird, Ort, Zeit, Verhältnisse, auch Personen. *st. hân* (*hæte* ind. praet.) mit gen., in der Lage sein etwas zu thun. — 56 *verdriezen* impers. mit gen. der Sache. — 59 *liez*, ließ geschehen. — *nit* stm., Haß, Groll. — 60 *zem* aus *ze dem*. — *z'einer zît*, einmal, eines Tags. —

1. ÂMÎS UND DER BISCHOF.

z'allen zîten denne ich;
daz ist harte unbillich.
ir habet überigez guot   65
daz ir mit höfschéit vertuot;
des sult ir mir ein téil gében.
ir endürfet dâ niht wider streben;
ich enwil's von íu niht enbern;
ze wâre, ir müezet mich's gewern.»   70
dô sprach der phaffe Âmîs:
«mîn muot der stêt ze solher wîs
daz ich mîn guot vil wol verzer,
unt mich des vil gar gewer
des mir über werden sol: 75
wær's mêre, ich bedörft'es wol.
ich engibe iu anders niht:
geruocht ir mîner spîse iht,
sô rîtet in daz hûs mîn,
unt lât mich iuwern wirt sîn   80
swie dicke ez iuwer wille sî,
unt lât mich dirre gâbe vrî.
ich engib'iu umbe disiu dinc
nimmer einen phénninc.»
daz wart dem bischóve zorn.   85
«sô ist diu kirché verlorn»,
sprach er, «die ir von mir hât,
umb' die selben missetât.»

---

64 *harte* adv., steigernd: sehr. — 66 *hüfscheit* stf., höfisches, vornehmes Wesen, wozu auch die *milte* gehört. — *vertuon*, aufwenden, ausgeben. — 67 *des* gen. abhängig von *teil* stn. — 68 *dâ* ist mit *wider* zu verbinden. — 69 *enbern* stv. mit gen. (es, angelehnt an das Verbum), etwas entbehren. — 70 *ze wâre*, fürwahr. — *gewern* swv. mit acc. der Person u. gen. der Sache, jemand etwas gewähren. — 72 mein Streben ist dahin gerichtet. — *wîse* stf., Art und Weise, wird in adverbialen Ausdrücken gekürzt; vgl. 440. 992. 1338; und selbst als masc. gebraucht 1678, und mit der Præp. 542. 1780. — 73 *wol* adv., auf gute Art. — 74 *sich eines dinges gewern* swv., sich gegen etwas wehren, vor etwas bewahren. — 75 *über werden* mit dat., übrig bleiben; der gen. *des* erklärt sich aus der unserm Dichter so geläufigen Attraction, die der im vorhergehenden Satz stehende Casus des Demonstr. bewirkt. S. J. Grimm, Kl. Schr. 3, 315—323, Bartsch zu Karl 10999. — 77 *anders* gen. abhängig von *niht*, nichts anderes. — 78 *geruochen* swv. mit gen. wünschen, begehren: wünschet ihr (aber) etwa (*iht* adv. acc.) von mir Speise, Bewirthung. — 81 *dicke* adv., oft. — 82 *dirre* (aus *disere* gen. von *disiu*) g. von *vrî* abhängig, erlaßt mir diese Gabe. — 83 *umbe disiu dinc*, um dieser Sachen willen, deshalb. — 84 *nimmer (niemer)* niemals (von der Zukunft). — 85 *zorn werden* mit dat., erzürnen. — 86 *sô* an die frühere Rede anknüpfend, in dem Falle, dann. — 87 *hât = habet*. — 88 *umb'*, um — willen, wegen. — *missetât* stf., Uebelthat, Schuld (nicht so stark wie nhd.).

er sprach: «des sorg'ich kleine.
âne diz dinc alterseine 90
ich was iu gehôrsam ie;
dar an versûmet' ich mich nie.
ouch heizet mich versuochen
mit worten und an den buochen.
kunn' ich min âmt alsô wol 95
sô ich ze rehte kunnen sol,
des lât ouch geniezen mich.»
der bischof sprach: «daz tûon ich.
sit ich iuch versuochen sol,
sô kan ich iuch versuochen wol 100
mit kurzen worten hie zehant:
ir habet den habech an gerant.
saget mir, wie vil des meres si;
der rede enlâz'ich iuch niht vri;
unt bedénket iuch vil ebne ê. 105
saget ir mir minner oder mê,
ich tuon iu solhen zórn schîn,
daz diu kírche muoz verlórn sîn.»
«des ist ein vuoder» sprâch ér.
der bischof sprach: «nû saget, wer 110
gestêt iu des? den zeiget mir.»
der phaffe sprach: «daz müezet ir.
ich'n liug'iu niht als umbe ein hâr.
endunket ez iuch niht vil wâr,

---

89 *sorgen* mit gen., bekümmert sein. — *kleine* adv., wenig, ironisch gleich einer starken Negation. — 90 *âne* conj., außer, ausgenommen. — *alterseine* verstärktes *eine*, auf der Welt *(alter)* allein, ganz allein. — 91 über die Wortfolge vgl. zu Karl 3840. — *ie* immer und 92 *nie* niemals, beide nur von Vergangenheit und Gegenwart. — *sich versûmen* mit *an*, nachlässig, pflichtvergessen sein. — 93 *versuochen*, prüfen. — 94 *mit worten* vom mündlichen Vortrag (zu 13), hier also wol (wie 344) von der Predigt: wie ich predigen kann und in *den buochen* (zu 47) bewandert bin. — 95—96 der Conjunctiv im Bedingungssatze, weil etwas blos als Voraussetzung, noch nicht als wirklich ausgesprochen werden soll. Verstehe ich mein Amt, wie (*sô* rel.) ich es nach Recht und Pflicht verstehen soll. — 97 *geniezen* mit gen., Nutzen von etwas haben, keine Strafe dafür leiden. — 99 *sit* conj., nachdem, weil. — 101 *mit kurzen worten*, kurz. — *zehant*, auf der Stelle. — 102 *habech* stm., Habicht; sprichwörtlich «ihr habt es mit einem aufgenommen, der euch überlegen ist»; vgl. *swelhe dâ solten dringen ûf die von Kerlingen, die heten den habich angerant.* Karl 9777. — 105 *sich bedenken*, sich besinnen, nachdenken. — *ebne*, sorgfältig, genau. — 107 *schîn* adj., strahlend, sichtbar, sch. *tuon*, zeigen, beweisen. — 109 *vuoder* stn., Fuder, Wagenlast. — 111 *gestên* mit dat. der Person und gen. der Sache, einem beistimmen. — 113 *als umbe ein hâr* (vgl. V. 890. 1710. 1915 *daz es in niht swæret als ein hâr* Docen, Miscell. 2, 222), ein Lieblingsausdruck des Dichters, gleichbedeutend mit *hâres breit* (Karl 8147), *hâres grôz* (GA. 52, 292), so viel, so breit, groß wie ein Haar. —

1. ÂMÎS UND DER BISCHOF.

sô machet ir mir stille stên 115
diu wazzer diu dar in gên,
sô mizz'ich'z unde lâze iuch sehen,
daz ir mir nâch müezet jehen.»
der bischof sprach zem phaffen:
«sit ir'z álsó wellet schaffen, 120
sô lât diu wazzer vür sich gân;
ich wil iuch 's mézzéns erlân,
sit ich's niht verenden mac.
nû saget mir, wie manec tac
ist von Ádâm unz her?» 125
«der sint siben», sprách ér.
«als die ende hânt genomen,
sô siht man aber die selben komen.
swie lange disiu wérlt stê,
ir'n wirt doch minner nóch mê.» 130
daz was dem bischove ungemach.
zornlîche er zem phaffen sprach:
«nû saget mir aber dâ bî,
welhez rehte enmitten sî
ûf disem értrîche. 135
teilt ir'z niht vil gelîche,
ir wert der kirchen âne.
des sagt mir niht nâch wâne.»
der phaffe sprach: «daz sî getân.
diu kirche, die ich von iu hân, 140
diu stêt enmitten rehte.
daz heizet iuwer knehte
mézzén mit einem seile;
reich' ez an deheinem teile
eines hálmes bréit vürbáz, 145

---

115 *machet ir*: das Pron. beim Imp. hat der Stricker öfter, s. 2027. 2160. — 116 *diu dar in gên*, die darein fließen, münden. Der Conj. steht im Nebensatz wegen des Imperativs im Hauptsatz (zu Karl 12199, Bock, a. a. O., 44 fg.). — 117 *miss'ich's* = *misse* (messe) *ich es*. — 118 *nâch jehen* mit dat., nachsprechen, zustimmen. — 120 *schaffen*, ins Werk setzen, machen. — 121 *vür sich gân*, weiter fließen. — 122 *erlân* mit acc. der Pers. u. gen. der Sache, einem etwas erlassen. — 123 *verenden*, zu Ende bringen. — 124 *manec*, viel. — 125 *unz her*, bisjetzt. — 128 *aber*, abermals. — 131 *ungemach* adj., unbequem, lästig. — 132 *zornlîche* adv., erzürnt. — 133 *dâ bî*, nebstdem. — 134 *welhes* absol., welcher Ort. — *enmitten (inmitten)* adv. dat. in der Mitte. — 137 *âne* (adj.) *werden* mit gen., verlustig gehen. — 138 *des caus. gen.* darum. — *wân* stm., ungewisse Ansicht, Vermuthung. *nâch wâne*, aufs ungewisse, der Gegensatz davon *âne wân* (456), ganz gewiss. — 139 *daz sî getân* (vgl. 2273, Hahn 4, 189 u. Anm.), das sei, soll geschehen. — 144 über den Conjunctiv s. zu 95. — 145 *eines halmes breit*, um Halmes Breite. *vürbas*, weiter, darüber hinaus. —

sô nemt die kirchen umbe daz.»
der bischof sprach: «ir lieget.
swie harte ir mich betrieget,
doch muoz ich iu gelouben ê
dann' ich daz mezzen ane gê.   150
nû saget mir, wie verre
(ir sit ein wîser herre)
von der érde unz an den himel sî.»
der phaffe sprach: «òt êst sô bî,
dár rúofet samfte ein man.   155
herre, zwîvelt ir iht dran,
sô stîget hin ûf: sô ruofe ich,
unt hœrter niht vil greite mich,
sô stîget vil báldé her nider,
unt habet iu die kirchen wider.»   160
daz was dem bíschóve leit.
er sprách: «íuwer wîshéit
diu múet mich sô sêre.
nuo sagt mir aber mêre,
wie breit der himel müge sîn,   165
oder diu kirche ist mîn.»
dô sprach der phaffe Âmïs:
«des mach' ich iuch vil schiere wîs.
als mir mîn kunst hât geseit,
sô ist er tûsent klâfter breit   170
unt dar zuo tûsent ellen.
welt ir si rehte zellen
(des wil ich iu wol gunnen),
sô sult ir die sunnen
und ouch den mânen nemen abe   175
unt swaz der himel sterren habe,
unt rücket in dann' über al

---

146 *umbe das,* darum. — 150 *ane gên* mit acc., an etwas gehen, sich an etwas machen. Über den Conj. s. zu 38. — 151 *verre,* weit. — 154 *ôt* in der Antwort: nun. — *êst = es ist.* — *bî* adv. nahe (zu Karl 3256). Die Folge ist 155 selbständig als Hauptsatz angeschlossen. — 155 *samfte* adv., leicht. — 158 *hærter* (= *hæret ir* mit Inclination des Pron.). — *greite (gereite)* adv., schnell, alsbald. — 160 nehmt die Kirche wieder zurück. — 163 *müejen* swv., beschweren, verdrießen. — 164 *mêre,* weiter. — 168 *einen wîs machen* mit gen., jemanden über etwas belehren, ihm darüber Bescheid geben. — 169 wie mein Wissen (*kunst*) mir gesagt hat, so viel ich weiß. — 172 *rehte* adv., richtig, genau. — *zellen (zeln)* swv., zählen. — 173 *gunnen* unreg. v. mit dat. der Pers. und gen. der Sache, vergönnen, erlauben. — 174 *sult ir* mit dem Inf. (*nemen abe*), höflich, stellvertretend für den Imperativ (*nemet abe*), daher auch der Conj. *habe* in 176 (zu 116). — 176 *sterre* swm., der Stern, der gen. abh. von *swaz,* so viel Sterne als. — 177 *über al,* sammt und sonders. —

zesamen: er wirt alsô smal,
swenne ir in gemezzen hât,
daz ir mir mîne kirchen lât.» 180
der bischof sprach: «ir kunnet vil:
dâ von ich niht enberen wil,
ir müezet mich dâ mite êren
und einen esel diu búoch lêren.
sit ir den himel gemezzen hât, 185
unt den wéc der hin unz dár gât,
unt dar zuo mer und erden,
nû wil ich innen werden
ob iu iht kunne widerstân.
habt ir diz álléz getân 190
daz ir mir hie vore zelt,
sô tuot ir ouch wol swaz ir welt.
nuo wil ich schouwen hie bi͂
ob daz ánder allez wắr si͂.
gelêrt ir nû den esel wol, 195
sô nim' ich allez daz vür vol
dáz ir mír hábt gesagt,
unt weiz wol, daz ir rehte jagt.»
«nuo gebt mir einen esel her;
den wil ich lêren» sprách ér. 200
dô wart in kurzen stunden
ein junger esel vunden,
den brâhte man dem phaffen dar.
der bischof sprach: «nû nemet war,
unz wenne ir in gelêret hât 205
daz ir mich die zît wizzen lât.»
der phaffe sprach: «ir wizzet wol,
swer ein kínt lêren sol

---

178 fg. über die Satzfolge vgl. zu 3. — 182 *von* causal, «darum bestehe ich darauf (vgl. 69), daß.» Der folgende abhängige Satz 183 ist ohne Conjunction mit dem Verbum im Conjunctiv angefügt. — 184 *und* knüpft hier einen dem logischen Gedankenverband nach untergeordneten Satz (damit, daß) coordinierend an. — *diu buoch lêren,* in den Büchern unterweisen, ihn lesen lehren. — 186 *hin unz dar,* von hier bis dahin. — 188 *innen* (vgl. 1100, zu Karl 224) *werden,* erfahren. — 191 *sein,* überhaupt von mündlicher Mittheilung: was ihr mir hier vorsagt. — 193 *bî* instrumental: dabei, daran will ich sehen. — 195 *gelêrt = lêret, ge-* (lat. co-, con-) tritt mit leise verstärkender, in der Übersetzung häufig kaum noch faßbarer Bedeutung vor alle Verbalformen. — 196 *vür vol nemen,* ein dem Stricker auch sonst geläufiger Ausdruck (vgl. unten 264. *got nimt des dienest niht vür vol* Karl 4886. Docen, Miscell. 2, 214), sich genügen lassen. — 198 daß ihr auf der rechten Fährte seid. — 201 *in kurzen stunden* (zu 37) in kurzer Zeit. — 204 *nemet war,* habt acht. — 205 *unz wenne,* bis wann. Über die Satzfolge vgl. zu 3. —

I. DER PFAFFE ÁMÍS.

unz man im wisheit müeze jehen,
dáz enmac nimmer ê geschehen, 210
er müeze lêren zweinzec jâr:
dâ von weiz ich vüre wâr,
gelêre ich einen esel wol
in drîzec jâren als ich sol,
sît er sprechen nine kan, 215
dâ muoz es iu genüegen an.»
der bischof sprach: «nû lât sehen.
deiswâr, únd enmages niht geschehen,
ich gemáche iuch harte únvrô.»
núo dâht' der phaffe dô: 220
«wir'n gelében nimmer drizec jâr
alle dri, dáz ist wâr,
der esel sterbe oder ich,
ode der bischof. swaz er sich
vermízzét ûf mínen schaden, 225
des mac mich der tôt wól entladen.»
dô der bischof danne quam,
der phaffe sinen esel nam;
dem hiez er machen einen stal,
dâ er die kúnst wól verhal 230
wi er in lêren wolde.
ein bœse buoch er holde;
daz leit' er rehte vür ín,
unt schutte im haberen dar in
zwischen ieslíchez blat, 235
unt liez in nie wérden sat.

---

209 *einem jehen* mit gen., von jemand etwas aussagen, es ihm zuerkennen. — *wisheit* stf., Wissen, Gelehrsamkeit. — 210 *mugen* anom. v., äußerlich, leiblich können, von physischer Möglichkeit (im Gegensatz zu *kunnen*; vgl. 95. 181). — 211 er müsse denn lehren. — 212 *dâ von* s. zu 182: daher weiß ich für gewiss. — 214 *als ich sol*, wie ich soll, meiner Aufgabe entsprechend. — 216 *dâ* ist mit *an* zu verbinden. Der Gen. *es* hängt von *genüegen* ab: daran muß es euch genug sein. — 218 *deiswâr* aus *daz ist wâr* (222), hier wie ein adverb. *ze wâre* für wahr. — *und* oft zu Anfang eines Bedingungssatzes, nhd. nicht nothwendig. — *mages* (= *mac es*) mit incliniertem Gen. abb. von *niht*. — 223 der Conjunctiv wegen der Abhängigkeit von dem negativen Gedanken 221. — 225 *sich vermezzen*, sich erkühnen, anmaßen, gewöhnlich mit gen., hier mit acc. — *ûf* præp. bezeichnet den Zweck: zu meinem Schaden, mir zu schaden. — 226 *entladen* stv. mit gen., von etwas befreien. — 227 *danne* adv., hinc, von dannen. — *quam*, hier mit der dem mhd. Præteritum häufig eigenen Bedeutung, der Vorzeitigkeit: von dannen gegangen war. — 230 *verheln* stv. (*verhil, verhâlen, verholn*), verhehlen, geheim halten. — 232 *bœse* adj., schlecht, werthlos, durchaus nicht ausschließlich in moralischem Sinne wie nhd. — *holde* præt. von *holn* swv., holen. — 233 *leit'* = *legete*. — 234 *schütten* (præt. *schutte*) swv., schütteln, schütten. — *dar in*, darein. — 236 ließ ihn nie sich sättigen. —

1. ÂMIS UND DER BISCHOF.

diz tet der phaffe umbe daz,
daz er die bleter deste baz
gelernde werfen umbe.
als dánné der tumbe 240
zwischen éinem blate nine vant,
sô warf er úmbé zehant
ein anderz unde suochte dâ,
unt suochte aber anderswâ.
als dâ nimêr ín wás, 245
sô stuont der esel unde las
in dem buoche unz an die stunt,
daz im die liste wurden kunt
wi er den háberen ûz gewan.
daz treiber z'allen ziten an 250
beidiu vruo unt spâte,
unz er wól gelernet hâte
daz selbe blátwérfen gar.
nû quám der bischof dar,
unt sprach, er wolde wizzen 255
wie sich hete gevlizzen
sin esel zuo den buochen.
nu begúnde der phaffe suochen
ein búoch níuwe unde vrisch.
daz leit' er vûr sich ûf den tisch, 260
unde sprach den bischof an:
«herre, ich sage iu waz er kan:
er kan blátwérfen wol.»
«daz selbe næme ich vûr vol»
sprach der bischóf zehant. 265
«sit er sich es underwant,

---

239 *werfen umbe*, umwenden. — 240 *als*, wenn. — *tump* adj., dumm. — 241 *nine* (zu 8), nichts. — 244 *anderswâ*, anderswo. — 245 *dâ* mit *in* zu verbinden. *nimêr* aus *niht mêr* (wol zu unterscheiden von *nimmer*, *niemer*) nichts mehr. — 246 *las* ist hier doppelsinnig: auflesen (den Hafer) und die Buchstaben lesen (ursprünglich die mit Runen bezeichneten Stäbe aufheben und zusammenlegen). — 247 *unz an die stunt daz*, bis an den Zeitpunkt, daß, so lange bis. — 248 *liste* plur. von *list* stm., Weisheit, Kunst, Kunstfertigkeit: bis er die Fertigkeit erlangt hatte. — 249 *ûz gewinnen*, herausbekommen. — 250 *treiber* = *treip er* mit Anlehnung des Pron. *an triben* (*treip, triben, getriben*) mit acc., etwas fortwährend thun, treiben. — *z'allen* (= *ze allen*) *ziten*, alle Zeit. — 253 *blatwerfen*, umblättern, die Blätter wenden. — *gar*, vollkommen. — 254 *dar* adv., huc, dahin. — 256 *sich vlizen* (*vleiz, vlizzen, gevlizzen*) *zuo*, auf etwas Fleiß verwenden. — 259 *niuwe* adj., neu. — 266 *sit* temporale Conj., seit. — *sich underwinden* mit gen., auf sich nehmen etwas zu thun. Es ist nicht so lange Zeit her, seit er angefangen, sich damit zu beschäftigen, daß er nicht auch lesen lernen sollte. —

des ist sô lánc níht gewesen,
er gelerne ouch wol lesen.
nuo lât mich'z blátwérfen sehen.»
der phaffe sprach: «daz si geschehen.» 270
als er daz búoch úf getete
nâch des bíschóves bete,
vúort' ér den esel dar.
dó er des buoches wart gewar,
dó greif er sǎ́ dúrch gewin 275
nâch dem haberen dar in.
swaz er gezzen het unz dar
daz was ûz einem buoche gar.
nu ęnwas dâ niht inne.
dó warf er nâch gewinne 280
her umbe ein ándérez blat,
unt vant ouch niht an dér stát.
dó warf er aber anderswar,
und ersúochte'z búoch álsó gar.
wære ein korn dar inne gewesen, 285
daz het er ouch ûz gelesen.
dô er ninder niht envant,
do begúnder lńején zehant
so er ímmer lûtist kunde.
als er des begunde, 290
dó sprach der bischof: «waz ist daz?»
«des wil ich iuch bescheiden baz»
begúndé der phaffe jehen.
«er hât die búochstábe ersehen.
ich lêre in daz â bê cê; 295

---

270 *daz si geschehen* = *daz si getân* 139. — 271 *úf getete* von *úf getuon*, aufgeschlagen hatte. — 272 *bete* stf., Bitte, höflicher Befehl. — 273 *vuort' dar*, führte herbei. — 274 *gewar werden* mit gen., etwas gewahr, ansichtig werden. — 275 *grífen* (*greif, griffen, gegriffen*), greifen. — *sǎ*, sofort. — *durch causal*, Gewinnes halber, um den Hafer zu bekommen. — 277 *unz dar*, bis dahin. — 278 *was* mit Ellipse von *gezzen*. Diese beiden Verse (277. 278) hält Bartsch für unecht: sie sind allerdings nur in R. überliefert. — 280 *nâch* præp. mit dat., wie oben 276, bezeichnet die Absicht. — 282 *stat* stf., Ort, Stelle. — 283 *anderswar*, anderswohin: und wendete nach einer andern Seite um. — 284 *ersúochte'z* = *ersúochte daz*, durchsuchte das Buch. — 286 *ûz lesen*, herauslesen, heraussuchen. — 288 *begunder* (= *begunde er*), begann er. Daß der Stricker das Wort oft nur zur Umschreibung des davon abhängigen Begriffes (wie hier *lńején*) gebraucht und gerne mehrmal hintereinander wiederholt (wie hier 290. 293. 390 fg.), hat Bartsch zu Karl 11521 bemerkt und mit Beispielen belegt. — *lńején* swv., brüllen, schreien. — 289 *sô* mit dem Superl. (*lûtist*) wie lat. *quam*: so laut er nur immer konnte. — 290 *des* gen. von *begúnde*. — 292 *bescheiden* mit acc. und gen., einem worüber Bescheid ertheilen. — 293 *jehen* stv., sagen. — 294 *ersehen*, erblickt, gesehen. —

des enhât er niht mê
noch gelernet wan daz à.
der hât er vil gesehen dâ,
dô sprach er'z dicke umbe daz,
daz er'z bedæhte deste baz.   300
er lernet ûz der mâze wol;
ich lêre in swúz ich sol.»
des was der bischof harte vrô.
alsus schieden sie sich dô
harte minnecliche.   305
nû lôste got der riche
den phaffen von der selben nôt,
wan der bischof der lac tôt
dâ nâch in einer kurzen zît.
nu enlërter niht den esel sit.   310
nuo dûhte der phaffe Âmîs
die liute alle alsô wîs
daz si gewís wólten wesen,
wær' der bischôf genesen,
er het den esel gelêret.   315
des wart der phaffe gêret
unt harte witén erkant.
swer daz mære bevant
der réit dár, óder er gienc,
wand' er die liute wol enphienc.   320
des mèrten sich sîne geste,
unz sîn kumber wart sô veste
dér niht mêr vergelten kunde,
unt dar nâch an die stunde

---

296 der Gen. *des* hängt von *mê* ab. — 297 *wan*, als. — 298 *der* gen. abhängig von *vil*. — 300 *bedæhte*, daß er es desto besser in Gedanken, im Gedächtniss behielte. — 301 *ûz der mâze*, über die Maßen. — 303 *des* gen. von *vrô* abhängig. — 304 *alsus* (aus *al* und *sus*), so. — *sich scheiden*, sich trennen, Abschied nehmen. — 305 *minnecliche* adv., freundlich. — 306 *lœsen* (præt. *lôste*) swv., erlösen, befreien. — *der riche*, gewöhnliches Attribut Gottes und der Könige, der Mächtige, Gewaltige. — 307 *nôt* stf., Bedrängniss, Verlegenheit. — 308 *wan* (aus *wande* gekürzt) causale Conj., denn, weil. — 310 *sit* temporales Adv., seitdem, späterhin. — 313—315 daß sie überzeugt waren, er hätte den Esel (lesen) gelehrt, wenn der Bischof am Leben geblieben wäre. — 316 *gêret* = *geêret*, geehrt. — 317 *witen* adv., weithin. — *erkant* part. von *erkennen* swv., kennen lernen, also: bekannt, berühmt. — 318 *mære* stn., die Geschichte. — *bevinden*, erfahren. — 319 *riten* stv. (*reit*, *riten*, *geriten*), reiten. — 320 er nämlich Âmis. — *wol enphienc*, gut, d.h. gastfreundlich aufnahm. — 321 daher vermehrte sich die Zahl seiner Gäste. — 322 *veste* adj., fest, stark: bis ihn die Noth so sehr bedrängte. — 323 *dér* zusammengezogen aus *daz er*. — *vergelten* stv., bezahlen was man schuldig ist. — 324 *an die stunde daz*, bis an den Zeitpunkt wo, so lange bis. —

daz niht mohte geborgen. 325
do begúnder vaste sorgen.
do gedãht' ér in sínem muote
«swaz ich ie téte ze guote
daz verlíus' ich gánzlíche,
ob ich dem hûs' entwíche: 330
ich wær' só gerne drinne.
swie ich daz guot gewinne,
alsó gewinne ich ez ê
dann' ich dem hûse abe gê.
ich wil nâch guote werben; 335
mîn hûs sol niht verderben.»

2.

DIE KIRCHWEIHPREDIGT.

Nuo bereite der phaffe sich
unt séhs knáppen hêrlích;
die machet' er geriten wol.
swaz ein phaffe haben sol 340
an líbe und an muote,
der predegen wil nâch guote,

---

325 das Subject dieses Satzes ist aus 323 zu ergänzen. — *geborgen* swv., entlehnen, schuldig bleiben: die Gläubiger wollten ihm nicht länger borgen. — 326 *vaste* adv. von *veste*, sehr. — *sorgen*, sich kümmern. — 327 *in sinem muote*, in seinem Geiste, bei sich. — 328 *ie*, jemals, je. — *ze guote*, zu Gutem, zu Nutz und Frommen. — 329 *verliesen* stv. (*verliuse, verlós, verluren, verloren*), preisgeben, verlieren. — *ganzlîche* adv., gänzlich, ganz und gar. — 330 *ob* conj., wenn. — *entwíchen* stv. mit dat., von etwas weichen, etwas verlassen. — 332—334 ich erwerbe das Gut eher auf jede beliebige Weise, als daß (*danne*) ich das Haus verlasse. (Der Conj. wie 150.) — *abe gên* mit dat., von etwas weggehen, es verlassen. — 335 *werben* mit *nâch* c. dat., sich um etwa sbewerben, bemühen, es zu erlangen.

337 *bereiten* swv., *bereite machen*, bereiten, ausrüsten. — 338 *knappe* swm., Knabe, Jüngling, Diener. — *hêrlích* adj., ausgezeichnet, stattlich. — 339 die machte er gut beritten, versah er wohl mit Pferden. — 341 an Leib und Seele. — 342 *predegen* swv. (von lat. praedicare), predigen. — *nâch guote*, um Gut, d. i. Geld oder andern Besitz dafür zu erlangen, für Gut. —

2. DIE KIRCHWEIHPREDIGT.

daz vuort' der phaffe Âmîs.
er was mit worten sô wîs
daz mau in nindér verwarf.   345
swes ein mâlér bedarf
dés vuórt' er michel rât,
unt dar zuo swes ein árzât
ze sîner arzenîe gert:
des was er álles gewert.   350
hie mite· vuor er in ein lant
dâ er ein kirchwîhe vant,
unt bat den phaffen der dâ was,
do er'z ëwangelium gelas,
daz er in dâ predegen liez;   355
wand' er im'z hálbéz gehiez
swaz er dâ gewûnne.
dâ was manc edel künne
von gebûren unt von vrouwen;
der mahte man dâ schouwen   360
wol zweinzec hundert ode mê.
nû sagt' er von der niuwen ê,
unt zôch die álten dar in,
unt redete harte starken sin.
dâ nâch sprach er álsô: 365
«ir mugt wol immer wesen vrô,
daz mich got hât her gesant.
ich hân iu brâht in ditze lant
ein heilictúom álsô guot

---

343 *vüeren* swv., mit sich tragen, besitzen. — 344 er verstand so gut zu sprechen, zu predigen. — 345 *verwerfen* stv., zurückweisen. — 347 *des* gen. abhängig von *rât* stm., Vorrath. — *michel* adj., groß. Der Acc. sg. masc. u. fem. des Adj. kann der Flexion entrathen. — 348 *arzât* stm. (aus gr. l. *archiater*), Arzt. — 349 *gert* mit gen., wünscht, braucht. — 350 *wern* swv. mit acc. der Person und gen. der Sache, einem etwas gewähren, also: das alles war ihm gewährt, mit all dem war er versehen. — 351 *varn* stv., ziehen, wandern. — 352 *kirchwîhe* stf., Kirchweihfest. — 353—355 zur Satzfolge vgl. zu 3. — *gelas*: zu 227. — 356 *geheizen*, versprechen. — 356 fg. er versprach ihm die Hälfte von seinem ganzen Gewinn, seiner Einnahme, dafür zu geben, daß er ihn predigen ließ. — 358 *künne* stn., (Geschlecht, und mit gen. oder *von* wie hier, blos umschreibend; da waren viel vornehme Bauern (*gebûre* swm.) und Frauen. — 360 *mahte* = *mohte*, konnte. — *schouwen* swv., sehen. — 362 *ê* stf., Gesetz; *diu niuwe ê*, das neue Testament; 363 *diu alte ê*, das alte Testament, beido als Inbegriff des Glaubens- und Sittengesetzes. — *ziehen* (*ziuhe*, *zôch*, *zugen*, *gezogen*) stv., ziehen: *zôch dar in*, zog herbei, citierte (zur Begründung und Erklärung). — 364 *sin* stm., Sinn, Verstand, Weisheit, mit dem adj. *starc* verbunden auch Nib. 1536. 2; Hartmann Arm. Heinr. 201; Iwein 1611; hier ist *sin* von dem Inhalt der Predigt zu verstehen, wie es überhaupt von der Bedeutung, dem geistigen Inhalt einer Rede, eines Werkes gesagt wird: «er predigte sehr kräftig und verständig.» — 369 *heilictuom* stn., Heiligthum, Reliquie. —

daz alle tage zeichen tuot. 370
iu sol genâde hie geschehen.
ich lâz' iuch zeichen hiute sehen,
daz ir mir wol geloubet.
sant Brándânes houbet
daz schouwet hie, daz hân ich. 375
ez hât gesprochen wider mich,
ich sül'm ein münster machen
mit alsô reinen sachen,
daz got von himel wol gezeme;
unt deich des ophers nine neme, 380
daz gebíutet ez mir an den lip,
daz mir gebe dehéin wîp
diu zuo ir člíchem man
ie deheinen man gewan.
die sô getâne mán hân, 385
den gebíut'ich, daz si stille stân;
wande gæben sie mir iht,
ze wâre, des ennæme ich niht.
daz lâz' ich iuch wol schouwen.»
do begúndén die vrouwen, 390
als er begunde singen,
mit opher zúo drìngen.
die dâ tougen heten man
die erbálten dar an,
unt wurden di aller ërsten dar; 395
der opher nam er allez gar.
als si dô gesâhen,
dër begunde enphâhen
swaz im ze némenné geschach,
unt niemens óphér versprach, 400
dô drungen die vrouwen alle

---

370 *zeichen*, Wunder. — 371 *geschehen*, zu Theil werden. — 376 *wider mich*, zu mir. — 377 *sül'm = sül im*. — 378 *sache* mit adj. umschreibend: so makellos, vollkommen. — 379 *daz:* das Relat. nach *alsô* vertritt ein consecutives *daz ez*. — *gezeme* conj. præs. von *gezemen*, anstehen, gefallen. — 380 *deich = daz ich*. — 381 *an den lip*, bei meinem Leben. — 385 *sô getûn*, so beschaffen, derartig; solche Männer nennt unser Dichter in seiner witzigen Erzählung vom klugen Knecht (Hahn 4, 197) *zuomun*. — 386 *stille stân*, stehen bleiben, sich nicht zum Opfer herbeidrängen. — 391 *singen*, sc. *messe* (vgl. 1690–1693) von dem gesangartigen Hersagen: Messe lesen. — 392 *zuo dringen*, sich herandrängen. — 393 *tougen* adv., heimlich, verstohlen. — 394 *erbalden* swv., *bald* (kühn) werden, ein Herz fassen. — 395 *dar* mit Ellipse von *gûn*. — 399 was er eben (*geschehen* mit inf. mit *ze* bezeichnet das zufällige) bekam. — 400 *versprach*, verredete, zurückwies. —

2. DIE KIRCHWEIHPREDIGT.

dar nách wol mit schalle.
diu dâ gestanden wære,
diu het ein bœsez mære
iesâ gemáchét dar an: 405
man zige si tougenlicher mau.
des kunden si sich wol verstân,
unt begúnden alle zúo gấn.
díu niht phénninges hâte
diu entlêhent' in vil drâte, 410
oder ópherte ein vingerlin
guldin oder silberin.
si gâhten dar sô sère
als ob si alle ir êre
dâ mite solten lœsen. 415
die bíderben únt die bœsen
die huoben sich gelîche dar;
si nâmen vlîzeclîche war,
swelch man niht ophern sæhe
daz man ir immer jæhe, 420
ir triuwe wære kopher.
dâ was daz rîchist opher
daz man ễ óder sit
ze sô getâner hôhzît
deheinem pháffén gegap. 425
dâ wær' einiu in daz grap
mit èren gérnér geleit
danne si die válschéit
ir selber hǽté getân,
daz si niht zuo wære gegûn. 430
diu tougen man héte genomen

---

402 *dar nâch* loc. dahin. — *mit schalle* adv. dat., laut. — 403 die da stehen geblieben wäre. — 404 *ein bœsez mære*, ein übeles Gerede. — 405 *iesâ* adv., sogleich. — 406 *zige* conj. præt. (vgl. zu 227) von *zîhen* stv. *(zêch, zigen, gezigen)*, zeihen, beschuldigen. — *tougenlîch* adj., heimlich. — 407 das sahen sie wohl ein. — 408 *zuo gân*, herzukommen. — 409 *pfenninges* s. zu 698. — 410 *entlêhen* (aus *entlêhenen*) swv., entlehnen, ausleihen. — *drâte* adv., schnell. — 411 *vingerlín* stn., Ring. — 413 *gâhen* swv., eilen. — 414—15 als würe ihrer aller Ehre verpfändet und sie müssten sie einlösen. — 416 *biderbe* adj., tugendhaft. — 417 *sich heben* stv., sich aufmachen. — *gelîche* adv., auf gleiche Weise, die einen wie die andern. — 418 sie gaben sorgfältig Acht. — 420 *jehen* mit dat. jemand nachsagen, von jemand aussagen. — 421 *kopher (kupher)* stn., lat. cuprum, Kupfer, bezeichnet unechtes, falsches; vgl. Hahn 6, 68 *dîn rede ist schœne als daz golt, dîn triuwe ist aber kopherrar* (kupferfarb). — 424 *hôhzît* stf., Fest. — 426—427 da hätte sich eine lieber mit Ehren begraben lassen. — 430 *gegân*: sonst gebraucht der Dichter nur *geyangen*, Lachmann zum Iwein 3694. —

unt von dem worte wolde komen,
diu ophert' wól drî stúnt,
daz den liuten würde kunt,
daz si âne válsch wǽre, 435
beidiu reine und érbǽre.
dô s' alle gophert hâten
unt daz vil gerne tâten,
dô sprach der phaffe Ãmïs
»got hât in gótlïcher wis 440
sin zeichen hiute hie getân,
daz wir sus mange vrouwen hân
die sich ál só wol bewárt hânt
daz si válscher minne âne stânt,
unt tougenlïcher mănne. 445
nu gebíut'ich bi dem banne,
diu hiute hie gewesen si
daz man si valsches wizze vrî.
daz sint si sicherlîche.
swie edel ode swie rîche 450
dehein vróuwe in der werlde si
unt swie gewáltíc dâ bi,
phliget si solher minne iht,
ich nim ir ópheres niht.
der opher ich genomen hân, 455
daz sult ir wizzen âne wân.
die sint sô reine unt sô guot
daz si sích vor valsche hânt behuot.«
sus wart der phaffe rîche
unt gelóbet vil grózlîche 460
von vrouwen unt von wîben.
die rede begunder trîben
ze swelher kírchén er quam.

---

432 *wort*, Gerede, übeler Ruf; die dem Ruf entgehen wollte. — 433 *stunt* nach Zahlwörtern = nhd. mal. — 435 *valsch* stm., Falschheit, Untreue. — 436 *reine*, keusch. — *érbære*, ehrbar. — 443 *sich bewarn*, sich in Acht nehmen, behüten. — 444 *âne* (adj.) *stân* mit gen., frei sein von etwas. — 447 *sî*: auch der imperat. oder optat. Conjunctiv des regierenden Satzes kann im Nebensatz einen Conj. bewirken wie der Imper. selbst (zu 116). — 453 *pflegen* stv. mit gen., mit etwas zu thun haben (nur ganz ausnahmsweise wie nhd. gewohnt sein). — 456 *âne wân*: zu 138. — 458 *behuot* part. præt. von *behüeten* swv., behüten. — 460 *grózlîche* adv., sehr. — 461 *ron vrouwen unt von wîben*. Man beachte hier den Gegensatz von *vrouwe* in der Bedeutung: adeliche Dame, Frau von Geburt, zu dem allgemeinen *wip* (vgl. Walther von der Vogelweide Nr. 69 mit Pfeiffer's Bemerkungen). — 462 *rede* ist nicht blos *oratio*, Rede, wie nhd., sondern oft Gegenstand der Rede, Sache, so ziemlich synonym mit *ez*, *daz*; über *begunde* s. zu 288. —

swâ man sin predigen vernam
dâ wâren die vrouwen vrô, 465
unde wurden ouch alsô
unschúldic valscher minnen.
mit den selben sinnen
gewan er gúotés zehant
daz er erlôste siniu phant, 470
unt solhes ríchtûomes wielt,
daz er sin hûs wól behielt,
wand' er die vrouwen èrte.
swâ er hin kêrte
da enphíengens' in als einen got, 475
unt gâben sich in sin gebot,
unt sprâchen, sit er wære
ein heilic predigære,
daz er ín dem lande umbe rite,
und eine kirchen niht vermite, 480
er enpredeget': umbe daz
daz man die vrouwen deste baz
valscher minne weste vrî.
im was z'allen ziten bî
manger edeln vrouwen bote 485
di in sêre bâten bî gote,
daz er zuo ir kirchen quæme
daz man in ouch dâ vernæme.
des gewán er guotes solhe craft
daz er wart gar unnóthaft. 490

---

467 *minnen* ist gen. plur. — 468 durch diese (erwähnte) List. — 469 *guotes* gen. partitiv. zu erklären durch ein zu ergänzendes *sô vil*. — 470 *erlœsen* swv., einlösen. — 471 *walten* stv. mit gen., besitzen, in seiner Gewalt haben. — 474 überall wohin er sich wendete. — 475 *als*, wie. — 476 sie ergaben sich in sein Gebot, unterwarfen sich seinem Gebot. — 480—481 er sollte nicht an einer einzigen Kirche vorbeigehen *(vermite* conj. præt. von *vermîde, vermeit, vermiten)*, ohne zu predigen. — 483 *weste*, wüßte von *wizzen*. — 484 *bî wesen* mit dat., bei, um jemanden sein. — 489 *craft* stf., Menge, Fülle. — 490 *unnóthaft* adj., frei von Noth, Sorge.

3.

DAS UNSICHTBARE GEMÄLDE.

Dô der phaffe riche wart,
do gewån er solhe hôhvárt
daz er mit sinem sinne
nåch grözérm gewinne
iesä begunde ringen. 495
er reit ze Kérlíngen.
in die stat ze Páris
quam der phaffe Âmis
dâ er des landes künec vant.
zuo dém sprách ér zehant: 500
«bedörftet ir iht des ich kan,
sô dûht' ich mich ein sælec man.»
der künec sprach: «nû saget mir,
meistér, waz künste kunnet ir?»
«dâ kan ich mâlen alsô wol 505
daz ez ál diu wérlt lóben sol.
ich kan ze mâlen einen list,
der allen liuten vremde ist
die nû lebent unz an mich;
herre, dén list dén vant ich. 510
ich mâle iu wol über al
ein hûs óder einen sal,
unt mâle dran diu bilde,

---

496 *Kerlingen*, das karolingische Frankreich. — 504 *meister* (vgl. 1446. 1498), Titel der Künstler und Handwerksmeister (1974). — 505 *dâ* steht oft wie hier ah der Spitze erklärender Antworten ohne bestimmt locale Bedeutung; vgl. Erec 8778 und Bech's Anm., Benecke zum Iwein 490. — 508 *vremde* adj., unbekannt. — 509 *unz an mich*, bis auf mich, außer mir. — 510 Die beim Stricker nicht seltene Wiederholung des Pronomens, namentlich des demonstrativen *der*, nach vorausgestelltem Substantiv dient hier zu nachdrücklicher Hervorhebung. — 511 *über al*, vollständig (nicht wie nhd. «überall»). — 512 *hûs* bedeutet auch ein festes Haus, Burg. — *sal*, Festraum, Saal, meist im *palas* gelegen (so hier 535. 556), manchmal auch als gesonderter, den Festraum allein enthaltender Saalbau von diesem unterschieden; s. A. Schultz I, 51 fg. u. 79 fg. Ueber Wandmalereien daselbst S. 60 fg. — 513 *bilde* stn., äußere Gestalt eines Dinges, dann Bild besonders von Werken bildender Kunst. —

3. DAS UNSICHTBARE GEMÄLDE.

bediu zam unt wilde,
diu ieman lebendic hât gesehen. 515
sô daz allez ist geschehen,
sô lâz' ich dar in gên schóuwen
beidiu ritter unde vrouwen;
und alle die dâ bî sint,
si sin âlt óder kint, 520
sô ist dâ niemán sô guot,
sô wise noch sô wol gemuot,
die daz gemælde kunnen sehen,
wan den sô wol ist geschehen
daz si rehtiu ekint 525
von vater unt von muoter sint:
die sehent ez unt nicmen mê.
die niht sint komen von der ê
die séhendes éinen stich niht.
geruochet ir des werkes iht, 530
ich zeige iu gerne mînen sin,
daz ich der kunst ein meister bin.»
der künic sprach: «vil gerne, jâ.»
er vuort' den meister iesâ
in einen schœnen pálás 535
der hôch únde wît wás,
unt hiez in umbe sich séhen.
dar nâch bat er in verjehen,
waz er im geben solde,

---

514 durch die Verbindung der Gegensätze *zam* und *wilde* ist der Begriff der Gesammtheit vollkommen erschöpft; vgl. Parz. 518, 4: *er gap allen dingen namn, beidiu wilden unde zamn.* — 517 *gên schouwen*: die Verba der Bewegung, gehen, fahren, kommen, mit dem bloßen Infinitiv ohne *ze* zu setzen ist mhd. gewöhnlicher Brauch, im Nhd. eingeschränkt. — 519 *alle* ist absolut vorausgestellt und dann unten 521 neuerdings mit einem Satze begonnen, wo wir nhd. sagen würden «unter, von allen... ist niemand so weise». Solche Fügungen sind mhd. sehr häufig; vgl. J. Grimm, Kl. Schr. 3, 333—338. — 520 *kint* adj., Gegensatz zu *alt*: jung; vgl. *Giselher das kint* im Nibelungenlied. — 521 *guot* nicht wie nhd. in ethischem Sinn, sondern tüchtig, wacker, trefflich. — 522 *wol gemuot*, von gutem *muot*, brav, rechtschaffen. — 523 *die* (= *das si*: zu 379) plur. statt sing., weil es sich auf eine Mehrheit bezieht. — 524 außer die das Glück haben. — 525 *ekint* stn., ehelich erzeugtes Kind. — 527 *mê* adv., weiter, sonst. — 528 die nicht ehelicher Abkunft, nicht ehelich geboren sind. — 529 *sehendes* = *sehent es*. — *stich* stm., Stich, in dieser Redensart: Punkt, also: die sehen davon nicht das geringste. — 532 *der kunst* (gen.) *ein meister*, ausgezeichnet, ein Meister in dieser Kunst. — 535 *palas* stm., lat. palatium, frz. palais; ein Hauptgebäude der innern Burg mit mindestens einem größern Gemach (Empfangs- od. Speisesaal); vgl. zu 512. A. Schultz, I, 44 fg. — 537 *umbe sich sehen*, sich umsehen. — 538 *verjehen*, absolut, sagen, erklären. Nach den Verbis des Bittens, Befehlens steht der bloße Infinitiv ohne *ze*. —

daz er im mâlen wolde. 540
dô sprach der phaffe Âmîs:
«man lobt sô sère in allen wîs
beide iuwer lip und iuwer leben
daz ir mir lîhte mügt gegeben.
gebt mir driu hundert marke; 545
die kost' ich alsô starke
daz ez sô gar dar zúo gêt
daz mir niht überic bestêt.»
der künic sprâch: «wélt ir mê,
entriwen, ich gib' ez íu ê 550
danne wír uns scheiden nû zehant.
sît êt vil vásté gemant,
daz ir ez schíeré getuot:
ich engáp nie gerner kéin gúot.»
der phaffe sprâch áber dô: 555
«ich mâle disen sal alsô,
die wîle ich mâlénde bin
daz ir noch niemán dar in
under dés kómen sol.
daz getróu ouch ich énden wol 560
in sehs wochen oder ê.
daz die wîle niemen drín gê
daz gebiutet über al:
sô wil ich mâlen enen sal.»
der künec sprach: «des sit gewert, 565
unt dâ zuo alles des ir gert.
besliuzet vásté die tür.
ich schaffe zwêné dâ vür
die nieman lâzént dar in
unze ich der êrste bin. 570
ich wil díe sehs wochen ûze sîn,
unde wil die ritter mîn

---

542 s. zu 72. — 543 *iuwer lip* umschreibend für *iuch*. — 545 *marke* stf., lat. *marca*, ein halbes Pfund, Mark. — 546 *kosten* swv., ausgeben, aufwenden. — *starke* adv., sehr, reichlich. — 547 *sô gar*, nicht wie nhd. sogar, sondern: so gänzlich. — *dar zuo gêt*, darauf geht. — 548 *bestên*, bleiben. — 552 *êt*, nur, verstärkend: laßt es euch nur sehr eindringlich gesagt sein. — 558 weder ihr noch sonst jemand. Die Einleitung des ersten disjunctiven Satzgliedes (*weder, noch*) fehlt wie hier oft im Mhd. Ueber die Satzfolge zu 3. — 560 *getrou* gekürzt aus *getrouwe* (*getrûwe*) swv., hoffe, getraue mich. — 563 *gebiutet* wie unten 567 u. 1386 *besliuset* ausnahmsweise für *gebietet, besliezet*; vgl. Weinhold B. Gr. §. 84. 369, Al. Gr. §. 334. — 564 *enen* = *jenen*. — 565 das sei euch gewährt (zu 350). — 568 *schaffen* swv., bestellen. — 570 bis ich zuerst darinnen gewesen bin. — 571 *ûze sîn*, außen bleiben. —

3. DAS UNSICHTBARE GEMÄLDE.

alle bringen mít mír.
des selben tages sult ouch ir
ein solhe lêhen von mir hân: 575
swelch ritter welle dar in gân
der muoz uns eine miete geben.
sol ich unz dar gesunt geleben,
swaz ich ritter gewaltec bin
die müezen állé dar in, 580
daz man wol schouwe dâ bî,
wer âne valsch gewerket si.
swer ein êkint niht enist
dem nimich diu lêhen, wizze Krist.»
duo reit der künec dannen 585
iesâ mit sînen mannen,
unt sagt' daz mære über al.
dô gie der pfaffe in den sal
mit sînen knáppén zehant.
des mâlens er sich underwant: 590
unt sag'iu, wie er'z ane vienc.
swaz venster in den sál gienc
diu beslôz er harte sêre,
unt lie dâ nieman mêre
wan sine knappen inne sîn; 595
vleisch vische mét únde win,
unt swar zuo in sin wille truoc,
des gap man im dar in genuoc:

---

575 *solhe* ausnahmsweise findet sich schwache Flexion nach dem unbest. Artikel, vgl. 1692. Grimm, Gr. IV, 570 fg. — *lêhen* stn., geliehenes Gut, Lohen; hier in übertragener Bedeutung: übertragenes Recht, Vergünstigung; vgl. Rolandsl. 127, 1 B. (Karl 4309) *lîh mir thaz ze lehen ... thaz ich ... thâ vore rehte.* 142, 4 (Karl 4956). 25. 143, 17. 195, 7. Nithart 51, 5 *muoter mîn, wer gab dir daz ze lêhen, daz ich iuch mîner wæte solte vlêhen?* — 577 *miete* stf., Lohn, Bezahlung. — *uns*, vertraulich herablassende Rede, in der der König sich mit einschließt, statt *in*. — 578 *sol* den Bedingungssatz einleitend: ist es mir bestimmt daß, falls. — 579 *gewaltec sin*, Herr sein über etwas: alle Ritter, die unter meiner Herrschaft stehen. — *swaz* mit einem Gen. *(ritter)*, steht auch, wo die Construction eigentlich den Gen. (wie hier) oder Dat. verlangte; ebenso *waz* 648. — 582 *âne valsch*, echt, legitim. — *werken* swv., erzeugen. — 584 nach Lehenrecht hat nur der legitim geborene Sohn Anspruch auf die Nachfolge im väterlichen Lehen. — *wizze Krist*, beliebte Betheuerungsformel: Christus, Gott sei mein Zeuge; vgl. 1188. — 591 *unt sag'iu*, Ellipse des Subj. *ich* wie 599. 1065. 2069. 2187. 2203; vgl. zu Karl 8951. Hahn 6, 76. — 596 *met* stm., Meth, in Gedichten des 11. und 12. Jahrhunderts, auch noch im Nibelungenliede häufig zusammen mit dem Wein wie hier als diesem gleich beliebtes, durch Kunst (Mischung mit Honig) zubereitetes Getränk, neben dem Bier das älteste der Germanen; vgl. Wackernagel in Haupt's Zeitschr. 6, 621 (= Kl. Schr. I, 86) fg., der schon bemerkt hat, daß es in den höfischen Kreisen des 13. Jahrhunderts mehr und mehr verschwindet und den niedern Ständen überlassen bleibt. — 597 alles wonach sein Wunsch stand. —

unt sag'iu wes er danne phlac.
bède er sáz únde lac,   600
unt mâlte niht über al.
alsô bûet' er den sal
unz diu zît énde nam,
daz ouch der künec wider quam.
dô brâht' er rittér ein her;   605
sine beschirmte des kein wer,
die er in den sehs wóchen
het gesehen ode gesprochen,
er brâhtes' mit im alle.
sus quam der künc mit schalle.   610
der meister vür den sál gienc;
den künc er minnecliche enphienc,
unt sprach: «ir sult her in gân,
unt sult die ritter dûze lân,
unz ich vernem wie'z iu behage,   615
unde die materje iu sage.»
nû wart des künges vröude grôz.
er gie dar in únde beslôz
die tür nâch im. dô daz geschach,
vrœlîche er an die wende sach.   620
dô sach er niht wân als è.
dâ was ouch niht gemâlet mê,
des ensach er ouch niht mère.
dô erschracte er alsô sère
daz er vil nâch was gevallen.   625
er besach den sál állen,
unt gewán vil grôze swære.
daz er gemâlet wære,
dés hét der künc gesworn.

599: zu 591. — 601 *niht über al*, ganz und gar nichts. — 602 *bûwen, bûen* swv., bewohnen. — 606—9 *wer* stf., Vertheidigung, Weigerung: denjenigen, die er in den sechs Wochen gesehen oder gesprochen, half kein Widerstand, daß er sie nicht mitgebracht hätte. — 613 *ir sult*: zu 174. — 614 *dûze* verschleift aus *dâ ûze*, draußen. — 615 *behagen* swv., gefallen. — 616 *materje* stf., lat. materia, Stoff, Gegenstand der künstlerischen Darstellung. bis ich euch erklärt habe, was das Gemälde darstellt. — 623 *des*, zu 138. — 624 *erschracte* præt. von *erschrecken* swv., gewöhnlich transitiv, hier aber und an mehreren andern Stellen unsers Gedichts (705. 747 und mit Spirans vor *t*: *erschrahten* 861) intransitiv = *erschricke* stv. *(erschricke, erschrac, erschrâken, erschrocken)*; vgl. Karl 1251 und Anm. 5303. 6073; daneben steht Karl 7556. 7592 *erschrac* im Reim, transitiv *erschrecket* (: *erwecket*) Hahn 8, 43. — 625 *nâch* adv., beinahe. Wir setzen in solchen Sätzen den Conj., mhd. steht der Indic. — 626 *den sal allen*, den ganzen Saal. — 627 *swære* stf., Beschwerde, Kummer, Betrübniss. —

«ich hân zwô êre verlorn 630
(gedâht' er in dem muote sin)
beidiu mîner muoter unde mîn.
sprich' ich ich'n müge sin niht gesehen,
so beginnent aber die ander jehen,
die ez wól gesehen kunnen, 635
ich sî mit valsche gewunnen.
ich sihe nû wol, ich bin sô blint
daz ich niht bin ein ckint.
mir ist doch bezzer daz ich jehe,
daz ich'z bescheidenlîche sehe: 640
sô vrist' ich dánnóch mîn êre.
mich müejet hárte sère,
daz ez ritter unde vrouwen
und ouch knehte sülen schouwen,
unt daz ich's niht gesehen mac: 645
daz ist mir rehte ein tôtslác.»
er sprach: «meistèr, nuo saget mir
von waz materje hábt ir
hie gemâlet alsô schône?»
er sprach: «deist von Sâlomône, 650
unt von sînem vater Dâvîte,
unde von dem grózen strite
den Absolón mit ime streit,
dô er im jagende nâch réit
unde daz daz hâr im swancte 655
umb'einen ast, daz er sich hancte.
sô ist aber diz ander
von dem künge Alexander,
wie er Tárjúsen überwant
unt Pôrúm von Mörlánt, 660
und allez daz er ie begie.

---

630 *zwô êre*, zweifache Ehre, erklärt durch 632; vgl. Hahn zu 5, 140 fg., Hartm. Greg. 304. 633. — 636 vgl. 582. *gewinnen*, von Kindern, zeugen, gebären; vgl. Walther 94, 5; Nib. 715, 3; Hartm. Greg. 11. — 640 *bescheidenlîche* adv., deutlich. — 641 *vristen* swv., für eine Zeit weiter erhalten, retten. — *dannoch*, doch. — 644 *kneht* stm., synon. mit *knappe*, junger noch nicht zum Ritter geschlagener Krieger; vgl. engl. *knight*. — 646 *mir*, für mich. — *tôtslac*, tötlicher Schlag (vgl. WM. 663). — 648 *waz* mit gen. (*materje*), was für ein; vgl. zu 579. — 650 *deist* = *daz ist*. — 654 *jagende*, ihn verfolgend. — 655 *swenken* swv., hin und her schwingen; hier intraus. sich schlingen. — 656 *unde daz* setzt den Zeitsatz fort. — *hancte* præt. von *henken*. — 659 *Tarjus*, Darius. — 660 *Pôrus von Mórlant*, der bekannte Porus von Indien; *môren* nennt die Inder auch das alte Alexanderlied des Pfaffen Lamprecht V. 4297. 4419. 4444. 4546 (ed. Weismann); die Schlacht und der Zweikampf zwischen Porus und Alexander, in dem letzterer siegt, daselbst 4257—4534. — 661 *begân*, unternehmen, ausführen. —

herre, sô stât aber hie
swaz die künege getâten
die gewalt vor Rôme hâten.
sô mac man aber hie sehen 665
swaz ze Bâbilonje ist geschehen,
unz ez diu gotes râche
geschiet mit manger sprâche.
daz ich oben gemâlet hân
daz hân ich gar von iu getân: 670
ich hân gemâlet disen sal
wie iuwer ritter über al
mit iu dar in gënt
unt bî iu schóuwunde stênt:
swer'z gemælde niht sehen mac 675
wie er im selben einen slac
vor leide an sîn herze tuot,
unt wie rëhte sie sint gemuot
den ez ze sehen ist geschehen.»
«nû hân ich'z allez wol gesehen», 680
sprach der künec, swie er lüge;
«swer ez niht gesehen müge
den lâze wir im haben daz.
ich gesách nie hûs gemâlet baz.»
der meister sprach: «nû gët hin, 685
unt lât die rittér her in;
unde sagt ouch in dâ bî,
waz mîn lôhen hiute sî.»
duo slôz der künec ûf die tür,
unt sprach zen rittérn hin vür 690
«swelch ritter dâ her in gët,
die wîle unz dirre tác stêt,
der mietë den meister mîn,
ode er sol dâ ûze sîn:

---

666 der Thurmbau zu Babilon. — 668 *geschiet*, zur Trennung, zur Entzweiung brachte. — *mit manger sprâche*, durch die Sprachverwirrung, genauer durch die Vervielfältigung der Sprache, indem er *mange*, viele, Sprachen aus der ursprünglich einen werden ließ. — 669 *oben*, an der Decke. — 670 *getân*: zu 53. — 672 *über al*, alle ohne Ausnahme. — 674 *schouwunde* dialect. = *schouwende*. — 676—677 wie er sich selbst vor Leid an die Brust schlägt. — 678 *gemuot* hier = *wol, vrô g.*, wie recht froh denen zu Muth ist. — 679 *ist geschehen*, vom Schicksal beschieden ist. — 681 *swie*, obgleich, mit dem conj. præt. *lüge* von *liegen* (*liuge, louc, lugen, gelogen*), lügen. — 683 den lassen wir das für sich behalten, das ist seine Sache, ähnlich *der habe im daz*, Hartm. Lieder 4b, 7 und Bech's Anm. — 690 *hin vür*, vor den Saal hinaus. — 692 *stêt*, dauert. — 693 *mieten*, belohnen, bezahlen. —

3. DAS UNSICHTBARE GEMÄLDE.

daz lêhen hân ich im verlân.» 695
do begunden die ritter zúo gân.
sümelich gâben im ir gewant,
sümelich phenningê zehant,
sümelich phært óder swert:
sus wart er riche unde wert. 700
alsô drúngen die ritter alle
hin in den sal mit schalle.
nu enwás dâ niemán sô swach,
sô er'z gemælde niht ensach,
er'n erschrácte alsó sêre, 705
unt sprach doch durch sin êre,
er sæhe ez wol, ez wære guot.
si heten alle swæren muot,
unt wurden alle riuwevar.
si vorhten, würde man gewar 710
daz si'z gemælde nicht enkürn,
daz si ir lêhén verlürn,
unt müesen dan verderben.
si wânden vor leide sterben,
daz si's niht móhtén gesehen. 715
dô si den künec hôrten jehen,
daz stüende dâ, ditz stüende hie
(als in der meister wizzen lie),
si sprâchen alle: «ez ist alsô»,
unt wâren doch vil únvrô, 720
daz si ir selbes laster korn.
ir ieslich hæte wol gesworn,
si sæhen'z alle unz an in;
des jach er allez nâch in hin,
er sæhe ez ûz der mâze wol. 725
dô was manger zornes vol

---

695 *verlân* part. von *verlâzen*, zulassen, zugestehen. — 697 *sümelich*, manche; vgl. engl. some. — 698 *phenninc*, denarius, ein Vierzigstel eines Goldschillings, steht oft allgemein für Münze und bedeutet dann im Plur. wie hier: Geld; vgl. 1818. — 697—699 getragene Kleider, Geld oder Roß und Waffen sind die gewöhnlichen Geschenke der Ritter an Fahrende. — 700 *wert* adj., theuer, geachtet. — 703 *swach*, gering, ohne Ansehen. Der Geringste unter ihnen erschrak u. s. w., oder ist zu verstehen *sô swacher sinne*, so gering an Verstand, Überlegung, mit Bezug auf 706. 707? — 708 *swæren muot*, ein schweres Herz. — 709 *riuwevar* adj., *var*, gefärbt, aussehend, nach *riuwe*, Betrübniss, Leid. — 711 *kiesen* (*kiuse*, *kôs*, *kuren*, *gekoren*) stv., wahrnehmen, sehen. — 714 *wænen* mit dem bloßen Inf., meinen, glauben, ohne *ze*. — 721 *laster* stn., Schmach. — *korn* = *kurn* (s. zu 711). — 724 *alles* adv. acc., immerfort. — *nâch-hin*, in der Richtung nach ihnen hin, ihnen nach. —

gegen sîner muoter umbe daz,
daz si sich niht behuote baz.
dô si'z alle wol gesâhen, 730
unt des offenliche jâhen,
diu arbeit wære wol bewant,
do begúnde der méistér zehant
ze dem kûnge úrlóubes gern,
unt bat sich sînes lônes wern. 735
dér wás im sâ bereit.
dô nam er urloup unde reit.
sin sælde diu was dâ sô starc,
daz er wol zwei hundert marc
dâ ze hóve erworben hâte. 740
die sant' er heim vil drâte,
unt hiez der geste wól phlégen
die wîle er wære under wegen.
dô die ritter über al
vil wol beschóuwéten den sal, 745
des andern tages gie drin schouwen
diu künegîn mit ir vrouwen.
die erschráctén vil sêre
sam die ritter ode mêre,
daz si'z niht móhtén gesehen, 750
unt begúnden als die ritter jehen,
si sæhen'z alle rehte.
nuo giengen ouch die knehte
dô durch schóuwén dar in.
durch sinen schämelichen sin
sprach dâ manec edel kneht, 755
ez wære gúot únde reht,
er'n gesǽhe nie sô schœnes niht.
«entriuwen, sæhestuo dâ iht»,
sprach ein túmber der dâ bî' wás,
«mîn ougen sînt niht ein glas, 760

---

728 *behuote* præt. von *behüeten*: daß sie sich (ihre Ehre) nicht besser in Acht nahm, behütete. — 731 *diu arbeit* stf., die darauf verwendete Mühe, nicht etwa Arbeit im nhd. Sinn für ein fertiges Werk. — *wol bewant*, wohl angewendet, gerathen. — 733 *urloup* stm., Erlaubniss zu gehen. *urloubes gern*, Abschied nehmen. — 734 bat, man möge ihm seinen Lohn geben; vgl. zu 350 u. 538. — 735 den erhielt er sogleich. — 737 *sælde* stf., Glück. — 741 die Gäste gut behandeln. — 742 *under wegen* adv. dat. pl., unterwegs. — 748 *sam*, so wie, ebenso sehr oder noch mehr als die Ritter. — 754 aus Scham. — 758 *duo = du*, an das Verb angelehnt. — 759 *tump* (jugendlich) unbesonnen, unerfahren (vgl. zu 780). —

3. DAS UNSICHTBARE GEMÄLDE.

ich sæhe ez alsô wol benamen.»
dô sprâchen die sich wolten schamen:
«wir hœren wol, dû bist sô blint
daz dû niht bist ein ekint.»
sus sprach ein tumbér dâ bî: 765
«ich'n weiz, waz kindes ich sî:
ob ich joch vater nie gewan,
hie ist niht gemâlet an.
ez gesiht hie niemen baz dan ich.
swer des widertribet mich, 770
der gewinnet hiuté dar an
den strît den ich geleisten kan.»
sus heten die knehte einen strît
mit einander unz an die zît
daz ir mê wart die begunden jehen, 775
da enkúnde niemen niht gesehen;
unt swer ouch des jæhe,
daz er dâ gemâlet sæhe,
der tæte einem gouche gelîch.
do bedâhten ouch die wîsen sich, 780
dô si dâ niht ensâhen,
daz si nâch den tumben jâhen,
unt jâhen dô die knehte
nâch einander rehte.
dô die ritter daz vernâmen 785
unt zuo den knehten quâmen,
dô zweiten ouch si sich zehant;
iedoch ze jungist überwant
diu wârhéit die lügene,
daz si jâhen, 'z wære trügene, 790
alle samt gemeine
unz an den künec eine.

761 ist Nachsatz zu 758, zwischen beiden eingeschoben wie in Parenthese steht 760. — *benamen* (= *bi namen*), um es beim Namen, ausdrücklich zu sagen, gewiss. — 762 die meinten sich schämen zu müssen, nämlich wenn sie gestünden, daß sie nichts sähen. — 766 *was kindes*, zu 648. — 767 *joch* auch: auf die Gefahr hin, keinen Vater zu haben, für einen Bastard zu gelten, sage ich. — 770 *widertriben* einen mit gen., einen zurücktreiben, abbringen von etwas, widerlegen. — 772 *strît geleisten*, einen Streit (mit Waffen oder Worten) durchführen (vgl. Hahn 3, 38). — 777 *ouch*, entgegensetzend, dennoch. — 779 *gouch* stm., Guckuk, Thor. — 780 *wîse*, klug, (durch Alter) erfahren, namentlich in letzter Bedeutung gern den *tumben* entgegengestellt. — 787 *sich zweien* swv., sich in zwei Theile scheiden, entzweien (in ihrer Behauptung). — 788 *ze jungist* adv., zuletzt. — 789 *lügene* stf., Lüge. — 790 *trügene* stf., Trug. — 791 alle insgemein. — 792 *eine*, allein.

der sweic unz er vil wol vernam
waz im ze redene gezam.
dô sprâchen si alle gelîche 795
beidiu arm unt rîche,
daz si dâ niht ensâhen:
dô jach er des si jâhen,
er ensæhe ouch dâ niht, weizgót.
dô wart ein michel spot 800
dâ ze hóve und ein grôzer schal.
ze jungist sprâchens' über al:
«dirre phâffe ist ein kárc mán,
daz er sus guot bejagen kan.»

4.

DIE HEILUNG DER KRANKEN.

Dô der phaffe Âmîs 805
an guot erwarp sô grôzen pris
in dem hove ze Kérlingen,
dô réitér ze Lútringen,
unt quam mit vrâgô zehant
dâ er den hérzógen vant. 810
dém ságet' er ein mære,
daz âne gót niemen wære
bezzer arzât danne er.
«sô hât iuch got gesendet her»,
sprach der hérzóge dô; 815
«sô bin ich iuwer künfte vrô.
ich hân hie mâge unde man,

---

794 was ihm anstand zu reden, was er füglich sagen konnte. — 800 *spot* stm., Spaß. — 803 *karc* adj., schlau. — 804 *bejagen* swv., erwerben.

806 *prîs* stm., lat. pretium, Werth; Gut in so großem Werthe. — 808 *Lutringen*, Lothringen. — 809 *mit vrâge*, mit Fragen, indem er (nach dem Herzog) fragte. — 811 *ein mære sagen*, erzählen, berichten. — 812 *âne got*, Gott ausgenommen. — 814 *sô*, zu 86. — 816 *künfte* gen. von *kunft* stf., Ankunft. — 817 *mâc* stm., Verwandter. — *man* (häufig unflectiert), Vasall, Lehensmann. *mâge unde man*, sehr häufig zu einer alliterierenden Formel verbunden, besonders Nib. 163, 4. 466, 3 u. öfter. Hartmann, Armer Heinrich 1474. —

den ich ir leides übele gan,
der lit hie siech ein michel teil.
git iu got ein sólch héil 820
daz ir die máchét gesunt,
ir werdet riche in kurzer stunt.»
dô sprach der phaffe Âmïs:
«ich bin ein arzât alsô wis:
die der miselsühte âne stânt 825
unde ouch niht wunden hânt,
den ist anders nie sô wê,
wær' ir tûsent ode mê,
ich mache si gesúnt ê
danne dirre tác hiute ergê: 830
oder ir nemet mir mîn leben.
ich bit' iuch mir dar um niht geben
weder minne nóch réht,
ê daz ir hœret unde seht,
daz si jéhent daz si gesúnt sîn; 835
sô tuot mir iuwer gnâde schîn.»
des was der hérzóge vrô.
«ir redet wól», sprách er dô.
sine siechen wúrdén besant.
der kômen zweínzéc zehant. 840
die vuort' der phaffe in ein gaden.
«ich hân iuch kúrzlíche entladen»,
sprach er, «iuwer síechéit,
welt ir mir sweren einen eit,
daz ir die rede gar verdagt 845
ein' wochen, ê daz ir si sagt.
wan daz hœret zuo der buoze.»

---

818 *übele*, adv., ironisch, gar nicht. — *ich gan* 1. præs. sing. von *gunnen* (zu 173): deren Leiden mich sehr dauert. — 819 *lit* = *liget*. — *ein michel teil*, ein dem Dichter geläufiger Ausdruck (vgl. 1363, zu Karl 48), ein großer Theil, viel. — 820 schenkt (*git* = *gibet*) euch Gott das Glück. — 824 *alsô wis*, der folgendes kann. — 825 über die *miselsuht*, Aussatz, vgl. Armer Heinrich. — 827 *anders*, infolge eines andern Leidens, als Aussatz oder Wunden. — *nie*, ein starkes *niht*: die können keine andere noch so schwere Krankheit haben. — 830 *ergên*, vergehen; über den Conj. zu 38. — 833 *minne* stf., ursprünglich Erinnerung, Andenken; dann auch ein zum Andenken gegebenes Geschenk (vgl. unser Andenken, Souvenir) und Geschenk überhaupt wie hier (vgl. zu Karl 3035). — 833 *rêht* stn., die Gebühr, Bezahlung. Ich verlango von euch dafür weder ein Geschenk noch Bezahlung. — 836 *sî* zu 86. — 839 *besenden* mit acc., nach jemand senden, ihn herbeirufen lassen. — 841 *gaden*: so häufig beim Stricker statt *gadem* stn., Gemach. — 842 *kurzlîche* adv., bald. — 845 rede s. zu 462. — *verdagen* swv., verschweigen. — 847 *hœren zuo*, gehören zu etwas. — *buoze* stf., Heilung. —

mit der êrsten únmúoze
liczens' in dar ane gesigen;
si swuoren im daz si'z verswigen. 850
dô sprach er die siechen an:
«nuo gêt âne mich hin dan,
unt besprechet iuch dâ bî,
wélhér der siechist sî
under iu; den tuot mir kunt, 855
sô sît ir íesấ gesunt.
den selben wil ich tœten,
unt hilfiu von iuwern nœten
mit sinem bluote hie zehant:
des sî min lîp íuwer phant.» 860
do erschráhtén die siechen.
der kûme mohte kriechen
von sines siechtúomes nôt,
der vorhte nû ez wær' sîn tôt
würdè man siner nôt geware, 865
unt gie âne stáp dáre
dâ si dítze gespræche hâten.
nuo hœret, wie si tâten.
dâ gedâhte ein ieglich man:
«swie kleine ich nuo gesagen kan 870
daz mines siechtúomes sî,
sô sprichet éinér hie bî,
der sine sî noch kleiner;
sô sprichet aber einer,
der sîn sî zwir als kleine; 875
sô sprechent sị alle gemeine,
ích sî́ der siechist hie;
sô tœtet er mích und nért síe.
sô wil ich mich behüeten ê,
unt sprechen, mir ensî niht wê.» 880
dés gedâhte dér éine,
dés gedâhtens' alle gemeine,

---

848 *unmuoze* atf., Gegensatz zu *muoze*, Beschäftigung: gleich im ersten Anlaufe. — 849 gaben sie ihm darin nach, ließen sich überreden. — 850 *verswigen* conj. præt. von *verswigen* (sweic, swigen, verswigen). — 853 *dâ bî*, bei der Gelegenheit. — 860 *lîp*, Leben. — 861 *erschrahten*: zu 624. — 867 *gespræche* stn., Besprechung, Berathung. — 870 *kleine*, wenig, davon abhängig 871 der Gen. *mines siechtuomes*: wie gering, wie unbedeutend ich nun sagen mag daß mein Siechthum sei. — 875 *zwir* Zahladv., zwiefach, doppelt. — 878 *nern* swv., genesen machen, heilen, am Leben erhalten. — 881 *gedenken* mit gen., etwas bedenken. —

4. DIE HEILUNG DER KRANKEN.

unt begunden alle jehen,
in wære genãdé geschehen,
si wæren alle wol gesunt: 885
dez tâtens' ouch ir meister kunt.
er sprâch: «ir trieget mich.»
dô swuor ieglîcher vûr sich
bî sîner triuwe ez wære wâr,
in enwürre niht ûmbe ein hâr. 890
des wart der meister harte vrô.
«nuo gêt dân», sprâch er dô,
«unt sagt ez ouch dem hérzógen.»
diz wart niht lenger vür gezogen;
si giengen unde jâhen, 895
dô si ir herren sâhen,
ez wære ein sælic komen,
in wære ir siechtúom benomen.
des nam in michel wunder,
unt vrâgte si alle besunder, 900
ob ez wær' ein wârhéit.
dô betwânc sí der eit
den si dem pfaffen tâten,
daz si kéine rede enhâten
wan daz si wæren wol gesunt. 905
dô hiez er silbers dâ zestunt
dem pfaffen hundert márc gében.
dâ wart dehéin widerstreben,
ez wart im iesã gewegen.
er enphie den úrlóubes segen, 910
und kêrte dánné zehant,
unt sant' ez gegen Engellant,
unt hiez ez geben den gesten,

---

884 *genâde*, Hilfe von Gott. — 886 *dez* = *daz*. — *meister* heißt A. hier nicht sowol als Arzt (zu 1498), sondern weil die Kranken seiner Obhut anvertraut sind (zu Bl. 101). — 890 *würre* conj. præt. von *werren* stv. (*wirre, war, wurren, geworren*), lutrans. mit Dat. stören, hindern; Schaden, Noth bereiten: «ihm fehlte gar nichts.» — 894 *vür ziehen*, verzögern, hinausschieben. — 897 *sælic*, heilig, ein Heiliger. — 898 ihr Siechthum wäre von ihnen genommen, behoben. — 900 *alle besunder*, jeden besonders. — 901 *ein wârheit*, wahr. — 903 *tâten*, geschworen hatten. — 904 daß sie nicht anders sagen konnten. — 908—909 ohne Widerrede ward es (das Silber) ihm sofort zugewogen. *gewegen* part. præt. von *wegen* (*wige, wac, wägen, gewegen*). — 910 *den urloubes segen*, den Abschiedssegen, den man Scheidenden auf den Weg mitzugeben pflegte; vgl. Erec 1462. 3375. 9985; Iwein 6424; Tristan 2478. 6788. 6794. Ein alter Reisesegen, erhalten in einer Handschrift des 12. Jahrhunderts, MSD. N. IV, 8. —

den bœsen unt den besten.
do er den úrlóup enphie, 915
und ein wóche dâ nâch ûz gie,
dô was den siechen alsó wê
als ouch dâ vór óder mê.
nuo sagten si dem hérzógen,
wie si hǽté betrogen 920
der arzât der si solte nern,
wie si im den éit müesen swern
daz si'z verholne trüegen
schs tage, è si's gewûegen.
dô er hǽté vernomen 925
wie er von danne wás kómen,
er sagt'z den sinen über al.
dô wart es ein grôz schâl
in dem hóve ze Luteringen
als dâ ze Kérlingen: 930
si sprâchen alle, Âmïs
der wær' der liste. harte wis.

5.

DER HAHN.

Dô der phâffe von Lutringen quam,
swâ er kirchwîhe vernam
dâ prédeget' er als è. 935
dar zuo tét ér ouch mê.
er vuort' ein schœne bâren
dâ sîn kéfsen inne wâren,

---

914 den Geringen wie den Vornehmsten: eine beliebte alliterierende Formel: vgl. Klage 137 L., gewöhnlicher beide Adj. im Superl., Parz. 375, 7, Am. 1624 fg., 1754, H. 518, Walther 147, 7, Iw. 144 fg.; schwerlich sind die beiden Verse 913 u. 914, die nur R. bietet, interpoliert; vgl. 741 fg. u. 2478 fg. — 916 *ûz gie*, vergangen war. — 923 *verholne tragen*, geheim halten, verschweigen. — 924 *gewüegen* conj. præt. von *gewahen*, mit Gen. sagen. — 928—930 da entstand darüber am lothringer Hofe ein großer Lärm wie dort in Frankreich; vgl. 801. — 932 der verstünde sich gar vortrefflich auf listige Streiche.

934 wo er hörte, daß ein Kirchweihfest wäre. — 936 *ouch*, noch. — 937 *bâre* swf., Tragbahre. — 938 *kefse* swf., Reliquienschrein, lat. capsa. —

5. DER HAHN.

unt sin héilictúom dés er phlac.
ouch liez er nie deheinen tac 940
er sante einen knéht vůr,
daz er spehet' und erkür
wǎ éin gebiurin wære,
bédiu riche und álwære.
der enbőt er daz gebét sín, 945
er wolt' die náht mít ir sin;
durch sin gröze heilikeit
des was si danne vil gemeit,
daz si ín sólte sehen.
sò hiez er ouch den knéht spéhen 950
wi ir hán getǎn wǽre.
als er vernam daz mære,
sò hiez er balde loufen
und einen hanen koufen,
daz si beide geliche wáren; 955
den verbarc er in der báren.
dó er ze hérbérgen quam,
und an der vróuwén vernam,
daz er si dûht' ein heilic man,
unt daz se bereítén began 960
ein wirtschaft durch den willen sin,
sò sprach er: «liebiu swester min,
dû hást ein opher, daz gip mir;
deiswâr, enphâhe ich daz von dir,
ez giltet dir got vor hánkrát; 965
daz ist dín hane der dort stát;

---

939 die Reliquien, die er verwahrte, in seiner Obhut hatte. — 940 *liez*, unterließ. — 941 *vůr senden*, voraussenden. Die einschränkende Negation die man hier mit dem Conj. nach dem negativen Hauptsatze erwarten sollte, fehlt nicht selten, und *sante* könnte sogar indic. sein; s. Bartsch zu Karl 8518. — 942 *spehen* swv., ausspähen. — *erkiesen*, ausforschen, ausfindig machen. — 943 *gebiurîn* stf., Bäuerin. — 944 *alwære* (aus *al* und *wære* componiert), ganz wahrhaft, aufrichtig, woraus sich dann in stufenweiser Schattierung die Bedeutung «einfältig» bis zu unserm «albern» entwickelt. So steht es hier und unten 1377. 1695 (nicht gleichbedeutend wie *gewære* «wahrhaftig», wie Bartsch zu Karl 271 erklärt); im guten Sinn Karl 2355. — 945 *enbieten* stv., entbieten, sagen lassen; *gebet* heißt hier Bitte, Wunsch. — 948 *gemeit* mit gen., erfreut. — 951 *getǎn wǽre*, beschaffen wäre, aussähe. — 952 wenn er das erfahren hatte. — 955 *daz*, sodaß, einen solchen Hahn, daß. — 957 *ze herbergen*, in das Haus der ihn beherbergenden Bäuerin; den Plur. von einer Herberge belegt Haupt zu Erec 1365, doch könnte hier u. ö. *herbergen* auch dat. sg. des swf. sein. — 959 *vernemen an einem*, an jemand etwas bemerken, wahrnehmen: wenn er bemerkte, daß die Frau ihn für einen Heiligen hielt. — 961 *wirtschaft* stf., Bewirthung, Gastmahl. — *durch den willen sin*, um seinetwillen. — 965 *giltet*, vergilt. — *hankrát* stf., das Krähen des Hahnes; *vor h.*, ehe der Hahn kräht. —

den heiz mir máchén ze naht,
durch gót, sŏ́ dû beste maht.»
der hane wart vil schiere tôt;
si béit kűme unz er gesôt. 970
den az er alterseine,
unt behíelt dáz gebeine.
dô daz líut állez sláfen quam,
sin hanen er her úz nám
den er ín die bâren het gesat, 975
unt truogen an die selben stat
dâ ener hane wart genomen.
sô dan diu zît wás kómen
daz krœjen sólté der han,
sô huop er vrœlíche an. 980
als er danne krâte,
sô hiez der phaffe drâte
sinen kneht ein lieht zünden,
unde begunde der vrouwen künden,
ir hane wære wider komen. 985
si sprach: «ich hân ez wol vernomen.
hie ist ein zeíchén geschehen.»
«alsô soltû dich versehen,
daz gelóube gote unde mir:
swaz ich enphâhe vón dír», 990
sprach der phaffe Ämïs,
«daz giltet dir got zwéin wís:
daz er dir hie gît alsô vil,
unt dir dóch sîn riche geben wil.»
einen tisch hiez er dar suochen. 995
mit sinen guoten altertuochen
wárt ér bedecket wol,

---

967 *machen*, zubereiten. — *ze naht*, zum Nachtessen. — 968 *sô* mit dem Superlativ, vgl. zu 289, so gut du vermagst. — 970 *bíten (beit, biten, gebiten)*, warten. — *kûme* adv., kaum, mit Mühe: sie konnte es kaum erwarten, bis er gesotten war. — 972 *behalten*, aufheben. Das Aufheben der Knochen des gegessenen und wieder zu belebenden Hahnes ist ein im alten Volksglauben begründeter Zug (vgl. das Märchen vom Machandelboom bei Grimm KHM. N. 47 und III, 77 fg. DM⁴., 154): auf diesen Glauben stützt sich Amis bei seinem Betruge. — 973 *sláfen quam*, schlafen gegangen war. — 975 *gesat = gesatzt* part. von *setzen*. — 976 *truogen = truoc ín*. — 980 sc. *ze krœjen*. — 984 *künden*, verkünden. — 988 dessen versieh dich, darauf hoffe. — 992—994 das vergilt dir Gott doppelt (*zwein wîs*: zu 72): indem er dir hier (auf Erden) ebenso *(alsô)* viel gibt und durch den Himmel. — *doch*: trotzdem daß er dirs hier schon vergilt außerdem noch. — 995 *dar suochen*, suchen und herbeibringen. — 996 *altertuoch*, Altartuch. —

5. DER HAHN. 57

sam ein alter beste sol.
dar ûf sazt' er sîn kefsen gar.
die wâren schône góltvár; 1000
dâ stuonden inne steine,
daz wâren alle gemeine
kristallen lûter als ein îs.
sô sazt' der phaffe Âmîs
wol drîzec lieht úmbe sich, 1005
unt macht' ein ámt hḗrlích.
sîne mettîn sanger vruo
und ein méssé dar zuo,
unt tet der vrouwen danne
ir mâgen und ir manne 1010
alsô grôzen ántlắz:
der gotes riches wær' ein vrâz,
ez müese in genüeget hân.
swaz si übels heten getân
unde noch tuon solten, 1015
swie vil si sünden wolten
immer álléz ir leben,
daz wart in álléz vergeben.
dâ mite gewán ér in an,
è er schíedé von dan, 1020
einer marc wert ode mê.
tet ezen manne ein téil wḗ,
sô batin'z wîp án die stunde,
daz er ir vil wól gúnde
swaz si dem herren wolte geben 1025
umbe'z ḗwíge leben.
mit dem sélbén bejage
huop er sích dánne è tage.

---

998 auf das beste, wie es für einen Altar sich gebührt. — 1000 *goltvar* adj. goldfarb, vergoldet. — 1003 *lûter*, hell, durchsichtig. — 1007 *mettîn*, lat. matutina, Mette. — 1011—13 *antlâs* stm., Ablaß. Er verlieh ihnen einen so großen Ablaß, daß einer, der unersättliches Verlangen nach dem Reich Gottes gehabt hätte (*vrâz*, Nimmersatt), daran hätte genug haben müssen (*ez genüeget* mit Acc. der Person). — 1015 *solten* umschreibt das Futurum: thun würden. — 1016 *sünden* swv., sündigen. — 1017 *alles ir leben*, ihr ganzes Leben lang. — 1019 *an gewinnen* mit dat., einem abgewinnen, von jemandem gewinnen. — 1020 *schiede*: zu 38. — 1021 *einer marc wert*, Gut im Werthe *einer marc*. — 1022 *ezen = ez dem*. — *ein teil*, ein wenig, ironisch = gar sehr: wie schwer es auch dem Manne fiel. — 1023 s. zu 324. 1024 *gunde*: zu 173. — 1027 *bejac* stm., Erwerb, Gewinn. — 1028 *é tage*, vor Tagesanbruch.

6.
DAS TUCH.

Im wart erspeht eins ritters wip,
diu het ein älwæren lip, 1030
unt was der ritter ûz geriten.
die hiez er hérbérge biten;
diu was im íesǽ bereit.
dô si sîner heilikeit
an ir hanen wart gewar, 1035
dô gap si im ein túoch dár,
daz was kleine unde blanc
unt wol hundert ellen lanc.
hie mite rûmet' ez er dâ.
nû quam der ritter íesǽ. 1040
do begúnde im diu vrouwe jehen,
dâ wær' ein zéichén geschehen
von einem héilígen man.
«waz gewán ér dir an?»
sprach der rittér zehant. 1045
si sprach: «ez wære wol bewant,
het ich im gegeben iht;
leider, dâ enhet ich niht
wan kleines tuoches hundert ellen.»
«der ein gouchîn solte wellen 1050
die möhte er nemen», sprách ér.
«weizgot, er git daz túoch hér.»
er was zornic unde karc.
sin ros was snél únde starc,
dar ûf wart im vile gâch, 1055
unde rante dem pfaffen nâch.
nû was der phaffe Âmîs

1029 *erspehen*, auskundschaften. — 1032 *biten* mit gen., um etwas bitten. — 1037 *kleine*, fein. — 1039 *ez rûmen*, den Platz räumen, weiterziehen; vgl. Grimm Gr. IV, 333. — 1044 was gewaun er dir ab? was hast du ihm gegeben? s. zu 1019. — 1046 *bewant*, angewendet. — 1050 *gouchîn*, Thörin, Närrin. Wenn einer eine Närrin zu wählen hätte, die könnte er haben, sc. an dir. — 1053 *karc* adj., das Gegentheil von *milte*: geizig. — 1055 *mir wirt gâch*, ich habe Eile: das bestieg er in großer Eile. —

mit kargen listen alsô wis
daz er sich vil wol versach
des selben daz ouch dâ geschach, 1060
sô der ritter wider quæme
und umbe'z tuoch vernæme,
daz er im nâch geriete jagen.
da enkégen héter ein víwer geslágen:
unt sag'iu wâ von daz geschach. 1065
als er den ritter komen sach,
dô het er'z in kurzen stunden
enmitten in daz tuoch gebunden.
der ritter kom vil zórnvár,
unt sprach ouch zornicliche dar: 1070
«westet ir, triegière,
wie gerne ich des enbære
daz ir mír mîn wîp hábt betrogen,
ir hetet anderswâ gelogen.
sit ir mir mîn guot enphüeret hât, 1075
sô wil ich des niht haben rât,
nû ich'z bî iu vunden hân,
ir müezet mir ze buoze stân.»
dô sprach der phaffe Âmîs:
«herre, ir müget deheinen prîs 1080
an einem pháffén begân.
ich wil ez an die vrouwen lân,
daz ich ir tuoch vil gar verprach,
und über mînen danc geschach
daz si mir'z selbe ûf bánt. 1085
ir müget uns nemen hie zehant
den lîp und allez daz wir hân;
ir wellet ez dan selbe lân
durch iuwer êre unt durch got,

1058 in schlauen Streichen so erfahren. — 1062 *vernemen umbe ein dinc*, von etwas hören. — 1063 *gerâten* stv., auxiliarisch mit dem Inf. ohne *ze*; dazu gelangen, anfangen etwas zu thun, hier geradezu Umschreibung des Futurums: nachjagen würde. — 1064 *du enkegen*, dem zu begegnen, in Voraussicht dieses Falles. — 1065: zu 591. — 1069 *zornvar*, zornig aussehend. — 1076 *rât haben* mit gen., etwas nicht brauchen, daher: verzichten. — 1077 *nû* rel., nun da. — 1078 *buoze* stf., Besserung, Ersatz; *einem ze b. stân*, einem Ersatz leisten. — 1080 *pris* stm., Lob, Ruhm; *pr. begân an einem*, Ruhm erwerben an jemandem; vgl. Hartmann, Lieder 13, 15. — 1082 *es lân an einen*, es jemandem zur Entscheidung überlassen, sich auf ihn berufen. — 1084 *über mînen danc*, wider meinen Willen. — 1085 *ûf bant*, nämlich zu meinem Gepäck. — 1088—91 wenn ihr es nicht selbst, aus eigenem Antrieb unterlassen wollt — die Macht habt ihr wol über uns. —

unt durch iuwer tugende gebot, 1090
ir habet unser wol gewalt.»
swie grôz únt swie manecvalt
des ritters zorn doch wære,
dô dirre triegære
sô vlêgeliche rede bôt, 1095
dô liez er'n riten âne nôt,
wan daz er'z túoch wider nam.
dô er verre von im quam,
do begúnde'z túoch brinnen.
des wart der ritter innen. 1100
als er ez ûf gewant,
dô was ez inne gar verbrant,
unt bran ouch ie genôte.
dô wart er als ein tôte
vor dem léidé getân. 1105
er wolte vil gewís hân,
ez wære von den sünden komen
daz er'z dem manne hete genomen
dem ez durch gót wás gegeben.
er vorhte ez gieng' im an daz leben, 1110
ob er'z níht widertæte
daz er gote geroubet hæte.
er warf daz túoch ûf daz gras
unt liez brinnen swaz sín was,
unt rant' im an der stúnt nâch. 1115
im wart nű zwír als gâch
nâch dem pfáffén als è.
im tet diu sünde harte wê,
daz er'z túoch wider nam.
do er über zuo dem phaffen quam, 1120
dô bat er in vil sêre
durch des grôzen gotes êre
unt durch die kristen triuwe,
daz er sínes herzen riuwe

1095 *vlêgelich*, flehentlich, dringlich bittend. — *rede bieten*, sprechen: da dieser Betrüger so eindringlich, so einschmeichelnd bat. — 1096 *âne nôt*, ungekränkt. — 1100 *innen werden* mit gen., etwas bemerken. — 1101 *ûf gewinden*, aufwickeln. — 1102 *inne*, innen. — 1103 *ouch ie*, noch immer. — *genôte* adv., unablässig, fort und fort. — 1104—5 da verfärbte er sich wie ein Todter vor Leid. — 1106 *gewis hân*, für gewiss halten: er war fest überzeugt; vgl. 313 u. Anm. — 1111 *widertuon*, zurückerstatten, ersetzen. — 1114 so viel dessen war. — 1115 *an der stunt*, augenblicklich. — 1123 um des Christenglaubens willen. —

næme unde sîne buoze. 1125
dar nâch vieler im ze vuoze,
unt suochte sîne hulde.
daz er im sîne schulde
vergæbe, des begunder biten
mit vil diemüetigen siten. 1130
der phaffe sprach: «daz tûon ích.
ir sit unschúldic wider mich.
sit ir schuldic wider got
ode wider sîn gebot,
daz vergéber iu durch sîne kraft. 1135
saget mír durch iuwer ritterschaft,
war umbe habt ir diz getân?
ich het ez âne zórn lân,
daz ir nâmet iuwer tuoch.
ich getétiu nimmer keinen vluoch.» 1140
dô sagte der ritter mære,
dêz von sînen sünden wære
vil nâch gar verbrunnen.
er sprach: «ir sult mir gunnen,
daz ich'z iu gelte zwívált.» 1145
nû hét er den gewalt,
daz er mit im dannen reit,
ez wær' im liep óde leit.
dô der ritter héim quám,
unt diu vróuwé vernam 1150
wie dem tuoche was geschehen,
si sprach: «nû hâstû wol gesehen,
daz dû wider gót strébest
unt niht kristenlíche lebest.»
«vrouwe, hilf mír dâ zuo 1155
durch got, daz ich'z widertuo»,
sprach der rittér zehant.
do versátzte sị allez ir gewant,
unt gewán dem phaffen zehen phunt.
dar zuo tet der ritter kunt 1160

1125 *næme*, annehmen möchte. — 1127 *suochen* mit acc., bitten um. — 1130 mit sehr demüthiger Geberde, auf sehr demüthige Weise. — 1132 *wider mich*, mir gegenüber. — 1135 *kraft*, Gewalt, Macht. — 1136 *durch iuwer ritterschaft*, bei euerer Ritterwürde. — 1140 *einem einen vluoch* (Hahn zu 4, 202), *einen segen* (Pfeiffer, Übungsb. 2, 100; vgl. Am. 1217, Bl. 616) *tuon*, einem fluchen, einen segnen. — 1142 *von*, infolge. — 1146 nun bestand er darauf. — 1151 wie es mit dem Tuche ergangen war. — 1159 *gewan*, verschaffte. —

sinen nâchgebûren dise geschiht.
die enliezen ouch des niht
si enkóuften sich in sîn gebet,
daz ez dem phaffen sanfte tet.

7.

DER FISCHFANG.

Als er dâ michel guot gewan,　　　　　1165
dô schiet er vrœlîche dan,
unt warp aber nâch bejage.
er vant an einem vrîtâge
ein gebûr, der het michel guot,
unt het âlwæren muot.　　　　　　　　1170
in des hove ein brunne vlôz.
nû het der phaffe vische grôz
alsô lebentîge dâr brâht,
unt het ez alsô bedâht
daz si lebende kômen drin.　　　　　1175
daz tet er aber durch gewin.
dô man enbîzen solde
unt den tisch rihten wolde,
dô sprach der phaffe Âmîs:
«ir sult den êwigen prîs　　　　　　1180
mit disem inbîze bejagen;
des sult ir an mir niht verzagen.
ir sult mir in der minne geben
grôze vische die noch leben.

1163 die unterließen es nicht ihm Geld zu geben, daß er sie in sein Gebet einschließe. — 1164 *sanfte tuon*, wol thun.
1171 *brunne* swm., Quell. — 1173 *alsô*, franz. étant, so lebendig (wie sie waren), noch lebendig (vgl. Schmeller, Bair. Wörterbuch I², 68). — 1174 war darauf bedacht gewesen. — 1177 *enbîzen* stv., Mahlzeit halten, Imbiß nehmen. — 1178 *rihten*, bereiten. — 1180 *den êwigen prîs*, die ewige Seligkeit. — 1182 darin vertraut auf mich. — 1183 *in der minne*, geistliche Bittformel, dem lat. in caritate nachgebildet: in christlicher Liebe (um der christlichen Liebe willen); vgl. Gregor. 850 und Anm., Helmbrecht 1769. — 1184 *leben*: über den Conj. wegen des imperativischen *ir sult v.* zu 174. —

7. DER FISCHFANG.

ich enbîze niht ánders hie.» 1185
der wirt sprach: «wâ nǽme ich die?
sie sint uns gar ze verre.
daz wizze unser herre,
wæren sie hie veile,
ir würde iu gnuoc ze teile.» 1190
der phaffe sprach: «ich sage iu wie:
sô gêt enwec unt vâhet sie,
hin dâ daz wazzer sî.»
«dar sint langer mîle drî»,
begunde im der wirt verjehen; 1195
«des mac ez leider niht geschehen.»
der phaffe sprach: «wie mac daz komen?
wâ habt ir wazzer denne genomen
daz ir unz her getrunken hât?»
er sprach: «des hân ich guoten rât. 1200
herre, woltet ir des iht?
sâhèt ir mînen brunnen niht?
der ist kúlt únde clâr,
und ist der beste durch daz jâr,
unt vliuzet harte schône.» 1205
«her wirt, daz iu got lône,
sô suochet uns ein sip hér,
unt gê wir vischen», sprách ér,
«in den selben brunnen.
wil uns got vische gunnen, 1210
wir vâhen ir dar inne genuoc.»
der wirt éin sip trúoc.
duo daz sip was gwunnen,
sie giengen zuo dem brunnen.
als er den brúnnén gesach, 1215
der phaffe einen segen sprach.
als der segen wart getân,
er hiez den wirt dúr gân,
unt hiez in vische vâhen.

1186 *wirt*, Herr des Hauses, namentlich dem *gast* gegenüber. — *wâ*, wo, woher? — 1188 vgl. 584 *wizze Krist*. — 1192 *enwec* adv., hinweg, fort. — *vâhen*, fangen. — 1193 *hin* greift zurück auf *gêt enwec*. — *sî*: zu 116. — 1200 *rât* stm., Vorrath: damit bin ich reichlich versehen. — 1204 *durch daz jâr*, das ganze Jahr hindurch. — 1206 *do:*, optativisch: Gott lohne euch. — 1212 *truoc*, brachte. — 1213 fg. Die Wiederholung derselben Worte meidet der Stricker überhaupt nicht allzu ängstlich (vgl. zu 288, zu Karl 4241). Hier ist sie offenbar beabsichtigt und soll jedesmal den folgenden Vorgang enger an den vorausgehenden anknüpfen. — *was gewunnen*, herbeigeschafft war. — 1217 *wart* vorzeitig, s. zu 227. —

dô er begunde nâhen, 1220
nuo was der brunne vische vol,
die lebten alle harte wol:
die wâren grôz únde guot.
nuo het der wírt dén múot,
die vische kœmén von gote, 1225
diz wær' ein rehter gotes bote,
unde wær' ein heilic man.
nû er die vische ûz gewan,
dô liez ers' ouch sîn wîp séhen.
nu begúnde si vůr wâr jéhen, 1230
swaz si álléz ir leben
durch gotes ôre wolten geben
daz solten si nû senden gote;
daz wære sîn gewisser bote.
dô si enbizzen hâten, 1235
si heten sich berâten,
daz si im gæben zehen phunt.
dâ wider tét ér in kunt,
swaz sị übels ie getæten
daz si des antlâz hæten. 1240

8.

ÁMÍS ALS WAHRSAGER.

Nû reit er aber vůrbáz.
swa er nâhtes bî dem wirte saz,
sô het er einen knéht íe
der in ein ander hûs gíe
unt vrâgte dâ der mære, 1245
wie manec jâr des wære,
daz der wirt die hûsvróuwen nam,

1220 *begunde nâhen*, sich nahte (zu 288). — 1224 *muot*, Gedanke, Meinung. — 1228 *ûz gewan*, heraus gefangen hatte. — 1230 *vůr wâr jehen*, als gewiss behaupten. — 1234 *gewis* adj. von *bote* gesagt, zuverlässig, glaubwürdig (Bartsch zu Karl 106).
 1245 *der mære* oder *mære* (HM. 367) gen. plur., um Auskunft, nhd. entbehrlich: und fragte. — 1247 *nam* sc. zur Ehe. —

unt wie dícke er hin ze Rôme quam
sante Pêtér ze lobe,
unt ze sancte Jăcóbe.   1250
unt wie ir beider veter hiezen,
unt wenne si daz leben liezen,
und ir muoter álsám.
sô im iegelîches nam
bescheidenlîche wart gesagt,   1255
so in wárt mit vrâge niht verdagt,
unz er ervuor diu mære,
wie vil ir kinde wære,
unt wie diu wærén genant,
sô er die namen gar bevant   1260
der jungen unt der alten
(daz der got müeze walten!);
er schreib si alle an ein wahs.
er was kündic als ein tahs,
und ervuor vil ebene,   1265
wie vil ir von dem lebene
der tôt gescheiden hâte,
unt mit wélhem bűrăte
der lébentígen ieglich genas.
sô der pháffe disen brief gelas,   1270
sô nant' er in vil rehte
ir kint und ir geslehte
der vrouwen und dem wirte,
unz er si gar verirte
der sinne die si sóldeu hân,   1275
daz si geloubten âne wân,
swaz er sprœche ez wære wâr,
und ahten denne niht ein hâr
ûf ir guot und ûf ir leben,

1250 *se sancte Jâcobe*, nach S. Jago de Compostella, ein im Mittelalter nächst Rom sehr besuchter Wallfahrtsort. — 1254 *so* relativ: sobald. — 1256 *in* acc. der pers. bei *verdagen*. — *mit rrâge*, auf seine Frage; vgl. 809. — 1262 *walten* mit gen., bei sich haben, für sie sorgen: ein frommer Wunsch für die Alten, wie unser: «Gott tröste sie, habe sie selig.» — 1263 *wahs* stn., Schreibtafel mit Wachs überzogen; vgl. darüber Wattenbach, Schriftwesen S. 44 fg., J. Grimm zu RF. 2132, A. Schultz I, 124; eine kostbare Schreibtafel aus Elfenbein Gregor 547 fg. — 1264 *kündic*, schlau. — *tahs* stm., Dachs. — 1268 *bŭrât* stm., Unterhalt durch Feldbau, Feldwirthschaft. — 1269 *genas*, das Leben fristete. — 1270 *brief*, lat. breve, überhaupt schriftliche Aufzeichnung; ebenso steht Wolfd. A 304, 1 u. 306, 1 (DHB. III, 116) *brief* und *tavele* synonym. — 1274 *verirren* mit acc. der Person und gen. der Sache, jomand ablenken von etwas, sodaß er irre geht, es verfehlt, ihn einer Sache berauben. —

unt begúndęn im alsó víl gében 1280
daz ez in schatte zehen jâr.
dâ wider seit' er in vŭr wâr,
si wŭrden alt unt rîche,
unt vŭeren denne gelîche
ze himelrîche an eime tage. 1285
daz wær' ein heilic wârsage,
des geloubten si vil sêre.
dô beleip er dâ niht mêre.

9.
ÁMÍS ALS WUNDERTHÄTER.

Hôrt' er von einer stat sagen
dar er nâch vierzéhen tagen 1290
wolte rîten durch gewin,
dâ sant' er zwêne knappen hin
die dâ bételen giengen,
und ir dínc sô ane viengen
als si wǽren blínt óder lam. 1295
sô der pháffe denne hin quám,
unt sâgte sô grózen ruom,
welch zéichén sin heilictuom
alle tage tæte,
der ez genâden bæte 1300
der wŭrde helfe wol gewar,
sô giengen dise zwêne dar
die er vůr héte gesant.
die wurden íesâ zehant
von sinem heilictuom gesunt. 1305
daz wart vil kúrzlíche kunt.
in der stát über al
wart ein harte michel schal.

1281 *schatte* = *schadete*. — 1286 *wârsage* swm., propheta.
1294 *ir dínc*, ihre Sache. — 1297 machte so viel Aufhebens, so großes Gerede. — 1300 *der* hypothetisch (vgl. zu 18): wenn jemand es um Gnade bäte, so würde er wol Hilfe verspüren. — 1306 *kunt*, bekannt: davon verbreitete sich in kurzer Zeit das Gerücht. —

si lûten unde sungen.
die liute zúo drúngen 1310
mit opher vlîzeclîche,
beide arm unt rîche.
die liute in der stât gar
brâhten alle ir opher dar.
als er dáz enphangen hâte, 1315
dô kêrt' er danne drâte.

10.

DIE MESSE.

Nû hœret waz im dô geschach.
er kom da er einen prôbest sach,
alwære und éinvaltic,
und iedoch was gewaltic 1320
über ein vil michel guot.
dô riet dem pháffén sîn muot,
möht' er den betriegen
daz wær' ein nützez liegen,
ez gülte im solhe miete 1325
daz er sîn hûs berictе
z'einem halben jâre.
an kleidern und an hâre
schuof sich der trügenære
als er éin gebûr wære 1330
. . . .
. . . .
dâ er den selben prôbest vant.
der begúnde in vrâgén zehant,

1309 *lûten* præt. von *liuten* swv., läuten. — 1320 *und*, und der. — *was gewaltic über*, besaß. — 1324 *nütze* adj., nützlich, Gewinn bringend. — 1325 *gülte* conj. præt. von *gelten* stv. *(gilte, galt, gulten, gegulten)*, einbringen. — 1326 *berâten* stv., mit dem Nöthigen versehen, bestellen. — 1327 *ze*, auf, für. — 1329 *schuof sich*, gestaltete sich, gab sich das Aussehen. — *trügenære*, Betrüger. — 1331—32 In der Riedegger Hs., die diese Geschichte allein überliefert, ist hier Raum für zwei Verse gelassen, deren Sinn ungefähr gewesen sein muß: und begab sich dahin, wo u. s. w. —

wár stüende sîn múot. 1335
«ich bin ein mán âne guot»,
sprach der phaffe Ấmîs;
«ouch stết mîn muot ze solher wis
daz ich niht wil nâch guote streben,
wand' ich wil âne sünde leben, 1340
unt wil unz an mîn ende
mîn herze unt mîne hende
gegen góte bieten swenne ich mac,
daz mir der ängestliche tac
ze sælden müeze erschînen, 1345
sô got mit den sînen
die sündære verteilet
di er nimmer mêr geheilet.»
nû sprach der phaffe Ấmîs
sô wîse wort in leien wîs 1350
daz der próbest selbe sprach:
«swaz ich leien ie gesach,
so vernám ich nie sô wîsen niht.
kunnet ir der buoche iht?»
»nein ich, herre», sprách ér. 1355
«sît gote willekomen her»,
sprach der próbest aber dô.
triuwen, ich bin iuwer vró.
sît ir sô wîse rede gebet
unt dar zuo âne sünde lebet, 1360
sô sult ir tuon des ich iuch bite:
(dâ wirt diz arm klôster mite
gebézzért ein michel teil,
unt wirt ouch iuwer sêle heil)
daz ir hie bî uns belîbet 1365
und iuwer tage vertrîbet
die ir noch ze leben hât.

1335 wonach sein Wunsch stünde, was sein Begehr wäre. — 1338 *ouch*, und doch. — 1343 *gegen gote bieten*, zu Gott erheben. — 1344 *der ängestliche tac*, der Tag des Schreckens, des Gerichts. — 1345 *ze sælden*, zum Heile. — 1347 *verteilen*, verurtheilen, verdammen. — 1348 *geheilen*, salvare, retten, Heil widerfahren lassen. — 1350 *in leien wîs*, als ein Laie. — 1354 versteht ihr etwas von der Schrift? — 1355 *nein ich*: das pers. Pron. wird im Mhd. einem *jâ* oder *nein* gern hinzugefügt, für unsere Sprache pleonastisch: nein, Herr, oder umgestellt: ich? nein, Herr. — 1356 brachylogisch: Seid Gott willkommen, daß Ihr herkamt, euere Ankunft sei Gott willkommen. — 1358 *triuwen* adv. dat. wie *entriuwen*, trauu. — 1359 *rede geben*, reden. — 1363 *bezzern*, in eine bessere Lage bringen. — *ein michel teil*, um vieles (zu 819). — 1366 *vertrîben* stv., zubringen. —

10. DIE MESSE.

ich hœre wol, daz iuwer rât
diz klôster helfen sol:
ir habet sô wiser sinne zol.»   1370
dô sprach der phaffe Âmîs:
«ich bin leider niht sô wîs
als von rehte ein klôsterman,
wan ich der phrüende niht enkan
sô wol gedienen als ich sol.»   1375
«ir dienet'z ûzer mâze wol»,
sprach der álwǽre.
«sit unser scháffǽre,
dâ enscheide ich niht ábe,
über állez daz diz klôster habe   1380
dâ ûze oder dâ inne
oder ímmer mê gewinne.
daz gib'ich iu vür iuwer sünde,
unt wil iwer úrkünde
an dem júngísten tage sîn.   1385
dâ zuo besliuzet unsern schrîn
dâ unser silber inne lît.»
dâ wider hêter dehéinen strît;
er enphie daz ámt íesâ.
sus was der phaffe Âmis dâ   1390
wol vier wochen ode mê,
daz des amtes sît noch ê
nie sô wol gephlegen wart.
ez was sô rehte wol bewart
daz guot dâ mite er umbe gie,   1395
daz des jâhen alle die
die daz klôster hâte,
an bû únd an râte

1369 *helfen* mhd. mit acc. — *sol*, s. zu 1015. — 1370 *zol* stm., Zoll, Abgabe: ihr habt die Gabe solcher Weisheit. — 1373 man ergänze: *sîn sol*. — 1374 *phrüende* stf., aus lat. præbenda, Einkommen von einem geistlichen Amte und dieses selbst. — 1376 *ûzer mâze*, über die Maßen. — 1378 *schaffære*, Schaffner. — 1379 davon (von diesem Verlangen) stehe ich nicht ab. — 1380 *habe* u. 1382 *gewinne*: zu 116. — 1383 *vür*, im Sinne der Hilfe, zur Besserung. — 1384 *urkünde* swm., Zeuge: will für euch zeugen. — 1386 (zu 563) übernehmt die Schlüssel zu unserm Schrein. — 1388 dagegen weigerte er sich nicht. — 1393 *eines amtes phlegen*, ein Amt versehen. — 1394 *ez* — *das guot*, ankündigende Voraussetzung des Pron. vor dem Substantiv, beim Stricker ebenso häufig (zu Karl 4124) wie die umgekehrte zu 510 besprochene Construction. — *bewart*, verwahrt, in so guter Obhut. — 1395 womit er zu thun hatte, das er verwaltete. — 1397 die im Kloster lebten. — 1398 fg. auf Landwirthschaft (*bû* stn.) und die Verwaltung des *râtes*, des Klostervermögens, könnte er sich nicht besser verstehen. Diesem durch 1394 fg.

kund'er nimmer wiser wesen,
im möhte diu sêle wol genesen, 1400
dô si gesâhen wes er phlac:
sîn vaste diu was allen tac,
und az êt wazzer unde brôt;
dar zuo leit er grôze nôt
von wachen unde von gebete. 1405
nûo hœret waz er tete.
er vuort' den próbest sunder.
«ich wil iu sagen ein wunder»,
sprach der phaffe Âmîs,
«ir sît sô getriu unt sô wîs 1410
daz ich'z iu wol tûon kunt.
der engel ist nû drî stunt
zuo mir komen dâ ich lac
unde got ze vlêgen phlac.
der sprichet z'allen zîten, 1415
ich sül niht langer bîten,
ich sül die messe singen.
mir sül sô wol gelingen,
als ich daz méssegewant
an mich gelége, daz ich zehant 1420
der buoche ein wiser meister sî.
nû râtet mir, durch die namen drî,
waz iuch dar umbe dunket guot.
ich sag'iu rehte mînen muot:
ich versúocht' ez gerne, mchť ez sin, 1425
sô niuwan iuwer unde mîn
in dem münster wære.
wil unser schépheere,
daz ich diu bûoch künnen sol,
daz kunnet ir vernemen wol. 1430

---

begründeten Lobe schließt sich 1400 das seiner Heiligkeit an, begründet durch den Anblick seines Lebens (*wes er phlac*) 1401 fg.; mit Bezug darauf ist 1401 nachträglich an 1396 angefügt. — 1402 *allen tac*, jeden Tag, täglich. — 1403 das Subject ist aus *sîn*, wie öfter auch aus einem casus obliquus des vorhergehenden Satzes zu ergänzen. — 1404 *nôt*, Mühsal, Beschwerde. — 1407 *sunder*, abseits. — 1410 *getriuwe* wird von aufrichtigem Wohlwollen gebraucht, dessen Bethätigung hier und 1432 wie bei Walther 9, 36, Greg. 328, Wolfd. B 112, 2 (DHB. III, 184) in der Verschwiegenheit besteht. — 1414 *phlegen* mit einem Inf. mit oder ohne *ze* oft nur umschreibend (zu Karl 6120); zu Gott flehte. — 1417 s. zu 391. — 1418 mir soll das Glück zu Theil werden. — 1422 *name* steht in solcher Verbindung für die göttlichen Personen «um des dreieinigen Gottes willen». Walther 79, 74 (vgl. 100, 5), Karl 7736 u. ö. — 1426 *niuwan iuwer unde min*, nur ihr und ich: der Gen. nach *niuwan* ebenso Erec 307 (vgl. Bech's Anm.). —

ist daz ab ich betrogen bin,
sô habet ir sô getriuwen sin
daz ir mir'z hélfét verdagen.
díz súlt ir nieman sagen,
unt sult swîgén, durch got; 1435
ich würde anders gar ein spot,
vernæme man daz mære
daz ich betrogen wære.»
der pròbest sprach: «des sit gewert.
ich tuon vil gerne swes ir gert. 1440
entriwen, wir suln'z versuochen.
wir lesen an den buochen
von mangem der ze schuole nie
weder hálben tac noch ganzen gie,
wan daz in got erkande 1445
und im ze meister sande
sînen géist der im in kurzer stunt
alle wîsheit machte kunt:
wil got, daz mac ouch hie geschehen.
ist ez als ir mir habt verjehen, 1450
sô ist iu nütze unde guot,
daz ir vil willeclîche tuot
swaz der éngél gebôt.»
nû wart dem pròbest harte nôt,
daz er ín beréité dâ zuo. 1455
des ándéren morgens vruo
vuort' er in in daz münster hin,
unde beslôz die tür nâch in.
dar nâch macht'er in bereit:
er het im schiere an gelcit 1460
daz beste méssegewant.
dô huop der phaffe Âmîs zehant
von dem héilgen geiste unde sanc
ein messe schœne unde lanc.
dô der pròbest daz vernam, 1465
sin herze in den gelouben quam,
swaz er læse od sunge

1431 *ist daz*, falls. — 1436 *ein spot*, zum Gespötte. — 1445 *wan daz*, gleichwol. — 1446 *meister*, lat. magister, Lehrer. — 1454 *mir wirt nôt* mit gen. oder einem abhängigen Satz mit *daz*, mich verlangt dringend, ich strebe, eile mit Eifer. — 1462 *heben* stv., anheben, anfangen. — 1464 also eine *messe von dem heilegen geiste* oder *in des heilegen geistes ére*, wie es Erec 662 fg. 8636 heißt. —

daz ez mit alle erklunge
ûz des héilgen geistes munde.
wand' er niht enkunde, 1470
sô het er gesworen wol
er wær' des heilgen geistes vol.
dô er gesánc únt gelas
unz der messe ein ende was,
dô vrâget' er der mære, 1475
ob diu mésse rehte wære.
der próbest sprach: «si ist sô guot
daz sich vróuwét mîn muot,
deich künde iuwer ie gewan.
ir sît ein heilic man. 1480
got hât grôz dinc durch iuch getân,
nû sult ir mich, durch gót, lân
in íuwérm gebete sîn.»
«ich túon», sprách er, «herre mîn.»
der próbest niht verdagte, 1485
er enbôt únde sagte
diz mære swem er kunde.
in eiuer kurzen stunde
kom wunder phúffén dâ hin.
durch ir kärclîchen sin 1490
wolten sị in versuochen.
si begúndẹn in von den buochen
starker mære vrâgen.
des beschíet er sị âne trâgen,
unz si alle begunden jehen, 1495
si ẹnhéten gehôrt nóch gesehen
deheinen man sô wîsen
sô meister Ãmîsen.
sus macht' er mangen affen.
nuo séitén die phaffen 1500
daz mære íesû zehant

1468 *mit alle* adv. instrumentalis, gänzlich. — 1470 weil er nichts wusste, nämlich von dem Betruge des Âmis. — 1479 *künde* (stf., Kenntniss) *gewinnen* mit gen., kennen lernen. — 1484 *ich tuon* mit Auslassung des Objects: ich thue es. — 1489 *wunder* mit gen., eine erstaunliche Menge, Unzahl. — 1490 *kärclîcher sin*, Schlauheit, Klugheit. — 1492—93 sie stellten an ihn schwierige Fragen (zu 1245) aus der Bibel. — 1494 *trâgen* subst. inf., *træge* sein oder werden: die beantwortete er ihnen unermüdlich. — 1498 *meister*, Titel der Gelehrten. — 1499 so machte er manchen zum Narren (*affen*, vgl. 2182): mhd. steht noch ein prædicativer Nom. und Acc. ohne weitern Zusatz, wo wir ein «als, zu» bedürfen; vgl. Gregor 1474 fg. MSD.² 302. —

10. DIE MESSE.

allenthalben in diu lant,
daz Âmîs der scháffære
ein héiliger phaffe wære:
vón gótes lére 1505
würde níe kein man só sére
mit dem héilgen geiste bevangen.
geriten unt gegangen
kómèn die lántlíute gelíche,
beidiu árm únde ríche, 1510
unt bráhten alle ir opher dar.
daz werte víer wóchen gar,
daz er níuwan óphér enphienc,
unt daz liute zúo gienc
beidiu náht únde tac. 1515
dó diu zúovárt gelac,
nú wâren im tougenlíche bi
siner knáppen zwêne oder drî.
die hiez er, daz si gâhten
und im diu rós bráhten. 1520
dés wúrden si gemeit,
unt wåren der künfte gereit.
si kómen an der selben naht.
nû het er trúnkén gemacht
beidiu brúoder unde knehte, 1525
daz si lâgen rehte
als ob si wǽrén erslagen.
dó hiez der phaffe úz trágen
silber unt gólt dráte,
swaz man im gophert háte 1530
daz des niht vergezzen wart.
sus bráht' er mit im an die vart
wol zwei hundert marke.
dó gâht' er harte starke,
daz er án' schaden hín quám. 1535
dó man daz mǽré vernam,
dó wart der próbest überladen
mit grózem zorne unde schaden;

1505 fg. in Bezug auf *(von)* Gottesgelehrtheit sei niemals ein Mann so sehr mit dem h. Geiste erfüllt *(bevangen)* worden. — 1512 *wern* swv., währen, dauern. — 1513 daß er nichts that als Opfergeld in Empfang nehmen. — 1516 *suovart* stf., das Herbeiziehen, Herzuströmen der Leute. — *gelac*, aufhörte. — 1522 bereit zu kommen. — 1528 *úz tragen*, hinaustragen. — 1532 *an die vart*, auf die Reise. — 1535 *hin*, fort, davon. —

dar zuo leit er grôzen spot.
die tumben liute lobten got,   1540
daz im sô leide was geschehen,
durch daz wan si in hôrten jehen,
daz sin scháffære
ein heilic phaffe wære.
swaz dâ rede wart vernomen,   1545
doch was er wol hín kómen.
wolt' ich die trügen' alle sagen
die er begienc bi sinen tagen,
der würde mêr dán ze vil;
durch daz ich mich's mâzen wil.   1550
ér wás der êrste man
der solhes amtes ie began.

11.

DER MAURER UND BISCHOF.

Dô er von Kérlingen
unz her ze Luteringen
und alsô wider ze Engellant   1555
mit sinen listen überwant
beidiu arm und riche,
unt si alle geliche
mit sinem tríegén verlôs,
nû vander aber unde kôs   1560
einen list dâ mite er mère gewan.
er dâht': «ich wil ein kóufmán
werden nâch gewinne,
unt wil mit minem sinne
michel guot erwerben,   1565

1542 *durch daz wan*, darum weil. — 1545 wie viel man da auch reden mochte. — 1546 *wol*, glücklich. — 1548 *bí sínen tagen*, während seines Lebens, sein Lebtag. — 1550 *sich mâzen* mit gen., Maß halten, sich Zügel anlegen. — 1552 *amt*, Beschäftigung, Gewerbe; vgl. 40.

1559 *verlôs*, zu Grunde gerichtet hatte. — 1560 *kiesen*, sich nach etwas Zweckdienlichem umsehen, ausersehen. — 1563 *nâch gewinne*, um zu gewinnen. —

oder benamen sterben.
waz hilfét min ringen
nâch alsô kleinen dingen?
biz mir ein wênic widervert,
daz ist in mînem hûse verzert. 1570
ich muoz sus immer árm sîn.
ich wil nû daz hûs mîn
betalle z'êren machen,
oder gar verswachen.
ich wil guote lâgen 1575
unt den lip sô wâgen
daz man wunder abe saget,
oder gúot wirt von mir bejaget.»
sus vienc er sin dinc án.
er beréite sich als ein kóufmán 1580
der vil riche solde sin.
er gewán diu besten sóumschrîn
diu er vinden kunde,
unt gap zwei hundert phunde
um guote sóumǽre. 1585
er macht' diu schrîn swǽre;
er leite drin er'n ruochte waz.
diz tet der phaffe umbe daz
daz man dar an sæhe,
wes im sin state jæhe. 1590
er gewan gevüege knehte
die im dar zuo kômen rehte
si müesén den lip wâgen,
und im der sóumǽre phlâgen.
sus vuor der phaffe Ámîs 1595
in eines kóufmánnes wis
unz hin gein Kriechen in daz lant
da er níndert einen kouf envant

1569 *widervert*, zu Theil wird. — 1573 *betalle* = *mit alle*, s. zu 1468. — *z'êren machen*, zu Ehren bringen. — 1574 *verswachen* swv., *swach* werden, zu Grunde gehen. — 1575 *lâgen* swv. mit dat., nachstellen, nach etwas trachten. — 1577 *abe* = *dar abe*, davon. — 1582 *soumschrîn* stn., Schrein, der einem Saumthier (*soumære* 1585) aufgeladen wird, Reisekasten. — 1587 wörtlich: er kümmerte sich nicht, was: beliebiges ohne Wahl. — 1590 was ihm seine Verhältnisse (*state* s. zu 54) zugeständen, erlaubten. — 1591 *gevüege*, geschickte (zu 14). — 1592 *kômen rehte*, taugten. — 1593 abhängig von dem vorhergehenden Satz, drückt den Gedanken des Âmîs in indirecter Rede näher aus: dazu, daß sie das Leben wagen sollten; daher der Conjunctiv. — 1598 *kouf* stm., Handel, dann die Waare selbst. —

er endûhte in gar ze kleine.
«nû saget diu werlt gemeine», 1600
dâht' er in sinem muote,
«von dem grôzen guote
daz ze Kunstenôpel sî.
dâ wird'ich lîhte sorgen vrî.»
er vuor vrœlich in die stat. 1605
den er sich hérbérgen bat
der was der rede harte vrô.
sin geverte was alsô
daz sin ein wirt vil wol genôz,
dâ von in lützél verdrôz 1610
er schûef'im harte guot gemach.
dô er vil müeziclîche besach
die stat unt daz vil grôze guot,
dô trôste in sêrê sin muot
er würde sîner swære entladen. 1615
nû kom er in ein kóufgáden,
dâ sách er phelle mê
danne er ir sît oder ê
ie gesähé bî sinen tagen.
daz begúnd'im harte wol behagen. 1620
si wâren sô manger slahte
unt sô hôher ahte
daz sin hérzé verjach,
den besten den er ie gesach
in den landen anderswâ, 1625
sô wære der bœste tiurer dâ.
als er die phéllé gesach,

1599 der ihn nicht gar zu gering dünkte. — 1600—1603 zu dem sagenhaften Reichthum Konstantinopels vgl. das sprichwörtliche *der (aller) Kriechen golt* (oder *guot*) = ein großer Schatz von Golde, Wackernagel Kl. Schr. I, 65, Martin zur Rabenschlacht 942, 2—5 (DHB. II, 330) Karl 2064, LB.⁵ 809, 9. — 1606 derjenige, den er bat, ihn zu beherbergen, den er um Unterkunft ansprach. — 1608 *geverte* stn., die Art zu reisen, Construction der Aufzug. — 1609 daß ein Wirth von ihm Nutzen haben konnte. — 1610 *lützel*, wenig, ironisch = gar nicht. — 1611 *gemach* stn., Bequemlichkeit: es ihm recht behaglich zu machen. — 1612 *vil müeziclîche*, in aller Muße. — 1616 *koufgaden* (s. zu 841) stn., Kaufladen. — 1617 *phelle* stm., lat. palliolum, ein feiner Seidenstoff. A. Schultz I, 249 fg., wo auch (S. 254) der *phelle* aus Konstantinopel gedacht wird, die nach V. 1621—26, wie überhaupt griechische Erzeugnisse (Virginal 1027 = DHB. V, 187), als besonders kostbar galten. — 1619 s. zu 53. — 1621 *slahte* stf., Schlag, Art. — 1622 *ahte* stf., Qualität, Werth. — 1624—26 Verbindung der zu 519 besprochenen Construction mit Attraction in den Casus des Relativs, also eigentlich: *der beste den er — sô*: der geringste, unansehnlichste (*bœste*) da war noch werthvoller, kostbarer (*tiurer*) als der beste, den er anderswo gesehen hatte. —

er gie hin daz er niht ensprach,
als er si koufen wolde.
wie ers' erwerben solde, 1630
des was er dannoch únwîs.
nu gesách der phaffe Âmîs
einen kálwen mûrǣre,
den vrâget' er der mære.
er sprach: «ich bin ein Vranke. 1635
ez ist mir wol ze danke,
daz ich íuwer sprâche hân vernomen.
daz ich in diz lant bin komen,
daz geschúof ein wunderlich geschiht.
nu verstēn ich dirre sprâche niht: 1640
daz mûet mich harte sêre.»
«welt ir nû immer mêre
rehte in herren wîse leben,
dén rât wil ích iu geben»,
sprach der phaffe Âmîs: 1645
«disen sǣlicllchen prîs
kan ich iu wol gevüegen zuo.
mir starp am mæntáge vruo
ein bíschóf, der herre mîn.
nû sult ir mich ergetzen sîn. 1650
ich was sîn lieber kappelân:
nû ist diu wal an mich verlân,
swen ich ze bíschóve neme
daz uns der allen wol gezeme.
dâ sult ir bischof werden. 1655
über al kriechisch erden
ist kein sô rîche bístúom.
ir mügt den wérltlíchen ruom
unt gotes hulde wol bejagen.»
«den spot möht ir wol verdagen», 1660
sprach der kálwé gebûr;
«mir wirt mîn spîse zuo ze sûr,

1629 *als*, als ob. — 1631 das wusste er zur Stunde noch nioht. — 1633 *kal* adj., kahlköpfig. — 1635 *Vranke* swm., der Franke, hier wie heute der Abendländer im Gegensatz zum Orientalen (Anz. I, 128). — 1636 es freut mich. — 1639 *geschiht* stf., Geschick. — 1641 das ist mir sehr verdrießlich. — 1644 dazu will ich euch verhelfen. — 1646 dieses hohe, herrliche Glück. — 1647 *zuo gevüegen*, zuwenden. — 1648 *mæntac*, Montag. — 1650 ergetzen mit acc. der Person und gen., einem etwas ersetzen. — 1652 *an mich verlân*, mir überlassen. — 1656 *über* von räumlicher Ausdehnung, über — hin, auf. — 1661 *gebûr*, Bauer, mit dem Nobenbegriffe des ungebildeten, einfältigen Menschen. — 1662 *zuo* = dar zuo. —

des mac ich keinen rât hân.»
«ich wil iuch des geniezen lân,
lieber lantman», sprach er, 1665
«daz iuch got sô rehte her
ze disen sælden hât gesant.
ir sit mir liep durch daz lant
danne wir beide sin geborn.
ir sit ze bischóve erkorn: 1670
daz muoz alsô stæte sin.»
«wés spóttet ir mîn?
wie möht' ich bischof wesen,
ich kunde singen ode lesen,
oder kunde der buoche iht?» 1675
«ir dürfet anders kunnen niht»,
sprach der phaffe Âmîs,
«wan daz ir tuot einen wis.
sprechèt ein wort als ich iu sage.
swaz man dise zwêne tage 1680
mit iu rede oder tuo,
dáne tuot anders niht zúo
wan daz ir sprechet: «ez ist wâr.»
lebet denne túsent jâr,
diu sult ir elliu bischof wesen. 1685
ir'n dürfet singen nóch lésen:
daz kan ich wol geschaffen.
dise kriechísche pfaffen
verstênt úuser buoche niht.
swenn' iu ze síngén geschiht, 1690
sô singet ir ein tiutschez liet
(ez ist ein kriechísche diet),
sô sage ich deiz diu messe si:

1663 dagegen kann ich keine Abhilfe haben, mit Bezug auf 1644. — 1665 *lantman* (vgl. 1668 fg.) Landsmann. — 1667 *sælde* stf., Glück, wird mhd. gern im Plur. gebraucht. — 1669 *danne* rel., von wo, woher. — 1671 *stæte* adj., beständig; dabei bleibt es. — 1672 *wes* (wie *des*, zu 138) causaler Gen., warum? — 1674—75 man ergänze die Negation (vgl. zu 941): ohne zu können. *singen* (zu 391) und *lesen*, das Vorlesen und Vorsprechen der Bibeltexte und vorgeschriebenen Gebete beim Gottesdienst, in weiterm Sinne vom christlichen Lehramt überhaupt gebraucht, sind Hauptbestandtheile des geistlichen Amtes, das sie 1970 umschreiben; zu 1675 vgl. zu 47. 1354. — 1676 *dürfet*, braucht. — 1677—78 Wenn der Dichter auch sonst Wiederholungen gerade nicht ängstlich meidet (zu 1213), für die Echtheit dieser nur in B. überlieferten, 1779 unter gleichen Bedingungen wiederholten Verse möchte ich doch nicht einstehen; es wäre dann mit den übrigen Has. 1679 statt *sprechet* zu setzen *wan*. — 1684 *lebet* concessiver Imp., mögt ihr leben. — 1690 so oft es sich fügt (zu 399), daß ihr Messe lesen sollt. — 1692 *kriechísche* zu 575. — 1693 *deiz* = *daz es*.

dâ wirt uns zwein vil sanfte bî.»
nû was sô álwǣre 1695
der kalwe mûrǣre
daz er sich überreden lie,
und in dem namen hín gíe,
daz er bischof werden solde
und ein herre wesen wolde 1700
und ouch leben in herren wîs.
daz beschuof der phaffe Âmîs.
er kleitte den mûrǣre
als er ein bischof wǣre,
unt truoc im einen stúol mite, 1705
nâch der bischóve site.
der phaffe sprach: «nû nemet war,
daz iu ein wort niht enphar,
wan daz ir sprechet: «ez ist wâr».
sprechet ir iht anders umb'ein hâr, 1710
sô sît ir z'einem gouche erkorn
unt habt daz bístúom verlorn.
durch daz ir mir sô liep sît,
sô wil ich iuch ze dirre zît
vil gerne behüetén vor schaden.» 1715
nû giengens' aber in daz gaden
dâ die phelle lâgen.
den wirt begunde er vrâgen
Âmís der triegǣre,
wie vil der phelle wǣre 1720
die er geleisten möhte.
«west' ich, waz daz töhte,
möht'ez iu iht ze staten stân,
ez würd'iu schiere kunt getân»,
sprach der wirt: dér was wîs. 1725
dô sprach der phaffe Âmîs:
«deiswâr, ez vrumt uns beiden
ê daz wir uns hie scheiden.»
der wirt sprach: «ir ist sô vil
daz ich des gelouben wil, 1730

1694 dabei ergeht es uns zweien recht wohl. — 1698 *in dem namen*, ea mente, in der Meinung. — 1702 *beschuof*, setzte ins Werk. — 1711 Travestie von V. 1670. — 1713 *durch daz*, weil. — 1718 *er*: zu 1394. — 1721 *geleisten*, beschaffen. — 1622 *töhte* conj. præt. von *tugen*, taugen; wozu das gut wäre. — 1723 *ze staten stân* mit dat., zu statten kommen, helfen, nützen. —

gæb' ichs' ze halbem werde,
daz alliu tiutschiu erde
deheinen man sô richen hæte
der mich ir âne tæte.
seht, wâ mir der quæme 1735
ders' nâch ir wirde næme.»
der phaffe sprach: «nû nemet war,
wi irs' uns gebt: wir nemen si gar,
welt ir vuoge dran begân.
mîn herre, den ir hie sêht stân, 1740
der ist ein bischof riche,
unt wil vil hêrlîche
dise hôhzît lében,
unt wil sô vil rittern geben
rós kléider unde swert. 1745
ist daz ir in gar gewert
der phelle die er koufen wil,
ir dunket iuch selben nie sô vil
ir'n wirt uns über niht ein hâr.»
dô sprach der bischof: «déiswûr». 1750
des was der wírt hárte vrô.
«triuwen, herre», sprach er dó,
«sît ír áller gert,
der boeste ist zehen márc wért,
alsô wil ich den besten geben: 1755
dâ sult ir niht wider streben.»
dô sprach der phaffe Âmîs:
«ich bin ze koufe wol sô wis
daz ich daz widerrâte.
dâ von sprechet drâte 1760
daz doch ze jungist muoz sîn,
unt lât mich unt den herren mîn
vil rehte hœren die geschiht,
wi irs' uns gebet und anders niht.»
der wírt sprách: «daz túon ích. 1765

1734 *der sie mir abnähme.* — 1736 *nâch ir wirde*, zu ihrem (vollen) Werthe (im Gegensatz zu 1731). — 1737 *nemet war*, seht zu. — 1739 *vuoge begân*, thun was *vuoge*, passend, schicklioh ist, hier mit Bezug auf den Kaufpreis. — 1746 *gewern* mit acc. und gen., jemand etwas gewähren, geben. — 1748—49 *ir* gen. abhängig von *vil*: ihrer dünkt euch nie so viel, daß sie uns nur im geringsten zu viel würden (vgl. zu 75). Der logisch subordinierte Satz steht mit Negation grammatisch coordiniert. — 1758 Ich verstehe mich wol so weit auf ein Kaufgeschäft. — 1763 *rehte*, recht, eigentlich. — *die geschiht* umschreibend: das.

11. DER MAURER UND BISCHOF.

ir koufet keinen wider mich
ir'n müezet mir geben áht márc.
dunket íuch der schade alsô starc,
so gewéhent der rede nimmer mê.
ich behíeltes' zehen jár ẽ,   1770
ob ich sô lange solte leben,
dann' ich si nâher wolte geben.»
«nuo slahets' uns vrœlîche her.
wir suln si koufen», sprách ér.
sus wurden si im dar geslagen.   1775
der phaffe hiez si hín trágen.
der wírt sprách: «nû geltets' ê.»
«ir'n dürfet anders niht mẽ»,
sprach der pfaffe Âmîs,
«wan daz ir tuot in einen wîs.   1780
unser hérberge ist hie nâhen bî.
zelt si ôt, wie vil ir sî,
daz ez mîn hérre sehe,
daz uns beiden reht geschehe:
der sol hie bî iu sitzen.   1785
wir suln mit guoten witzen
iu gelten unt bereiten.
ir'n dürfet niht lenger beiten
wan unz wir si hin getragen,
daz ir uns künnét gesagen,   1790
waz iu mîn herre gelten sol.
daz mag er iu geleisten wol:
daz ist mir aller beste kunt.
ich hân hie wol driu tûsent phunt
sîns sílbérs geslozzen.   1795
ir habet sîn genozzen,
ê ir von uns scheidet,
daz ez iu niht leidet.
deiswâr, er git iu sîn guot
an dem kóufe den ir hie tuot,   1800

1766 *wider mich*, von mir. — 1768 *schade* an Gold, die Auslage (vgl. 1863, Bl. 158). — 1769 so redet davon nicht weiter (*gewehenen* m. gen., erwähnen). — 1772 *nâher*, wohlfeiler. — 1773 *her slahen*, durch Handschlag (vgl. 2135; RA. 138) als Eigenthum übertragen und versichern; ebenso 1775 *dar sl.* — 1777 *geltets'*, bezahlt sie. — 1779—80 nur in R. überliefert, sind vielleicht unecht (zu 1677—78). 1781 wäre dann Parenthese und 1782 wäre etwa zu lesen *was* (sondern) *selt* u. s. w. — 1784 *uns beiden*: mir und meinem Herrn einer- und euch andererseits. — 1787 *bereiten* m. acc. (s. 1901), der aus *iu* zu ergänzen ist, synonym mit *gelten*: bezahlen. — 1788 *beiten* swv., warten. — 1795 *geslossen*, in Verschluß, Verwahrung. — 1798 *leiden* impers. mit dat. = *leit werden*. —

ez hilfet iuch ein halbez jâr.»
dô sprach der bischof: «déiswâr».
daz begúnd' dem wirte wol behagen.
«nû heizets' balde hin trâgen»
sprach er zuo dem phaffen.　　　　　　　1805
do begúnd'er balde schaffen,
daz sine knehte quâmen,
unt die phelle nâmen,
unt sị in ein schif trúogen,
und im des niht gewuogen　　　　　　　1810
dem si dâ gelten solten.
dô si si gar geholten,
dô sprach der phaffe Âmîs:
«wir suln iu gelten in der wis
daz wir niht dürfen bâgen.　　　　　　　1815
erwerbet uns ein wâgen.
ich wil daz silber bringen
beidiu an phénningen
und ouch harte wiz gebrant.
sô nemt die wâge an die hant,　　　　　1820
unde weget unz an die zit
daz ir wol gewért sît.
mîn herre koufet âne vâr.»
dô sprach der bischof: «déiswâr».
hin gie der phaffe drâte.　　　　　　　　1825
sin knehte unt swaz er hâte
daz was in ein schif kómen.
si heten wol von im vernomen,
er wolt' entrinnen ûf den sê.
dâ wart niht gebeitet mê,　　　　　　　　1830
er stiez sin schif vil balde an.
sus kom der pháffe von dan.
nuo sul wir des gedenken:
der wirt hiez wunder schenken
durch des bischóves êre;　　　　　　　　1835

1815 *bâgen*, streiten. — 1816 *erwerbet*, schafft herbei. — *wâge* sw., gewöhnlicher (auch beim Stricker im Reim Karl 12080) stf., Wage. — 1817—19 Silber, gemünzt (über *phenninc* s. zu 698) und ungemünzt (*wîs gebrant*: brennen vom Metall heißt im Feuer schmelzen, läutern, daß es glänzend, *wîs*, wird). — 1822 *gewert*, bezahlt. — 1823 *vâr* stmf., Nachstellung, Hinterlist, Betrug; also *âne v.*, ehrlich. — 1829 *sê* stm., das Meer. — 1831 *sin schif an stôzen* Schifferausdruck, vom Lande abstoßen. — 1833 mit diesem Verse geht der Dichter zur Erzählung dessen über, was weiter zwischen dem Kaufmann und dem angeblichen Bischof geschah. — 1835 dem Bischof zu Ehren. —

vil spise unt dannoch mêre
bereit'er durch den einen man.
ein silberwâge er gewan
und ein gelœte alsô starc
daz ez wol die zwelften marc   1840
in die einléften wac.
nuo wart'er állén den tac,
daz er sin silber næme
wenne der phaffe quæme.
daz wert' unz an die stunde   1845
daz ez ábént begunde.
dô im nieman niht brâhte
nóch ze bringén gedâhte,
daz wart im harte swære.
«wi ist iuwer kamerære   1850
alsus lange?» sprách ér.
«er wil lihte'z silber her
bringen morgen ame tage.
er vürhtet lihte daz ich sage,
ez dûhte mich niht volle clár.»   1855
dô sprach der bischof: «déiswár».
die naht was er vil érháft,
unt gab im grôze wirtscháft,
unt hiez im betten alsô wol
als man einem herren sol.   1860
des morgens wart dô spise
bereitet wol nâch prise.
ûf des bischóves schaden
der wirt begunde dár láden
sin vríunt, dér er schône phlac.   1865
nuo wart'er állén den tac

1839 *gelœte* stn., Gewicht. — *starc*, schwer. — 1840—41 daß jo zwölf Mark
Silber auf der einen Schale erst ein Gewicht von angeblich elf Mark
auf der andern aufwogen. — 1842 *allen den tac*, den ganzen Tag (zu
unterscheiden von *allen tac* 1402). — 1846 *ábént*: erg. *werden*, womit
etwa zu vergleichen Kudrun 1372, 4 *é morgen ábent so werde* (s. Martin's Anm.). — 1850—51 wie bleibt euer Kümmerer so lange aus? —
1855 *niht volle clár*, nicht licht genug (in der Abenddämmerung). —
1857 *érháft* adj., ehrenhaft, nämlich in der Bewirthung des Gastes. —
1861 vgl. 1886 fg. Die erste der beiden üblichen Mahlzeiten pflegte man
morgens zu nehmen, gewöhnlich gleich nachdem man aufgestanden war
und, wovon hier freilich keine Rede ist, die Messe gehört hatte, vgl.
Bl. 438 fg., O. 38 fg., A. Schultz I, 280 fg., Anz. VII, 411 fg. — 1862 *nâch prîse*,
daß man sie loben, rühmen mußte. — 1863 *schaden*, Kosten (zu 1768). —
1865 *vríunt* als ursprüngliches part. præs. im nom. acc. pl. nicht selten
flexionslos. — *phlac*, von Gästen: bewirthete. —

6*

nâch sinem sílbér als ê;
nû kom im aber niht mḗ
danne als an dem andern tage.
in einer vríuntlī́chen clage   1870
sprach er dem bíschóve zuo:
«diz silber wære hiute vruo,
deiswâr, vil bíllī́che komen.
swaz im die state hât benomen,
ich wæne im étwaz werre.   1875
ir hérbérge ist lîhte verre;
odę si hûbent den slûzzél verlorn.
mir ist an den kamerære zorn,
daz er sîn rêht sô zebrach
daz er iuch hiute nie gesach.   1880
ich wæne der tac bedunke iuch swâr.»
dô sprach der bischof: «déiswā́r».
des zornes er dô niht mê gewuoc,
unt gap im aber wol genuoc,
unt leit' in sánfté dar zuo.   1885
dô si des dritten morgens vruo
enbizzen wâren harte wol,
«ich ęnwéiz, wie ich gebâren sol
vor dem leide», sprach der wirt,
«daz mir mîn silber niht enwirt.   1890
ich wæne iur kamerære
um cléin gúot verbǽre,
daz er iuch mite ein halbez jâr.»
dô sprach der bischof: «déiswā́r».
do ęrschrác der wirt vil sêre.   1895
«íwer wirt híe niht mêre
sô wol gepflegen», sprách ér,
«ir ęnschúffet mir mîn silber her.
mir ist der muot sô swære.
ich wæne iur kamerære   1900
mich alsô welle bereiten

1872 *dis* = *daz*. — 1874 was immer es sei, das es ihm unmöglich gemacht hat. — 1875 *werren* mit dat., hinderlich, im Wege sein. — 1878 ich zürne dem Kämmerer. — 1879 *rëht* stn. bezeichnet mhd. in viel weiterm Umfange des Begriffs als nhd. auch die Pflicht. — *zebrach* verletzte. — 1881 *swâr*, lästig, verdrießlich. — 1885 *leitin* = *leite (legte)*, bettete, *in*. — 1887 *enbizzen* (part. præt. mit activem Sinne wie Nib. 1325, 1. 1688, 1; Kudrun 72, 3; vgl. *genossen* Walth. 26, 15; Iw. 3142; Grimm Gr. IV, 70) *wâren*, den Imbiß genommen hatten (zu 1861). — 1892 *verbære* conj. præt. von *verbern* stv. (*verbir, verbar, verbâren, verborn*), sich abseits halten von etwas; wegbleiben. — 1893 *daz*, sodaß. — *mite* conj. præt. von *mîden* stv. (*meit, miten, gemiten*), meiden. —

11. DER MAURER UND BISCHOF.

daz ich muoz langer beiten
dan über fúnfzéhen jár.»
dô sprach der bischof: «déiswǟr».
des wortes wart der wirt ergremt.   1905
er sprach: «sô werdet ir gelemt
an beinen und an armen.
ez'n sol mich niht erbarmen
swaz ich iu getúon mác.
ich lâz' iuch nimmer einen tac   1910
hie nâch lángér geleben.
habt ir mir úlsús vergeben,
sô müezet ir den tôt hân:
ir und iuwer kappelân
niht baz gedienet umb'ein hâr.»   1915
dô sprach der bischof: «déiswǟr».
der wirt sprach: «díu wǟrhéit
wirt iuch noch ein herzenleit.»
mit grimmen muote er dár gíe.
bî dem hâr' er in gevie,   1920
unt warf in zorniclîche nider.
da ensprách er anders níht wider
wan daz er sprach: «déiswǟr».
ob er im hût oder hâr
abe slúoc únde brach,   1925
dô rief er allez unde sprach:
«ez ist wâr, ez ist wâr.»
ob er in slüege ein halbez jâr,
er rief niuwán den selben schrei.
er het im vil nâch enzwei   1930
beidiu hóubet unde bein geslagen.
die diz mære hôrten sagen
die kômen dar geloufen gar.
nu kom der burger óuch dár
dem er gemûret hâte,   1935
unt vrâgt' den wirt vil drâte,

1903 *über* von der Zeitdauer. — 1905 *ergremen* swv., *gram*, zornig machen. — 1906 *lemen* swv., lahm machen. — 1912 *vergeben* stv. mit dat., einem etwas geben zu seinem Verderben, schaden, ihn verderben (vergiften); vgl. *ich klage des rehten wîbes leben, der mit ir manne ist vergeben*; Stricker ed. Hahn 12, 342. — 1918 *iuch*: wie früh diese Form mit der des Dat. *iu* im Gebrauch sich mengte (vgl. 2416), zeigen die Beispiele bei Weinhold mhd. Gr. S. 451. — 1919 *grimmen*: über solche aus der Umgangssprache eingedrungene Dativformen auf *-en* statt *-em* vgl. Weinhold mhd. Gr. S. 491. — 1920 *gevâhen* stv., ergreifen, fassen. — 1925 *brechen* oft gleichbd. reißen. — 1935 *mûren* swv., mauern.

waz er wizze disem man.
er sprach: «swaz ich ie gewan
daz hât er alsô gár hin
daz ich dâ von verdorben bin. 1940
er ist ein bischof, ich'n weiz wâ,
si geschent in aber nimmer dâ.
er muoz mir lâzén daz leben,
ode muoz mir min silber geben:
vür dáz lit er gisel hie. 1945
ich gesách sô mórtlíche nie
einem mán verrâtén sîn guot.
ist daz er'z niht widertuot,
ich tuon im solhe swære
daz nie kein marterære 1950
sô grôz mártér erleit.
er giht mir doch der wârhéit,
sîn lôn sî von rehte swâr.»
dô sprach der bischof: «déiswär».
dô sprach der búrgære 1955
«triuwen, mir ist swære,
daz ir iu sô geslagen hât.
swie ungern' ir in leben lât,
ir müezetin lâzén genesen.
er ist min mũrære gewesen 1960
mêr denn' anderhálp jâr.»
dô sprach der bischof: «déiswär».
daz wart dem wirte swære.
«er ist niht ein mũrære.
sám mir der líp mín, 1965
ér muoz mîn bichof sin
unz er mir git daz er mir sol.
dar nâch gan ich im harte wol,
daz er ein mũrære wese,
oder dáz er singe oder lese.» 1970

1937 *wizze* conj. præt. von *wizen* stv. (*weiz, wizzen, gewizzen*) mit acc. und dat., jemand etwas zum Vorwurf machen, ihn dafür strafen. — 1939 man ergänze ein Particip *getân, gefüerrt*: das ist mir durch ihn so ganz verloren gegangen; vgl. Hartmann, Lieder 8, 42. — 1945 *gisel*, als Geisel; vgl. zu 1499. — 1946 *mortliche* adv., auf mörderische Weise, hier allgemeiner: räuberisch, tückisch. — 1947 *verrâten* stv., durch einen übelen *rât* verderben. — 1949 *swære*, Leid. — 1950 *marterære* stm., Märtyrer. — 1951 *gró::* zu 347. — 1952 er erklärt doch daß ich die Wahrheit sage, Recht habe, gesteht es mir als wahr zu. — 1956 *swære* adj., leid. — 1965 elliptische Betheuerungsformel: so lieb mir mein Leben ist, bei meinem Leben. — 1966 *mîn*, für mich. — 1967 *sol*, schuldig ist. — 1968 *gan* zu 173. — 1970 zu 1674. —

er greif im aber in daz hâr.
«ez ist wâr, ez ist wâr»,
sprach der bischof aber dô.
«meister mîn, wie tuot ir sô?»
sprach der búrgǽre, 975
«sagt mir diu rehten mære,
sô hilf'ich iu von dirre nôt,
oder'z ist benamen iuwer tôt
ir enrédet anders etewaz.
war umbe spréchét ir daz 1980
'ez ist wâr, ez ist wâr'?
ir sit doch nû wol zwéi jâr
harte sinnic gewesen.
welt ir gérné genesen,
sô sagt mir, waz der rede sî: 1985
ich mache iuch ledic unde vri.»
«lieber herre», sprách ér,
«dâ kom ein kappelân hér,
dér wás ein Vranke als ich.
der erkôs únd erwelte mich 1990
z'einem bischof umbe daz,
er gunde mir der êren baz
dann' einem kriechischen man,
swie ich der buoche niht enkan.
der gebôt mír vil sêre 1995
an lîp únd an êre,
ich solt' in disen drín tágen
niht spréchen nóch ságen
wan 'ez ist wâr' (daz tet ich ouch):
man hete mich vür einen gouch, 2000
spræche ich anders wan alsô.
ich was des bistúomes vrô
unt sprach als er mich lêrte.
wan er mich alsô êrte
unt mich ze herren hete genomen, 2005
des wând'ich sîn ze êren komen.
swaz mir nû zę êren von geschach
daz er mîn ze herren jach,
dés wirde ich nimmer vrô.

1974 *meister*, s. zu 504. — 1983 *sinnic*, verständig. — 1985 *wa: — sî*, was an der Sache sei, welche Bewandtniss es damit habe. — 2007 *von* = *dâ von*. — 2008 *jehen eines ze*, jemand für etwas erklären. —

ich hân sin enkolten sô, 2010
daz mich riuwét diu vart
daz ich sin bischof ie wârt,
sît er mich verstên liez.
daz er mir sô wol gehiez,
dâ mite benam er mir den sin. 2015
ich weiz nû rehte wer ich bin.
ich bin ein tôre, als got wol weiz,
daz ich mir durch ein geheiz
sô grôzen schaden hân getân.
ich wolt' ez âne klage lân, 2020
daz mir daz bistuom niht enwirt,
wan daz mir der rücke swirt.»
swer daz vernam der lachte
unz an den wirt; dem krachte
vor zorne herze unde muot. 2025
er sprach: «ir geltet mir mîn guot,
entriuwen, daz geloubet ir.»
er sprach: «dô séité man mir,
ich wære ein richer bischôf,
unt sólté vil grôzen hof 2030
dise hôhzît hân,
unde solte dâ begân
beidiu êre unde ruom.
nû zeiget mir mîn bistúom.
ich swer iu dés éinen eit, 2035
daz ich iu geltes bin bereit.
hât mir der kappelân gelogen,
weiz got, sô sît ouch ir betrogen.»
swie zorn dem wirte wære,
doch half der búrgære 2040
dem armen man, daz er genas
der ê sô nâch erslagen was.

2010 *enkolten* von *engelten* stv. mit gen., entgelten, büßen für etwas. — 2011 *riuwen* stv., reuen, Leid thun. — *vart* stf., Verlauf, hier wie in vielen mhd. Redensarten in sehr abgeschwächter Bedeutung, nicht viel mehr als nhd. es. — 2013 *verstên*, «verfallen», von einem nicht wieder eingelösten Pfande, womit sich der Maurer nicht unpassend vergleicht (vgl. 1945). v. l. «als ungelöstes Pfand hier zurück ließ» (Sprenger). — 2014 *sô wol gehiez*, so schöne Versprechungen machte. — 2017 das weiß Gott. — 2018 *geheiz* stm., Versprechen. — 2022 *swern* stv. (*swir, swar, swâren, gesworn*), schmerzen. — 2027 s. zu 115. — 2032—33 *êre und ruom begân*, Ehre und Ruhm erwerben (durch glänzenden Hofhalt). — 2036 *geltes*, zur Bezahlung.

12.
DER JUWELENHÄNDLER.

Dô der phaffe dâ entran
von Kriechen unde dâ gewan
an sinem koufe sólch héil,   2045
nû kom er vrô únde geil
hin wider heim ze Engellant.
nû dâht' er íesâ zehant:
«weizgot, ich muoz aber dar.
ich bin worden wol gewar,   2050
swer michel guot erwerben kan
der wirt ouch schiere ein richer man.
ich wil der Sælden schîben
vil willicliche trîben,
sit si mir só gerne gât.»   2055
beidiu an hâr' únd an wât
schuof er sich als ein kóufmán.
er gâhte sére unz er gewan
des er bedorfte zuo der vart.
diu wart niht langer dô gespart.   2060
einem léien vuor er nû gelich.
dâ mite enphrémdét' er sich,
daz er ninder wart erkant,
unz er hin ze Kriechenlant
in die selben stát quám,   2065
und ein hérbérge nam.
dâ liez er niemen inne sin
wan sich unt sin gesindelin:
unt sag'iu wâ von daz geschach.
er tet ez durch ir gemach,   2070

2046 *geil*, lustig. — 2053 *der sælden schîbe* = *des gelückes rat* (Karl 957), das Glücksrad, das man sich von *vrou Sælde*, dem personificierten Glück (vgl. Grimm DM⁴. 720 fg., mhd. WB. II 2, 36ᵇ, zu Karl 11523), gelenkt und den Menschen darauf in die Höhe gehoben und wieder abgeworfen, oder mit demselben fortrollend dachte. Über diese aus der Antike in Kunst und Dichtung des Mittelalters übergegangene Vorstellung vgl. noch Wackernagel Zeitschr. VI, 134 (= Kl. Schr. I, 241) fg., mhd. WB. I, 1049. II, 1, 559ᵇ, 38; Germ. VIII, 417—419. — 2056 fg. vgl. 1328 fg. — *wât* stf., Kleidung. — 2060 *gespart*, aufgeschoben. — 2061 *varn* von der äußern Erscheinung: er glich einem Laien. — 2062 *sich enphremden*, sich *vremde*, unkenntlich machen. — 2068 *gesindelin*, kleines Gefolge. — 2069 vgl. zu 591. —

daz si sich selben deste baz
bewarten unde allez daz
daz si dúr héten bráht.
er het ouch listé gedáht
der ich iu schiere wil verjehen.   2075
er gie in die stat spehen,
ob er den kouf vunde
des er hundert phunde
möhte geniezen ode mè.
nuo vander aber áls ë   2080
einen man der riches koufes phlac,
unt sach ouch wá vor im lac
sò vil edeler steine,
er enkóufes' denne aleine,
daz éz nieman entöhte   2085
dèr si vergelten möhte.
áls ér die steine ersach,
zuo dem koufman er dô sprach:
«wie gebet ir die steine?»
er sprach: «dá lit der eine,   2090
der ist wol zehen márc wért.
sagt ir mir, wélhér ir gert,
die gib'ich iu ze rehter wis.»
dô sprach der phaffe Âmís
«wie gebt ir alle die ir hát?»   2095
der koufman sprach: «die rede lát.
ir müget si, sò ich wænen wil,
niht alle vergelten, ir ist ze vil.»
der phaffe Âmís sprâch dö:
«nû stêt doch iuwer dinc alsö   2100
daz iu si gót hât gegeben;
als wol mac ein mán lében
der als riche ist als ir:
ich tròwe des wól. nû saget mir,
waz man iu drumbe geben sol.   2105
ich vergilt' sị iu alle sámt wól.»
swaz er dô steine háte

2074 *gedáht*, ersonnen. — 2079 *geniezen*, gewinnen. — 2081 *koufes phlegen*, Handel treiben. — 2082 *wá* im abhängigen Fragesatz umschreibt räumlich anschaulich den Acc. mit Inf.: sah liegen. — 2085—86 daß es niemand von statten gienge, daß er sie zu bezahlen vermöchte. — 2100 *iuwer dinc*, euere Lage, euere Verhältnisse. — 2102 *als wol*, ebenso gut. — 2104 *trouwen* m. gen., glauben.

12. DER JUWELENHÄNDLER.

die hiez er tragen dråte
vor den phaffen Âmîsen,
unde begund'in sunder wisen,   2110
wie si álle wǽrén genant.
dâ wider sprách ér zehant:
«lât ánder rede stân,
unt sagt mir, wie sol ich si hân.»
«si sint wol tûsent márc wért.   2115
swer ir ze kóufénne gert»,
alsó sprach der kóufmán,
«der ir tugent erkennen kan,
der muoz mir selbe des gestân,
daz ich gúoten kouf gegeben hân.»   2120
dô sprach der phaffe Âmîs:
«iu gevéllet hie der sælden pris
daz ir ir habet alsô vil,
unt daz ichs' alle koufen wil.
sint si iu ze rehte veile,   2125
sô wérdént si mir ze teile.
ir sult mirs' âne widerstreben
umb' sehs hundert márc gében.
sprechet ir då wider iht,
sô koufen wir mit einander niht.»   2130
«ir dunket mich», sprach der kóufmán,
«sô vrum, als ich erkennen kan,
daz ich iu des koufes wil jéhen.
got lâze iu wol dar zuo geschehen.»
sus sluoger si im in die hant.   2135
nâch guotem wine wart gesant;
den trunken si. dô daz geschach,
zuo sinen knehten er dô sprach,

2110 *sunder wisen*, besonders, für jeden Stein einzeln unterweisen, belehren. 2118 *tugent*, Vorzüge, Werth. Hier ist wol insbesondere auch an die magischen Kräfte zu denken, die man den Steinen zuschrieb und gegen deren betrügerische Anpreisung durch die Juweliere der Stricker ein besonderes Gedicht richtete (Hahn N. XI). durch das sich wieder der Verfasser eines von mir (Heilbronn 1877) herausgegebenen Steinbuches zu heftiger Polemik herausgefordert fühlte. — 2120 *guoten kouf*, einen für den Käufer nach Werth und Preis der Waare günstigen Handel. — 2122 *gevallen* mit dat., zufallen. — *der sælden pris*, das höchste Glück. — 2125 *ze rehte*, wie es recht ist, um einen billigen Preis. — 2130 *koufen mit einem*, mit jemandem ein Geschäft machen. — 2132 *vrum*, wacker, ansehnlich (vgl. zu 26). — 2133 *des koufes jehen* mit dat., den Kauf mit jemand als abgeschlossen, die Waare als sein Eigenthum erklären. — 2135 vgl. zu 1773. — 2136 der abgeschlossene Kauf pflegte durch Weintrinken besiegelt und gefeiert zu werden, man nannte das *winkouf* oder *litkouf* (von *lit*, Obstwein); vgl. RA. 191. —

daz si die steine trüegen hin.
dô sprach der koufman wider in: 2140
«ich'n wils' indert tragen lân
ê ich daz gelt enphangen hân.»
der phaffe sprach, ich sag' iu wie:
«herre, ich bin ein gást híe.
ir sit des geldes unverirt. 2145
ich hân hie bî einen wirt;
dar lât mir tragen die steine.
der dunket mich sô reine
daz er daz silber wegen sol.
ich weiz in sô getriuwen wol 2150
daz er uns beiden rehte tuot.
ich hân álléz mîn guot
an sîne triuwé verlân.
daz ich umb' iuch gedinget hân
des ist niht halbe alsô vil 2155
sô daz ich noch koufen wil.
nû sprichet er, des bin ich vrô,
er bewár mich an der wâge sô
daz mir niht schaden widervar.
herre, gêt ir mit mir dar, 2160
ez ist iu zweier márc wért.
ich wer iuch swie ir selbe gert.
swelch silber ir versprechet dâ,
ich gib'iu anderz fesâ.
des hân ich dâ sô swære 2165
daz ez zéhen sóumære
vil kûme her getruogen.
wil es iuch niht genuogen
danne mit der rehten mâze,
ê ich den kóuf lâze, 2170
ich wil iu gerne unde ê
zweier marke geben mê,

2141 *indert*, irgendwo, irgendwie, hier mit der Negation, in keiner Weise, unter keiner Bedingung. — *tragen*, forttragen. — 2144 *gast*, Fremder (im Gegensatz zum Einheimischen, *wirt*, 2146: vgl. zu 1186), von dem man nicht ohne weiteres voraussetzen konnte, daß er große Summen mitführe (vgl. Wilmanns zu Walther 92, 10); deshalb versichert A. 2145 ihr kommt (aber) nicht um das Geld; vgl. zu 1274. — 2146 *hie bî*, hier in der Nähe. — 2148 *reine* vom Charakter: lauter, ehrlich. — 2153 *an sîne triuwe verlân*, ihm anvertraut. — 2154 *dingen* transitiv mit *umbe*, über etwas mit jemand einen Vertrag welcher Art immer abschließen, hier also: was ich von euch gekauft habe. — 2158 *er* sorge für mich beim Wägen. — 2165 *des* abhängig von *swære* (Neutr. des Adj.). Davon habe ich dort ein solches Gewicht so viel. — 2169 *mâze* stf., Maß und Gewicht.

12. DER JUWELENHÄNDLER.

daz ir mit mir dár gât
danne daz ir hie bestât.»
dâ von wart sîn vröude starc. 2175
«welt ir mir die zwô márc
gerne geben», sprách ér,
«durch daz mich iuwer wírt wér,
sô wil ich mit iu dár gân,
und in daz silber wegen lân.» 2180
«gerne», sprach der phaffe.
sus schuof er, daz ein affe
ûz einem wîsen manne wart.
er huop sich mit im an die vart,
unt hiez die steine hín trágen. 2185
daz begúnd'er sît vil tiure klagen:
und sag'iu wâ von daz geschach.
ze sînen knehten er dô sprach,
dô si in daz hûs quâmen,
daz si den koufman nâmen, 2190
unt den vil vaste bunden,
und in héinlich überwunden,
daz es nieman innen wart.
an im wart ouch wol bewart,
daz er niht schrîen mohte. 2195
swaz in zer verte tohte,
dô si heim varen wolten,
als si von rehte solten,
daz was vil gar bereitet.
dâ wart ouch niht gebeitet. 2200
in was ein schíf ál bereit:
dâ was ez allez in geleit
des er dâ gewaltic was.
wie der kóufmán genas,
unt welch nôt er muose doln, 2205
daz wære schädelich verholn.
dô der phaffe Âmîs wol wart
bereitet zuo der héimvárt,
des nahtes gie er spâte
z'einem wîsen árzâte 2210

2178 *durch das*, dafür daß. — 2184 *an die vart*, auf den Weg. — 2186 *tiure*, sehr. — 2187 vgl. zu 591. — 2192 *heinlich* = *heimlich* (vgl. *gaden* 841). — 2194 *bewart*, verhütet. — 2203 *gewaltic was* (mit gen. vgl. 1320), besaß. — 2205 *doln*, dulden. — 2206 das wäre schade zu verschweigen; wie nhd. ein inf. m. zu steht mhd. nach adj. m. *sîn* ein part. præt. Grimm Gr. IV, 129. —

(der het hûs in der stat),
den er vlizecliche bat
umb' erzenie: unt sag'iu wie.
er sprach: «herre, ich hân hie
minen vâter der mir liep ist. 2215
der ist nû leider mauge vrist
vil grœzliche siech gewesen.
mügt ir uns umbe sin genesen
mit iuwer helfe iht gevromen,
wir sin alsô hér kómen 2220
daz wir iu geben swes ir gert.
im hât der siechtúom gewert
wol zwéi jâr únde mê.»
«nû saget mir, wie ist im we?»
sprach der wise árzăt: 2225
«sô hœre ich wol, mac min rât
unt min kunst gehelfen iht.»
«er'n hât der sinne leider niht»,
sprach der phaffe Âmís.
«er was ie hœfsch únde wis; 2230
nû ist er gar âne zuht.
im ist rehte ein tobesuht
geslagen in sin houbet.
diu hât in sô betoubet
daz er, sit ez im geschach, 2235
anders niht zúo mir sprach
wan 'herre, geltet mir min guot.'
swaz man sprichet ode tuot,
sô heizet er mich im gelten.
des geswîget er vil selten. 2240
er schrîte ê er gedagete,
daz er álle die verjagete
die sin schrien muote;
wan daz ich's starke huote:
im muosen z'allen stunden 2245
die hende sin gebunden,

2213 vgl. zu 591. = 2218 *umbe*, in Betreff, zu seiner Genesung. — 2222 seine Krankheit dauert schon. — 2224 *wie — we*, welcher Art ist sein Leiden? — 2228 er ist von Sinnen. — 2230 *wîs*, verständig. — 2232—33 ihm hat sich eine Tobsucht in das Haupt geschlagen (wie wir noch von Krankheiten sagen). — 2234 *betoubet*, des Verstandes beraubt. — 2240 *des* abhängig von *geswîget*: davon schweigt er. — 2241 *schrîte* sw. pract. von *schrîen*, schreien. — *gedagen*, schweigen. — 2243 *müejen* swv., belästigen, lästig fallen. — 2244 nur aber (*wan daz*) hütete ich ihn (*hüeten* m. gen.) sehr. —

12. DER JUWELENHÄNDLER.

und ein túoch vür den munt,
daz er iht schrei ze aller stunt.
ich tuon niht wan deich umbe var,
sit er gewan die hárnschár, 2250
von lánde ze lande.
beidiu scháden unde schánde
lide ich durch den willen sîn:
man spottet sîn únde mîn.
in swelchem lande er gást wirt, 2255
dâ sprichet er: «ich bin hie wirt.
ich hán hie hûs in der stat.»
der rede wirt er nimmer sat,
daz ich im sîn gúot wider gebe.
helfet mir, daz ich gelebe, 2260
daz im der rede werde buoz.
swaz ich dar umbe geben muoz
daz gib'ich gerner danne ich lebe,
daz ôt er mich der rede begebe.»
dô sprach der wise árzât 2265
«swi grôzen kúmbér er hât,
welt ir mir sehzec márc gében.
ich wil im bézzérn sîn leben,
daz man in schiere sinnec siht:
der lâze ich einen phenninc niht.» 2270
«ich gibs' iu gerne» sprách ér.
«sô bringet mir den siechen her.»
der phaffe sprach: «daz sî getân.»
nu begúnde er balde hin gán
dâ er den mán hûte. 2275
den brâht' er dar vil drâte.
dô sprach der wise árzât:
«ich wil, daz ir'm diu bânt lât;
ich wil sîn beswærde
unt sîn ungebærde 2280
beidiu hœren unde sehen.»
daz liez der phaffe dô geschehen.

2248 *iht* im abhängigen Satz = *niht.* — 2250 *hárnschar* stf., Leiden. — 2255 fg. über *gast* und *wirt* vgl. zu 2144. — 2260 *gelebe,* erlebe. — 2261 *buoz* stm., Besserung, Abhilfe, allgemeiner in der Redensart *mir wirt buoz* mit gen. das Nichtvorhandensein eines Dinges: daß er von der Rede geheilt werde, sie lasse. — 2264 *daz* conditional: unter der Bedingung daß. *begeben* mit acc. und gen., jemand etwas erlassen. — 2270 *lâze,* lasse nach. — 2278 *lân,* auflösen. — 2279 *beswærde,* was drückt, Leiden. — 2280 *ungebærde* stf., ungeberdiges Wesen. —

als er im den munt enbant,
dô sprâch er alzehant:
«herre, helfet mir dâ zuo 2285
daz mir dírre mán rêhte tuo,
der mir sus grôze nôt túot.
ich gap im hiuté mîn guot
ze koufęn, als er mich selbe bat.
ich hân hie hûs in der stat. 2290
dô er'z hin heim geholte,
unt mir'z gelten solte,
do ęnwás dâ niemán wan ich.
dô vienger unde bánt mích,
unt hât mir nâch den tôt getân. 2295
lât einen boten hín gân,
der ez tuo mînen vriunden kunt;
dar umbe gibįch iu zehen phunt:
des ich íu mîn bürgel schaffe.»
«hœret», sprach der phaffe, 2300
«alsô hât er unz her gelebet.»
«nû sprechet ôt, wenn' ir mir gebet
den lôn», sprâch der árzât.
«ich weiz wol, wie ez umb'in stât.
ich behálte an im wol den prís.» 2305
dô sprach der phaffe Âmîs:
«sît ír's ôt vlîzec.
der sehzec márc drîzec
bringe ich íu mórgen vruo.
die andern bring'ich iu dar zuo, 2310
swenne er der rede gedaget
die ich iu ê hân gesaget.»
«daz lob'ich», sprach der árzât.
«ich wil, daz ir in slâfen lât
unz mórgén, sô bringet mir 2315
die drîzec marc, sô sult ouch ir
vil liebiu mære an im gesehen.
im sol noch hînáht geschehen
dâ von er wirt ein sinnec man.

2283 *enbinden*, losbinden, vom Knebel befreien. — 2295 *(einem) den tôt tuon*, tödten. — 2299 *bürgel*, Bürge. — 2305 ich behaupte, bewahre an ihm wol meinen Ruhm, meinen Ruf als Arzt. — 2307 *vlîzec sîn* mit gen., auf etwas Fleiß verwenden, sich etwas angelegen sein lassen. — 2311 *gedagen* mit gen., etwas verschweigen. — 2313 *loben*, geloben, versprechen. — 2317 *liebiu mære* umschreibend für *liebes*, erfreuliches. — 2318 *hînaht*, diese Nacht. —

12. DER JUWELENHÄNDLER.

ich versúoche é allez daz ich kan.» 2320
sus gie der pháffé von dan
zę einem schiffe, daz er an
harte vró·líche stiez.
den er dem árzůte liez
der lôst' sich, ob er wolte. 2325
waz er des nahtes dolte
des wil ich iuch bescheiden.
er muose sich enkleiden,
ez wære im líep óde leit.
man zôch im abe siniu kleit, 2330
unt sazt' in in ein swéizbát.
daz er hûs het in der stat,
unt wære ein búrgære,
und ouch vil sinnic wære,
des swuor er mangen grôzen eit. 2335
swie'z ouch wære ein wárhéit,
ez nam der meister niht vür wâr.
er schar im abe sîn hár;
des was sin ungemüete starc.
er bôt im dicke zehen marc, 2340
daz er ím sin hár líeze.
swie vil er im gehieze,
ez wart im niht geloubet.
er zerbícket' im sin houbet
mit einem vliemen gar, 2345
daz im des alles niht enwar
des man in zěch ăne nốt.
des was er nâch vor leide tôt.
er het ein únsénfte naht.
daz bat was alsô heiz gemacht, 2350
daz er vil nâch verbrunnen was
unt kûme vor der nôt genas
unt von dem grôzen leide,
daz sine starken eide
von im dûhten sô swách. 2355
sô dicke er zuo dem meister sprach,
daz er'n unquelet lieze,
und einen boten hieze

2339 *ungemüete* stn., Unmuth. — 2344 *zerbicken* swv., zerstochen, zerhauen.
— 2345 *vlieme* swm. (aus *vliedeme*), lat. phlebotomum, Aderlaßeisen, Fliete.
— 2346 ohne daß ihm von all dem irgend etwas fehlte (zu 890). — 2356 *sô d.*,
wie oft. — 2357 *unquelet*, ungequält. —

ERZÄHLUNGEN UND SCHWÄNKE. 2. Aufl. 7

in die stát zuo sinen vriunden gân,
daz wær' alsc guot verlân. 2360
swaz er gesprach daz was ein wint.
er muose liden als ein kint
allez daz er im getete.
er enlíez niht durch sine bete
er wolt' in sinnic machen. 2365
mit vil mangen sachen
gie er im des nahtes zuo,
unde sprach des morgens vruo:
«ist iu iht sanfter danne ê?»
«mins leides ist nû michels mê», 2370
sprach der arme kóufmán,
«daz ich iu niht gesagen kan,
daz mir der mán gélten sol.
ich hæte ab im gewunnen wol
min gélt óde mîn gúot. 2375
nuo habt ir in dâ vor behuot,
daz er mir nimmer niht engit,
unt habt mir hînt' éine zit
an minem lîbé getân,
ich muoz es immer schaden hân.» 2380
«entriuwen», sprach der árzãt,
«swaz ir noch nôt erliten hât
daz ist álléz ein niht
dâ wider daz iu noch geschiht.
ir enwérdet nimmer von mir vrî 2385
die wîle ir jeht, daz er iu sî
schuldic eines eies wert.
deist doch des iuwer sún gért,
daz ir íuch der rede abe tuot,
unt mir git dar um sin guot. 2390
ich behérte miner künste craft
an iu mit rehter meisterschaft
alsô daz ir die rede ergebet,
od ich quél'iuch al die wile ir lebet.»
«entriuwen», sprach der kóufmán, 2395

2360 das hätte er ebenso gut unterlassen; vgl. zu 2206. — 2361 *ein wint*, nichts, ohne Wirkung. — 2364 *durch sîne bete*, seiner Bitte wegen. — 2365 hängt ab von *er enlies niht* (vgl. zu 941). — 2367 *einem zuo gân*, ihn angreifen. — 2372 *daz*, darum daß. — 2376 *behuot*, beschützt. — 2378 *hînt* zusammengezogen aus *hînaht* (2318). — 2384 *dâ wider*, im Vergleiche zu dem. — 2389 *sich abe tuon* mit gen., ablassen von etwas. — 2390 verb. mit 2388. — 2391 *beherte*, behaupte, beweise. — 2393 *ergeben*, aufgeben. —

12. DER JUWELENHÄNDLER.

«sit ich ánders niht genesen kau,
sô swer ich iu an dirre vrist,
daz er mir schuldic nine ist.»
«nû lob'ich», sprach der árzăt,
«den got, der uns beschaffen hàt, 2400
daz ich iuch sinnic hân gemacht.
diz was ein sælígiu naht,
dáz ir wíder habt íuwer sin,
und ich rîche worden bin.»
der koufman sprach: «nû sendet dar, 2405
daz er íu daz silber gebe gar
daz ir an mir verdienet hât.»
«daz tuon ich», sprach der árzăt.
ein bote wart dà hin gesant.
der quam her widere zehant, 2410
unt sagt' er wær' enwec gevarn:
daz moht er gérné bewarn.
«entriuwen», sprach der árzăt,
«sit er sînen vater alsus lât,
sô wil ich in dâ mite schenden, 2415
unde wil iu iezuo blenden.»
«nein, herre», sprach der kóufmán.
«ob ich mich selbe erlœsen kan,
dar umbe lâzet mich genesen.»
«dáz lâze ich gerne wesen», 2420
sprach der arzât wider in.
dô sant' er einen boten hin
in die stât ze sînem wîbe,
ob si in mit dem lîbe
gesúnt séhen wolte, 2425
daz si bálde komen solte.
dô der bote hín quám,
unt diu vróuwé vernam
daz bœse niuwemære,
daz wart ir harte swære. 2430
si huop sich lóufénde dan,
unt quam vil schiere zuo dem man.
dô si in sô blôzen sitzen sach,

2400 *beschaffen*, bestimmt, beschieden (von Gott oder dem Schicksal). —
2402 *e. sæligiu n.*, eine gesegnete, glückbringende N. — 2403 *iuwer:* vgl. zu
347. — 2412 das hätte er gern verhüten, hindern mögen. — 2414 *lât*, verlâßt.
— 2416 *iu* acc. vgl. zu 1918. — 2420 *wesen*, sein, geschehen. — 2429 *niuwe-
mære*, Neuigkeit. — 2433 *blôzen*, flect.Prædicat (zu Karl 5576), entblôßt, nackt. —

dô twânc sî der ungemach
nâch den sehs hundert marken mê, 2435
daz si in vrâgte michels ê,
ob er daz silber hæte,
danne wer im diz tæte.
dô si des vrâgen began,
«swîc stille», sprach der man. 2440
«sich, wie ich gehandelt bin.
man zêch mich, ich wær' âne sin,
dô ich nâch minem gelte sprach.
schouwe an mir grôz ungemach.
tuostû der rede iht mê, 2445
man tuot dir, weizgot, als wê.»
«wê mir, wê», sprach daz wîp,
»hâstû guot únde lîp
sús mórtlîche verlorn?
wer hât dich, müedinc, beschorn?» 2450
er sprach: «daz hât der árzât,
mîn meister, der hie bî mir stât.»
nû sagt' er ir daz mære gar.
dô brûhte sî alle ir vríunt dár.
dô den daz mære wart gesagt, 2455
dô wart sin leit genuoc geklagt.
do enwás sin schade nie sô starc,
er'n müese dannoch drîzec marc
dem meister ze lône geben.
daz tet im alléz sin leben 2460
durch die schande sô wê
daz in'z laster muote mê
dann' in der schade tæte
diu er bêidiu sámt hæte.
daz er den arzât muose wern 2465
unde des niht moht' enbern,
daz schuof, sô man geságt hât,
er was des künges árzât,
unt het dâ von den gewalt
daz es der kóufmán engalt 2470
alsô daz er den lôn gáp,
des er sich schámt' in sin grap.

2434 *twingen*, drücken. — *ungemach* stm. (u. n. zu Karl 2358) Unruhe, Sorge;
2444 Leid. — 2435 *nâch*, um. — 2450 *müedinc*, armseliger Mensch, Tropf. —
2451 *hât = h. getân* (Haupt zu Erec² 9455). — 2462 *laster*, Schmach, Spott. —
2463 *tæte*: zu 53. — 2466 *enbern*, vermeiden: sich dem nicht entziehen konnte.

13.
BEKEHRUNG UND ENDE.

Dô der phaffe Âmîs ze Kriechen
den gesunden z'einem siechen
alsô gemachet hâte, 2475
dô vuor er heim vil drâte,
unt brâhte wider vil gúotes.
er was an' ditz miltes muotes.
dar umbe sul wir prîsen
den phaffen Âmîsen, 2480
swie verre er vúor in daz lant,
daz man doch z'allen zîten vant
vil grôzen rât in sîme hûs.
dane viel daz esse noch daz tûs
niht an der handelunge. 2485
der alte und ouch der junge
der vant dâ swes er gerte.
dô der phâffe Âmîs gewerte
drîzec jâr in disen êren,
dô begund' in got bekêren, 2490
daz er die lügene verswuor,
und in ein grâwez klôster vuor
mit allem sînem guote.
mit libe unt mit muote
dient' er vlîzeclîche gote, 2495
unt volgte sînêm gebote
beide vruo unt spâte.
mit guote unt mit râte
bezzert' er daz klôster sô
daz sin die münche wurden vrô. 2500

2477 *wider*, zurück. — 2478 *an' ditz*, überdies. — 2484 *esse* stn., lat. assis, die Eins auf dem Würfel. — *tûs* stn., δυάς, die Zwei. Eins und zwei, die niedrigsten Zahlen, fielen nicht bei der *handelunge*, der Bewirthung seiner Gäste, er bewirthete sie besser; vgl. Eraclius 2466 fg. *ez velt eim rîchen herzogen als lîhte ein esse oder ein tûs als dem boesten von dem hûs.* — 2488 *gewern*, ausdauern, aushalten. — 2492 *ein grâwez klôster*, ein Cistercienserkloster; vgl. den früher sogenannten Helbling II, 945 (Zeitschr. IV, 67): *dô gap nâch dirre vrist sant Bernhart daz grâwe leben*. — 2498 *rât*, hier und im fg. in der gew Bedeutung: Rath, Anordnung. —

I. DER PFAFFE AMÎS. 13. BEKEHRUNG UND ENDE.

dô geschuof er und erwarp,
dô der ábbét erstarp,
daz er zę abte wart erkorn:
daz wære übelé verborn.
sich gebézzert' állér sín rât.   2505
er vleiz sich sêre an rehte tât;
dô half sin rât déste baz.
do gedíent' der phaffe Âmis daz
daz im daz ëwíge leben
nâch disem lîbe wart gegeben.   2510

2501 *geschuof*, bewirkte. — *erwarp*, erreichte. — 2504 (vgl. zu 2206): es wäre nicht gut gewesen, wenn es *verborn* unterlassen (s. zu 1893) worden wäre. — 2506 *sich vlîzen an*, auf etwas Fleiß verwenden.

II.

DAZ BLOCH

von

DEM STRICKER.

VORBEMERKUNG.

Ein Bauer haßt und misshandelt sein Weib auf die heftigste Weise, ohne für seinen Haß einen bestimmten Grund angeben zu können. Ihre Gevatterin, die ihre traurige Lage dauert, verspricht ihr, wenn sie ihr folgen wolle, ihr den Mann so hold zu machen, als sie nur wünschen möge. Sie räth ihr, wenn der Bauer vom Felde kehre, sich für krank niederzulegen, sie wolle ihm dann sagen, daß sie binnen zwei Tagen sterben würde. Das thut die Gevatterin auch wirklich, und der Bauer, der anfangs meint, sie scherze, ist über die Nachricht so erfreut, daß er gar nicht heimgehen will, um seine Gattin noch lebend zu finden, sondern die Gevatterin bittet, das Begräbniss so eilig als möglich zu besorgen, koste es was es wolle. Die Gevatterin nimmt nun das Weib sammt deren Kleidern und Kostbarkeiten, von denen der Bauer nichts wußte, heimlich mit sich in ihr Haus, kehrt dann in den Hof ihrer Gevatterin zurück und kleidet dort einen Block so, daß Alt und Jung ihn für eine Leiche hält. Dann geht sie zum Priester und überredet ihn, in aller Eile das Begräbniss ihrer für todt ausgegebenen Gevatterin vorzunehmen, und gibt, nachdem das geschehen ist, dem Bauer Nachricht. Seine Belohnungen schlägt sie aus, nimmt ihm aber das Versprechen ab, wenn er wieder heirathen wolle, ein Weib nach ihrem Rathe zu wählen. Das schwört ihr der Bauer bereitwillig zu.

Nach kaum fünf Wochen wendet er sich mit diesem Anliegen an seine Gevatterin. Nach einigen Schwierigkeiten bringt sie ihn mit seinem Weibe zusammen, die sie indessen so wol gepflegt und gekleidet hat, daß der Bauer sie nicht mehr erkennt. Sie gefällt ihm so sehr, daß er sich gar nicht mehr von ihr trennen will. Da gibt sich das Weib ihm zu erkennen, und wiewol er sie bittet, die Geschichte zu verschweigen, kommt sie doch innerhalb zwölf Tagen in der ganzen Gegend herum, daß er der Spott aller Leute wird. Das Weib aber hat fortan bei ihm Ruhe.

Diese Erzählung ist uns in den Handschriften namenlos überliefert. Karl Bartsch (Einleitung zu Karl, S. L) hat sie zuerst dem Stricker beigelegt, und wer den Dichter kennt, wird ihm nicht widersprechen, so sehr trägt sie in Sprache, Versbau und Ton dessen Gepräge.

F. H. von der Hagen vermochte im zweiten Band des Gesammtabenteuers (S. XVIII) die Geschichte nicht weiter nachzuweisen und hielt sie für ein aus dem Volksleben geschöpftes deutsches Original, auch sonst wüßte ich nicht, daß vor mir irgend jemand eine Nachweisung beigebracht hätte. Ich glaube jedoch die Hauptumrisse unserer Erzählung wiederzufinden im zweiten Theil der Novelle Bandello's (I, 22, deutsch in Simrock's Quellen des Shakespeare, II [2], 3) von Timbreo von Cardona, die bekanntlich Shakespeare's «Viel Lärm um Nichts» zu Grunde liegt. Dort wird die verleumdete und von ihrem Bräutigam Timbreo verschmähte Fenicia für todt erklärt und auf das Landgut ihres Oheims gebracht. Nachdem der Betrug entdeckt ist, nimmt ihr Vater Lionato dem reuigen Bräutigam das Versprechen ab, eine Braut aus seinen Händen zu empfangen, und vermählt ihm so Fenicien, die Timbreo darnach erst zu seiner Freude wieder erkennt. Trotz mancher Veränderung im einzelnen sind die Verhältnisse hier wie dort dieselben, nur ist die Geschichte bei Bandello bereits mit einer andern mehrfach nachgewiesenen Novelle verbunden. Wir müssen als Vermittelung wol eine gemeinsame französische Quelle vermuthen, die ich freilich bis jetzt nicht nachzuweisen vermag; ob die Verbindung der beiden Novellen erst von Bandello vollzogen oder von ihm bereits vorgefunden wurde, muß ich natürlich dahingestellt lassen, halte aber das erste für wahrscheinlicher.

Seither versuchte M. Landau im Feuilleton der Wiener «Presse» vom 16. September 1879, Nr. 255, die deutsche Novelle in Zusammenhang mit einem größern Stoffkreis zu bringen, merkwürdigerweise ohne des Bandello mit einem Worte zu gedenken. Unter den von ihm beigebrachten Parallelen lasse ich die nur entfernter anklingenden, wie die Hecyra des Terenz, Sakontala, selbst Giletta di Nerbona (Decamerone III, 9) ganz beiseite. Unserer Novelle näher zu stehen scheint aus Firenzuola's Trinuzia die Liebe Giovanni's zu seiner für todt gehaltenen Frau; doch ist das Motiv insofern anders, als Giovanni seine Gattin Lucretia nicht haßte und verschmähte, ja nach seinem eigenen Geständniss gerade die Ähnlichkeit Angelica's mit jener seine Liebe entzündet. Die wichtigste und interessanteste Parallele aber ist jedenfalls die Geschichte der schönen Ratnavati aus dem von der Tradition ins 11., von einem Kenner wie A. Weber (Indische Streifen I, 312 fg.) ins 6. Jahrhundert gesetzten indischen Roman des Dandin, die Abenteuer der zehn Prinzen (Daçakumâra-Caritam; mir liegen vor, zum Theil durch Freundesgüte, zwei Uebersetzungen*), eine französische von H. Fauche, Une Tétrade etc., II, Paris 1862, und eine freie englische von P. W. Jacob, Hindoo Tales or, the Adventures of ten Princes, London 1873, die Extracts des ersten Herausgebers des Originals H. H. Wilson in dessen Works ed. Rost, IV, 160—289, vgl. III, 342—379, und die vollständige Analyse des Inhalts bei Weber, a. a. O., 316—350, wieder abgedruckt aus den Monatsber. d. k. Akad. d. Wissensch. in Berlin 1859, S. 22—54; die Probe, welche Th. Benfey im Ausland 1859, S. 121 fg., 150 fg., 178 fg. gegeben, umfaßt nur die eine Fahrt des Apahâravarman). Danach (Fauche p. 220—225, Jacob p. 274—282, Wilson p. 254—256, Weber S. 347 fg., MB. 50—52) wird Ratnavati von ihrem Manne Balabhadra seit dem Tage ihrer Verheirathung verschmäht. Mit Hilfe einer alten buddhistischen Bettelnonne gewinnt sie als falsche Kanakavati, eine ihr sehr ähnliche Freundin, seine Liebe und läßt sich von ihm entführen. Sie leben einige Jahre glücklich, ohne daß Balabhadra seine Täuschung gewahr wird. Endlich verräth eine Dienerin aus Rache für eine erlittene Züchtigung, daß er seine Frau verlassen und eine andere entführt habe. Balabhadra soll zur Strafe sein Vermögen verlieren, aber Ratnavati rettet ihn, indem sie ihm räth, durch das Zeugniss ihrer Angehörigen die Unwahrheit der Anklage zu erweisen. Indem dies in der That durch ihren herbeigeholten Vater geschieht, wird Balabhadra freilich aus seinem Wahne gerissen**), bleibt aber fortan der jetzt erst wiedererkannten Ratnavati der zärtlichste

---

*) Von der deutschen Übersetzung, welche nach Fauche, Étude préliminaire, p. I fg., zwei oder drei Jahre vor der seinigen von Hermann Brockhaus soll veröffentlicht worden sein, habe ich keine Kenntniss.

**) Nach Jacob wäre dies allerdings nicht der Fall. Vielmehr hielte der Gatte in der Meinung, der Alte sei durch die Ähnlichkeit getäuscht, an seinem frühern Glauben fest, und lebte glücklich mit ihr weiter *without ever discovering the delusion*. Aber Jacob muß hier das Original verändert haben.

Gatte. Hier fehlt allerdings der Zug, daß die Frau für todt
gilt und damit zusammenhängend das Versprechen, das der
Mann für den Fall seiner Wiederverheirathung leistet, wodurch sich die deutsche und italienische Novelle als nahe
verwandt erweisen. Dies ist also eine spätere, jedenfalls im
Interesse der Wahrscheinlichkeit erfundene Zuthat. Denn
daß gleichwol die indische Erzählung die Grundlage der
abendländischen ist, kann nach der sonstigen Ähnlichkeit
nicht wol verkannt werden, wenn wir auch zur Zeit noch die
Mittelglieder nicht kennen. Darin, daß es sich wie bei Dandin um Mann und Frau handelt, wie in der Gestalt der Gevatterin, bewahrt die deutsche Novelle, wie man sieht, gegenüber Bandello die ursprünglichern Züge.

Ich will aber noch einen Blick auf Shakespeare werfen,
ehe ich schließe. Bekanntlich weicht der Schluß seines «Wintermärchens» wesentlich von dessen Quelle, dem «Pandosto»
des Robert Greene, ab. N. Delius schreibt diese Änderung
Shakespeare als eigene Erfindung zu, ebenso alle die Personen, die in Greene's Novelle sich nicht finden, darunter
auch Paulina. Simrock, der früher (Quellen des Shakespeare,
III[1], 252) das Vorbild von Hermione's Rettung in der Wiederfindung Lucina's im «Apollonius von Tyrus» suchte, der dem
«Perikles» zu Grunde liegt, fand später (II[2], 90), «entfernter»
erinnere sie daneben auch an Hero's Wiederaufleben in «Viel
Lärm um Nichts». Ich bin schon vor ihm und viel entschiedener für die letztere Parallele eingetreten und halte sie auch
jetzt noch für die einzig zutreffende; jedenfalls steht die Form
unserer Novelle, wie sie Shakespeare schon für das frühere
Drama «Viel Lärm um Nichts» benutzt, dem Schluß des etwa
zehn Jahre spätern (1611 zuerst aufgeführten) «Wintermärchens»
nahe genug, um hierin das Vorbild zu erkennen. Die wichtigsten Züge, das Verbergen der für todt ausgegebenen Frau
im Hause der Freundin, das dieser gegebene Versprechen,
eine Gattin aus ihrer Hand zu empfangen, sind vorhanden
wie bei Bandello, ja die Gestalt Paulina's, die ich nur mit
Einschränkung als Eigenthum des Dichters gelten lassen kann,
rückt seine Darstellung unserer deutschen Novelle noch näher
als der italienischen. Gleichwol wage ich nicht, darauf hin ohne
weiteres das Vorhandensein einer andern unserer deutschen
ziemlich nahestehenden (englischen) Fassung anzunehmen, aus
der Shakespeare geschöpft hätte, sondern gebe zu, daß sich
die Übereinstimmung bei der freien Umbildung des schon
früher benutzten Motivs für das spätere Drama zufällig wird

ergeben haben.*) Daß Wiederholungen der Art bei Shakespeare nichts Unerhörtes sind, ist bekannt (vgl. W. König, Jahrbuch der deutschen Shakespeare-Gesellschaft, XIII, 111 fg., wo freilich dieser Fall nicht besprochen ist).

Wenn nach dieser Ausführung unser deutscher Dichter auch nicht selbst erfunden hat, so darf er doch das für sich in Anspruch nehmen, den fremden Stoff zu einem durchaus volksthümlichen Genrebilde aus dem heimischen Bauernleben umgestaltet zu haben, ähnlich wie er es mit dem gleichfalls aus einer romanischen Quelle stammenden «Klugen Knecht» gethan hat, dem man auch für sich betrachtet den fremden Ursprung nicht ansehen würde. Dieser Vorzug hat wol auch das Seine beigetragen, daß der hier dargelegte Zusammenhang so lange übersehen wurde.

Mein Text war schon in der ersten Auflage unabhängig von dem von der Hagen's auf Grund der zum grössten Theil neu verglichenen Handschriften selbst hergestellt. Für die zweite Auflage habe ich nicht nur die Wiener Handschriften selbst neuerdings verglichen, ich konnte auch noch durch die Güte des Hrn. Dr. Muncker, dem ich dafür meinen herzlichsten Dank ausspreche, eine neue Vergleichung zahlreicher Stellen der Würzburg-Münchener Handschrift benutzen.

---

*) Da ich schon vom «Wintermärchen» spreche, so kann ich nicht umhin zu bekennen, daß mir der von Schack (Geschichte der dramatischen Literatur in Spanien, II, 338; vgl. Liebrecht zu Dunlop, Anm. 506) zwischen diesem und dem «Marmol de Felisardo» des Lope de Vega wahrgenommene Zusammenhang nicht einleuchten will. Das Marmorbild, der einzige Vergleichungspunkt beider Dramen, hat doch eine zu verschiedene Bedeutung, und die Schicksale der Liebenden zu wenig Ähnlichkeit, um auf eine gemeinsame Quelle zu schließen.

Ez was hie vor ein gebûre,
den dûhte bitter unde sûre
bî sinem wîbé daz wesen.
er'n trûte bî ir niht genesen
an der sêle nóch án dem lîbe.   5
ez enwart deheinem wibe
ir man níe mêr sô gram.
daz er ir den lîp niht nam,
daz liez er durch die liute mê
denne dúrch die géistlîchen ê.   10
er'n mohte ir niht zuo gesprechen:
im wândé sîn herze brechen
daz er si hôrte unde sach.
swaz si tét óde sprach
daz dûhte in allez bœse.   15
«daz mich gót von dir erlœse»,
daz sprach er zę allen ziten.
«wie sol ich des erbîten
daz uns der tôt schéide?
der doner slahe uns beide.   20
der tiuvel brâhte mich zuo dir
unt dich sîn muoter her zuo mir.»
swenn' er si roufte unde sluoc,
des ęndûht' in nímmér genuoc
unz ers' vûr tôt ligen liez.   25
er trat si sêre unde stiez:

---

3 *wesen* subst. inf., das Sein, Wohnen. — 4 er getraute sich, hoffte nicht vor Schaden frei zu bleiben. — 7 *nie mêr*, nie sonst, nie wieder (nicht zu verwechseln mit *niemer*). — 10 *diu geistlîche ê*, das geistliche, religiöse Gebot. — 11 *zuo gesprechen* mit dat., zu jemand sprechen. — 12 sein Herz wollte ihm brechen; zu Am. 714. — 13 *daz* causal, darüber daß. — 18 *erbîten* stv. mit gen., erwarten. — 20 *slahen* stv., erschlagen. — 22 über des Teufels Mutter vgl. Grimm, DM.⁴ 841 fg. u. NA. 297. —

des genúoget' in vil selten.
sin vluochen und sin schelten
diu wâren âne mâze gar.
er nam der vuoge ninder war. 30
er swuor vil érnstlîche,
al die líute ûf értrîche,
beidiu man kint unde wíp,
ob si álle slûegen ûf ir lip,
si wurde nimmer vólslágen, 35
und kunde doch niemán gesagen
waz gebresten an ir wære
und was im doch únmære.
daz wíp diu weinde sére.
si muote daz noch mère 40
dêr ir missetât nie gewuoc
denn' allez daz er si gesluoc.
er tet ir wírs dánne wê
unt zêch si dâ bî nihtes mê
wan daz er ir vient was. 45
sô si vil kûmé genas,
sô sluoc er si aber nider
und habte denne niht wíder
unz er si brâhte in die nôt
daz ir liebér der tôt 50
unde ouch bezzer wære gewesen
denn' alsó kumberlich genesen.

Dó sich ir nôt sold' enden
und si got wolde wenden,
dô kom ein ir gevater dar. 55
diu wart ir leides wol gewar.

---

29 *âne mâze*, maßlos. — 30 *vuoge*, Schicklichkeit. — *war nemen* mit gen., in Acht nehmen, beobachten. — *ninder*, nirgend, hier und öfter nur verstärkte Negation. — 32 fg. zur Construction vgl. zu Am. 519. — 33 *beidiu* auf drei Dinge bezogen, s. zu Am. 1784. — 35 *volslahen*, vollkommen, genügend schlagen. — 36 *nieman* ist dat., Subject *er* (31). — 37 *gebreste* swm. (gen. abh. von *waz*, vgl. zu Am. 648), Gebrechen, Fehler. — 38 das Subject ist zu ergänzen aus *ir* (37); vgl. zu Karl 7103; Am. 1403. — *unmære* adj., unwerth, zuwider. — 40 *muote*, schmerzte. — 41 daß er ihrer Schuld nie erwähnte, nie sagte, welches Fehltritts (zu Am. 88) sie sich schuldig gemacht. — 42 (mehr) als alle Schläge. — 43 *wirs danne wê*, übler als weh, beim Stricker beliebte Steigerung (Hahn zu II, 5; Bartsch zu Karl 5619). — 48 *wider haben*, zurückhalten, aufhören. — 52 als so in Kummer und Leiden leben.

54 *wenden* swv., eine Wendung (hier zum Bessern) geben. — 55 *ein ir gevater*, eine ihrer Gevatterinnen; vgl. v. W. 63; Grimm Gr. IV, 418. 419. —

diu sprach: «gevater, saget mir
durch got war umbe trûret ir?
ist iu min gevater gram,
ich mach' in iu só gehörsám 60
daz er iu nimmer niht getuot
wan allez daz iuch dunket guot.»
si sprach: «er ist mir gehaz,
er'n weiz niht selbe umbe waz.
ich was im holt mit triuwen ie, 65
ich übergie sîn gebót nie.
sin wille und sin êre
die wârn mir alsó sère
bevolhen só min sêle.
der got der Dänjêle 70
von den léwen lôste sinen lip,
der lôse mich vil armez wîp.
ich'n kunde iu nimmer völságen
waz er mich hât gróuft únde geslagen
unde getreten unde gestózen. 75
under állen sînén genózen
wart nie tiurer man geborn,
swenne er lieze sinen zorn.
ich engérte niht vürbáz,
wan möhtet ir gevüegen daz 80
daz er sin slahen wolte lân.
des hât er mir sô vil getân.
tuot er mir mêr deheinen slac,
daz ich niht langer leben mac.»
dô sprach diu ánder zehant: 85
«min triuwe diu si iuwer pfant,
tuot ir als ich iuch lêre,
er gesléht iuch nimmer mêre
und wirt iu dar zuo sô holt,
hêt ér des keisers golt, 90
daz gæbe er iuwerm libe
ê danne deheinem wibe.»

68—69 *bevelhen* stv. (*berilhe, beralch, berulhen, berolhen*), übergeben, empfohlen: die ließ ich mir so sehr anempfohlen sein wie meine Seele. — 71 *lôste*, erlöste, rettete. — 73 *volsagen*, vollständig, zu Ende sagen. — 76 *genôz*, stm., der gleichen Standes ist. — 77 *tiure, tiurer* adj., theuer, ausgezeichnet. — 80 außer daß ihr das zu bewerkstelligen *(gevüegen)* vermöchtet. — 90 *des keisers golt* = ungewöhnlichen (kaiserlichen) Reichthum. —

si sprach: «des enger ich niht.
gewinne oder hân ich iht
des ir ze lône drumbe gert, 95
des sît ir álles gewert,
daz ir mir'z bringet dár zúo
daz er sich slahens abe tuo.»
si sprach: «sit ringes muotes.
ich ger niht iuwers guotes, 100
ich wil iu mîne meisterschaft
erzeigen durch der liebe kraft
die ich iu lange hân getragen.
ir'n sult an mir niht verzagen.
swaz ich iuch heize tuon daz tuot. 105
ich mache iu vröuderîchen muot.
so ir in von acker várn séht,
sô legt iuch nider unde jeht
iu tuo daz hérzé vil wê.
ich wil iu ouch gesprechen è 110
und wil im wærlîche sagen
daz ir in disen zwéin tágen
vil gwíslíche sterbet.
nû séht dáz ir werbet
vil reht' als ich iu hân gesagt. . 115
iuch hât der sælden tac betagt,
daz ich iu zúo kómen bin.»
mit der rede gie si hin
dâ si in ze acker várn sách.
si gruozte in weinende unde sprach: 120
«ouwê trût gevater mîn,
lât iuwer ze acker várn sîn.
mîn trût gevater iuwer wip
diu wil verwándéln den lip.
si ist der tôt áne komen.» 125
als er dáz héte vernomen,
er sprach: «ez ist iuwer spot.»

---

99 *rinc* adj., leicht; *r. muotes*, leichten Herzens, unbekümmert. —
101 *meisterschaft* stf., Eigenschaft der *meisterinne* (s. 178. 187), die sie be-
räth, unterweist und leitet; Rath, Unterweisung, Leitung. — 102 *kraft* stf.,
Größe; vgl. zu Am. 489. — 103 *liebe tragen* mit dat., Liebe hegen gegen
jemand. — 111 *wærlîche* adv., in Wahrheit. — 114 *werben* intr., thun, han-
deln. — 115 *betagen* swv., bescheinen. — 117 *iu zuo komen*, zu euch ge-
kommen. — 124 *den lip, daz leben* (141) *verwandeln*, sterben. — 125 *ane
komen* mit acc., an jemand herankommen, treten. — 127 *ez ist iuwer spot*
(vgl. Am. 800), ihr scherzt. —

si sprach: «sô hélfé mir got,
ir'n gâhet dánné vil sêre,
ir'n geschet si nimmer mêre 130
weder lebende noch gesunt.»
er sprach: «het ich zehen pfunt,
diu wolt' ich iu ze lône geben.
sol ich siben tage leben,
gelit mir daz wîp tôt, 135
ich gibe iu gerne ein botenbrôt.
swie mir ze vásten geschiht
ich wil deste ê héim niht.
mich enlústet niht daz ich si sehe.
si daz mir sô wol geschehe 140
daz si verwándél daz leben,
swaz ich dem pfáffén sol geben,
dâ für setze ich im ein pfant,
daz er mir hélfé zehant
daz si begraben werde. 145
verslunde si diu erde,
sô wolt' ich vrô dar héim várn.
daz wil ich ê vil wol bewarn:
die wíle ich si unbegraben weiz,
sô switze ich blúotígen sweiz. 150
swaz ir welt daz gebet dar abe,
daz man ir balde ein gráp grábe,
swenn' ir diu sêle úz gê.
begrabet ir si ein wênec ê,
si stirbet in dem grabe wol. 155
swaz ez mich danne kosten sol
daz ich si víndé begraben,
den schaden wil ich gerne haben.»

Dô gie si báldé von dan
und gedâhte vásté dar an 160

---

136 *botenbrôt* stn., Geschenk zum Lohn für eine gute Botschaft; Nib. 553—558; Kudr. 1289—91; Wolfd. B 219—226; H. 708 u. ö. (Schultz, I, 138). — 137 wie sehr ich auch fasten muß (vgl. Am. 1690 und Anm.), ich will darum nicht eher nach Hause gehen. — 139 *mich lustet*, mich gelüstet. — 140 *si daz* wie *ist das* (zu Am. 1431), Einleitung des hypothetischen Vordersatzes: gesetzt daß, falls. — 141 s. zu 124. — 143 *pfant setzen*, ein Pfand einsetzen, geben. — 146 *verslunde* conj. prɶt. von *verslinden (verslant, verslunden)*, verschlingen. — 148 davor will ich mich früher gar wol hüten. — 149 *die wíle* acc. als Conj., solange. — 151 *dar abe* causal, darum, dafür. — 158 *den schaden*, die Kosten des Begräbnisses (vgl. Am. 1768).

II. DAZ BLOCH.

wie sị ir gevatern beide
lôste von ir leide.
si muote ir beider ungemach.
zuo dem wibe si dô sprach,
dô si hin wider héim quâm: 165
«mîn gevâter ist iu vil gram.
nû sit ein herzeuhaftez wip,
ir werdet im liep sam sîn lip,
und suochét her für zehaut
iuwer beste lingewant 170
und dar zuo allez iuwer guot
daz ir vor dem wirte habt behuot:
silber cleider pfénnínge.
déiswâr ich mache iu ringe
mit ein ander iuwer leben 175
od ich wil iu minen lîp gében.»
dô sị ir guot allez brâhte,
diu meisterinne gâhte,
daz si'z in sécké gestiez.
ir gevateren si hiez 180
vil balde mit ir héim gân.
daz wart vil schieré getân.
si kômen tougenliche dar
und truogen mit in daz gúot gâr,
des ir gevater alsô wielt 185
daz si'z dem wirte vor behielt.
dô was diu meisterinne
ein wip vol richer sinne,
si was lang' âne man genesen
und wolt' ouch immer alsô wesen 190
und was vil wârhâft erkant.
dâ von geloubten ir zehant
ir gevâtern beide deste baz.
sinc wârp ouch ninder umbe ir haz.
si hete ein schône slâfgâden: 195
daz was geworht mit guoten laden.

---

167 *herzenhaft* adj., verständig. — 172 *behuot*, geheim gehalten. —
173 *pfenninge*: zu Am. 698. — 178 *meisterinne*, vgl. zu 101. — 179 *gestôzen*
stv., stecken, schieben. — 185 *walten* mit gen., besitzen, verwalten. —
186 *wirt*, Ehemann. — *vor behalten* mit dat., vorenthalten (s. 172). — 188 *vol
richer sinne*, reich an Verstand. — 189 sie hatte lange ohne Mann gelebt. —
191 *wârhaft*, als wahrhaftig (zu Am. 1499). — 194 sie that auch durchaus
nichts, wodurch sie sich ihren Haß verdient hätte. — 196 *geworht* part. von
würken swv., wirken, verfertigen — *mit* instr., aus — *lade* swstm., Bret.

dâ tet si ir gevatern in
und gie vil balde wider hin.

 Nû merket wés sí dô pflac:
in ir gevatern hove lac   200
ein bloch wol alsô swære
als ez ein mensche wære,
ez was ouch in der mâze grôz.
vil balde si den hof beslôz.
daz bloch si in daz hûs trûoc,   205
daz si des nieman zuo gewuoc:
sin wart ouch niemán gewar.
dô cleite si daz blóch gár
und machte ez úlsô gestalt
daz ez, weder junc noch alt,   210
niemán het an gesehen
er'n müese es ze einem tôten jehen:
alsô máchte si'z geschaffen.
dô gie si zuo dem pfaffen
unde saget' im daz mære   215
daz ir gevater tôt wære
nähten vor der hánkrât.
«nû enwíl der wirt deheinen rât
vor sînem zorne dés hâben
sine wérde híuté begraben.   220
er'n wil ouch zuo ir grabe niht.
swáz ím ze geben geschiht
dâ vür setze ich iu ein pfant,
daz ir si leget sâ zehant.»
der pfaffe sprach: «wie ist daz komen?   225
ich solte ir bîhte hân vernomen
und solte ir rehte haben getân
und solt' ir ouch geliutet hân

---

 201 *bloch* stn., Block. — 203 *in der mâze*, nämlich wie ein Mensch. — 206 *zuo gewahen* mit dat. und gen., gegen jemand eine Sache erwähnen. — 209 *gestalt* part. von *stellen* swv., gestaltet, aussehend. — 213 *geschaffen* part., beschaffen, aussehend. — 216 *tôt*, gestorben. — 217 *nähten* adv. dat., die vergangene Nacht. — 218—220 nun will ihr Mann infolge seines Unwillens davon nicht abstehen, daß sie heute noch begraben werde. — 224 *leget* sc. *in daz grap* (Am. 427), begrabet. — 226 *bîhte* (ebenso *messe* 441) *vernemen*, Beichte (Messe) hören. — 227 und sollte mit ihr gethan haben wie es recht, d. h. bei Sterbenden Brauch und Pflicht ist: *wir haben in gesungen und alles ir reht getân*, sagt der Abt des Klosters *zer jæmerlîchen urbor* von den Rittern, die Iweret, sein Vogt, erschlagen hat, Lanzelet 3856 fg. — 228 *geliutet hân* sc. die Sterbeglocke. —

II. DAZ BLOCH.

dar nâch zehânt dô si starp.»
«daz ir daz hie nieman warp», 230
sô sprach diu meisterinne,
«daz schuof diu grôze unminne
die ir der wirt nû lange truoc.
der endûhte in dannoch niht genuoc.
dane hät er sich niht wol behuot. 235
dâ vür nemet ir sin guot.
ich setze iu pfant vür swaz ir welt,
daz ir langer niht entwelt
ir léget si dâ si ligen sol.
ir habet an ir bihte wol 240
dicke und ófté vernomen,
si ist mit triuwen hér kómen.
nu ist sí des gæhen endes bliben.
sit an den buochen ist geschriben,
swie der rehte mensche stirbet, 245
daz diu sêle niht verdirbet,
dâ von sult ir gewis wésen,
daz ir diu sêle ist wol genesen.»
«nû gèt hin balde», sprách ér,
«und bringet mir ein pfánt hér, 250
daz zweier pfunde wért si.»
sin knehte stúondén dâ bî,
die sander nâch dem tôten.
dem bloche wart geschrôten
ein grap dâ in si'z huoben 255
und ez vil wol begruoben.
swie dem pfaffen was gelogen,
er was iedoch niht gar betrogen:
er het ein pfant vür zwéi pfúnt.
daz tet diu meisterinne kunt 260
ir gevátern vil schíere.
der ohsen wâren viere
dâ mit er ze acker gie.
er sprach: «gevater, nemet hie

---

230 *werben* stv. mit dat. und acc., einem etwas ausrichten, besorgen. — 232 *unminne* stf., Lieblosigkeit, Haß. — 233 vgl. 103. — 234 *dannoch* adv., noch. — 235 da hat er sich nicht wol behütet, sc. vor einem Unrecht: daran hat er freilich gefehlt. — 237 *vür* = *dâ vür*. — 238 *tweln* swv., zögern. — 241 *dicke und ofte*, sehr oft. — 242 sie hat in treuer Pflichterfüllung, Rechtlichkeit (oder gläubig? vgl. Am. 1123) bisher gelebt. — *ende*, Tod. — *bliben* (sc. *tôt*), gestorben. — 244 *an den buochen*, in der Bibel; s. zu Am. 47. — 245 *der rehte mensche*, der Gerechte. — 251 vgl. zu Am. 116. — 254 *schrôten* stv., hauen (graben). —

dise ôhsen mit dem pfluoge: 265
ob iuch des niht genuoge,
daz sult ir mich wizzen lân.
ich gæbe iu halbez daz ich hân,
ê ich mich der mære verzige.
nû hât mîn vröudé den sige 270
an mînem herzenleide erstriten:
der sælden hân ich kûme erbiten.»
dô sprach diu meisterinne:
«gevater, ich gewinne
iuwer guot wol swenne ich wil. 275
es si wênic oder vil
swaz iu ze liebe si geschehen,
der gnâden sult ir gote jehen,
des bin ich âne schulde.
doch wil ich iuwer hulde 280
ze botenbrôte gerne hân
und wil iuch des niht erlân
ir'n gebt mir iuwer triuwe
und leistet ez âne riuwe,
swenn' iuwer muot ze minnen stê, 285
daz ir ein wîp ze iuwer ê
nâch mînem râte kieset.
swaz ir dar an verlieset,
deiswâr des wirt vil cleine.
ich'n râte iu an deheine 290
ir'n müezet mir des immer jehen
ez'n wurde nie bezzer wîp gesehen.»
er sprach: «des wil ich iu swern,
die wolve müezen mich verzern,
(ich weiz iuch wol sô reine) 295
genæme ich immer keine
wan die mir zeiget iuwer rât.
daz ir mir sô vil guotes hât
beidiu getân und nóch tuot,
des gib' ich lîp únde guot 300

---

269 *verzige* conj. præt. von *verzihen* stv. (*verzêch, verziyen*) refl. mit gen., auf etwas verzichten, es aufgeben, entbehren. — 278 *gnâde* stf. häufig im plur., Glück; das Glück schreibt Gott zu. — 279 daran bin ich nicht Ursache. — 283 *triuwe* stf., Versprechen. — 284 *leisten* swv., erfüllen, ein Versprechen halten. — 285 wenn je euer Verlangen nach Minne (*ze minnen*, plur.) steht (*stê* hypoth.Conj., zu Am. 95). — 290 *râten an*, zu etwas rathen. — 300—301 *in eines gebot geben*, einem zu Gebote stellen.

vil gar in iûwér gebot.
ir sit mir lieber danne got.»

Sin hôchgemüete daz nam zuo
mit vröuden spat' únde vruo.
swaz im leides ie gewar 305
des vergáz ér vil gar,
daz er kûm' âne wîp beleip
unz er vünf wóchén vertreip.
dô sprach er: «trût gevater min,
ich'n mac niht âne wîp gesin: 310
nû machet aber niuwe
die geváterlichen triuwe
und helfet mir deich iuwer kunst
und iwer gevaterlichen gunst
dar an geniezen müeze. 315
diu mære sint sô süeze
diu man seit von wibes güete
daz ich nimmêr min gemüete
vürbáz getwingen mac:
sol ich mêr deheinen tac 320
eines wîbés enbern,
so enmác ich langer niht gewern.»
si sprach: «gevater, nû sît vrô.
ich wil ez vüegen álsô
daz ich iu zeigen wil ein wîp 325
diu einen wunneclichen lîp
von gotes meisterschefte hât,
der allez daz ze wunsche stât
daz man an wîben loben sol.
si ist der tugende sô vol, 330
ist ez an iuwerm heile
daz si iu wirt ze teile,
so geschách nie mannes lîbe
sô wol an einem wibe.
si ist ouch álsô stæte 335

---

305 *gewar*, zustieß. — 311 *niuwe machen*, erneuern. — 312 *triuwe* bezeichnet vielfach das richtige sittliche Verhältniss zwischen zwei Personen: eure gevatterliche Liebe. — 313 *kunst*, Verstand, Einsicht. — 322 *gewern*, fortleben. — 327 *meisterschaft*, höchste Kunstvollendung. — 328 *wunsch* bedeutet das Ideal, den Inbegriff aller Vollkommenheit, also: an der alles das vollkommen, tadellos ist. — 331 Ist es euch vom Glücke beschieden. — 335 *stæte*, standhaft. —

daz si nieman des erbæte
daz si immer wurde mannes wip,
si tuo ez dan durch minen lip.
nu enthábet iuch dise wochen,
unz hán ich sie gesprochen. 340
ich sol in disen séhs tágen
daz zesamene hán getragen
daz ir ein ander muget sehen:
daz muoz ir hálp geschehen
von grôzer miner árbéit. 345
sit ich iu von ir hán geseit,
ich wáge gúot únde lip
si müeze werden iuwer wip»
er neig ir unde sprach alsô:
«gevater, ich bin iuwer vrô. 350
ir sult gebieten über mich:
swie ir wélt sô wil ich,
mit worten und mit muote,
mit libe und mit guote
dien' ich nách iuwern hulden. 355
ich bin von iuwern schulden
ein vröudenriche sælic man.»
er schiet mit úrlóube dan
unt pflac wol sines libes.
dô pflac ouch si des wibes 360
sô rehte meisterliche wol,
daz man si drumbe loben sol.
si lie si ninder vür daz gaden:
ezzen sláfen unde baden
daz was ein leben des si pflac. 365
ir bette dá si ûfe lac
daz was vil senfte unde hôch,

---

336 *erbiten* mit acc. und gen., jemand durch Bitten zu etwas bewegen. — 338 *durch minen lip*, meinetwillen. — 339 *sich enthaben*, sich zurückhalten. — 340 *unz* adv., bis dahin. — 342 *zesamene tragen*, zu Stande bringen. — 344 *ir halp*, ihrerseits. — 345 wie zwischen Artikel und Subst. (s. 55) kann mhd. auch zwischen Adj. und Subst. ein Pron. stehen: von, infolge großer Mühe *(arbeit)*, die ich verwende. — 349 *nigen* stv. *(neic, nigen)* mit dat., sich dankend vor jemand verbeugen, danken. — 353 *muot*, das Innere im Gegensatz zum *wort*: im Herzen (vgl. zu Am. 36). — 355 *dienen nách* wie *umbe ein dinc* (zu Karl 385), es zu verdienen suchen. — 356 *von iuwern schulden*, durch euch. — 358 er nahm Abschied und gieng (vgl. zu Am. 733). — 367 *senfte*, weich. — *hôch* wie im Mittelalter liebt man die Betten noch heute auf dem Lande; vgl. Weinhold DF. II², 109. —

II. DAZ BLOCH.

dar ûf mohte ein sneller vlôch
mit sprüngen niht erlangen.
ez was vil wol behangen 370
al umbe und umbe vür den stoup.
schœnez krût gras unde loup
dés lác der estrich vol.
dille und wende wâren wol
mit schœnen blúomén bedecket: 375
dér wás dar an gestecket
daz man dâ niht wan bluomen sach.
ir was sô wol daz si des jach
si wær' in dem paradîse.
der aller besten spîse 380
diu an den market veile quam,
si wære wilt óder zam,
der koufte diu meisterinne genuoc,
wan si den biutel vól trúoc
ir gevátern pfenníge, 385
die dûhten si vil ringe.
si kunde ouch vil wol kochen
und machte in den sehs wochen
ir gevátern ein sô schœnen lîp
daz man ein sô schœne wîp 390
in der gegende ninder vant.
si het ouch bézzér gewant
denne dehein gebûrîn dâ:
einen niuwen mantel der was blâ,
der was genât ze vlîze, 395
ein snœde kursen wîze
die si dar under truoc,

---

368 elôch stm., Floh. — erlangen intr., reichen, gelangen. — 370 fg. behangen al umbe und umbe: mit Bettvorhängen, Schultz I, 81; Zarncke, Ber. über d. Verhandl. d. k. sächs. Ges. d. Wissensch. zu Leipzig, phil.-hist. Klasse VIII (1856), 157 fg. — 372 vgl. Moriz v. Craon 1176 fg. gras unde semde (Schilf) was gestreuwet ûf den esterich (der Kemenate); Schultz I, 81 (u. Register); DF. II², 92 fg.; WM. 104. — 374 dille stf., Diele und der aus solchen zusammengesetzte Boden, hier im Gegensatz zu dem aus festgestampftem Lehm, Ziegeln oder Stein bestehenden Estrich der obere: Decke (DWB. II, 1100). — 385 pfenninge gen. abhängig von vol. — 386 ringe, leicht, gering an Werth. — 395 ze vlîze, sorgfältig. — 396 snœde adj., eigentlich ärmlich, schlecht, kaun, wie die Gegenüberstellung ze rûch noch ze snœde (Krone 6891) bestätigt (vgl. den Bedeutungsübergang von an. snauðr, arm, und snoðinn, dünnhaarig), hier nur meinen, daß die kursen, ein Kleidungsstück aus Pelzwerk (DWB. V, 2820), nicht zu dicht behaart war. — 397 unter dem Mantel (ir mandel grüen alsam ein gras, ein rêhiu kürsen drunder was, Lichtenstein, Frauendienst, 348, 5 fg., die kurse under der wât, Herbort, liet von Troye 8476) und über dem Rock.

diu stuonden beidiu wol genuoc;
ein sidin houbetlachen guot
und einen wol gestalten huot 400
unt guot linin gewant.
dem si ê was wol bekant
dem wart si nū vrémde.
ir rockel und ir hemde
diu wâren cleine unde wîz, 405
si het míchélen vliz
an cleine váldén geleit.
ir gürtel was ze mâzen breit,
daz was ein borte wol beslagen,
dar an múosté si tragen 410
einen schônen biutel wurzen vol.
ir schuobe stuonden harte wol
und ir wîze schebelinge.
si was ouch aller dinge
volkomen an dem libe 415
z'einem biderben wibe.

Dô diu sêhste woche ende nam,
der man vil vrôlîche quam.
do enphienc in sin gevater wol.

---

399 *houbetlachen* stn., soviel wie *houbettuoch* (H. 1088), Kopftuch, Schleier, gewöhnlich aus weißem Linnen; seidene wie hier sind schon vornehmer (DF. II², 323 fg.; Schultz I, 183 fg.); in der Bauerntracht sind Kopftücher (auch seidene) noch heute üblich (vgl. Schmeller Bair.Wörterb. I², 583). — 407 *geleit*, gewendet: besonders unten am Rock (DF. II², 227; Schultz I, 195) und oben an dem frei sichtbaren Halsbund des unmittelbar unter dem Rock getragenen Hemdes (DF. II², 262; Schultz I, 189 fg.). — 408 *se mâzen breit*, von angemessener, gehöriger Breite. — 409 *borte* swm., ein Band aus Seide und Goldfäden gewirkt. — *beslagen*: mit Spangen aus Gold und Silber; vgl. Schultz I, 203 fg.; DF. II², 282fg. — 411 *biutel* stm., Beutel, Tasche. — *wurze* stf., Wurzel, Kraut, besonders wohlriechende und daraus bereitete Wohlgerüche; solche Täschchen mit Wohlgerüchen pflegten nicht nur Frauen sondern auch Männer zu tragen, Schultz I, 206. 243; DF. II², 286; Thomas von Kandelberg 239 (GA. III, 583): *dirre (wiste, zeigte) einen biutel würzen rol, von golde geworht* (als ein Kleinod von seiner Dame). Warnung 1942 fg. (Zeitschr. I, 491): *sô suochet man ez (wol smeckendes krût) al den* (l. allen) *tac, dem libe er ez nâhen leit, durch sîns edel er ez treit, daz guot smac* (Geruch) *von im gê swâ er sitze oder gê*. — 413 *schebelinge*, Handschuhe: weiße Handschuhe galten für die elegantesten (DF. II², 297), und überhaupt würde wer vergleichen will finden, daß die Gevatterin ihren Schützling über ihren Stand (392 fg.) nach dem Muster höfischer Damen kleidet (vgl. u. a. H. 1077 fg., das Verbot von *kursen* u. Pelzkleidern überhaupt als zu kostbar und vornehm in Nürnberger Polizeiordnungen, Anz. VII, 107, und den Ärger des sog. Helbling über die seidenen Beutel und Gürtelborten bei den Bauern, wo allerdings die Männer gemeint sind, VIII, 310 fg. = Zeitschr. IV, 192). — 414—416 sie war auch an ihrem Leibe in allen Dingen, die zu einem tüchtigen Weibe gehören, vollkommen.

«ich'n weiz waz ich's geniezen sol», 420
sô sprach diu meisterinne,
«ich hân umb' iuwer minne
erliten michel árbéit
und hân von iuwer vrúmkéit
iuch vil vaste vermæret. 425
ist daz ir'z niht bewæret
sô hân ich mîn êre verlorn.
ich hân vil sêré gesworn,
ir sît biderbẹ unde gewære,
getriuwe unde ȇrbǽre, 430
gevüege milte unde guot,
bescheiden stæte und wol gemuot.
daz hân ich her ze mir genomen.
nû wil diu vrouwe hér kómen
und wil iuch hiuté gesehen. 435
daz sol sô stillé geschehen
daz ez nîeman wizze wân wîr.
si wil híe enbîzen mít mír:
sô sult ouch ir hie ezzen
und sult des niht vergezzen, 440
als ir die messe habt vernomen,
ir sult sô héimlîche komen
daz nieman wizze wâ ir sît.
wir suln ez heln unz an die zît
daz wir tóugén gesehen, 445
wes wir óffenliche wellen jehen.»
dô muoste er zuo der kirchen gân,
daz het er gérné verlân.
in dûht' diu wîlé vil lanc,
unz man die méssé gesanc: 450
do ẹntságte er sich den liuten gar
und kom vil héimlîche dar.
dô liez in sîn gevater in
und wiste in in daz gaden hin
daz dô sô wol geblüemet was: 455
niuwez lóup únde gras

---

420 ich weiß nicht, was ich davon haben werde. — 425 *vermæren* swv., *mære*, berühmt machen: ich habe euch sehr wegen euerer Tüchtigkeit gerühmt. — 429 *gewære* adj., wahrhaft. — 432 *bescheiden* adj. part., gescheit, verständig. — 433 das hab' ich auf mich genomen (daß es wahr sei). — 438 fg. zu Am. 1861. — 441 zu 226. — 451 *sich entsagen* mit dat., sich losmachen von jemand. —

daz machte drinne küele.
dâ hete si die stüele
mit vêhen küssén bedaht
und het állé die naht 460
bereitet wol ze prîse
ein wirtschaft guoter spîse.
dô er in daz gaden gie,
daz wîp in minneclich enphie.
daz galt er ir mit witzen. 465
si hiez in zuo ir sitzen;
des dûht' er sich ein sælic man.
er sach si vrôlîche an.
dô dûht' si in ein sô schône wîp
daz in dûhté, sîn lip 470
wær' immer mêr vor aller nôt
gevrîet unz an sinen tôt,
wurde si im ze teile:
daz wær' vor allem heile
sin beste sælde immer mê. 475
het er si ie gesehen ê,
daz waz im nû vil unbekant.
dô gab im wázzér zehant
ir gevátér diu wîse
und gab im guoter spîse 480
ein wirtschaft willeclîche.
der man was vröuden rîche
durch die schœne des wîbes:
in dûhte ob er ir lîbes
gewaltic wesen solde 485
daz er nimmer werden wolde
unsælic arm noch unvrô.
er wolde ouch danken álsô

459 *vêch* adj., bunt. — *küssen* stn., Kissen. — *bedaht* part. von *bedecken*. Auf solche Weise die Sitze bequemer zu machen ist höfischer Brauch, DF. II², 102; Schultz I, 67. — 460 *alle die naht*, die ganze Nacht; zu Am. 1842. — 461 *ze prîse* = nâch p., Am. 1862. — 465 *galt*, vergalt, erwiderte. — *witze* stf., Verstand, Klugheit, *mit w.*, auf kluge, gute Art. — 467—470 *dûhte* über solche Wiederholungen bei Stricker vgl. zu Am. 288. — *sælic man*, ein formelhafter, aus der höfischen Lyrik entlehnter Ausdruck für den, der Glück in der Liebe gefunden hat (QF. IV, 84₁₃). — 472 *vrîen* swv., frei machen, schützen. — 474 *vor* im Sinne des Vorzugs. — 476 ob er sie je früher gesehen. — 478 vor und nach der Mahlzeit pflegte man, da man keine Gabeln hatte (DF. II², 106; Schultz I, 318) und mit den Händen zulangen mußte, diese zu waschen; vgl. Nib. 606. 607; Tristan 4093; O. 48. 158; H. 784 fg.; Grimm zu Vridanc 89, 12; DF. II², 103. 190; Schultz I, 325 fg., 338. —

II. DAZ BLOCH.

sinèr gevatern unde gote,
er wolt' ir zwéiér gebote 490
leisten grôzer stæte
denn' ic kein man getæte.
dô daz ézzén ergie,
sine gevatern er gevie
vrôlich bi der hende. 495
hin an des gadens ende
wist' er si von dem wibe.
er sprach: «mit minem libe
und mit allem minem guote
tûot swés iu si ze muote 500
und samnet mich unt daz wip.
daz biten nimet mir den lip.»
dô sprach si: «ich entsitze daz
daz min gevater grôzen haz
von iu ie muose dulden, 505
ich'n wéiz von welhen schulden:
tuot ir disem wibe sam,
daz wirt ein houbethaftiu scham
in der ich denne muoz bestân,
wand' ich vür iuch gelobet hân, 510
ir sit der beste wibes man
den diu wérlt ie gewan.»
«dâ vür nemet minen eit
und alle die gewîshéit
der ir gedenket», sprách ér. 515
si sprach: «nû gèt ze nâht hér
und ligt ir tougenliche bi.
swie si iu morgen denne sì,
dar nâch sul wir uns kèren.
wir sin von unsern èreu 520
beidiu samt gescheiden,
beginnet si iu leiden;
daz sint gar iuwer schulde:
so verságe ich iu min hulde.
si ist sô gänzlîche guot, 525

---

491 *stæte leisten*, es getreu befolgen. — 493 *ergie*, zu Ende war. — 500 *swes — muote*, wonach euer Verlangen (*muot*) steht, was ihr wollt (zu Am. 116). — 501 *samnen* swv., zusammenbringen. — 503 *entsitzen* stv., fürchten. — 506 *von welhen schulden*, aus welchem Grunde, warum. — 508 *houbethaft* adj., capitalis, groß. — *scham* stf., Schande. — 514 *gewisheit*, Sicherstellung, Bürgschaft. — 522 *leiden*, zuwider werden. —

wolt' ein herre sinen muot
an ein wip durch tugende kêren,
er næme si ze allen êren.
lât sehen ob ir dar zuo tuget
daz ir gúot vür gúot nemen muget.» 530
«jâ ich», sprach er, «ob got wil,
wirt miner sælden sô vil
daz si mir holt mac gewesen,
si möhte ein pfaffe niht erlesen
die vil manicvalten êre 535
die ich immer an si kêre.»
si sprach: «gêt hinnen verholn
unde komt her wider verstoln
ze nâht sô man slâfen sol.
ich hœre morgen vrúo wól 540
welch geist iuch danne vûeret:
swaz ir mir nû swûeret,
ich gelóube iu denne ân' eide baz.
nû sprechent doch die wisen daz,
vinde der tôre goldes iht, 545
ez'n muge in doch gehelfen niht.
swer sich der êren niht wért
dem ist ir deste mê beschert.»
dô gie er dannen über maht
unde kom hin wider ze naht. 550
dô wart er wol enpfangen.
dô was diu naht ergangen
ê danne im liep wære:
«ditz ist daz bœste mære»,
sprach er, «daz ich ie vernam.» 555
dô sin gevater dár quâm
und sprach: «stêt ûf, éz ist tac»,
er sprach: «gevater, ich enmac.

---

526 *ein herre*, ein Edeler, Ritter. — 527 *durch tugende*, im Gegensatz zu ihrer Geburt. — 528 *ze allen êren*, sodaß er alle Ehren davon hätte, mit allen Ehren. — 534 *si — die v. m. êre*: zu Am. 1394. — *ein pfaffe* als Gelehrter. — *erlesen* stv., erforschen. — 537 *hinnen*, von hier. — 544—546 sprichwörtliche Sätze als Ergebnisse der Erfahrung den *wîsen* (zu Am. 780) in den Mund zu legen, ist formelhaft; vgl. über solche Formeln I. V. Zingerle, Die deutschen Sprichwörter im Mittelalter (Wien 1864), S. 5—8. Zu dem Sprichwort selbst vgl. Iwein 4252 fg. und Benecke's Anm. (ob, wie dieser vermuthet, «Anspielung auf eine damals allgemein bekannte Fabel» darin zu suchen sei, zweifle ich). — 547 *sich wern* mit gen., etwas abwehren: wer die Ehre nicht von sich stößt. — 549 *über maht*, über seine Kräfte, aus allen Kräften (bei Stricker nicht selten, zu Karl 7767). — 553 zu Am. 38. —

swaz mir dar úmbé geschiht,
ich'n kum von dem wibe niht. 560
ich'n weiz waz got genâden habe,
er hât mir réhté her abe
ein himelríché gegeben.
lieze er mich sô lange leben
daz ich mich es wol geniete, 565
sô wære reht daz ich in miete
mit guote und mit libe.»
sus lag er bî dem wibe
vil lange nâht únde tac.
swie vil er bî ir gelac, 570
des endûht' in alles niht genuoc.
er lie den wagen und den pfluoc
sô lange dar umbe stille stên
daz im zuo begunden gên
sîn vriunde alle und jâhen, 575
dô si in ligen sâhen,
er wolde gar verderben
und hiezén in werben
als ein ander sîn genôz.
er sprach: «diu liebe ist sô grôz 580
diu mich zúo dem wibe twinget,
swer mich von ir bringet,
daz muoz mit zóubér geschehen.
ich hân alrêrsté gesehen
waz gnâde an guoten wiben ist.» 585
sus lag er stille unz an die vrist
daz die vrémden und die kunden
sîn leben gar bevunden
in der gegende über al,
wan er sich nieman des enhal, 590
im enhéte got aň ir gegeben
hie en érde ein himelriches leben.

561—563 *genâde*, Glückseligkeit, Freude, wie oben 278 u. 585: was für Freuden Gott habe («wie es im Himmel aussicht» Bartsch), weiß ich nicht; er hat mir schon hienieden einen Himmel gegeben. — 565 *sich genieten* mit gen., mit etwas (Angenehmem oder Unangenehmem) anhaltend zu thun haben, es vollständig bis zur Sättigung kosten. — 566 fg. daß ich ihm dafür Gut und Leben gebe (*miete*: zu Am. 693). — 584 *alrêrste*, nun erst. — 585 *gnâde* s. zu 561. — 587 *kunde* swm., der Bekannte; vgl. Nib. 27, 4. — 590 *sich heln* mit dat. und gen., etwas vor jemanden verhehlen. — 591 nach negativem Hauptsatz steht im ergänzenden abhängigen Satz nochmal die Negation *en* = lat. quin, quominus. — 592 ein Leben wie im Himmelreich, vgl. *der hellefiuwers tôt*, der Tod in der Hölle, Warnung 72 (Zeitschr. I, 440).

alsô verzérté der man
allez daz er ie gewan.
dô sprach er ze dem wîbe: 595
«ich muoz bî dînem lîbe
vór húnger ligen tôt.
uns enwil niemán ein brôt
weder lîhen nóch gében.
sol ich verliesén mîn leben 600
daz muoz hie bî dir geschehen:
ich stirbe sol ich dich niht sehen.»

Dô si wól héte vernomen
daz er von ir niht mohte komen
sô verre unz er gewunne ein brôt, 605
donę wólde si sô grôze nôt
mit der liebe niht erwerben
daz si hungers wolde sterben.
«durch got nû saget», sprach daz wîp,
«von welhen schulden ist mîn lîp 610
nû sô gúot wíder ê,
dô ir mir tắtét sô wè
mit slegen nâht únde tac?
ich weiz wol, als ich ũ lác,
alsô hân ich sît bî iu gelegen.» 615
dô tet er vür sich einen segen
und sprach: «hâstû mir wâr geseit?»
si sprach: «ez ist diu wắrhéit.
ich'n stárp nîht, ich lebe noch
und hân dich underwîset doch 620
daz du éin vil tumber mán bîst
und enwéist waz übel od gúot îst.»
er sprach: «nû swîgé durch got,
ich muoz der lántlíute spot
lîden unz an mînen tôt. 625
si tuont mir sô grôze nôt,
gevreischent si daz mære,
daz ich gérner tôt wǽre.»
swie wol si ez verdagten

---

611 *wider é*, im Vergleich zu ehedem. — 616 *segen* stm., lat. signum (crucis): da bekreuzte er sich. — 620 *underwîsen* swv., unterweisen, belehren. — 623 *swîge* = *swîc*, imperat. wie Karl 1906, H. 1800. — 624 *lantlîute*, die Leute im Lande, Landsleute. — 627 *gevreischen* (aus *gevreischen*) stv., erfragen, vernehmen. —

und niemán ensagten, 630
daz mære wart in zwélf tágen
durch die gegende getragen
allenthalben in daz lant.
dô man die wârhéit bevant,
dô wart er sô ze schalle 635
daz die lantliutę alle
mit im unmüezic wâren.
in allen sinen jâren
moht' er den spot niht überstreben:
solt' er tûsent jâr lében, 640
er wære der liute spot gewesen.
sît liez er daz wîp genesen.
die'n torste er schelten nóch lóben:
man næme ietwederz vür ein toben.
sus was sin túmphéit erkant 645
und was sin wîshéit geschant.
wan daz man's niht versuochen sol,
man vunde noch den mán wól
den man alsô wol betrüge
der im sô kûndeclîche lüge. 650

---

635 da kam er so ins Gerede. — 637 *unmüezic* adj., beschäftigt: daß alle Leute im Lande sich mit ihm beschäftigten: vgl. Tristan 171. — 639 *überstreben* swv., über etwas hinauskommen (durch *streben*), überwinden. — 642 *genesen*, in Ruhe, ungekränkt. — 643 *torste* præt. von *turren* anom. verb., dürfen, wagen. — 644 man hätte das eine wie das andere (*ietweder*, uterque) für Narrheit (*toben*, insanire, toll, von Sinnen sein, rasen) gehalten. — 646 *geschant* part. præt. von *schenden* swv., beschämen, zu Schanden machen. — 647 *wan daz*, außer daß: dürfte man's versuchen. — 650 *der*, wenn einer (vgl. zu Am. 18). — *kündeclîche* adv., klug, listig.

III.

MEIER HELMBREHT

VON

WERNHER DEM GÄRTNER.

VORBEMERKUNG.

Wernher der Gärtner erzählt uns von einem Bauerssohn, nach seinem Vater Helmbrecht genannt, der von Mutter und Schwester mit einer glänzenden, reich gestickten Haube und so schönen Kleidern ausgestattet wird, daß kein Bauer zwischen Hohenstein und Haldenberg sich ihm vergleichen kann. Dafür steht ihm auch sein Sinn nach einem Ritterhof, und alle Bemühungen seines Vaters, ihm die Lust am Ritterthum auszureden, sind umsonst. Nachdem er ein Jahr lang als Knappe bei einem Raubritter gelebt, kehrt er heim zu den Seinen. Die Freude des Wiedersehens wird zwar durch die vornehme Art, womit der Sohn die Angehörigen jedes in einer andern ihnen fremden Sprache begrüßt, einen Augenblick getrübt, nachdem er aber dem Vater die Namen seiner Ochsen genannt und damit sich als sein Sohn ausgewiesen, wird er nach Kräften bewirthet; nur muß er sich statt Weines mit Wasser begnügen, das aber, wie der alte Bauer versichert, den Brunnen zu Wanghausen ausgenommen, seinesgleichen nicht hat. Im Gespräch zwischen dem Vater, der die höfische Sitte seiner Zeit schildert, und dem Sohn, der ebenso lebhaft die Sitte des jüngern Geschlechts vertritt, stellt sich der Gegensatz der Anschauungen immer greller heraus, und als der Vater endlich den Freunden seines Sohnes, die ihm dieser genannt hat, den Schergen in Aussicht stellt, erklärt der Junge, fürderhin seines Vaters Gut vor seinen Gesellen nicht mehr schützen zu wollen, und auch auf die von ihm gewünschte Verbindung seiner Schwester Gotelind mit seinem Freunde Lemberslind verzichten zu müssen, da sein Vater so schlecht auf seine Freunde zu sprechen sei. Gotelind aber, deren Sinn von des Bruders Schilderungen gefangen genommen ist, erklärt diesem, heimlich über den schmalen Steig an der Kienleiten zu

Lemberslind folgen und Vater und Mutter verlassen zu wollen
Das geschieht, wie es verabredet war, und die Vermählung
wird unter den Raubgenossen glänzend gefeiert. Während
sie beim Hochzeitsmahl sitzen, erfasst die Braut eine böse
Ahnung, die sich bald erfüllt. Der Richter überrascht sie
mit vier Schergen und führt sie sammt dem geraubten Gut
hinweg. Neun von ihnen werden gehenkt, Helmbrecht als
der zehnte geblendet und, an Hand und Fuß verstümmelt,
freigelassen. An einer Wegscheide trennt er sich von Gotelind, die man nach der verhängnissvollen Hochzeit ihrer Kleider beraubt, ihre Blöße mit den Händen deckend, unter einem
Zaune gefunden, und kommt, auf einen Stab gestützt, in Begleitung eines Knechtes, vor seines Vaters Thür. Der aber
will ihn nicht mehr als sein Kind anerkennen und treibt ihn,
wie schwer ihm auch ums Herz sei, mit Hohn und herben
Worten aus seinem Hause. Nur die Mutter gibt ihm noch
ein Stück Brot mit auf den Weg, auf dem ihn die Flüche
der von ihm beraubten Bauern begleiten. In einem Walde
trifft er eines Tages mehrere von diesen beisammen beschäftigt, Holz zu hauen. Sobald sie ihn sehen, fallen sie, seine
Frevelthaten ihm vorwerfend, über ihn her, reißen ihm die
schöne Haube vom Kopfe und hängen ihn an den nächsten
Baum. So endet Helmbrecht, wie es ihm sein Vater in Aussicht gestellt.

Dies ist der Inhalt unsers Gedichts, das nach zwei Stellen
desselben (Vers 217 u. 411) nach Neidhart's Tode (1236) und
noch vor dem Tode Kaiser Friedrich's II. (1250)*) verfasst ist.
Ohne mit C. Schröder (Germania, X, 455—464, besonders 456)
fürchten zu müssen, daß wir den Dichter «zum bloßen Referenten einer historischen Thatsache erniedrigen», dürfen wir,
denke ich, seine Worte (V. 7, 8), «er wolle erzählen, was ihm
begegnet sei und was er mit eigenen Augen gesehen», für
mehr als eine bloße «Redensart», für völlig ernst gemeinte
Wahrheit nehmen, natürlich im poetischen Sinne, der uns
freilich verbietet, für jeden einzelnen Zug bis herab zu der

---

*) A. Rudloff bezweifelt in seiner lesenswerthen Dissertation «Untersuchungen zu Meier Helmbrecht von Wernher dem Gartenäre» (Rostock 1878) S. 48 allerdings, daß dieser Schluß aus 411 zulässig sei, weil «derartige Unterscheidungen (zwischen Kaiser und König) wol mehr in Urkunden als in freien Dichtungen angebracht» seien. Aber wenn auch dieses Argument an sich unanfechtbar wäre, die ruhmredigen Worte des jungen Bauers fassen doch nicht blos die abstracte Würde des Kaisers, Herzogs, sondern unverkennbar die Personen selbst ins Auge.

gestickten Haube und den Knöpfen am Rock historische Beweise zu verlangen. Um uns im allgemeinen zu überzeugen, daß Verhältnisse und Vorfälle, wie die in unserm Gedicht geschilderten, unter den Dorfbewohnern Baierns und Œsterreichs leicht sich wirklich ereignen mochten, bedarf es nur einer Erinnerung an die Schilderungen, die uns Neidhart und andere Quellen von dem Bauernleben dieser Länder bieten: auf Seite der jungen Männer dasselbe Gelüste über ihren Stand hinaus zu streben, höfische Sitte nachzuahmen und möglicherweise selbst in die ritterlichen Kreise aufgenommen zu werden, entwickelt aus dem Boden einer günstigen rechtlich freien Stellung und eines durch Tüchtigkeit erworbenen Wolstandes, vollends gezeitigt dann durch eine immer weiter greifende Verwilderung, allmähliches Herabkommen und Sinken des Adels von der Höhe seiner Bildung und seines Reichthums: auf Seite der Weiber dieselbe leichtfertige Schwäche, die sich dem höfischen Werber auf Gnade und Ungnade in die Arme wirft. Und wenn ein späterer Satiriker, der sogenannte Helbling, am Ausgange des Jahrhunderts in Niederœsterreich, das hierin wesentlich gleiche Verhältnisse aufweist, uns wirklich von Heirathen zwischen Bauern und Rittern erzählt und als Veranlassung die nicht selten arg zerrütteten Vermögensverhältnisse der Adelichen angibt, die sich durch bäuerisches Geld aus der Verlegenheit zu helfen suchten, und weiteres von Räubereien berichtet, die Knappen gewordene Bauern ihren neuen Herren an den frühern Standesgenossen ausführen halfen, wie Helmbrecht, so sind das nur die reifen Früchte aus dem Samen, den wir bei Neidhart und in unserm Gedichte reichlich gestreut und in Kraut und Blüthe schießen sehen. Einige Verse in einem Gedichte Neidhart's (86, 7 fg. Haupt) enthalten eine Schilderung eines Bauernjungen, die, was Tracht, namentlich Haube und Haar und einige allgemeine Züge weiter betrifft, so ganz mit unserm Gedichte stimmen, daß Schröder an einen nähern Zusammenhang denkt; an sich wol möglich bei einem Dichter wie Werher, der mit Neidhart gewiss vertraut war (V. 217 fg.): aber dieselben Vorbilder standen ihm wie jenem vor Augen, und eine Fülle eigener Beobachtung bleibt immer noch übrig. Es ist nicht das geringste Verdienst unseres Dichters, dem ihn umgebenden Leben mit prüfendem, wenn auch nicht ganz unbefangenem Blick ins Auge gesehen und aus den mit sorgfältiger Beobachtung abgelauschten Zügen ein Ganzes geschaffen zu haben, das eben wegen seiner mehr als gemeinen Wahrheit uns heute noch fesselt. Damit soll selbstverständlich der literarische Zusammenhang mit der Neidhartischen Poesie einer- und Didaktik anderseits, den Rudloff betont, nicht geleugnet werden; ja man darf daran erinnern, daß einer dieser Didaktiker, der Stricker, bereits die Stoffe für seine Schwänke öfter aus dem Bauernleben nimmt oder in dasselbe verlegt.

Den Schauplatz unsers Gedichts hat man wiederholt durch gelehrte und scharfsinnige Combinationen festzustellen versucht. Am befriedigendsten geschah dies· durch die zuletzt von Friedrich Keinz auf Anregung Professor Hofmann's in München und mit Unterstützung des Pfarrers Saxeneder in Überackern an Ort und Stelle angestellten Untersuchungen, deren Ergebniss in seiner Ausgabe des Gedichts (München 1865) und nachträglich in den Sitzungsberichten der bairischen Akademie der Wissenschaften (1865, I, 316 fg.) mitgetheilt ist. Demnach finden sich sämmtliche Örtlichkeiten, wie sie in der im allgemeinen echteren Überlieferung unsers Gedichts in der Ambraser Handschrift genannt werden, auf wenige Meilen um den Weilhartwald, östlich von der Salza im damals bairischen, jetzt œsterreichischen Innviertel beisammen: Hohenstein (192), ein Berg eine Stunde südöstlich von dem Pfarrorte Gilgenberg; eine halbe Stunde nördlich der Adenberg (mundartlich Ajden-, d. i. Aldenberg), der freilich nur bis auf das anlautende entweder vom Schreiber hinzugefügte oder in der Mundart allmählich verlorene(?) H dem Haldenberg des Gedichts entspricht; Wanghausen (897) an der Salzach, Burghausen fast gegenüber, worin heute noch ein erfrischender, dem Volksglauben nach heilkräftiger Quell «das goldene Brünnlein» fließt; endlich selbst der schmale Steig an der Kienleiten (1426), einem mit Nadelholz bewachsenen Abhang südöstlich vom Adenberg gegen zwei Bauernhöfe, das Lenzen- und Nazlgut zu Reit, die, wie Muffat nachgewiesen, noch bis in den Anfang des 18. Jahrhunderts zusammengehörten und den Helmbrechtshof bildeten, der alten Leuten noch in unsern Tagen erinnerlich war und wie passend so ziemlich in der Mitte zwischen den genannten Örtlichkeiten lag. In einer zweiten aus Œsterreich stammenden, jetzt in Berlin befindlichen Handschrift, die auch sonst im Text Spuren einer überarbeitenden Hand aufweist, ist auch der Schauplatz geändert und auf den alten Traungau übertragen worden: statt Hohenstein und Haldenberg nennt sie Wels und den Traunberg (Traunstein), und die Quelle fließt zu Leubenbach (Leonbach bei Kremsmünster).

Keinz berichtet noch über Spuren von Bekanntschaft mit dem Inhalte unsers Gedichts, die er unter den Bewohnern jener Gegend gefunden, die uns als der ursprüngliche Schauplatz gilt. Allein daß die Erzählung von einem Soldaten, der seinen Ältern entlaufen, um ein liederliches Leben führen zu können, und den man an der Stelle im Weilhartwald, wo jetzt eine Kapelle, der sogenannte «weiße Schacher», steht, aufgehenkt habe, unsern Helmbrecht meint, ist mir ebenso zweifelhaft, wie daß der als Schmähwort noch gebräuchliche Ausdruck «Helmel» eine Erinnerung an unser Gedicht sein soll. Das geschriebene, mit gemalten Bildern geschmückte Buch aber «von dem Räuberhauptmann Helm, einem Gilgenberger», woraus ein alter Bauer von dem Inhalt unsers Gedichts Kenntniss zu haben versicherte, und namentlich das Bild des wüsten Räubers «wegen der großen, eigenthümlichen Kopfbedeckung» als in seinem Gedächtniss haftend hervorhob, ist für uns allem Anschein nach hoffnungslos verloren und somit keine Möglichkeit, diese Spur prüfend zu verfolgen und für die Wissenschaft fruchtbar zu machen.

Mit der Feststellung des Schauplatzes der Handlung ist freilich die Frage nach der Heimat des Dichters Wernher des Gärtners, wie er sich zum Schlusse der Erzählung nennt, noch nicht erledigt. Seine bairisch-œsterreichische Mundart, wie sie Reim und Wortschatz verrathen, fixiert sie natürlich nicht genauer. Und wollen wir nicht die Lücken unseres Wissens durch unsichere Combinationen ausfüllen, auf die Gefahr hin, uns damit selbst zu täuschen, so müssen wir uns bescheiden bei dem, was uns eben das Gedicht verräth. Darnach aber war der Dichter ein Fahrender (848), dem es im Leben nicht immer am allerbesten erging (839 fg., 864 fg.). Nach der von Einseitigkeit nicht freien Auffassung der Standesverhältnisse und der Tendenz der ganzen Erzählung zu schließen, für welche das Emporstreben des Bauernsohnes über den Stand seiner Väter an sich eine unheilvolle Überhebung ist, die nur zu moralischem und physischem Verderben führen kann, nach dem unverkennbaren Gefühl von Überlegenheit, mit dem er auf den Bauernstand blickt, und den Klagen über den Verfall höfischer Sitte werden wir diesen Fahrenden in den höfischen Kreisen zu suchen haben. Und dann ist es doch wahrscheinlicher, daß er, ohne deshalb *ein herre in höher aht* sein zu müssen (864), diesen Kreisen auch durch Geburt angehörte, als blos durch Gesinnung und persönliche Beziehungen. Also ein armer adelicher Dichter, der, wie so mancher andere von Hof zu Hof wandernd, auf die Gunst der Freunde der Poesie angewiesen war. Bei einem solchen ist es auch ganz natürlich, daß er sich mit den beliebtesten Stoffen der höfischen wie volksmäßigen Literatur, Artussage (1478), Trojanerkrieg, Karlsage, Rabenschlacht (45—81), Herzog Ernst (957) und den Gedichten Neidhart's, wie der höfischen Lyrik (zu 1461), und wahrscheinlich auch mit Hartmann von Aue (zu 220), vielleicht auch Freidank sich wol vertraut erweist. Dieser von Haupt, Wackernagel, Pfeiffer, C. Schröder und in jüngster Zeit wieder besonders von Rudloff vertretenen Ansicht gegenüber vermuthet Keinz in dem Dichter einen Pater Gärtner, wie sie das Kloster Ranshofen zur Verbreitung von Kenntnissen in der Obstbaumzucht und Küchengärtnerei unter die Bauern seines Gebiets seit alten Zeiten aussandte, eine Obliegenheit, die sie nebst der Aufsicht über die ausgedehnten Klostergärten zu erfüllen hatten und die sie allerdings befähigte, Sitten und Charakter der Dorfbewohner kennen zu lernen und zu Betrachtungen, wie sie unser Gedicht voraussetzt, Gelegenheit bot. Diese Hypothese schien sich auch dadurch zu empfehlen, daß sie den Dichter in unmittelbare Nähe der geschilderten Verhältnisse versetzt und den appellativischen Beinamen «der Gärtner» bequem erklären würde*), und darum habe auch ich ihr früher zugestimmt. Allein dies alles und was Keinz und ich selbst früher dafür vorbrachten, würde doch nur dann von wahrem Gewicht sein, wenn der Dichter sich selbst als einen Geistlichen bezeichnete oder seine Dichtung nach Inhalt und Standpunkt eher auf einen solchen als einen Fahrenden wiese, was eben gerade umgekehrt sich verhält. Die von verschiedener Seite**) versuchte Identificierung Wernher's des Gärtners mit dem Spruchdichter Bruder Wernher hat für mich jetzt so wenig als früher überzeugende Kraft: ich kann mit dem besten Willen nicht finden, daß irgend etwas entscheidendes dafür geltend zu machen wäre; dagegen spricht mindestens die ungelöste Differenz der Namen, wenn man auch die von R. Schröder

---

*) Die Erklärung Pfeiffer's (Forschung und Kritik, I, 18), der *gartenære* von *garten* (Schmeller, Bayr. Wb. I², 939), herumziehen, ableitet, läßt sich etymologisch nicht halten: es müßte doch *gartære* heißen, wie auch schon K. Meyer, Untersuchungen über das Leben Reimar's von Zweter und Bruder Wernher (Basel 1866), S. 112 bemerkt hat.

**) C. Schröder a. a. O. K. Meyer, der Keinz' und C. Schröder's Vermuthungen zu vereinigen sucht, a. a. O. S. 111 fg., und Rudloff, S. 56 fg.

(Zacher's Zeitschrift, II, 305) vorgebrachten Gegengründe nicht als entscheidend ansehen mag (Rudloff, S. 49).

Wenn uns heute das Gedicht als eines der interessantesten unserer älteren Literatur erscheint, so fehlte es demselben auch nicht an Beliebtheit bei den Zeitgenossen. Das zeigt uns eine Anspielung auf unser Gedicht in Ottokar's Reimchronik (239[b]), worin ein Bauer des Admonder Abtes Heinrich sich vom Kriegsdienst gegen die Ungarn mit den Worten lossagt:

«Helmbrehtes vater lêr'
wil ich gerne volgen
und der knäppscheit sein erbolgen» —

eine Anspielung, die allgemeine Bekanntschaft mit dem Gedicht bei dem Leser voraussetzt. Aber selbst über die Grenzen deutscher Sprache hinaus, in Böhmen, scheint unser Gedicht bekannt gewesen zu sein. Štitný, ein tschechischer Schriftsteller des 14. Jahrhunderts, gebraucht das Wort «helmbrecht» (m., davon «helmbrechtice» f. und das Adj. «helmbrechtny») im Sinne von «Buhler, Wüstling» (gefallsüchtig), eine Umwandlung des Nomen proprium in ein Appellativum, die auf Bekanntschaft mit dem Gedicht in tschechischen Sprachkreisen deutet, die wol durch den böhmischen Hof, wo deutsche und tschechische Literatur sich berührten, vermittelt wurde.*)

Was mir für Text und Erklärung des Gedichts von andern vorgearbeitet war, habe ich dankbar benutzt, insbesondere die Ausgabe M. Haupt's (Zeitschrift, IV, 321 fg.), Pfeiffer's «Forschung und Kritik», I, 5 fg. (Sitzungsber. d. Wiener Akad. d. W., phil.-hist. Kl. XLI, 288 fg.) und die schon genannten Arbeiten von Keinz; dazu kamen seither zerstreute Bemerkungen von R. Sprenger und Birlinger (Germ., XVI, 82; XVIII, 110; XXI, 348; XXV, 407. 432; Bezzenberger's Beitr., I, 55). Für die rechtshistorischen Verhältnisse konnte ich auf den Aufsatz Richard Schröder's in Zacher's Zeitschrift, II, 302—305 verweisen.

---

*) Vgl. (Schafařík) «Wybor z literat. české», I, 1219. Ich verdanke diese Notiz Jos. Haupt (gest. 23. Juli 1881). Mein Freund Iw. Kostrenčić machte mich aufmerksam, daß darauf schon bei Rieger, «Slovník naučný», III, 720, hingewiesen ist.

Einer saget waz er gesiht,
der ander saget waz im geschiht,
der dritte von minne,
der vierde von gewinne,
der fünfte von grôzem guote,　　　　　　　　　5
der sehste von hôhem muote:
hie wil ich sagen waz mir geschach,
daz ich mit mînen ougen sach.
ich sach, deist sicherlichen wâr,
eins gebûren sun, der truoc ein hâr,　　　　　10
daz was reide unde val;
ob der ahsel hin ze tal
mit lenge ez volleclîchen gie.
in eine hûben er ez vie,
diu was von bilden wæhe.　　　　　　　　　15
ich wæne, iemân gesæhe
sô mangen vogel ûf hûben.
sitechę unde tûben
die wâren aldar ûf genât.
welt ir nû hœren waz dâ stât?　　　　　　　20

　　Ein meier der hiez Hélmbréht:
des sun was der selbe kneht

---

1 *sagen*, vgl. zu Am. 5. — 2 *waz im geschiht*, was ihm begegnet, «selbst Erlebtes», Pfeiffer. — 6 *hôher muot*, gehobene Gemüthsstimmung, Hochherzigkeit, aber auch Hochfahrt. — 11 *reide* (gewöhnlicher *reit*, vgl. DHB. IV, 269 zum Wolfdietrich B 2, 3. 4; Lexer II, 397), gekräuselt, gelockt. — *val*, blond. — 12—13 es war so lang, daß es ganz über die Achsel hinab (*ze tal*) wallte. — 14 *vâhen*, fassen (um es festzuhalten). — 15 *von bilden*, die darauf gestickt waren. — *wæhe*, schön, verziert. — 16 *ieman* steht in abhängigen Sätzen namentlich nach *wænen* häufig = *nieman*. — 18 vgl. 1886 fg. — *sitech* stm., lat. psittacus, Sittich. — 19 *genât* part. von *næjen* swv., nähen, sticken. Zu dem wohlgepflegten langen, gelockten Haar und der Haube Helmbrecht's vgl. Vorbem. S. 135, Schultz I, 213. 241; Weinhold DF. II², 318; I², 182₃. 185; Neidhart 102, 14; Konrad von Haslau 67 fg. (Zeitschr. VIII. 552); u. d. sog. Helbling I, 272 fg.; III, 222 fg. (Zeitschr. IV, 9. 99). — 20 vgl. 44 u. Anm.
21 *meier* stm., der mit der Oberaufsicht und Bewirthschaftung eines Gutes Betraute, lat. major; vgl. Armer Heinr. 269 fg. — 22 *kneht*, junge Mann (vgl. 24).

vou dem daz mære ist erhaben.
sam den váter nante man den knaben;
si bêde hiezen Hélmbréht.   25
mit einer kurzen rede sleht
künde ich iu daz mære
waz ûf der hûben wære
wúndérs erziuget.
daz mære iuch niht betriuget;   30
ich sage ez niht nâch wâne.
hinden von dem spâne,
nâch der scheitel gegen dem schopfe
rehte enmitten ûf dem kopfe,
dez lûn mit vógelen wás bezogen,   35
reht' als si wæren dar geflogen
ûz dem Spéhthárte.
ûf gebûren swarte
kam nie bezzer houbetdach
dan man ûf Hélmbréhte sach.   40
dem selben géutôren
was gegen dem zeswen ôren
ûf die hûbén genât
(welt ir nû hœren waz dâ stât?),
wie Troye wart besezzen,   45
dô Pâris der vermezzen
dem künege ûz Kriechen nam sîn wîp,
diu im was liep áls sîn lip,
und wie man Tróyé gewan
und Ênêas von danne entran   50

---

23 *erhaben* part. von *erheben* stv., anheben, anfangen: über diese u. ä. Umschreibungen unsers «der Held der Erzählung» vgl. J. Grimm, Kl. Schr., I, 87. — 26 *sleht*, schlicht. — 29 *wunders* abhängig von *waz*. — *erziugen* swv., von kunstvoller Bereitung wie Erec 2300. 7477. — 32 *spân* stm., das rückwärts zwischen den Ohren in einzelnen nach Mode bald längern, bald kürzern Locken unter der Haube hervorquellende Haar; vgl. Neidhart 39, 31 und Anm. — 33 *schopf* stm., das Haar des Vorderkopfes, das ebenfalls nach Bauernsitte vor der Haube vorstand; vgl. Konr. v. Haslau a. a. O. u. Helbl. an der ersten zu 19 citierten Stelle. — 35 *lûn* stn., noch jetzt «der schräg in die Höhe stehende oder überhaupt der obere Theil der Haube». Fr. Keinz. Diesen obern Theil der Haube haben wir uns in vier durch die unten geschilderten Stickereien verzierte Schilder abgetheilt zu denken: den freien Raum dazwischen nehmen die Vögel ein. — *beziehen* stv., überziehen, besetzen. — 37 *Spehthart*, der Spessart. — 38 *swarte* stf., behaarte Haut, namentlich Kopfhaut. — 39 *houbetdach* stn., Kopfbedeckung. — 41 *geutôre* swm., Thor aus dem Gau, bäurischer Narr. — 42 *zese* (flectiert *zesver*), recht. — 44 vgl. 57. 72. 82. (20. 90 u. ö.): eine formelhafte Wendung, welche die Aufmerksamkeit der Zuhörer schärfen soll. — 45 *Troye*, Troia. — *besitzen* (vgl. 1469), belagern. — 46 *der vermezzen*, unflectiert nach dem Artikel bei vorausgehendem Eigennamen. Grimm Gr. IV, 541. — 47 *dem künege ûz Kriechen*: Menelaus. — 49 *gewan*, einnahm. —

ûf daz mér in den kielen
unde wie die türne vielen
und manic stéinmüre.
ouwê daz ie gebûre
sölhe hûben solte tragen   55
dâ von sô vil ist ze sagen!
wélt ir nû hœren mê
waz anderhalp der hûben stê
mit sîdén erfüllet?
daz mære iuch niht betrüllet.   60
ez stúont gégen der winstern hant
künic Karle und Rúolánt,
Turpin und Oliviere,
die nôtgestalden viere,
waz die wunders mit ir kraft   65
worhten gegen der heidenschaft.
Provenz unde Arle
betwanc der künic Karle
mit manheit und mit witzen;
er betwánc daz lant Galitzen: 70
daz wâren allez heiden ê.
welt ir nû hœren waz hie stê
von ener nestel her an dise
(ez ist wâr daz ich iu lise)
zwischén den ôren hinden?   75
von frouwen Helchen kinden,
wie die wîlén vor Raben
den lîp in stürmen vloren haben,
dô si sluoc her Witege,
der küene und der unsitege,   80

---

51 *kiel* stm., Schiff. — 58 *anderhalp*, adv. acc. (Grimm Gr. III, 141) wegen des noch fühlbaren Substantivs m. gen. (Benecke zum Iw. 453), auf der andern Seite. — 59 *erfüllen* swv., ganz ausfüllen, ausführen (mit aufgetragener Seide). — 60 *betrüllen* swv., betrügen. — 61 *winster*, link. — 64 *nôtgestalde* swm., der in der *nôt* (Kampf) denselben Aufenthaltsort theilt, Kampfgenosse. — 66 *worhten* (præt. von *würken* swv.), wirkten. — 67 *Provens*, die Provence. — *Arle*, Arelat. — 70 *Galitzen*, Galicien in Spanien. — 73 *nestel* stf., Schnur. — 74 *lesen* stv., sagen, erzählen — 76 von den beiden Söhnen Etzel's und Helchens, Scharpfe und Orte, welche Dietrich von Bern auf seinem Heerzuge gegen Ermrich begleiteten. — 77 *Raben*, Ravenna, sagenberühmt durch die hier geschlagene Entscheidungsschlacht zwischen Dietrich und Ermrich. Hier stießen auch die beiden Jünglinge, aus Bern (Verona), wo sie in Elsau's Hut hätten zurückbleiben sollen, ausreitend, auf Witege, der von Dietrich zu Ermrich übergegangen war. — 78 *sturm*, Kampf. — 80 *unsitec*, ungestüm, zornig; so wird auch Rabenschlacht 934, 3, wenigstens in der Riedegger Hs., Witege angeredet (vgl. DHB. II, XXXVI). —

und Diethérn von Berne.
noch müget ir hœren gerne
waz der narre und der gouch
truoc ûf siner hûben ouch.
ez het der gotes tumbe 85
vor an dem lüne alumbe
von dem zeswen ôren hin
unz an daz tenke, des ich bin
mit wârheit wol bewæret
(nû hœret wie'z sich mæret), 90
man möht' ez gerne schouwen,
von rittern und von frouwen,
ouch was dâ niht überhaben,
beidiu von mägden und von knaben
vor an dem lüne stuont ein tanz 95
genât mit siden, diu was glanz.
ie zwischen zwéin fróuwen stuont,
als si noch bî tanze tuont,
ein ritter an ir hende:
dort an enem ende 100
ie zwischen zwéin méiden gie
ein knabe der ir hende vie.
dâ stuonden videlære bî.

Nû hœret wie diu hûbe sî
geprüefet Hélmbréhte, 105
dem tumben ræzen knehte.
noch habet ir alles niht vernomen

---

81 den jüngern Bruder Dietrich's, *der jâre ein wênic elter* als Helchens Söhne (Rabenschl. 299, 1 fg.); auch er hätte mit diesen in Bern bleiben sollen, reitet aber mit ihnen aus und fordert Witege zum Kampfe (Rabenschl. 339 fg., bes. 376—464); unsere Stelle « scheint darauf hinzudeuten, daß man in der Mitte des 13. Jahrh. noch darüber ein eigenes Lied besaß n (Martin, DHB. II, XLIII). — 82 *noch*, noch weiter. — 85 *der gotes tumbe*, der so dumm ist, daß er nicht einmal von Gott weiß: auf diese Weise dient der Gen. *gotes* zur Verstärkung: der erzdumme, vgl. *gotes arme*, Nib. 1080, 4; 1575, 4 u. ä. — 86 *vor* adv., vorne. — 88 *tenc*, link. — 89 *bewœren* swv., versichern. — 90 *mœren* refl., sich *mœre*, berühmt machen, in der Leute Munde sein: hört was davon zu erzählen ist. — 93 *überheben* stv., übergehen: auch war da nicht versäumt, nämlich 94 fg. die Darstellung eines Tanzes *von mägden*, Jungfrauen im Dienste der *frouwen*, und *von knaben* (vgl. 952 fg., an einen Bauerntanz ist also hier nicht zu denken). Über den Tanz und bildliche Darstellungen desselben vgl. 940 fg.; DF. II², 157 fg., bes. 160. 166; Schultz I, 424 fg. — 96 *glanz* adj., glänzend. — 97 fg. vgl. Parz. 639, 21: *och mohte man dâ schouwen ie zwischen zwein frouwen einen clâren ritter gên*; Neidb. 40, 35: *Adelhalm tanzet niwan zwischen zweien jungen*. — 103 *dâ — bî*, daneben, seitwärts.

105 *prüefen* swv., machen. — 106 *ræse*, wild, keck. — 107 *alles* adv. gen., ganz und gar. —

wie diu hûbe her si komen.
die nâte ein nünné gemeit.
diu nunne durch ir hübschéit 110
ûz ir zelle was entrunnen.
ez geschach der selben nunnen
als vil maneger noch geschiht;
min ouge der vil dicke siht
die daz nider teil verrâten hât: 115
dâ von daz ober mit schanden stât.
Helmbréhtes swester Gotelint,
der nunnen ein genæmez rint
gap si ze kuchenspise.
si was ir werkes wise; 120
sie diente ez wol mit næte
an der hûben und an der wæte.

Dô Gotelint gap dise kuo,
nû hœret waz diu muoter tuo.
diu gap sô vil der zweier 125
der nunnen, kæse und eier,
die wîle si ze révende gie,
daz si die selben zît nie
sô manic ei zerclucte
noch kæsé versmucte. 130

Noch gap diu swester mére
dem bruoder durch sin ére
kleine wize lînwât,
daz lützel iemen bezzer hât.
diu was sô kleine gespunnen, 135
ab dem tuoche entrunnen
wol siben wébére
ê ez volwebet wære.

---

108 von ihrem Ursprung. — 109 *ein nunne*: besonders in Frauenklöstern pflegte man die Kunst des Stickens, Sp. 28 fg., DF. I², 182. — *gemeit*, schön; vgl. zu 921. — 110 *hübscheit* frz. courtoisie, hier in dem Sinne von Galanterie, Buhlerei. — 115 *daz nider teil*, der Unterleib. — 116 *daz ober* sc. *teil*, «das Haupt». Schröder. — 118 *genæme*, annehmbar, stattlich. — 121 *nât* stf., Nähen u. Stickerei (vgl. zu 19). — 122 *wât* stf., Gewand.
125 *der zweier* vorausdeutend auf (126) *kæse und eier*; vgl. 222. 320. 306. — 127 *revende*, entstellt aus *refectorium*, Speisezimmer in Klöstern. — 129 *zerklucken* swv., zerbrechen. — 130 *versmücken* swv., klein machen, aufzehren.
135—138 das Gespinst war so fein, daß wol sieben Weber mochten weggelaufen sein (*entrunnen*) von (*ab* mit dat.) der Arbeit an dem Tuche, bis es vollständig zu Ende gewoben (*volwebet*) war; vgl. zu Arn. 154. —

ouch gap im diu muoter
daz nie seit sô guoter 140
versniten wart mit schære
von keinem snîdære,
und einen belz dar under
von sô getânem kunder
daz ûf dem velde izzet gras; 145
niht sô wîzes in dem lande was.
dar nâch gáp im daz getriuwe wîp
ir lieben sune an sînen lîp
kettenwambis unde swert;
des was der jungelinc wol wert. 150
noch gap si dem selben knaben
zwei gewant, diu muost' er haben,
gnîpen unde taschen breit;
er ist noch ræze der si treit.

Dô si gekleidet het den knaben, 155
dô sprach er: «muoter, ich muoz haben
dar über einen wárkús:
und solt' ich des belíben sus,
sô wære ich gar verswachet.
der sol ouch sîn gemachet, 160
als dîn ouge dên án gesiht,
daz dir dîn herze des vergiht,
dû habest des kindes êre,
swar ich der lande kêre.»

---

140 *seit* stm., franz. *sayette*, aus lat. *sagetum*: ein aus Ziegenhaar gefertigter Stoff, gewöhnlich in Scharlachfarbe gefärbt, Schultz I, 270, DF. II², 245 fg.; Schmeller, Bair. WB. II², 335. — 143 *dar under*, als Futter, wozu Pelzwerk verwendet wurde, Schultz I, 271 fg.; DF. II², 255 fg. — 144—145 *kunder* stm., Geschöpf, Thier: einen Pelz von einem Lamm- oder Widderfell. — 149 *kettenwambis* stm., Kettenwams, unterm Rock zu tragen, Helbl. I, 311 (Zeitschr. IV, 10): *der het an ob einem k. guot einen roc u. s. w.*; II, 1225 fg. (a. a. O. 75): *des ersten int an sie geweten (gebunden) kleiniu wambis mit keten, darüber legent sie ir gewant.* — 152 *gewant* in weiterm Sinne von allem was zum Anzug und zur Ausrüstung gehört. — 153 *gnîpe* (gewöhnl. *gnippe*) swf., cultellus, Stechmesser, wie sie die Bauern zu tragen pflegten, Haupt zu Neidhart 234, 18; Germ. XVI, 82; die Tasche wol zur Aufnahme desselben.

157 *dar über*, außerdem, überdies. — *warkus* stm., lat. gardacorsium, wardecorsum, franz. gardecorps: «pars vestis quae pectus constringit.» Ducange. — 158 *belîben* mit gen., ohne etwas bleiben. — 159 *verswachen* swv., erniedrigen, beschimpfen. — 162 *des* abh. v. *verjehen*. — 163 *des kindes* causal., «von deinem Kinde».

Si het noch in den valden 165
ein röckelin behalden:
des wart si âne leider
durch des sunes kleider.
si koufte im tůoch, dáz was blâ.
weder hie noch anderswâ 170
truoc nie dehéin méier
einen róc der zweier eier
wære bezzer dan der sîn;
daz habt bî den triuwen mîn.
er kunde in tugende lêren 175
und hôhen lop gemêren
der im daz het gerâten.
nâch dem rückebrâten
von der gürtl unz in den nac
ein knöpfel an dem andern lac; 180
diu wâren rôt vergoldet.
ob ir nû hœren woldet
von dem rocke fürbáz,
durch iuwer liebe sagte ich daz.
dâ daz gollier an daz kin 185
reichte, unz an die rinken hin
diu knöpfel wâren silberwîz.
ez hât selten solhen vlîz
an sinen wárkús geleit
dehein gebûre der in treit, 190
noch sô kostelîchiu werc,
zwischen Höhensteine und Haldenberc.
seht wie iu daz gevalle:
driu knöpfel von kristalle,
weder ze kleine noch ze grôz, 195
den buosem er dâ mite beslôz,
er gouch ûnde er tumbe.
sin buosem was alumbe

---

165 fg. Kleider pflegte man zusammengefaltet in Tücher eingeschlagen (*in den valden*) aufzuheben (*behalden*), Schultz I, 83; DF. II², 110. — 173 *der sin* unflectiert nach dem Artikel ohne Subst. — 174 das glaubt, nehmt auf meine Wahrhaftigkeit hin an. — 178 *rückebrâte* swm., der Rücken. — 180 glänzende Knöpfe auch bei Neidhart 88, 29 fg. — 184 *durch — liebe*, um euretwillen, euch zu Liebe. — 185 *gollier* stn., die feste, schützende Halsbinde. — 186 *rinke* swf., Schnalle am Gürtel (1123. Schultz I, 204. 206). — 191 *kostelîchiu werc*, kostspielige Arbeit. — 197 das pers. Pron. steht vor Subst. und Adj. zu Lob und Tadel: nhd. gebrauchen wir statt des Pron. 3. Pers. ein nachdrückliches *der*: der Gauch; vgl. Grimm, Gr. IV,.349. —

bestreut mit knöpfelinen.
diu sach man verre schinen
gel blâ grüene brûn rôt
swárz wíz, als er gebôt;
diu lûhten sô mit glanze,
swenn' er gie bî dem tanze,
sô wárt ér von beiden,
von wîben und von meiden,
vil minnecliche an gesehen.
ich wil des mit wârheit jehen
daz ich bî dem selben knaben
den wîben het unhôhe erhaben.
dâ der érmel an daz muoder gât,
alumbe und umbe was diu nât
behangen wol mit schellen:
die hôrt' man lûte hellen,
swenne er an dem reien spranc;
den wîben ez durch diu ôren klanc.
her Nithart, unde solte er leben,
dem hete got den sin gegeben,
der kunde ez iu gesingen baz
dann' ich gesagen, nû wizzet daz.
si verkoufte manic huon unt ei
ê si im gewünne diu zwéi,
hosen und spárgolzen.

Als si dô dem stolzen
siniu béin hét gekleit,

200

205

210

215

220

225

---

200 *verre* adv., weithin. — *schinen* stv., glänzen. — 204 vgl. zu 215. — 208 ich will wahrheitsgemäß gestehen. — 209 *bî*, neben. — 210 *unhôhe erheben* mit dat., nicht gewichtig dünken: daß mich die Frauen wenig beachtet hätten. — 211 *muoder* stn., im Gegensatz zum *ermel* der den Oberkörper deckende (Brust-) Theil des Kleides. — 212 fg. nach höfischer Weise, Schultz I, 235. 244. — 215 *reie* swm., ein Frühlings- oder Sommertanz, wobei man in langer Reihe hintereinander über Feld zog: er ist lebhafter als der *tanz* und wird *gesprungen*, der *tanz gegangen* oder *getreten*; vgl. 940; DF. 112, 162 fg. — 219—220 *gesingen* und *gesagen* (zu Am. 5) bezeichnen den Gegensatz zwischen der Liederdichtung Neidhart's und der opischen Erzählung in unserm Gedicht. — 222 *diu zwei*: zu 125. — 223 *hosen und spargolzen* bilden die Bekleidung der Beine (225): unter jenen muß also hier wie öfter das ganze Beinkleid (nicht blos vom Unterschenkel abwärts; vgl. 710 und Schultz I, 219) verstanden werden, unter diesen nicht sowol, wie Keinz erklärt, «eine Art Gurt, die am obern Ende des Beinkleides an der innern Seite, um die Hüften herum, so eingenäht ist, daß man Geld darin tragen kann, ohne daß ein anderer es gewahr wird», sondern vielmehr eine Fußbekleidung, Schuhe (319—322), deren Verschluß durch ein geschnittenes Hölzchen bewirkt wurde (Lexer II, 1070).

«min wille mich hinz' hove treit»
sprach er. «lieber vater min,
nu bedárf ich wol der stiure din.
mir hât min múotér gegeben
und ouch min swester, sol ich leben,   230
daz ich in alle mine tage
immer holdez herze trage.»

    Dem vater was daz ungemach.
zuo dem sun er dô sprách:
«ich gibe dir zúo der wæte   235
einen héngest der ist dræte
und der wol springe ziune unt graben,
den solt dû dâ ze hove haben,
und der lange wege wol loufe;
gerne ich dir den koufe,   240
ob ich in veile vinde.
lieber sun, nu erwinde
hinz' hove diner verte.
diu hovewise ist herte
den die ir von kindes lit   245
habent niht gevolget mit.
lieber sun, nû men dû mir,
od habe den pfluoc, sô men ich dir,
und bouwen wir die huobe;
sô kumst dû in din gruobe   250
mit grôzen êren alsam ich.
zwâre des versihe ich mich.
ich bin getriuwe, gewære,
niht éin verrætære.
dar zuo gibe ich alliu jâr   255
ze rehte minen zehenden gar.

---

226 fg. Zu der Unterredung zwischen Vater und Sohn vgl. die zwischen dem Abt und Gregorius bei Hartmann (insbes. Greg. 1322 fg.), der hier Wernher's Vorbild sein dürfte. — 228 *stiure* stf., Unterstützung. — 232 *holde: herze tragen* mit dat., hold sein.

236 *dræte* adj., schnell. — 237 *ziune unt graben*, über Zäune und Gräben (Haupt zu Erec² 3106). — 242 *erwinde*, erweiterte Imperativform (statt *erwint*, wie 298) von *erwinden* mit gen., sich abwenden, ablassen von etwas. Andere derartige Erweiterungen *:iuhe* 1800; *wære* 1622; *hære* 433; *jâre* 792; *pflihte* 866. — 244 *hovewise* stf., Hofsitte. — 245 *von kindes lit*, von Kindesbeinen an (*lit* stm., Glied). — 246 *einem mit volgen*, umgehen mit. — 247 *menen* swv. (Zugvieh) treiben, leiten. — 248 *haben*, halten. — 249 *huobe* stf., Acker.

ich hån gelebet mine zit
åne haz und åne nit.»

Er sprách: «lieber vater min,
swîc und lå die rede sin. 260
då mac niht anders an geschehen,
wan ich wil benamen besehen
wie ez då ze hove smecke.
mir sulen ouch dîne secke
nimmẽre rîtẽn den kragen. 265
ich sol ouch dir ûf dinen wagen
nimmẽre mist gevazzen.
sô solte mich got hazzen,
swenn' ich dir ohsen wæte
und dînen habern sæte: 270
dáz zǽme niht zewåre
minem langen valwen håre
unde minem reidem locke
und minem wól ständen rocke
und miner wǽhen hûben 275
und den sîdînen tûben
die dar ûf næten frouwen.
ich hilfe dir nimmẽre bouwen.»

«Lieber sun, belîp bî mir.
ich weiz wol, ez wil geben dir 280
der meier Rûopréht sîn kint,
vil schåfe, swîn, und zehen rint,
alter unde junger.
ze hove håst dû hunger
und muost dar zuo vil harte ligen 285
und aller gnåden sîn verzigen.
nû volge miner lêre,
des håst dû frum und êre;

---

265 nicht mehr den Nacken belasten (*riten* wie Neidh. 68, 39 u. Anm.).
— 269 *weten* stv. (*wite, wat, wåten*), ins Joch spannen. — 271 *zǽme*, geziemte, passte nicht zu. — 278 *bouwen* sc., das Feld.
280—283 Verheiratung und Begründung eines eigenen Hausstandes pflegte, wie Rudloff (S. 18. 20) aus Neidhart (68, 28 fg., vgl. 61, 8 fg.) nachweist, den jungen Bauernsöhnen ihre Üppigkeit zu verleiden: darauf baut der Alte seinen Plan; zugleich mit Ruprecht's Tochter gedenkt er der Heimsteuer, die sie mitherhält; vgl. R. Schröder, Ehel. Güterrecht 2ᵃ, 21.
— 283 part. Gen. abh. vom Zahlw.: alte und junge. — 286 *gnåden*, vgl. zu Bl. 561. — *verzîhen einen mit gen.*, einem etwas versagen: und mußt auf alle Behaglichkeit verzichten; vgl. 327. —

wan vil selten im gelinget
der wider sinen orden ringet.   290
din ordenunge ist der pfluoc.
dû vindest hoveliute genuoc,
swelch éndé dû kêrest.
din laster dû gemêrest,
sun, des swer ich dir bî got;   295
der rehten hoveliute spot
wirdest dû, vil liebez kint.
dû solt mir volgen unde erwint.»

«Vater, und wirde ich geriten,
ich trouwe in hovelichen siten   300
immer alsó wol genesen
sam die ze hove ie sint gewesen.
swer die hûben wæhe
ûf minem houpte sæhe,
der swûer' wol tûsent eide   305
für diu wérc béide,
ob ich dir ie gemeute
od phluoc in furch gedente.
swenne ich mich gekleide
in gewânt daz si mir beide   310
ze stiure gâben gester,
min muoter und min swester,
só bin ich sicherliche
dem vil ungeliche,
ob ich etewenne   315
kórn ûf dem tenne
mit dríschélen ûz gebiez
od ob ich stecken ie gestiez.
swenne ich füeze unde bein
hân gezieret mit den zwein,   320

---

289 *im* demonstrativ, demjenigen, der. — 290 *orden* stm., Ordnung, Stand: der gegen die Ordnung seines Standes ankämpft, sie zu durchbrechen strebt. — 291 *ordenunge* stf., Anordnung, Richtung (des Lebens). — 293 *ende*, Ziel, Richtung: wohin du immer dich wendest. — 296 *rehten*, echten; dieselbe Erfahrung Helbl. VIII, 340 fg. (Zeitschr. IV, 173). — 298 *du solt*: zu Am. 174; daher die Verbindung mit einem eig. Imper. wie 852.
299 *geriten*, beritten: bekomme ich ein Pferd. — 300—301 ich getraue mir in höfischer Sitte ebenso gut zu bestehen (*genesen* vgl. zu Am. 27. 1269. Bl. 189). — 302 *ie*, von jeher. — 306 *für*, gegen. — *diu w. beide*: zu 125. — 308 *gedenen*, dehnen, ziehen: «oder den Pflug durch die Furchen zog». — 317 *drischel* stv., Dreschflegel. — *ûz gebózen* stv., herausschlagen (aus den Ähren), ausdreschen. — 318 oder ob ich je Pfähle einschlug. — 320 fg. vgl. 222 fg. —

hósen und schúohen von korrūn,
ob ich ie gezûnte zûn
dir oder ander iemen,
des meldet mich niemen.
gist du mir den meidem, 325
meir Ruoprehte z'eim' eidem
bin ich ímmér verzigen:
ich wil mich niht durch wîp verligen.»

Er sprach: «sun, eine wîle dage
und vernim waz ich dir sage. 330
swer volget guoter lére
der gewínnet frum und êre:
swelch kint sines vater rât
ze allen zîten übergât,
daz stêt ze jungest an der scham 335
und an dem schaden reht' alsam.
wilt dû dich sicherlîchen
genôzen und gelîchen
dem wol gebornen hoveman,
dâ misselinget dír án; 340
er trégt dir dar umbe haz.
dû solt ouch wol gelouben daz,
ez klaget dchein gebûre niht
swaz dir dâ ze leide geschiht.
und næme ein rehter hoveman 345
dem gebûren swaz er ie gewan,
der gedinget doch ze jungest baz
denne dû, nû wizze daz.
nimst dû im ein fuoter,
lieber sun vil guoter, 350

---

321 *korrûn* stm., wol Corduan (Schultz I, 220; DF. II², 264). — 322 *einen Zaun zog.* — 324 *einen melden* mit gen., verrathen. — 325 *meidem* stm., Hengst. — 326—327 *verzîhen* hier mit dat. und acc. (vgl. 286): M. R. bin ich als Eidam ímmer versagt, er soll mich nicht zum Eidam haben. — 328 ich will nicht eines Weibes halber in Unthätigkeit und Trägheit versinken (wie Erec um Enitens willen, 2969). Der junge H. spricht schon ganz wie ein Ritter; vgl. auch zu 280.

329 *dagen* swv., schweigen. — 331 fg. sprichwörtlich, vgl. Wolfdietrich A. 285, 3 u. Anm. (DHB. III, 114; IV, 264). — 335 das kommt zuletzt in Schande (Bl. 508) und in Schaden zugleich. — 338 *sich genôzen*, zugesellen. — 341 er hegt darum Haß gegen dich (vgl. Bl. 103). — 347 *gedingen* swv., eine Sache *an dem dinge*, vor Gericht, zu Ende führen: «der kommt zuletzt doch besser weg als du». — 349 *ein fuoter*, soviel man einmal zum Füttern braucht, also nur etwas weniges —

III. MEIER HELMBREHT.

gewinnet er dîn oberhant,
sô bist dû bürge unde phant
für alle die im habent genomen.
er lât dich niht ze rede komen:
die pfenninge sint alle gezalt; 355
ze gote hât er sich versalt,
sleht er dich an dem roube.
lieber sun, geloube
mir diu mære und belip
und nim ein êlîchez wîp.» 360

«Vater, swaz sô mir geschiht,
ich lâze miner verte niht;
ich muoz benamen in die büne.
nû heiz ander dîne süne
daz si sich mit dem pfluoge müen. 365
ez müezen rinder vor mir lüen
die ich über ecke tribe.
daz ich sô lange belibe,
des irret mich ein gurre.
daz ich niht ensnurre 370
mit den andern über ecke
und die gebûren durch die hecke
niht enfüere bî dem hâre,
dáz ist mir leit zewâre.
die armuot möht' ich niht verdoln; 375
swenne ich driu jâr einen voln
züge und als lange ein rint,
dér gewin wær' mir ein wint.

---

351 bekommt er dich in seine Gewalt. — 352 so muβt du büβen (vgl. Nib. 1607, 4; 1695, 4; 2222, 4; H. 1842. Die Verbindung *b. u. ph.* scheint formelhaft zu sein; Iw. 7145. 7716; Walther 79, 63. 89, 5. — 354—355 er lâβt dich nicht zu Worte kommen (um dich zu vertheidigen): die Rechnung ist geschlossen («kurz» Haupt); wol sprichwörtlich (*gezalt* von *zalen* oder *sellen,* zählen). — 356 *versellen* swv., übergeben, hingeben: er glaubt gottergeben zu handeln («ein Gott gefälliges Werk zu thun» Haupt), wenn er dich erschlägt, sowie er dich über dem Raube ergreift.
361 *swaz sô* (ahd. *sô waz sô*, Weinhold, mhd. Gr. S. 481 fg.), was immer. — 363 *büne* stf., erhöhter Fuβboden, auch der Ehrenplatz des Fürsten (Schultz I, 60); daher *in die b.* wol «in eine höhere, ausgezeichnete Stellung» (anders DWB. II, 508; vgl. Germ. XXV, 407; Anz. VII, 101). — 365 *müen,* abmühen, plagen. — 367 *über,* um die, *ecke,* bei Seite, davon; ebenso 371. — 369 man muβ aus 368 noch den Gedanken ergänzen: «und daβ ich nicht schon davongeritten bin», daran hindert mich (*irren* mit acc. und gen.) eine elende Mähre (*gurre* swf. verächtlich für *ros,* vgl. Vz. 322). — 370 *snurren* swv., sausen, sausend eilen. — 375 *verdoln* swv., erdulden, ertragen. — 376 *vol* swm., männliches Fohlen. — 378 *ein wint* = gar nichts (vgl. Am. 2361). —

ich wil rouben alle tage;
dâ mite ich mich wol bejage 380
mit vollīclīcher koste
und den līp vor froste
wol behalte in dem winder,
ez enwelle ēt niemen rinder.
vater, balde ile, 385
entwâle deheiner wîle,
gip den meiden balde mir;
ich blîbe lenger niht bî dir.»

Die rede wil ich kürzen:
einen lóden von drîzic stürzen 390
(alsô ságet uns daz mære,
daz der lode wære
aller loden lengest),
den gap er an den hengest,
und guoter küeje viere, 395
zwēn' ohsen und drî stiere,
und vier mütte kornes:
ouwê guotes vlornes!
er koufte den hengst um zehen phunt;
er het in an der selben stunt 400
kûme gegeben umbe driu:
ouwê verlorniu sibeniu!

Dô der sún wárt bereit
unde er sich het an geleit,
nû hœret wie der knabe sprach. 405
er schutt' daz houbet unde sach
ûf ietwéder ahselbein:

---

380 *sich bejagen*, sein Leben führen, erhalten. — 381 *vollīclich*, vollständig, woran nichts fehlt. — *koste* stf., Zehrung, Speise. — 383 *behalte*, bewahre, schütze. — 384 «es sei denn, daß niemand Belieben zu Rindern trägt und die geraubten mir abkauft.» Haupt — *ēt* häufig nur verstärkend, bald mit «nun, einmal, eben, doch», bald gar nicht übersetzbar. — 386 zögere (*twâlen* swv.) keinen Augenblick.

390 dicke grobe Tuche, wie der (graue) Loden, das gewöhnliche Bauerntuch (DF. II², 244; Helbling II, 70 fg.; Schultz I, 239), werden nicht gerollt, sondern der Länge nach in Abtheilungen von 1½—2 Fuß Breite zusammen und übereinander gefaltet oder gelegt. Eine jede solche Lage heißt dann ein *sturz*, was an dieser Stelle als Maßangabe benutzt ist. Keinz, vgl. Germ. XVIII, 111. — 394 *an*, für. — 401—402 er hätte in derselben Stunde, wenn er ihn wieder verkauft hätte, ihn für kaum drei Pfund hingeben müssen, kaum drei Pfund dafür bekommen.

404 *an geleit*, angekleidet. —

«ich bizze wol durch einen stein;
ich bin sô muotes ræze;
hey waz ich îsens fræze! 410
ez næme der keiser für gewin,
vieng' ich iu niht und züge in hin
und beschátze in unz an den slouch,
und den hérzógen ouch.
über vélt wil ich draben 415
unde eteslichen graben
ân' angest mines verhes
und alle wélt dwérhes.
váter, lâ mich ûz diner huote:
hinnen für nâch mînem muote 420
wil ich selbe wahsen.
vater, einen Sahsen
züget ir lihter danne mich.»

Er sprach: «sun, sô wil ich dich
miner zühte lâzen fri. 425
nû zuo dés der neve sî!
sit dich min zuht sol miden
an dem ûf riden,
sô hüete diner hûben
und der sîdînen tûben, 430
daz man die indert rüere
od mit übele iht zefüere
din langez valwez hâre.
und wilt dû zewâre
miner zuht nimmêre, 435

---

408. 410 sprichwörtliche Redensarten: zu Neidh. 215, 16; Rudloff S. 20;
Germ. XXIV, 142; Virg. 692, 4 (DHB. V, 128). — 411 der Kaiser wäre zu-
frieden, froh. — 413 *beschatzen* swv., mit Lösegeld belegen, berauben. —
unz an den slouch, ein roher Ausdruck, «bis auf die Haut», «bis auf den
nackten Leib». — 417 ohne Furcht für mein Leben (*verch* stn.). — 418 und
quer (*dwerhes*) durch alle Welt (zu 237) so. *wil ich draben*. — 419 *huote*
stf., Obhut, Aufsicht. — 420 *hinnen für*, fortan. — 421 *selbe*, selbständig;
vgl. *selbwahsen* Walther 169, 1; *selpherrisch* H. 1913. — 422 *einen Sahsen*,
wie wir sagen würden «einen Wilden». Die Sachsen erfreuten sich des
Leumunds besonderer Wildheit: Martin zur Kudrun 366, 4 (wo die Stelle
aus Amis zu streichen ist); Virginal 623, 6 (DHB. V, 115).

426 sprichwörtlich. Der Sinn scheint: «ich will nichts mehr mit ihm
(damit) zu schaffen haben». Haupt (vgl. zu Er.[2] 5485). — 428 *ûf riden*,
aufdrehen, hier vom Aufkräuseln der Haare. — 429 fg. vgl. 1877 fg. —
431 *rüere*, berühre, antaste. — 432 *mit übele*, böswillig. — *zefüeren* swv.,
zerreißen, zerzausen. *indert* und *iht* im abhängigen Satz nach *hüeten* ne-
gativ. — 433 *hâre*, vgl. zu 242. — 435 der Genetiv abhängig von dem in
nimmêre (= *niht mêre* enthaltenen *niht*. —

sô fürhte ich vil sêre
dû volgst ze jungest einem stabe
und swar dich wîse ein kleiner knabe.»
er sprach: «sun, vil lieber knabe,
lâ dich nóch ríhten abe. 440
dû solt lében des ích lébe
und des dir dîn muoter gebe.
trinc wazzer, lieber sún mîn,
ê dû mit roube koufest wîn.
datz' Ôsterrîche clámírre, 445
ist ez jener ist ez dirre,
der tumbe und der wîse
hânt ez dâ für herren spîse.
die solt dû ezzen, liebez kint,
ê dû ein geroubtez rint 450
gebest umb' eine henne
dem wirte eteswenne.
dîn muoter durch die wochen
kan guoten brîen kochen:
den solt dû ezzen in den grans 455
ê dû gebest umb' eine gans
ein geroubtez phärît.
sun, und hétest dû dén sít,
sô lebtest dû mit êren,
swar dû woltest kêren. 460
sun, den rocken mische
mit habern ê dû vische
ezzest nâch unêren.
sus kan dîn vater lêren.
volge mir, sô hâst dû sin: 465

---

438 *wîsen*, führen; vgl. 577 fg. 1688. 1707 fg. — 440 *ríhten abe*, ablenken, abbringen (von deinem Vorsatz). — 441 *des*, wovon; in 442 Attraction statt *des das.* — *gebe:* zu Am. 444 *mit roube*, mit geraubtem Gut. — 445 *clamirre*, «ein Gebäck, das aus zwei übereinander gelegten Semmelschnitten besteht, zwischen welche Kalbsgehirn oder zerkochte Zwetschen gelegt werden, worauf das Ganze in Schmalz gebacken wird». Keinz. — 446 sei es wer immer. — 448 *hânt*, halten. — *herren spîse*, Speise vornehmer Leute. Was dazu gerechnet wurde im Gegensatz zur Bauernkost, als Hühner (451. 475; vgl. 772. 881), Gänsebraten (456; vgl. 874), Fische (462; vgl. 783. 1606), Weißbrot (478) und als Getränk Wein (444. 472), lehrt unser Gedicht selbst (vgl. Am. 596; Schultz I, 283 fg.; Anz. VII, 112 fg.; DF. II², 70 fg.). *clamirre* gehört natürlich wie *gislitze* (473), Brei (454) und Brot aus Roggen und Hafer (462. 479) und Wasser (443. 471 fg.; vgl. 793. 891 fg.) zur Bauernkost, nur zur bessern, geschätztern (vgl. 453), namentlich im Nachbarlande Österreich; über Herren- und Bauernkost vgl. auch Helbling VIII, 880 fg. — 451. 456. 463 vgl. zu Am. 38. — 455 *grans* stm., Schnabel, Maul. — 463 *nâch unêren*, auf unehrenhafte Weise. — 465 so bist du verständig. —

si des niht, sô var dâ hin.
erwirbst dû guot und êren vil,
für wâr ich des niht enwil
mit dir haben gemeine:
hab' ouch den schaden eine.» 470

«Dû solt trinken, vater mîn,
wazzèr; sô wil ich trinken wîn.
und iz dû gi͑slítze;
sô wil ich ezzen ditze
daz man dâ heizet huon versoten. 475
daz wirt mir nímmér verboten.
ich wil ouch unz an mînen tôt
von wîzen semeln ezzen brôt:
haber ist dir geslaht.
man liset ze Rôme an der phaht, 480
ein kint gevâhe in sîner jugent
nâch sînem toten eine tugent.
ein edel ritter was mîn tote;
sælic sî der selbe gote
von dem ich sô edel bin 485
und trâge sô hôchvertígen sin!»

Der vater sprach: «dû gloube daz,
mir geviele èt michel baz
ein man der rehte tæte
und dar án belibe stæte. 490
wær' dés geburt ein wênic laz,
der behágte doch der welte baz
dan von küneges fruht ein man
der tugent noch êre nie gewan.
ein frumer man von swacher art 495
und ein édel man an dem nie wart
weder zuht noch êre bekant,

---

466 *si*: zu Am. 95.
473 *gislitze* slavischen Ursprungs (tschech. kyselica, Obstmus, russ. kiselj, säuerlicher Mehlbrei; vgl. Germ. XXV, 432), Mus aus Hafer oder Mannagrütze, eine Art Polenta. — 475 *versoten*, gesotten. — 478 *semele* (lat. simila), feines Weizenmehl. Der Plur. wegen der in Stoffnamen liegenden Vielheit. — 479 *geslaht*, adj. der *slahte*, der Abstammung, Art eines Wesens, eigen, angestammt, angemessen. — 480 *phahte* stf., mlat. pactum, Gesetz, Recht. — 481 *gevâhen*, annehmen. — 482 *nâch*, entsprechend, gemäß. — *tote* und 484 *gote* swm., Pathe.
491 *laz* adj., träge, matt, hier gering, nieder. — 493 *von küneges fruht*, von königlicher Abstammung. — 495 *von swacher art*, von geringer Abkunft. — 497 *wart bekant*, sichtbar ward, sich zeigte. —

und koment die bède in ein lant
dâ niemen wéiz wér si sint,
man hât des swachen mannes kint 500
für den edelen hôchgeborn
der für êre hât schânde erkorn.
sun, und wilt dû edel sin,
daz râte ich ûf die triuwe min,
sô tuo vil edelliche. 505
guot zuht ist sicherliche
ein krône ob aller edelkeit:
daz si dir für wâr geseit.»

Er sprach: «vater, dû hâst wâr.
mich enlât min hûbe und min hâr 510
und min wol stênde gewæte
niht beliben stæte;
si sint beide sô glanz,
daz si baz zæmen einem tanz
danne der eiden oder dem phluoc.» 515

«Wê daz dich muotér getruoc!»
sprach der vater zuo dem sun.
«du wilt'z béste lân unt'z bœste tuon.
sun, vil schœner jungelinc,
dû solt sagen mir ein dinc, 520
ob dir wonen witze bî,
weder báz lébendiger si,
dem man fluochet unde schiltet
und des al diu welt engiltet
und mit der liute schaden lebet 525
und wider gotes hulde strebet;
nû welhes leben ist reiner?
sô ist aber einer
des al diu welt geniuzet

---

500 *hân für* (zu Am. 23), vorziehen. — 503 fg. vgl. Vrld. 54, 6 fg. — 507 erhaben über aller edeln Abstammung, übertrifft allen Adel.
509 *wâr haben*, die Wahrheit sagen, Recht haben. — 512 *stæte beliben*, (hier) verweilen. — 515 *eide* swf., Egge.
516 *(ge)tragen*, von Schwangern. — 518 vgl. Vrld. 110, 24 fg.: *ein man sol guot unt arc verstân, daz beste tuon, daz bœste lân*; zu Am. 914. — 521 wenn du bei Verstande bist (zu Am. 95). — 522 *weder*, welcher (von zweien, *uter*). — 524 von dem die ganze Welt Nachtheil hat (*engelten* mit gen.). — 525 u. 533 zu Bl. 33. — *mit*, zu. — 529 von dem alle Welt Nutzen hat. —

und den des niht verdriuzet, 530
er werbe náht únde tac
daz man sin geniezen mac,
und got dar under èret.
swelhez ende er kèret,
dem ist gót und al diu wélt hólt. 535
lieber sun, daz dû mir solt
mit der wârheit sagen daz,
weder dir nû gevalle baz.»

«Vater mîn, daz tuot der man,
des man niht engelten kan 540
und des man geniezen sol;
der ist lébendíger wol.»
«lieber sun, daz wœrest dû,
ob dû mir woltest volgen nû.
sô bouwe mit dem phluoge; 545
so geniezent dîn genuoge:
dîn geníuzet sicherliche
der arme und der riche;
dîn geniuzet wolf unt ar
und alle crèatiure gar 550
und swaz got ûf der erden
hiez ie lébendic wérden.
lieber sun, nû bouwe:
jâ wirt vil manic frouwe
von dem bouwe geschœnet; 555
manec künic wirt gekrœnet
von des bouwes stiuwer;
wan niemen wart sô tiuwer,
sîn hôchvart wære kleine,
wan durch daz bou aleine.» 560

«Vater, dîner predige
got mich schiere erledige.
und ob ûz dir worden wære
ein rehter predigære,

---

531 *werbe*, bestrebe sich. — 533 *dar under*, dabei.
549 Auch den wilden Thieren kommt nach alter Volksanschauung «ein Anspruch an die besser gesegneten Menschen zu», Uhland, Schr. III, 71 fg.
— 554 *jâ*, bekräftigend, zugleich die vorhergehende Aufforderung begründend: denn fürwahr. — 555 *bû*, *bou* stn., Feldbau. — 557 *stiuwer* stf., Erträgniss. — 558 *tiuwer*, edel.
562 *erlediген* mit gen., von etwas befreien. —

dû bræhtest liute wol ein her 565
mit diner predige über mer.
vernim waz ich dir sagen wil:
bouwent die gebûren vil,
si ezzent wól déster mê.
swie halt mir min dinc ergê, 570
ich wil dem phluoge widersagen
und sol ich wize hende tragen.
von des phluoges schulde,
sô mir gotes hulde,
sò wære ich immér geschant, 575
swenne ich tanzte an frouwen hant.»

    Der vater sprach: «nû fráge,
daz dich des iht beträge,
swâ dû sîst den wisen bî,
mir troumte ein tróum, wáz daz sî. 580
dû hétest zwei lieht in der hant;
diu brunnen daz si durch diu lant
lûhten mit ir schine.
lieber sun der mine,
sus troumt' mir vert von einem man; 585
den sach ich hiure blinden gàn.»
er sprach: «vater, daz ist guot.
ich geläze nimmer mînen muot
umb' sus getâniu mære:
ein zage ich danne wære.» 590

    In enhalf êt niht sin lère.
er sprach: «mir troumte êt mêre.
ein fuoz dir ûf der erde gie,
und dû mit dem andern knie
stüende ûf einem stocke. 595
dir rágete ouch ûz dem rocke

---

566 *über mer*, nach Palästina (auf den Kreuzzug). — 570 *halt* adv. nach *swie* (*swer* u. dgl.), auch. — 572 umgestellte Wortfolge wegen des Gegensatzes: ich werde. — *wise hende*, weiße, feine, nicht durch Arbeit entstellte (aristokratische) Hände; vgl. O. 63 u. oft seit dem XI. Jh. — 574 elliptische Betheuerungsformel: so wahr mir Gottes Huld, Gnade helfe; vgl. 798, Am. 1965.
578—580 laß dich das nicht verdrießen (*beträgen* mit acc. und gen.) zu fragen, wenn du mit Kundigen zusammentriffst, was das bedeute, das mir träumte; vgl. 436 fg. 1688 fg. — 582 *durch* von der räuml. Verbreitung. — 585 *vert*, voriges Jahr. — 586 zu Am. 2433. — 590 *zage* swm., Feigling.
594 *und*, während. —

einez als ein ahsen drum.
sól dir dér troum wésen frum,
óder waz ér bediute,
des frâge wîse liute.»   600

«Daz ist sælde unde heil
und aller rîchen freuden teil.»
er sprach: «sun, noch troumte mir
ein troum, den wil ich sagen dir.
dû soltest fliegen hôhe   605
über wélde und über lôhe:
ein vetich wárt dir versniten:
dô wart dîn fliegen vermiten.
sól dir dér troum gúot sîn?
ouwê hénde füeze und ougen dîn!»   610

«Vater, al die tröume dîn
sint vil gar diu sælde mîn»
sprach der junge Hélmbréht.
«schaf dir umb' einen andern kneht:
dû bist mit mir versoumet,   615
swie vil dir sî getroumet.»

«Sun, al die tröume sint ein wint
die mir noch getroumet sint:
nû hœr' von einem troume.
dû stüende ûf einem boume: 620
von dînen füezen an daz gras
wol anderhálp kláfter was:
ob dînem houpte ûf einem zwî
saz ein rabe, ein krâ dâ bî:
dîn hâr was dir bestroubet.   625
dô strælte dir daz houbet
zeswenhalp der rabe dâ;
winsterhalp schiet dir'z diu krâ.

---

597 *einez*, ein Ding, etwas (vgl. zu Am. 134). — *ahse* swf., lat. axis, Achse. — *drum*, stn., Endstück, Ende. — 598 *frum*, nützlich, gut: gutes bedeuten. — 599 fg. vgl. Walther 4, 41 fg.
606 *welde* plur. von *walt*. — *lôch* stm., lat. lucus, Hain. — 607 *versniten*, durchschnitten. — 608 da mußtest du dein Fliegen meiden, unterlassen.
614 *schaffen umb'*, etwas besorgen. — 615 *versoumet* (= *versûmet*), vernachlässigt, im Stiche gelassen.
618 *noch*, bisher. — 619 fg. vgl. 1909 fg. — 623 *zwî* stn., Zweig. — 625 *bestroubet* (*bestrûbet*) part. adj., struppig, verwirrt. — 628 *schiet*, scheitelte. —

ouwê, sun, des troumes!
ouwê, sun, des boumes! 630
ouwê des raben! ouwê der krân!
jâ wæne ich ríuwíc bestân
des ich an dir hân erzogen,
mir hábe der tróum dánne gelogen.»

«Ob dir nû, vater, wizze Krist, 635
troumte allez daz der ist,
beide übel unde guot,
ich geláze nimmer minen muot
hinnen unz an minen tôt.
mir wart der verte nie sô nôt. 640
vater, got der hüete din
und ouch der lieben muoter mîn:
iuwer beider kindelin
müezen immer sælic sin:
got habe uns alle in siner pflege.» 645
dâ mite reit er ûf die wege;
úrlóup nam er zem vater.
hín dráte er durch den gater.
solt' ich állez sin geverte sagen,
daz enwürde in drîn tágen 650
od lihte in einer wochen
nimmer gar volsprochen.

Ûf eine burc kam er geriten.
dâ was der wirt in dén síten
daz er úrlíuges wielt 655
und ouch vil gerne die behielt
die wol getorsten riten
und mit den vinden striten.
dâ wârt der knabe gesinde.
an roube er wart sô swinde, 660
swaz ein ander ligen liez,

---

632 *riuwic* adj., bekümmert, betrübt. — 633 *des* durch Attraction (statt *des das*) von *riuwic* abhängig: darüber was.
 636 *der* aus *dar, dâr (dâ)* geschwächt, gewöhnlich nach dem relat. Pron. — 640 mich drängte es nie so zu fahren. — 648 *dráte* præt. von *dræjen*, wirbelnd, eilig sich bewegen. — 649 *geverte* stn., die Fahrt. — 652 *volsprechen*, zu Ende sprechen.
 654 da hatte der Burgherr die Gewohnheit. — 655 *urliuge* stn., Krieg. *urliuges walten*, Krieg führen, Streit pflegen. — 656 *behielt*, aufnahm. — 659 *gesinde* swm., Gefolgsmann, Hausgenosse. —

ERZÄHLUNGEN UND SCHWÄNKE. 2. Aufl. 11

in sinen sac er'z allez stiez;
er nam ez álléz gemeine.
dehéin róup was im ze kleine;
im enwas ouch niht ze gróz. 665
ez wære rûch, ez wære blôz,
ez wære krump, ez wære sleht,
daz nam allez Hélmbréht,
des meier Hélmbréhtes kint.
er nam daz ros, er nam daz rint, 670
er lie dem man niht leffels wert;
er nam wambis unde swert,
er nam mandel unde roc,
er nam die geiz, er nam den boc,
er nam die ouwe, er nam den wider; 675
daz galt er mit der hiute sider.
röckel pheit dem wibe
zôch er ab dem libe,
ir kürsen unde ir mandel:
des het er gerne wandel, 680
dô in der scherge machte zam,
daz er wiben ie genam;
daz ist sicherlichen wâr.
ze wunsche im daz êrste jâr
sine segelwinde duzzen 685
und siniu schef ze heile fluzzen.
sines múotes wârt ér sô geil
dâ von daz im der beste teil
íe geviel án gewinnen.
dô begunde er héim sinnen, 690
als ie die liute phlâgen
héim zúo ir mâgen.
ze hove er úrlóup nám
und ze dem gesinde sam,
daz si got der guote 695
hete in siner huote.

---

662 *stiez*, stopfte, steckte. — 666 *blôz*, Gegensatz zu *rûch*, unbehaart, glatt (vgl. Am. 2433). — 667 *sleht*, gerade. — 669 *meier* als Titel unflectiert vor dem nom. pr., Grimm Gr. IV, 421*). 464 fg., zum Wolfd. CD. 72, 2 (DHB. IV, 328). — 675 *ouwe* stf., Mutterschaf. — 676 *galt*, bezahlte, büôte. — 677 *pheit* stn., Hemde — 680 das hätte er gerne ungeschehen, wieder gut gemacht (*wandel* stm.). — 684 *ze wunsche*, nach Wunsch. — 685 *diezen* stv. (*dôz, duzzen*) tosen, blasen. — 687 er wart übermüthig (*geil, sô* verstärkend) in seinem Herzen. — 690 *heim sinnen*, an die Heimat denken. — 694 *gesinde* stn., Gefolgschaft, die Hausgenossen.

Hie hebet sich ein mære
daz vil müelich wære
zẹ verswigén den liuten.
kunde ich ez bediuten   700
wie man in dâ heime enphie!
ob man îht gégen im gie?
nein, ez wart geloufen,
al mit einem houfen;
einez für daz ander dranc, 705
vater unde muoter spranc
als in nie kálp erstürbe.
wer daz botenbrôt erwürbe?
dém gáp man âne fluoch
beide hemedẹ unde bruoch. 710
sprach daz friwíp und der kneht:
«wis willekomen Hélmbréht?»
néin, sí entâten;
ez wart in widerrâten:
si sprâchen: «júnchérre mîn, 715
ir sult góte willekomen sîn.»
«vil liebe susterkindekîn,
got lâte iuch immer sælic sîn.»
din swester gegen ím lief,
mit armen si in umbeswief. 720
dô sprach er zuo der swester:
«grâtîâ vester.»
hin für was den jungen gâch,
die alten zogten hinden nâch,

---

697 fg. vgl. Klage 1 fg. und Lachmann's Anm.; zu 700 vgl. noch Moriz von Craon 637. 706. — 698 *müelich*, beschwerlich, verdrießlich: es würde die Leute verdrießen, wollte man es verschweigen. — 700 *bediuten* swv., berichten. — 702 *gegen im gie*, ihm entgegenging. — 707 (so fröhlich) als wäre ihnen nie ein Kalb gestorben, als hätten sie nie ein Unglück mit ihrem Vieh gehabt. — 708 wer wohl die Nachricht von seiner Ankunft zuerst brachte? vgl. zu Bl. 136. — 710 *bruoch* stf., Hose um Hüfte und Oberschenkel, vgl. zu 223. — 711 *friwîp* stn., «eine nicht leibeigene Magd». Haupt. «Die Befugniss eigene Leute zu haben, war im 13. Jahrhundert schon wesentlich beschränkt (Schwabensp. Lassb. 308; vgl. Deutschensp. 61). So ist denn auch der Knecht unsers Meiers kein Leibeigener, sondern ein *friman*, seine Frau ein *friwîp* (743. 1088—90), sein Verhältniss zum Meier ist also das einer reinen Dienstmiethe.» R. Schröder a. a. O. 302. — 717 *susterkindekîn* = *swesterkindelîn*. — 718 *lâte* = *lâze*. Niederdeutsche, besonders flämische Färbung der Rede, ebenso Einmengung französischer Worte (726) galt als Zeichen feiner Bildung; vgl. Wackernagel, Altfranz. Lieder, S. 193 fg., Helbl. I, 290, und über die Sprachkenntnisse der höfischen Gesellschaft DF. 1², 139 fg.; Schultz I, 120 fg. — 720 *umbeswîfen* stv., umfangen. — 723 die Jungen eilten voran. — 724 *zogen* swv., gehen, laufen. —

si enphíengen in beide âne zal. 725
zem vater sprach er: «dêû sal»;
zuo der muoter sprach er sâ
bêhéimisch: «dobraytrâ».
si sâhen beide ein ander an
beidiu daz wîp únd der man. 730
diu hûsfrówe sprach: «her wirt,
wir sîn der sinne gar verirt:
er ist niht unser beider kint;
er ist ein Bêheim oder ein Wint.»
der vater sprach: «er ist ein Walch: 735
mînen sún den ich gote bevalch,
der ist ez níht sícherlîche,
und ist ime doch gelîche.»
dô sprach sîn swester Gotelint:
«er ist niht iuwer beider kint: 740
er antwurt' mir in der latîn;
er mac wol ein pfaffe sîn.»
«entriuwen», sprach der frîmán,
«als ich von im vernomen hân,
sô ist er ze Sahsen 745
od ze Brâbánt gewahsen:
er sprach ‚líebe susterkindekin‘;
er mac wol ein Sahse sîn.»

Der wírt sprách mit rede sleht:
«bist du'z mîn sun Hélmbréht? 750
dû hâst mich gwúnnén dâ mite,
sprich ein wort nâch unserm site,
als unser vordern tâten,
sô daz ich'z müge errâten.
dû sprichest immer ‚dêû sal‘, 755

---

725 noch heute ist der Ausdruck «empfahen» für die Begrüßung Ankommender in Gebrauch. — *âne zal*, unzählige male. — 726 *dêû sal*, Gott erhalte euch. — 728 *dobraytrâ* = *dobrytro*, guten Tag. Derselbe Gruß Helbl. XIV, 23. — 732 wir haben uns geirrt (vgl. zu Am. 1274). — 734 *Wint*, Wende. — 735 *Walch*, ein Wälscher, Franzose. — 736 *mînen s.*, Attraction wie Am. 1624. — 741 *latîn* stf., Latein. — 743 *frîman* stm., ein nicht leibeigener Knecht.
749 mit schlichten Worten. — 750 *bist du'z*: ein solches *ez* dem Prädicate vorauszuschicken ist mhd. sehr gewöhnlich, nicht aber nhd.: bist du mein Sohn H.? vgl. Beneeke zum Iw. 2611; Grimm, Gr. IV, 222. — 751 du gewinnst mich damit sogleich: was erst geschehen soll, wird in eindringlicher Rede als geschehen hingestellt. — 754 *errâten*, verstehen. —

daz ich enwéiz zwíu ez sal.
ère dîne muoter unde mich,
daz dien wir immer umbe dich,
sprich ein wórt tiutischen;
ich wil dir dînen hengest wischen, 760
ich selbe unde niht mîn kneht;
lieber sún Hélmbréht,
daz du immer sælic müezest sîn!»
«ey waz sákent ir gebûrekîn
und jenez gúnêrte wîf? 765
mîn parit, mînen klâren lîf
sol dehein gebûrik man
zwâre nimmer gripen an.»
des erschrác der wirt vil sêre.
dô sprach er aber mêre: 770
«bistu'z Hélmbréht mîn sun,
ich siude dir noch hiute ein huon
und brâte dir ab einez,
daz rede ich niht méinez.
und bist du'z niht Helmbréht, mîn kint, 775
sit ir ein Bêheim oder ein Wint,
sô vart hin zuo den Winden.
ich hân mit mînen kinden
weizgot vil ze schaffen:
ich gibe ouch keinem pfaffen 780
niht wán sîn barez reht.
sit ir'z niht Hélmbréht,
het ich dan alle vische,
ir'n twaht bî mînem tische
durch ezzen nimmer iuwer hant. 785
sit ir ein Sahse od ein Brâbant,
oder sit ir von Walhen,
ir müezet iuwer malhen

---

756 *zwiu* instr., wozu. — *sal* ndd. = *sol* ahmt ironisch die Redeweise des Sohnes nach. — 758 *dien* (= *dienen*, Weinhold, mhd. Gr. §. 352), vergelten wir dir *(umbe dich)* durch Dienst. — 759 *tiutischen* adv., deutsch. — 760 *wischen*, reinigen. — 764 fg. vgl. 1696 fg. — *sakent* = *saget*. — *gebûrekîn* = *gebûrelîn*. — 765 *gunêrte* (= *geunêrte*), entehrte, ehrlose. — *wîf* = *wîp*. — 766 *parit* = *pfärit*. — *lîf* = *lîp*. — 768 *gripen* = *grîfen*; vgl. zu 718. — 774 *meine* adj., falsch, betrügerisch: was ich da rede, ist nicht falsch gemeint. — 776 man beachte den Übergang vom vertraulichen *dû* zum fremdklingenden *ir*. — 780 vgl. 741 fg. — 783 hätte ich dann die köstlichsten Speisen (wozu die Fische gehören, zu 448) in Überfluß *(alle)*. — 784 *twahen* stv., waschen; vgl. 861. 1102. zu Bl. 478. — 788 *malhe* swf., Tasche, Sack: so müßt ihr eigene Vorräthe mit euch geführt haben. —

mit iu hân gefüeret.
von iu wirt gerüeret 790
des minen niht zewâre,
und wær' diu naht ein jâre.
ich enhân den mete noch den win:
junchérre, ir sult bî herren sin.»

Nû was ez harte spâte. 795
der knabe wart ze râte
in sîn selbes muote:
«sam mir got der guote,
ich wil iu sagen wer ich si.
ez ist hie nindert nâhen bî 800
ein wirt der mich behalte.
niht guoter witze ich walte
daz ich mîn rede verkêre:
ich'n tuon ez nimmer mêre.»
er sprach: «jâ bin ich ez der.» 805
der vater sprach: «nû saget, wer?»
«der dâ heizet alsam ir.»
der vater sprach: «den nennet mir.»
«ich bin geheizen Hélmbréht;
iuwer sun und iuwer kneht 810
was ich vor einem jâre:
daz sage ich iu zewâre.»
der vater sprach: «néin ir».
«ez ist wâr.» «sô nennet mir
mîn ohsen alle viere.» 815
«daz tuon êt ich vil schiere.
dér ich dô wîlen pflegte
und mînen gárt ób in wegte,
der eine heizet Ouwer;
ez wart nie gebouwer 820
sô rîche noch sô wacker,
er zæme ûf sinem acker.
der ander der hiez Ræme;

---

792 *jâre* vgl. zu 242. — 793 vgl. zu Am. 596. — 794 Junker, haltet euch zu Adelichen.
796—797 der Knappe ging mit sich zu Rathe. — 803 *verkêre*, verstelle. — 814 zu Am. 1355. — 815 vier Ochsen auch Bl. 262. — 818 *gart* stm., Treibstock. — *wegen* swv., bewegen, schwingen. — 819 *Ouwer*, Auer, ein Rind, das ein bis drei Jahre auf den Auen weidet. Keinz. — 823 *Ræme*, ein Rind mit schwarzen Flecken (*râm*, Germ. XVIII, 110). —

nie rint sô genæme
wart geweten under joch. 825
den dritten nenne ich iu noch:
der was geheizen Erge.
ez kumt von miner kerge
daz ich sie kan genennen.
welt ir mich noch erkennen? 830
der vierde der hiez Sunne.
ob ichs' genennen kunne,
des lât mich geniezen,
heizet mir daz tor ûf sliezen.»
der vater sprach: «tür unde tor, 835
dâ solt dû niht sîn lenger vor;
beide gadem unde schrîn
sol dir allez offen sîn.»

Unsælde si verwâzen!
ich bin vil gar erlâzen 840
sô guoter handelunge
als dâ het der junge.
sîn phärt wärt enphettet,
im selben wol gebettet
von swester und von muoter. 845
der vater gap daz fuoter
weizgot niht mit zadele.
swie vil ich var enwadele,
sô bin ich an deheiner stete
dâ man mir tuo als man im tete. 850
diu muoter rief die tohter an:
«dû solt loufen und niht gân
in daz gadem unde reich'
einen pôlster unde ein küsse weich.»
daz wart im únder den arm 855

---

827 *Erge*, Bosheit, also ein böses Thier; oder = *Erje* (wie *scherge* aus *scherje* 1647. 1625 fg.), der Pflüger (von *ar, arare: a. a. O. Graff I, 403). — 828 *kerge* stf., Klugheit, guter Kopf. — 831 *Sunne*, Sonne, wol von einem weißen Fleck auf der Stirne so genannt (sonst Sternel, Blasser, Blässel). K. vgl. Wackernagel, Germ. IV, 151 (= Kl. Schr. III, 86).
839 *Unsælde* stf., Unglück. — *verwâsen*, verflucht. — 840—841 mir wird so gute Behandlung nie zu Theil. — 843 *enphetten* swv., entkleiden, ausschirren. — 847 *sadel* stm., Mangel, *mit z.*, mangelhaft, zu wenig. — 848—849 wie viel ich aus, hin und her *(enwadele)* fahre, herumwandere, ich komme doch an keinen Ort, wo u. s. w. — 852 fg. wie 293. —

gelegt ûf einen oven warm,
dâ er víl sánfte erbeit,
unz daz ezzen wart bereit.

Dô der knabe erwachet',
daz ezzen was gemachet,   860
und er die hende het getwagen,
hœrt waz für in wart getragen.
ich wil iu nennen d'êrsten traht:
wær' ich ein herre in hôher aht,
mit der selben rihte   865
wolte ich haben phlihte:
ein krût vil kléiné gesniten;
veizt und máger, in bêden siten,
ein guot fléisch lác dâ bî.
hœret waz daz ander si: 870
ein veizter kæse, der was mar;
diu rihte wart getragen dar.
nû hœret wie'ch daz wizze.
nie veizter gans an spizze
bî fiure wart gebrâten: 875
mit willen si daz tâten,
ir deheinez des verdrôz;
si was michel unde grôz,
gelîch éinem trappen;
die sazt' man für den knappen.   880
ein huon gebrâten, einz versoten,
als der wirt hét geboten,
diu wurden ouch getragen dar.

---

856 er lag also auf der Ofenbank (— bruck) der bäuerlichen Wohnstube, die für Gäste benutzt wird. Schmeller B. Wb. I², 44. 347. Polster und Kissen sind bereits etwas außergewöhnliches, vgl. DF. II², 108 Bl. 459.
   861 zu 784. — 863 *traht* stf., aufgetragene Speise, Gang. — 864—866 wär' ich ein Herr von hohem Stande (*aht*), an diesem Gerichte (*rihte* stf.) wollt' ich Theil nehmen (*h. phlihte* stf.); zum fg. vgl. zu 448. — 867 Sauerkraut, fein geschnitten, ist in der Gegend unserer Erzählung noch heute Eingangsgericht bei jedem bäuerlichen Mahle, aber überhaupt allgemein bäuerliche Speise, nach der als Hauptgericht zum Th. das Mittagsmahl selbst genannt wird. Schmeller, Bair. Wb. I², 1386; vgl. Helbl. I, 943 fg. — 868 *in bêden siten*, in beiderlei Weise. — 869 *ein guot fleisch*, nach Helbl. a. a. O. geräuchertes Schweinefleisch, um das Kraut fett zu machen (daraus erklären sich die bei Schmeller a. a. O. aufgeführten Redensarten). — 871 *kæse* kam ebenso auf den Bauern- wie Herrentisch. Stricker, Kl. Ged. Hahn IV, 61. 201; Schultz I, 291 fg. — *mar* adj., mürbe. — 874 *an spizze* (veru, zu unterscheiden von *spiez*, cuspes) wurde alles Fleisch gebraten. — 877 *ir deheines*, das neutr. von Pers. verschiedenen Geschlechts. Grimm, Gr. IV, 283 fg. —

ein herre nœm' der spîse war,
swenne er gejeides phlæge 885
und ûf einer warte læge.
noch spîse maneger hande,
die gebüre nie bekande,
áls gúote lípnár
truoc man für den knaben dar. 890
der vater sprach: «und het ich wîn,
der müeste hînte getrunken sín.
lieber sún mîn, nú trinc
den aller besten úrsprínc
der ûz erden ie geflôz; 895
ich weiz niht brunnen sîn genôz,
wan ze Wánkhûsen der:
den tregt êt uns nû niemen her.»

Dô si dô mit freuden gâzen,
der wirt niht wolte lâzen, 900
erne frâgte in der mære
wie der hovewîse wære,
dâ er wære gewesen bî.
«ságe mir sún, wie dér sî;
só sag' ich dir denne 905
wie ích étewenne
bî minen jungen járen
die liute sach gebâren.»
«vater mîn, daz sage mir;
zehant só wil ich sagen dir 910
swes dû mich frâgen wil:
der niuwen site weiz ich vil.»

«Wîlen dô ich was ein kneht
und mich dín ene Hélmbréht,
der mîn vater was genant, 915
hin ze hove het gesant
mit kæse und mit eier,

884—886 ein Ritter verschmähte die Speise nicht, wenn er auf der Jagd (*gejeide* stn.) wäre und auf dem Anstand (*warte* stf.; vgl. Nib. 929, 2; Tristan 3427) sich befände. — 889 *lipnar* stf., Nahrung für den Leib. — 894 *ursprinc* stm., Quell. — 896 *sîn genôz*. der sich ihm vergleichen könnte (an Güte). — 902 wie es mit der Hofsitte stände (vgl. 904 und Steinbuch 446 u. Anm.).

914 *ene* swm., Großvater. — 917 *mit eier*, Abfall der Flexion; vgl. FD. 297, 4 und Steinbuch 50 u. Anm. — Käse und Eier sind gewöhnliche Abgaben an den Herrenhof. —

als noch tuot ein meier,
dô nam ich der ritter war
und markte ir geverte gar. 920
si wâren hoflich unde gemeit,
und kunden niht mit schâlkhéit.
als nû bî disen zîten kan
manic wîp und manic man.
die ritter heten einen site, 925
dâ liebtens' sich der frouwen mite.
cinèz ist buhurdiern genant:
daz tet ein hóveman mír bekant,
dô ich in frâgte der mære
wie ez genennet wære. 930
si fuoren sam si wolden toben
(dar umbe hôrte ich si loben),
ein schar hin, diu ander her;
ez fuor dirre unde der
als er enen wolde stôzen. 935
under mînén genôzen
ist ez séltén geschehen
daz ich ze hove hân gesehen.
als si danne daz getâten,
einen tánz sí dô trâten 940
mit hôchvertígem gesange:
daz kurzt' die wîle lange.
vil schiere kam ein spilmán;
mit sîner gîgen huop er an:
dô stuonden ûf die frouwen; 945

---

919 da betrachtete ich die Ritter. — 920 *markte* præt. von *merken*, beobachten. — *geverte* stn., Gebahren, Sitte. — 921 *gemeit* adj., froh, freudig gestimmt, dann aber nach der ritterlichen Weltanschauung, die der gehobenen Stimmung des Gemüths (dem *hôchgemüete*) eine so große Bedeutung zuerkannte (vgl. Am. 1—38), wird es zur lobenden Bezeichnung für stattliche, männlich schöne, ritterliche Erscheinung, in welcher Bedeutung es hier neben *hoflich* steht, wie Nib. 1346, 2 neben *hôfsch*. — 922 und verstunden sich nicht auf *schalkheit*, Art und Weise des Knechts (*schalc*), niedrige Gesinnung und Handlungsweise. — 926 *sich lieben* mit dat., sich bei jemand beliebt machen. — 927 *buhurdiern, buhurdieren*, frz. buhourder, den *buhurt*, d. i. ein ritterliches Kampfspiel, wobei man in Schaaren einander zu Pferde anrannte, *riten* (Schultz II, 96). — 937 *selten*, ironisch: nie. — 939 *getâten*: zu Am. 227. — 940 vgl. zu 215. — 941 *hôcheertic* adj. heiter, lustig. — Gesang ist die älteste und gewöhnlichste Begleitung des Tanzes DF. II². 162. 166; Schultz I, 427. — 943 fg. Den «folgenden lebhafteren Tanz konnte man nicht mit Gesang accompagnieren, da trat der Spielmann mit seiner Geige ein», Anz. VII, 119. Ich bezweifle, daß wir in dieser Weise zwei Tänze hier zu unterscheiden haben; auch zu dem lebhafteren Reien wird ja gesungen, und Gesang und Instrumentalbegleitung werden nebeneinander erwähnt. —

die möht' man gerne schouwen;
die ritter gegen in giengen,
bî handen si si viengen.
dâ was wunne überkraft
von frouwen und von ritterschaft   950
in süezer ougen weide.
junkhérren unde meide,
si tanzten frœlîche,
arme unde rîche.
als des danne nimmê was,   955
sô gie dar einer unde las
von einem der hiez Ernest.
swaz ieglich aller gernest
wolte tuon, daz vander.
dô schôz aber der ander   960
mit dem bogen zuo dem zil.
maneger freude was dâ vil:
ener jágte, dirre birste.
der dô wás der wirste,
der wære úns nû der beste.   965
wie wol ich etewenne weste
waz triuwe und êre mêrte
ê ez valschéit verkêrte!
die valschen und die lôsen,
die diu reht verbôsen   970
mit ir listen kunden,
die herrn in dô niht gunden
dâ ze hove der spîse.
der ist nû der wîse,
der lôsen unde liegen kan;   975
der ist ze hove ein werder man
und hât guot und êre

---

949 *überkraft* stf., Überfluß (*wunne* ist gen.). — 950 *ritterschaft* stf., die Gesammtheit der anwesenden Ritter. — 956 *las*: Vorlesen von Dichtungen gehört zu den höfischen Unterhaltungen, und daß auch Ritter selbst vorlasen, lehrt unsere Stelle; vgl. Lachmann, Kl. Schr. I, 471 fg.; Schultz I, 124. — 957 Die Geschichte von Herzog Ernst von Baiern, sein Streit mit dem Kaiser, seine Verbannung und abenteuerliche Kreuzfahrt ist ein beliebter, seit dem 12. Jahrh. mehrfach deutsch und lateinisch behandelter Stoff; vgl. Wackernagel, LG. I², 233. — 963 *birsen*, wobei man das zu erlegende (Hoch-) Wild anschleicht und aufspürt, wird von *jagen* unterschieden; Schultz I, 354; Stejskal zu Laber 43. — 966 *etewenne* adv., zuweilen in früherer Zeit, vormals. — 969 *lôse* adj., ausgelassen, zuchtlos. — 970 *diu reht*, alles das was recht und schicklich ist. — *verbôsen* swv., bœse, schlecht machen. — 975 *lôsen* swv., sich *lôse* (969) benehmen. —

leider michels mêre
danne ein man der rehte lebet
und nâch gotes hulden strebet. 980
als vil weiz ich der alten site.
sun, nû êre mich dâ mite
und sage mir die niuwen.»

«Daz tuon êt ich entriuwen.
daz sint nû hovelichiu dinc: 985
‚trinkâ, herre, trinkâ trinc!
trinc daz ûz; sô trinke ich daz.
wie möhte uns immer werden baz?'
vernim waz ich bediute:
ê vant man werde liute 990
bi den schœnen frouwen:
nû muoz man si schouwen
bî dem veilen wîne.
daz sint die hœhsten pîne
den âbent und den morgen, 995
wie si daz besorgen,
ob des wînés zerinne,
wie der wirt gewinne
einen der si âls gúot,
dâ von si haben hôhen muot. 1000
daz sint nû ir brieve und minne:
‚vil süeze lîtgebinne,
ir sult füllen uns den maser.
ein affe unde ein narre waser,
der ie gesente sînen lip 1005

---

961 so viel weiß ich von den alten Sitten (*der* gen. abh. v. *vil*).
985 *dinc* (namentl. im plur.) mit einem Adj. umschreibt, also *hovelichiu d. s. v. a. hüvescheit*; zur Sache vgl. Stricker, Kl. Ged. XII, 263 fg. (Hahn); FB. 609, 19 fg.; Von d. übelen Weibe 391 fg.; Konr. v. Haslau 453 fg.; Helbl. I, 337 fg., XIII, 91 fg. (vgl. VII, 815 fg., 1165 fg.). — 986 dem Imperativ, ebenso Partikeln u. Substantivis wird beim lauten Ausruf ein verstärkendes —*â* angehängt, bei einfacher oder doppelter Wiederholung des verstärkten Wortes pflegt es das letzte mal wegzubleiben. Germ. VII, 257 fg. (vgl. Zeitschr. XIII, 24). — 993 dort wo Wein feil ist. — 997 falls der Wein ausgeht (*zerinnen* impers. mit gen.). — 999 *als*, ebenso *guot* (wie der frühere). — 1000 *haben* finaler Conj. — 1001 *brief*, eine lyrisch-didactische Dichtungsart minniglichen Inhalts (Wackernagel, LG. I², 346); hier für Minnedichtung überhaupt (vgl. Germ. XXI, 349). — 1002 *lîtgebinne* stf., Schenkin. — 1003 *maser* stm., eine Ahornart (acer campestre) und dann Trinkgefäße aus dem Holz derselben, die noch heute so heißen (Keinz); vgl. Korner (Germ. IX, 262, 8) *he gaff éme isliken énen kop van maseren.* J. Grimm, Kl. Schr. II, 182₃; Schultz I, 320 fg. — 1005 *gesenen* swv., grämen, härmen (namentlich von Liebesqual. —

für guoten wîn úmbe ein wîp.'
swer liegen kan, der ist gemeit;
triegen daz ist hövischeit;
er ist gefüege, swer den man
mit guoter rede versnîden kan; 1010
swer schiltet schalcliche,
der ist nû tugentriche.
der alten leben, geloubet mir,
die dâ lebent alsam ir,
der ist nû in dem banne 1015
und ist wibe und manne
ze genôze als mære
als ein hâhære.
âht und ban daz ist ein spot.»

Der alte sprach: «daz barme got 1020
und sî im ímmér gekleit
daz diu unreht sint sô breit.
die alten turnei sint verslagen,
und sint die niuwen für getragen.
wîlen hôrte man kroyieren sô: 1025
,heyâ, ritter, wis êt frô!'
nû kroyiert man durch den tac:
,jagâ, ritter, jagâ jac!
stichâ stích! sláhâ slach!
stümbel den der ê gesach; 1030
slach mir dém úbe den fuoz;
tuo mir disem der hende buoz:
dû solt mir disen hâhen,
und enen richen vâhen,
der git uns wol hundert phunt.'» 1035

1006 *für*, vgl. zu Am. 23. — 1007 *gemeit*, vgl. zu 921. — 1010 *versnîden* stv., verwunden; *mit guoter rede veran.*, jem. die Ehre abschneiden, während man ihm schöne Worte ins Gesicht sagt; vgl. Nith. 93, 39 *lachent an er den man snîdet mit der zungen.* Vrid. 43, 24 u. Anm. — 1011 *schalcliche*, vgl. zu 922. — 1015 *der*, nämlich «der Alte, der lebt wie Ihr»; vgl. Warnung 2827 (Zeitschr. I, 515) *der huorœr leben ir (der Welt) widerstêt wan er manic bôsheit beget* u. Haupt zu Nith. 87, 10. — 1017 *ze genôze*, zur Gesellschaft. — *mære*, lieb, — 1018 *hâhære* sim., Henker. — 1019 vgl. Vrid. 46, 15. Die Verbindung *âht und ban* ist formelhaft RA. 20.

1020 *barmen* mit acc., sich erbarmen. — 1022 *breit* adj., weit verbreitet. — 1023 *verslagen*, durch einen Verschlag abgesperrt, abgekommen. — 1024 *für getragen*, aufgekommen. — 1025 *kroyieren*, den Schlachtruf, das Feldgeschrei erheben. — 1032 *einem buoz tuon* mit gen., einem von etwas helfen, ihn davon befreien: «hau mir dem die Hände ab». — 1033 *hâhen* stv., henken. — 1035 sc. Lösegeld.

«Mir sint die site alle kunt.
våter mîn, wån daz ich enwil,
ich trouwe dir gesagen vil
niuwan von den niuwen siten.
ich muoz slåfen; ich hån vil geriten, 1040
mir ist hînt rúowe nôt.»
dô tâten si als er gebôt.
lilachen was då fremde;
ein niuwewachen hemde
sin swester Gotelint dô swief 1045
über daz bette dâ er slief
unz ez hôhe wart betaget.
wie er nû vert daz wirt gesaget.

Ez ist billich unde reht
daz der junge Hélmbréht 1050
ûz ziehe ob er iht bringe
von hove gämelicher dinge
dem vater der muoter und der swester.
jâ zewâre, unde wester
waz ez allez wære, 1055
ir lâchtét der mære:
dem vater er bråht' ein wetzestein,
daz nie mæder dehein
in kúmpf bézzérn gebant,
und eine segense, daz nie hant 1060
sô guote gezôch dúrch daz gras:
hey welch gebûrkleinôt daz was!
und bråht' im ein bîle,
daz in maneger wîle
gesmit' sô guotez nie kein smit, 1065
und eine håcken dâ mit.
einen fûhspélz sô guoter,
den brâhte er sîner muoter,
Hélmbréht der junge knabe:
den zôch er einem pfaffen abe; 1070

1043 *lilachen* stn., leinenes Betttuch. — *fremde*, nicht vorhanden. —
1045 *sweifen* stv., schwingen. — 1047 bis an den hohen Tag (*betagen* swv.,
Tag werden). — 1048 *vert*, handelt, was er thut.
1051 *ûz ziehe* absol., auskrame. — 1052 *gämelich* adj., lustig, spaßhaft. —
1054 *wester* (= *westet ir*), wüßtet ihr. — 1059 *kumpf* stm., hölzernes Gefäß,
worin die Mähder den Wetzstein setzen und verwahren. — 1060 *segense*
stf., Sense. — 1063 *bîle* stn., Beil. — 1067 *sô guoter*, partit. gen. pl., »von
den besten»; vgl. Nib. 362, 2. —

ob er'z roubte oder stælc
wie úngérne ich daz hæle,
wær' ich sin an ein ende komen.
einem krâmer heter genomen
ein sûdîn gebinde; 1075
daz gap er Gotelinde,
und einen borten wol beslagen,
den billîcher solte tragen
eines edelen mannes kint
dan sin swester Gotelint. 1080
dem knehte schuoch mit riemen.
die het er ander niemen
sô vérré gefüeret
noch mit hándén gerüeret.
sô hövesch wás Hélmbréht: 1085
wær' er noch sines vater kneht,
er het in lâzen âne schuoch.
dem friwibe ein houbettuoch
brâht' er und einen bendel rôt;
der zweier was der dierne nôt. 1090

«Nû sprechet wíe lánge si
der knáppé dem vater bî.»
siben tage, daz ist wâr.
diu wîle dûhte in ein jâr
daz er niht enroubte. 1095
zehant er úrlóubte
von vater und von muoter.
«neinâ, lieber sun vil guoter,
ob dû trouwést geleben
dés ích dir hân ze geben 1100
immer an min ende,
sô sitz und twach din hende;
gê níuwan ûz unt in.
sun, tuo die hovewîse hin;
diu ist bitter unde sûr. 1105

1072 *heln*, verhehlen, verschwoigen. — 1073 hätte ich es genau erfahren. — 1075 *gebinde* stn. (sonst *gebende*), Kopfschmuck der Frauen, DF. II², 330; Schultz I, 181 fg. — 1077 vgl. zu Bl. 409. — 1088 *houbettuoch*, vgl. zu Bl. 399. — 1089 *bendel* stm., Band. — 1090 *mir ist nôt* mit gen., ich habe nöthig, trage Verlangen.
1096 *urlouben* swv., Erlaubniss zu gehen, Abschied nehmen. — 1102 sc. beim Essen (vgl. 784), also s. v. a. «iß». — 1104 *hin tuon*, fahren lassen, aufgeben. —

noch gerner bin ich ein gebûr
danne ein armer hoveman
der nie huobegelt gewan
und niuwan z'allen ziten
ûf den lîp muoz rîten 1110
den âbent und den morgen
und muoz dar under sorgen
swenn' in sîn vinde vâhen,
stümbeln unde hâhen.»

«Vater», sprach der junge, 1115
«diner handelunge,
der solt dû immer haben danc.
doch sit ich niht wînes tranc,
des ist mê danne ein woche:
des gürte ich drier loche 1120
an der gürtel mîn hinhinder.
ich muoz êt haben rinder
ê diu rinké gestê
an der stat dâ si was ê.
ez werdent phlüege gesûmet 1125
und rinder ûf gerûmet
ê mir der lîp geraste
und aber wider gemaste.
mir hât ein rîchér getân
sô leide daz mir nie mán 1130
áls víl getán hât.
über mînes tôten sât
sach ich in eines rîten.
möht' êt er's erbîten,
er giltet mir mit houfen. 1135
sîniu rinder müezen loufen,
sîniu schâf, sîniu swîn,

1108 *huobegelt*, Abgabe von der *huobe*, Grundzins. — 1110 *ûf den lîp*, mit Lebensgefahr. — 1114 abh. v. *sorgen* (1112): fürchten verstümmelt (vgl. 1688 fg.) und gehenkt zu werden. Die Verbindung *st. u. h.* scheint formelhaft, vgl. Kaiserchr. ed. Diemer 152, 27. 179, 25. 228, 16; Warnung 895 (Zeitschr. I, 463).

1120—21 darum schnalle ich meinen Gürtel um drei Löcher zurück, enger. — 1125 *phluoc* hier für Pflüger. — *sûmen*, aufhalten, hindern, indem sie vertrieben werden. — 1126 *ûf rûmen*, aufräumen, wegtreiben. — 1128 *aber wider*, abermals wieder (vgl. Sommer zu Flore 5611). — *gemasten* swv., fett werden. — 1130 *nie man*, nie ein Mann, nie jemand. — 1133 *eines* adv. gen., eines Tages. — 1134 *erbîten* stv. mit gen., erwarten: könnte er's nur erwarten, erleben. — 1135 *mit houfen*, vollauf. —

daz er dem lieben toten mîn
alsô zertrat sîn árbéit:
daz ist mir inneclîchen leit. 1140
noch weiz ich einen rîchen man,
der hât mir léit óuch getân,
der az zuo den kraphen brôt:
rich' ich daz niht, sô bin ich tôt.
noch weiz ich einen rîchen, 1145
daz mir sicherlîchen
deheiner leider nie getete;
durch eines bíschóves bete
wólt' ích ez niht enlân
daz er mir leides hât getân.» 1150
der vater sprach: «waz íst dáz?»
«er lie die gürtel wîter baz,
do er sâz ob sînem tische.
hey waz ich des erwische
dáz dâ héizet sîn! 1155
daz muoz allez wesen mîn
daz im ziuhet phluoc unt wagen.
daz hilfet mir daz ich sol tragen
gewant ze wîhnâhten,
swie ich daz mac betrahten. 1160
wes wænt ét er vil tumber gouch,
zwâre und etelicher ouch
der mir hérzen léit hât getân?
liez' ich daz ungerochen stân,
sô wær' ich niht ein frecher. 1165
der blies in einen becher
den schûm vón dem biere:
und ræche ich daz niht schiere,
sô würde ich nimmer frouwen wert,
zwâre und solte ouch nimmer swert 1170

1139 *arbeit*, das bestellte Feld. — 1144 so bin ich (moralisch) todt, komme ich um meine Ehre. — 1149 *lân*, hingehen lassen. — 1152 den Gürtel nachzulassen oder weiter zu schnallen bei Tisch *(ob dem tische)* galt als unziemlich; vgl. Zeitschr. VI, 492, V. 126 fg.; VII, 174, V. 15. 16 u. XXI, 60, V. 17 fg., wo *entlâzt* in *entlâzt* zu bessern ist). — 1160 *betrahten* swv., besorgen, beschaffen; vgl. Wilh. v. Wenden 447 fg. *einen grâwen roc und zwêne schuo nach gebûres ahte mir, lieber friunt, betrahte, einen stap und einen huot.* — 1165 *frech*, muthig, kühn. — 1166 auch in den Trank oder die Speise zu blasen galt als unschicklich; vgl. Zeitschr. VI, 491, V. 85; VII, 176, V. 68; XXI, 62, V. 97 und die Tischzucht im sogen. Liederbuch der Clara Hätzlerin (ed. Haltaus) II, 71, 115, die auch zum Theil auf der Zeitschr. VII, 178 fg. gedruckten beruht.

gürten umbe mine siten.
man hœrét in kurzen ziten
von Hélmbréhte mære
daz witer hof wirt lære;
und vinde ich niht den selben man, 1175
sô tribe ich doch diu rinder dan.»

Der vater sprach: «nû nenne mir,
daz ich'z immer diene hin ze dir,
dine geséllén die knaben
die dich daz geléret haben 1180
daz dû dem richen manne
sine hábe nemest danne,
so er zúo den kraphen izzet brôt;
die nenne mir, des ist mir nôt.»

«Daz ist mîn geselle Lemberslint 1185
und Slickenwider; die zwêne sint
von den ich hân die lêre.
noch nenne ich dir mêre.
Hellesac und Rûtelschrin,
daz sint die schûolméister mîn, 1190
Küefrâz und Müschenkelch.
nû sich, hérre vater, welch
knaben sint án der schar.
die sehse ich hân genennet gar.
mîn geselle Wolfesguome, 1195

1178 das will ich dir immer durch Gegendienste vergelten.
1185 *Lemberslint* imperativischer Name (Wackernagel, Germ. V, 500 = Kl. Schr. III, 108 fg.): Lämmerschling (Schröder), ebenso 1186 *Slickenwider*, Schluckdenwidder (Schröder). — 1187 *von den*, diejenigen, von welchen. — 1189 *Hellesac* n. pr., Höllensack (vgl. Germ. XVIII, 111). — *Rütelschrin* imp. n. pr., Rüttel den Schrein. — 1191 *Küefrâz* n. pr., Kühefresser. — *Müschenkelch* imp. n. pr.; *gemüschte kelche* werden öfter neben den Meßgewändern unter den verbotenen Pfändern aufgeführt: Schmeller, Bair. Wb. I², 1681 fg.; Österr. Weisthümer I, 33, 6 (III, 313, 7 und daraus bei Zingerle, Sitten, Gebräuche u. Meinungen des Tiroler Volks, 2. Aufl., S. 215, N. 1727 schlechtweg *kelch*, in einem ungedruckten Grieskirchner Taiding §. 22 *geschmügt* [vgl. Schmeller, II², 544. 545 fg.] *kelch*). *müschen* bedeutet sonst comminuere, conterere, zermalmen, zerschlagen, es sind also doch wol aus Kirchen geraubte Kelche gemeint, die man zerschlug, um das edele Metall zu verkaufen und weiter zu verwenden. Müschenkelch bedeutete dann etwa Kirchenräuber; vgl. 1286. Buch der Rügen 778 fg., 1187—1190 (Zeitschrift II, 37. 79) *den chnappen (edelingen, ad nobiles): iu ist diu kirche als der stal, swâ man sol rouben über al, kelch buoch messegewant daz muoz alls in iuwer hant*, und das gleich gebildete *Müschenrigel*, das als Personenname (bei Helbl. XIII, 163) und Ortsname (Fontes rer. Austr. II, 28, 105, a. 1400) erscheint. — 1195 *Wolfesguome* n. pr., Wolfsgaumen, Wolfsrachen. —

swie liep im si sin muome
sin base sin œheim und sin veter,
und wære ez hórnúnges weter,
er lât niht an ir libe
dem manne noch dem wibe 1200
einen vaden vor ir scham,
den fremden und den kunden sam.
min geselle Wolvesdrůzzel,
ůf túot er âne slüzzel
alliu slôz und isenhalt. 1205
in einem jâre ich hân gezalt
hundert isenhált grôz,
daz ie daz slôz dánne schôz,
als er von verren gie dar zuo.
ros ohsen unde manic kuo 1210
ungezált sínt beliben
diu er ûz hove hât getriben,
daz ie daz slôz von siner stat
schôz swenn' er dar zúo trát.
noch hân ich einen cómpân, 1215
daz nie knáppé gewan
einen námen alsô hovelich;
den gábem diu hérzoginne rîch,
diu edele und diu frîe,
von Nônárre Nárrîe: 1220
der ist geheizen Wolvesdarm.
ez si kált óder warm,
roubes wirt er nimmer vol.
díuphéit tuot im sô wol,
der enwirt er nimmer sat. 1225
einen fuoz er nie getrat
ûz der übele in die güete.
im strebet ét sin gemüete

1198 *hornunc* stm., Februar für Winter wie Walther 150, 2. — 1202 den Bekannten (*den kunden*) ebenso (*sam*) wie den Fremden. — 1203 *Wolvesdrüzzel* n. pr., Wolfsrüssel, Wolfsschlund. — 1205 *isenhalt* stn., nach Keinz eiserne Kistchen mit festem Schloß zur Aufbewahrung werthvoller Sachen, darunter auch Geld (jetzt *isolt* genannt); sonst mit *compes* glossiert, also Beinschelle, in welcher Bedeutung das swf. *isenhalte* Greg. 2817 u. ö. vorkommt, wo auch (2922 fg., 3823 fg., 3433) der dazu gehörige Schlüssel erwähnt wird. — 1208 *dunne schôz*, weg, aufsprang. — 1218 *gabem = gab im*. — 1220 allegorische Namen an *narre* und *Navarre* anklingend, wie die von Wackernagel, Germ. V, 313 fg. (Kl. Schr. III, 125 fg.) besprochenen. — 1221 derselbe Name Helbl. I, 372 fg. — 1223 *vol*, satt. — 1224 *diupheit* stf., Diebshandwerk, Stehlen. — 1226 nicht fußbreit trat er je (zu Flore 5916). —

gegen der übeltæte
als diu krā tuot zuo der sæte.» 1230

 Der vater sprach: «nû sage mir
wie si sprechen hin ze dir,
ieglich din geselle,
sô er dir rüefen welle.»
«vater mîn, daz ist ein name, 1235
des ich mich nimmér geschame,
ich bin genánt Slintezgeu.
die gebûren ich vil selten freu
die mir sint gesezzen.
ir kint müezen ezzen 1240
ûz dem wázzér daz koch.
leider túon ich in noch:
dém ich daz ouge ûz drücke,
disen hähe ich in den rücke,
disen bínde ich in den âmeizstoc, 1245
enem ziuhe ich den loc
mit der zange ûz dem barte,
dem andern rîze ich die swarte,
enem mülle ich die lide,
disen henke ich in die wide 1250
bî den spárrâdern sîn.
daz die bûren hânt daz ist mîn.
swā únser zehen riten,
ob unser zwéinzéc erbiten,
daz ist umb' alle ir êre, 1255
ob ir noch wære mêre.»

 «Sun, die dû dâ nennest,
swie wol dû si erkennest

1229 *gegen* præp., hin zu, entgegen.
 1232 wie slo dich anreden, nennen. — 1237 *Slintezgeu* imp. n. pr., Verschling das Geu, Schlingdaesland (Schröder). — 1239 die mir nachbarlich wohnen *(sint gesezzen),* meine Nachbarn sind.' — 1241 *koch* stn., (Mehl-)Brei, den nur sehr arme Leute statt mit Milch mit Wasser anmachen (Schmeller, B. WB. I², 1220. — 1242 ja ich thue ihnen noch mehr Leid. — 1244 *rücke* stm. (Graff II, 436, Schmeller B. WB. II², 48, Weinhold B. Gr. §. 181), Rauch (von untergelegtem Feuer, vgl. Helbl. I, 683 fg., oder in den Schornsteln?). — 1248 dem ziehe *(rîze,* reiße) ich die Haut vom Kopfe, schinde ihn. — 1249 *müllen* swv., zermalmen, zerschlagen. — 1250 *wide* stf., Schlinge, Strang aus frischem (Eichen- od. Weiden-) Holz gedreht zum Binden wie Hängen; vgl. RA. 683 fg. — 1251 *sparrâder,* varix, Krampfader (Schmeller II², 681); Germ. XXV, 408 wird *spanâder* (gloss. d. varix, calcaneus) vermuthet = Fersen. Es sind, denke ich, die Sehnen *(âder)* der Füße gemeint, vgl. RA. 684*). — 1255 sc. *getân* (Grimm, Gr. IV, 136 fg. 948, vgl. Am. 2451): das kostet all ihre Ehre (Sieg).

baz dan ich, vil liebez kint,
doch swie ræze si dâ sint, 1260
sô got wil selbe wachen,
sô kan ein scherge machen
daz si tretent swie er wil,
wær' ir noch dristunt áls víl.»

«Vater, daz ich ê téte, 1265
hin für durch aller künege bete
wolte ich sin nimmère tuon.
manege gans und manic huon,
rinder kæse unde fuoter,
hân ich dir und miner muoter 1270
gefridet vor miner sellen vil:
des ich nû nimmê tuon wil.
ir spréchet alze sêre
frumen knaben an ir êre,
der dehéiner nimmer missetuot; 1275
er roube, er stele, dâst gúot.
hétet ir'z niht verkallet
noch sô vil ûf uns geschallet,
iwer tóhter Gotelinde
die wolte ich Lemberslinde 1280
mime gesellen hân gegeben;
sô hete si daz beste leben
daz ie wip bi einem man
ze der welte ie gewan.
kürsen mantel lînwất, 1285
als ez diu kirche beste hât,
des gæbe er ir den vollen hort,
hetet ir sô scherphiu wort
gegen uns niht gesprochen.
und woltes' alle wochen 1290
ein iteniuwez slegerint

1263 daß sie gehen, thun wie er will. F. Keinz erinnert an den noch im Volke lebenden Aberglauben des «Anbindens», d. i. des Festhaltens einer Person durch Zauber, sodaß sie nicht entrinnen kann, das man besonders gegen Diebe anwendet und womit die Schergen vornehmlich vertraut sein sollen (daher auch «Schergenbann» genannt).
1271 *friden* swv., Frieden, Schutz gewähren: habe ich geborgen. — *sellen* = *gesellen*. — 1273—74 ihr greift durch euere Reden allzu sehr die Ehre tüchtiger Knaben an. — 1276 die Conj. sind concessiv. — *dâst = daz ist.* — 1277 *verkallet,* verschwätzt, durch euer Geschwätz verwirkt. — 1278 *schallen ûf einen,* jemand böses nachsagen, auf ihn schmähen. — 1286 vgl. zu 1191. — *als — beste,* so gut nur. — 1287 *den rollen hort,* die Fülle. — 1291 *iteniuwe,* immer wieder neu. — *slegerint,* Schlachtrind. —

ezzen, daz hete Gotelint.
nû hœre, swester Gotelint,
dô mîn geselle Lemberslint
mich von êrste um dich bat, 1295
dô sprach ich an der selben stat:
‚ist ez dír beschaffen unde ouch ir,
daz solt dû wol gelouben mir
daz ez dich niht sol riuwen.
ich weiz si in den triuwen, 1300
des wis gar ân' angest,
daz dû iht lange hangest,
si sláhe dich mít ir hánt ábe
und ziehe dich zúo dem grabe
ûf die wegescheide. 1305
wiróuch und mirre beide,
vil sicher dû des wesen maht,
dâ mite si dich alle naht
umbegât ein ganzez jâr:
dáz wízze fúr wãr, 1310
si rouchet dîn gebeine,
diu guote und diu reine.
ob dir diu sælde widervert
daz dir diu blintheit wirt beschert,
si wîset dich durch alliu lant 1315
wege und stege an ir hant.
wirt dir der fúoz ábe geslagen,
si sol dir die stelzen tragen
zę dem bétte alle morgen.
wis ouch âne sorgen, 1320
ob man dir zuo dem fuoze
der einen hende buoze,
si snîdet dir unz an dînen tôt
beide fléisch únde brôt.'

1296 *an der selben stat*, auf der Stelle, alsogleich. — 1297 *beschaffen* part., vom Schicksal bestimmt. — 1300 ich weiß sie ist so treu. — 1303 *abe slahen*, abhauen, abschneiden (vom Galgen). — 1305 wo die Verbrecher begraben zu werden pflegten. RA. 726 fg. — 1306—9 mit Weihrauch und Myrrhen umgeht sie dich (dein Grab) allnächtlich ein ganzes Jahr lang, nämlich zu deiner Seelenruhe. — 1311 *rouchen*, beräuchern. Noch heute lebt nach Fr. Keinz im Volke der Brauch, den im Hause liegenden Todten mit einer dazu bereitstehenden Glutpfanne zu umräuchern, so oft man ins Todtenzimmer tritt. «Ein ganzes Jahr» ist im allgemeinen auch noch jetzt die regelmäßige Trauerzeit um einen verstorbenen Gatten. — 1314 vgl. 1688. — 1316: zu 237. — 1317. 1322 vgl. 1690 fg. — 1318 *sol*, zu Am. 1013. — 1322 *buozen* wie *buoz tuon* 1032. —

wider mich sprach dô Lemberslint: 1325
‚nimt mich din swester Gotelint,
ze morgengâbe ich ir wil geben,
daz si dester baz mac leben.
ich hân voller secke dri,
die sint swære als ein bli. 1330
der eine ist vol unversniten
klein linîn tuoch in dén siten,
swér sîn ze koufe gert,
diu elle ist fünfzehn kriuzer wert:
die gâbe sol si prîsen. 1335
in dem ándern ligent rîsen,
vil röckel unde hemde
(armuot wirt ir fremde,
wird' ich ir man und si mîn wîp):
daz gibech ir allez an ir lip 1340
zwâre an dem næhsten tage,
und immer mêr swaz ich bejage.
der dritte sác dér ist vol,
ûf und ûf geschoppet wol,
fritschâl brûnât, vèhe veder, 1345
dar under zwô, der ietwéder
mit scharlât ist bedecket,
und dâ für gestrecket
einez, heizet swarzer zobel:
die hân ich in einem tobel 1350
hie nâhen bî verborgen;
die gibe ich ir morgen.'
daz hât din vater undervarn,

1327 *morgengâbe*, Geschenk das der Gatte der neuvermählten Frau am Morgen nach der Brautnacht gibt; vgl. 1341. 1352; DF. I², 402 fg.; RA. 441. (Das Object im Satze ist zu ergänzen.) — 1330 *ein* mhd. gewöhnlich vor Stoffnamen, nhd. nur dialectisch (Grimm, Gr. IV, 411. 958). — 1331 *unversniten*, unverarbeitetes. — Hier wie 1345 fehlt die zu erwartende Genetivflexion. — 1332 *in den siten*, von der Qualität. — 1336 *rise* swf., ein *gebende* (zu 1075) das Wangen und Kinn deckt, auch in weiterem Sinne = *gebende* DF. II², 329. — 1340 *an ir lip*, um ihren Leib damit zu bekleiden, zum Anziehen. — 1341 vgl. zu 1327 u. 1352. — 1344 *schoppen*, stopfen. — 1345 zu 1331. — *fritschâl* stm., kostbarer, gelber oder grüner Wollstoff. — *brûnôt* stm., feines, dunkles Gewebe, vgl. DF. II², 244; Schultz I, 267 fg. — *rêch*, bunt. — *veder* stf., flaumiges Pelzwerk, zum Futter (zu 143), daher 1347 *mit scharlât* (feiner, meist roth oder braun gefärbter Wollenstoff, Scharlach; DF. Schultz a. a. O.) *bedecket*. — 1348 *dâ für gestrecket*, zur Verbrämung. — 1349 *einez, heizet*, über das fehlende Relativpronomen s. zu Wolfd. D V, 123, 3. — *swarzer* (auch grauer) *zobel*, das geschätzteste Pelzwerk, meist wie hier nur zum Besatz; DF. II², 257 fg. — 1350 *tobel* stm. (n?), Waldthal, Schlucht. — 1352 *morgen*, den andern Tag (vgl. 1341 u. zu 1327). — 1353 *undervarn* stv., dazwischen kommen und dadurch verhindern. —

Gotelint, got müeze dich bewarn!
dîn leben wirt dir sûwer. 1355
sô dich nû ein gebûwer
nimt ze sîner rehten ê,
so geschách nie wîbe áls wḗ.
bî dém múost dû niuwen
dehsen swingen bliuwen 1360
und dar zuo die ruoben graben.
des hete dich alles überhaben
der getriuwe Lemberslint.
ouwê, swester Gotelint,
diu sorge muoz mich smerzen, 1365
sol an dînem herzen
als unedel gebûwer,
des minne dir wirt sûwer,
immer naht entslâfen!
wâfen, herre, wâfen 1370
geschrîrn über den vater dîn!
jâ enist er niht der vater mîn:
für wâr wil ich dir daz sagen.
dô mich mîn muoter het getragen
fünfzéhen wochen, 1375
dô kom zuo ir gekrochen
ein vil gefüeger hoveman.
von dém érbet mich daz an
und ouch von dem toten mîn
(die bêde müezen sælic sîn) 1380
daz ich alle mîne tage
mînen muot sô hôhe trage.»

Dô sprach sîn swester Gotelint:
«jâ wæne ouch ich sîn kint
von der wârheit niht ensî. 1385

1359 *niuwen*, mahlen, durch Stampfen enthülsen; namentlich wird das Wort (*g-noin*) nach Keinz in der Gegend unseres Gedichts von dem Zerstampfen der großen harten Erdschollen mittels eines Schlägels gebraucht, wozu meist Weiber verwendet werden. — 1360 *dehsen* stv., Flachs brechen. — *swingen* stv., (den Flachs) schwingen. — *bliuwen*, (den gerösteten Flachs) schlagen mittels des hölzernen Bleuels; vgl. zu Iwein 6203; DF. I², 178. — 1362 *überhaben*, überhoben. — 1370 *wâfen* (Grimm, Gr. III, 997), ursprünglich Aufruf zu den Waffen (Kudrun 1360, 3), gew. Wehruf. — 1374 *het getragen*, vgl. 516. — 1378 *an erben* mit acc., durch Erbschaft eigen sein. — 1379 vgl. 460 fg.
1385 *von der wârheit*, in Wahrheit. Der Conj. nach *wæne* ohne *daz* und mit Auslassung des mit dem Hauptsatze gleichen Subjects. —

ez lác míner muoter bî
geselleclîche ein ritter kluoc,
dô si mich in dem barme truoc.
der selbe ritter si gevie,
dô sie den âbent spâte gie 1390
suochen kelber in dem lôhe:
dés stêt mîn múot sô hôhe.
lieber bruoder Slintezgeu,
daz dich mîn tréhtîn gefreu»,
sprach sîn swester Gotelint, 1395
«scháf dáz mir Lemberslint
werde gegeben ze manne;
sô schriet mir mîn pfanne,
sô ist gelesen mir der wîn
und sint gefüllet mir diu schrîn, 1400
sô ist gebrouwen mir daz bier
unde ist wol gemalen mir.
werdent mir die secke drî,
sô bin ich ármüete frî,
sô hân ich z'ezzen und ze hül; 1405
sich waz mir gewerren sül!
sô bin ich alles des gewert
des ein wîp an manne gert.
ouch trouwe ich in gewern wol
des ein mán hában sol 1410
an einem starken wîbe:
daz ist an mînem lîbe;
swaz er wil daz hân ich.
ez sûmet wan mîn vater mich.
wol drî stunt ist vester 1415
min lîp dan mîner swester
dô man si ze manne gap.

1387 *kluoc* adj., fein. — 1388 *barm* stm., Schoß. — 1391 *lôch* stm., Hain. Das Wort ist heute noch im Gebrauch für den Theil des Weilharts, der sich nördlich vom Helmbrechtshofe gegen den Inn und Ranshofen erstreckt. Dort und in andern Theilen des Waldes hatten die Bauern Holz- und Weiderecht. Man ließ die Thiere ohne Aufsicht im Walde laufen und wenn man sie einige Zeit nicht mehr sah, ging man «ins Kälber suchen», am sichersten in den wasserreichen «Loh». Keinz. — 1394 *trehtîn* stm., Herr (Gott). — 1396 *schaf*, bring' es dahin. — 1398 fg. sprichwörtlich, vgl. Walther 119, 2; J. Grimm, Kl. Schr. V, 364. *schrîen*, vom Prasseln der Bratpfanne: so habe ich zu essen und zu trinken und alle Kasten voll Vorrath. — 1405 *hül* stf. (noch heute in bair.-österr. Mundart [Schmeller I², 1085] für Decke, Oberbett gebräuchlich), Hülle, Kleidung. — 1407 so ist mir alles gewährt, habe ich alles. — 1410 *des* Attraction für *des das*. — 1416 erg. *lîp was*. — 1417 *ze manne gap*, verheirathete. —

des morgens gie si âne stap
und starp niht von der selben nôt.
ich wæne ouch wol daz mir der tôt   1420
dâ von iht wérdé ze teile,
éz si dán von únhéile.
bruoder min, geselle,
daz ich mit dir reden welle,
durch minen willen daz verswic.   1425
ich trite mit dir den smalen stic
an die kienliten;
ich gelige bi siner siten;
nû wizze daz ich wâge
vater muoter und mâge.»   1430

Der vater niht der rede vernam
noch diu muoter álsám.
der bruoder wart ze râte
mit der swéstér vil drâte
daz si im volgte vón dán.   1435
«ich gibe dich dem selben man,
swie leit ez dinem vater si.
du geligest Lemberslinde bi
wol nâch dinen èren.
din richtuom sol sich mèren.   1440
wilt dû ez, swester, enden,
ich wil dir herwider senden
minen bóten dem dû volgen solt.
sit dû im bist und er dir holt,
iu béden sol gelingen   1445
vil wol an allen dingen.
ouch füege ich dine hôchzît
daz man durch dinen willen git
wambis unde röcke vil:
für wâr ich dir daz sagen wil.   1450
swester, nû bereite dich;

1419 vgl. Sp. 344. Germ. XV, 357, wo diese Redensart als ein Scherz, womit man junge Frauen nach der Brautnacht neckte, nachgewiesen wird. — 1424 zu Am. 116. — 1426 fg. s. S. 136.
1432 *noch* — *alsam*, und — ebenso wenig. — 1433 *wart ze râte*, kam überein. — 1441 *enden*, zu Ende führen, ausführen. — 1447 *füege*, bestelle. — 1448 Schenken von Kleidern, im Mittelalter allgemeine Sitte bei Festen und hier wol nicht ohne Bezug auf die höfische «*milte*» (Freigebigkeit), ist nach Keinz (vgl. A. Baumgarten, XXIV. Ber. üb. d. Mus. Francisco-Carol. in Linz S. 60) noch heute bei Vermählungen im Gebrauch. —

Lemberslint sam tuot er sich.
got hüete dîn, ich wil dâ hin:
mir ist der wirt als ich im bin:
muoter, got gesegene dich.»　　　　　　　　1455.
hin fuor er sînen alten strich
und sagte Lemberslinde
den willen Gotelinde.
vor freuden kuste er im die hant,
umbe und umbe an sîn gewant,　　　　　　1460
er néic gégen dem winde
der dâ wûte von Gotlínde.

　　Nû hœrt von grôzer freise.
mánec wítewe und wéise
an guote wart geletzet　　　　　　　　　　1465
und rîuwíc gesetzet,
dô der hélt Lémberslint
und sîn gemahel Gotelint
den briutestuol besâzen.
swaz si trunken und âzen,　　　　　　　　1470
daz wart gesamnet witen.
bî den selben zîten
vil únmûezic si beliben:
die knaben fuorten unde triben
ûf wägen unde ûf rossen zuo　　　　　　　1475
beide spâte unde fruo
in Lemberslindes vater hûs.
dô der künic Artûs
sîn frouwen Ginovêren nam,
diu selbe hôchzît was lam　　　　　　　　1480
bî der Lemberslindes:
si lebten niht des windes.
dô ez allez wart gereht,

1453 sc. *varn* (Grimm., Gr. IV, 136): ich will fort — 1454 *als*: etwa *als mære als* (vgl. 1057) o. ü. — 1456 *strich* stm., Weg. — 1461—62 er verneigte sich gegen den Wind, der von Gotlint her wehte, er grüßte nach der Gegend hin, wo sie lebte. Wie mich Bartsch belehrt, wohlberechnete Nachahmung des höfischen, französischen (provenzalischen) Dichtern entlehnten Ausdrucks; vgl. Herzog von Anhalt (Bartsch, Liederdichter, XXVII, 25 und Anm.: *lâ mich den wint an wêjen, der kumt von mines herzen küniginne* und (36) *swâ si wonet dar muz ich iemer nîgen* und Benecke zum Iw. 5839.
　　1463 *freise* stf., Schrecken. — 1465 *letzen* swv., schädigen. — 1466 in Kummer versetzt. — 1468 *gemahel* stf., Braut. — 1469 *besitzen* trans., sich auf etwas setzen. — 1471 *samnen* swv., zusammenbringen, herbeischaffen. — *witen* adv., von weit her. — 1481 *bî*, neben, im Vergleich zu. — 1482 nicht von der Luft. — 1483 *gereht*, bereit.

sinen bóten sante Hélmbréht,
der vil balde gâhte 1485
und im die swester brâhte.

Dô Lemberslínt hét vernomen
daz Gotelínt wás kómen,
balde er gegen ír gienc:
hœret wie er si enphienc. 1490
«willekómen frou Gótelint.»
«got lône iu, her Lemberslint.»
friuntlîche blicke
under in beiden dicke
gegen ein ander giengen entwer; 1495
er sach dár, sí sach her.
Lemberslint schôz sînen bolz
mit gefüegen worten stolz
gegen Gotelinde:
daz galt si Lemberslinde 1500
ûz wîplîchem munde
só si beste kunde.

Wir suln Gotelinde
geben Lemberslinde
und suln Lemberslinde 1505
geben Gotelinde.
ûf stuont ein alter grîse,
der was der worte wîse,
der kunde só getâniu dinc;
er staltes' beide in einen rinc; 1510
er sprach ze Lemberslinde:
«welt ir Gotelinde
élîchen nemen, sô sprechet Jâ.»
«gerne», sprach der knabe sâ.

1495 l. *gienc?* vgl. 1583. — *entwer*, hin und her. — 1497 bildl. von der
Unterhaltung, mit der er eine wohlberechnete Wirkung erzielen will.
1509 fg. der wußte was bei solchen Gelegenheiten zu sprechen und zu
thun Sitte war; zur folgenden Scene, in der die Förmlichkeiten der Ver-
lobung und Übergabe der Braut verschmolzen sind, vgl. RA. 433; DF. I²,
340 fg. 371 fg. Zu beachten ist, daß nicht der geborene Vormund der
Braut das Paar zusammengibt. DF. I², 373. Kirchliche Trauung war in
älterer Zeit unwesentlich und fehlt hier. RA. 434; DF. I², 377 fg. (vgl.
Zeitschr. II, 548 fg.; XIII, 159; Zacher's Zeitschr. I, 271 fg.). — 1510 *stalte*
praet. von *stellen*: er hieß sie in einen *rinc*, Kreis, treten, der um das Paar
gebildet wurde. — 1511 hier u. ö. wird der Mann zuerst gefragt; Nib.
614, 4 (u. wol auch 1684, 1); Kudr. 1663, 2 die Jungfrau. —

er frâgte in aber ander stunt: 1515
«gerne», sprach des knaben munt.
ze dem dritten mâle er dô sprach:
«nemt ir si gerne?» der knabe jach:
sô mir sêle unde lip,
ich nim gerne ditze wip.» 1520
dô sprach er zuo Gotlinde:
«welt ir Lemberslinde
gerne nemen z'einem man?»
«jâ, herre, ob mir sin got gan.»
«nemt ir in gerne?» sprach ab er: 1525
«gerne, herre! gebt mir'n her.»
ze dem dritten mâle: «wélt ir'n?»
«gerne, herre; nû gebt mir'n.»
dô gap er Gotelinde
ze wibe Lemberslinde 1530
und gap Lemberslinde
ze manne Gotelinde.
si sungen alle an der stat:
ûf den fûoz ér ir trat.

Nû ist bereit daz ezzen. 1535
wir suln niht vergezzen
wir enschaffen ambetliute
dem briutegomen und der briute.
Slintezgeu was márschálc;
der fulte den rossen wol ir balc. 1540
sô was schenke Slickenwider.
Hellesac der sazte nider
die fremden und die kunden;

1515 *aber ander stunt*, abermals ein zweites mal. — 1519 vgl. Am. 1965. — 1524 wenn mir ihn Gott schenkt (zu Am. 173). — 1533 den üblichen Brautgesang DF. I², 376. — 1534 der Tritt auf den Fuß ist Symbol der Besitzergreifung und der übernommenen Herrschaft, Grimm RA. 142; Zeitschr. II, 550. Darauf beruht die noch heute herrschende Sitte, auf die Keinz hinweist, daß die Brautleute vor dem Altar nach der Einsegnung einander auf den Fuß oder das Kleid zu treten suchen, indem sie dadurch hoffen, über den getretenen die Herrschaft zu erlangen. Hier haben wir an das Rechtssymbol, nicht an den daraus entsprungenen Aberglauben zu denken.

1537 *ambetliute*, Amtleute, Hofbeamte (Nib. 1505, 1). Der Dichter überträgt Verhältnisse an Fürstenhöfen auf die Umgebung des ritterliche Sitte affectierenden Bauernsohns. Die hier genannten vier höchsten Hofämter (RA. 250): *marschalc*, Stallmeister (1539), *schenke*, Mundschenk (1541), *truhsæze*, Aufträger der Speisen (1544), *kamerære*, Kämmerer (1546) sammt dem Küchenmeister (1547) finden sich ebenso im Eingang des Nib. 10. 11. — 1542 *sazte nider*, wies ihnen die Plätze an: die Sorge für die Gäste gehört zum Amt der niedern Truchsessen; Nib. 1949. —

ze truhsæzen wart er funden,
der nie wárt gewære. 1545
Rütelschrîn was kamerære.
kuchenmeister wás Kûefrâz;
der gap swaz man von kuchen az,
swie man'z briet oder sót.
Müschenkelch der gap daz brôt. 1550
diu höchzît was nîht árm.
Wolvesguome und Wolvesdarm
unde Wolvesdrüzzel
lârten manege schüzzel
und manegen becher witen 1555
ze den sélben hôchzîten.
vor den knáben swant diu spise
in aller dér wîse
als ein wint vil dráte
si ab dem tische wâte. 1560
ich wæne ieglîcher æze
swaz im sin trúhsæze
von kuchen dár trûege.
ob der hunt iht nüege
nâch in ab dem beine? 1565
daz tet er vil kleine;
wan ez saget ein mán wîse:
«ieglich mensche sîner spise
unmâzen sêre gâhet
sô im sin ende nâhet.» 1570
dâ von gâhtens' umbe daz,
ez was ir júngéstez maz
daz si immer mêre gâzen
od frœlîche gesâzen.

Dô sprach diu brût Gótelint: 1575
«ouwê, lieber Lemberslint,

1544 *funden*, erkoren. — 1548—49 was man von der Küche zum Essen bekam, Gesottenes oder Gebratenes. — 1556 *hôchzîten* plur. statt sing. (Grimm Gr. IV, 286). — 1564 *nüege* conj. præt. von *nagen (nuoc, genagen)*. — 1568—69 *gâhen* mit gen., zu etwas eilen: ißt hastig, gierig; wir sagen heute von einem hastig, gierig Essenden: der Tod ißt mit ihm, eine Redensart, die auch Keinz anführt, die aber nach meiner Erinnerung weder auf «hoffnungslos erkrankte», noch etwa auf die Gegend unsers Gedichts beschränkt ist. — *unmâzen* adv. dat., über die Maßen. — 1572 *jungest*, letzt. — *maz* stn., Speise, Mahlzeit. — 1574 *gesitzen* mit acc. (oder Zeugma): bei der sie fröhlich saßen, die sie fröhlich sitzend aßen.

mir grûset in der hiute!
ich fürhte fremde liute
uns ze schaden nâhe sîn.
ey vater unde muoter mîn, 1580
daz ich von iu beiden
sô verre bin gescheiden!
ich fürhte daz mir wecke
die Lemberslindes secke
vil schâden und unêre; 1585
des fürhte ich vil sêre.
wie wol ich dâ heime wære!
mir ist der muot sô swære;
mînes vater armuot
næme ich michels baz für guot 1590
danne ich bin mit sorgen hie;
wan ich hôrte sagen ie
die liute algemeine
daz dém wurde kleine
der ze vil wélle. 1595
diu girschéit ze helle
in daz âbgründe
vellet von der sünde.
ich verdenke mich ze spâte.
ouwê daz ich nû sô drâte 1600
gevolget her mîm bruoder hân!
des muoz ich riuwic bestân.»
dar nâch vil schiere sach diu brût,
daz si dâ heime ir vater krût
het gâz ob sînem tische 1605
für Lemberslindes vische.

Dô si nâch dem ezzen
wârn ein wîle gesezzen
und die spilliute
enphiengen von der briute 1610
ir gâbe und von dem briutegomen,

1576 fg. *fürhten* constr. wie *wænen*, zu 1385, (oder acc. mit inf.?) —
1583 das Verbum im Sing. bei einem Subj. im Plur., wenn dies als eine
collective Einheit aufgefaßt werden kann, Grimm Gr. IV, 196 fg. —
1587 wie wohl wäre mir, wenn ich daheim wäre. — 1599 *sich verdenken*,
sich besinnen. — 1603 fg. *sach-daz*, sah derartiges dass. — 1606 *für*, lieber
als (zu Am. 23).
1609 Spielleute spielen bei Hochzeiten zum Tanz auf und produciren
allerlei Kunststücke, dafür werden sie beschenkt, DF. I², 392 fg. —

dar nâch zehánt sách man komen
den rihter sélpfünfte.
mit der sigenünfte
gesigetę er den zehen an. 1615
der in den oven niht entran,
dér slouf únder die banc.
ieglich für den andern dranc.
der ie viere niht enflôch,
des schergen kneht aleine in zóch 1620
her für bî dem hâre.
daz sage ich iu für wâre,
ein rehter diep, swie küene er sî,
slüege er eines tages dri,
daz er sich vor dem schergen 1625
nimmer mac erwergen.
sus wurden si gebunden,
die zehen, an den stunden
mit vil starken banden
von des schergen handen. 1630
Gótelint vlôs ir briutegewant.
bî einem zûne man si vant
in vil swacher küste.
si het ir beide brüste
mit hánden verdecket. 1635
si was unsánfte erschrecket.
ob ir ánders iht geschæhe,
der sage ez der daz sæhe.
got ist ein wunderære;
daz hœret an dem mære. 1640
slüege ein diep aleine ein her,
gein dem schérgen hât er keine wer:
als er den von verren siht,
zehant erlischet im daz lieht;
sîn rôtiu varwe wirt im gel. 1645
swie küene er ê wær' und swie snel,

1613 *selpfünfte* (flexionslos, vgl. Haupt), mit vier Gesellen, also er selbst
der fünfte. — 1614 *sigenunft* stf., Sieg, Triumph. *der* wird Germ. XXV,
409 als gen. pl. auf die vier Begleiter des Richters (gegenüber den zehn
Räubern) bezogen (vgl. Erec, Haupt² 6623 u. Anm.); kann aber *m. d. s.*
nicht einfach bedeuten «im Triumph»? — 1615 *an gesigen* mit dat., einen
besiegen. — 1622 *für wâre* vgl. zu 242. — 1626 *erwergen* (= *erwerjen*, Wein-
hold B. Gr. §. 178), wehren. — 1633 *swach*, schlecht, armselig. — *kust* stf.
(gen. dat. *küste*), Art und Weise wie etwas erscheint, Zustand. — 1638 zu
Am.'447. — 1639 *wunderære* stm., Wunderthäter. — 1645 *gel*, gelb, fahl. —

in væht ein lamer scherge.
sin snelheit und sin kerge
die sint im állé gelegen,
só got wil selbe der ráche phlegen. 1650

Nû hœret mæren sprüchen,
wie die diebe krûchen
für gerîhte mit ir bürden
dâ si erhangen würden.
Gotelint wart ungefreut, 1655
dô Lemberslint zwô rindes heut'
wurden an den stunden
ûf sînen hals gebunden.
sin bûrde was diu ringest.
dâ von truoc er daz minnest, 1660
durch des briutegomen êre.
die andern truogen mêr und mère,
ez truoc sîn geswîe
rûher hiute drîe
vor dem schergen; daz was reht: 1665
daz was Slintezgeu Helmbréht.
ieglich trúoc sîn diube mit im hin;
daz was des rihtérs gewin.

Dô wart vürspréchen niht gegeben.
der in lengen wil ir leben, 1670
dem kürze got daz sîne;
daz sint die wünsche mîne.

1649 die sind alle dahin.
1651 *hœren* mit dat., horchen auf etwas. — *mære* adj., der Rede werth, trefflich. — *spruch*, von schöner Darstellung: nun lauscht einer schönen interessanten Erzählung. «Der Dichter thut sich auf die folgende Darstellung etwas zu Gute, daher nennt er sie *sprüchen*». Haupt. — 1653 *mit ir bürden*: dem auf handhafter That ergriffenen Dieb (und ein durch Haussuchung überwiesener galt gleichfalls als offener Dieb) pflegte man das gestohlene Gut (*die diube* 1667) auf den Rücken zu binden und ihn so vor Gericht zu führen. RA. 637 fg.; Leyser Pred. 42, 3; Germ. XXII, 182. Unrichtig scheint mir R. Schröder a. a. O. 303 an eine schimpfliche Strafe zu denken und daher auf die «symbolische Procession» zu verweisen bei Grimm RA. 713 fg. — 1660 *dâ von*, darum, vorausdeutend auf 1661: aus ehrender Rücksicht für seinen Stand als Bräutigam. Einfluß persönlicher Verhältnisse auf das rechtliche Verfahren gegen den Missethäter ist dem altdeutschen Strafrecht überhaupt nicht fremd, RA. 658 fg. — 1663 *geswîe* swm., Schwager. — *sîn diube* zu 1653. — 1668 *des rihters gewin*: gestohlenes und geraubtes Gut aus dem Nachlasse Hingerichteter behält der Richter für sich, wenn es binnen Jahr und Tag niemand rechtlich anspricht. Ssp. H. II, 31. §. 2.
1669 *vürspreche* swm., Fürsprecher vor Gericht, Anwalt; gen. von *niht* abhängig: da wurde kein Anwalt gestattet. —

ich weiz den rihter sô gemuot,
ein wilder wolf, gæb' im der guot,
und erbîzze er allen liuten vihe, 1675
von der wârheit ich des gihe,
er lieze in umbe guot genesen,
swie des doch niht solte wesen.
der scherge dô die niune hie,
den einen er dô leben lie 1680
(daz was sîn zehende und sîn reht);
der hiez Slintezgeu Helmbréht.

  Swaz geschehen sol daz geschiht:
got dem vil selten übersiht
der tuot des er niht tûon sól. 1685
daz schein an Hélmbréhte wol,
an dem man den vater rach;
der scherge im ûz diu ougen stach.
dannoch wás der râche niht genuoc;
man rach die muoter, daz man sluoc 1690
im ab die hant und einen fuoz.
dar umbe daz er swachen gruoz
vater unde muoter bôt,
des leit er schande unde nôt.
do er sprách zúo dem vater sîn 1695
«waz sakent ir gebûrikîn?»
und sin múoter hiez «gunêrtez wîp»,
von den sünden leit sîn lîp

1673 *só gemuot*, so gesinnt. — 1674 fg. vgl. Vrld. 147, 19 fg. *hete der wolf pfenninge, er junde guot gedinge* (Gericht), *man lieze diebe und wolve leben, möhtens guot mit vollen geben*. — 1676 es ist wahr was ich sage. — 1681 zur Erklärung brachte schon Haupt (Zeitschr. IV, 579) den Bericht Fritz Closener's über die Belagerung der Burg Schwanau am Rhein (1333) bei, wo es, nachdem die Burg gebrochen ist, weiter heißt (Die Chron. d. deutschen Städte VIII, 99): *die von Strosburg gundent dem henker, daz er ein altes mennelin daz unschadeber was, zû zehenden nam*. Dies stimmt zu dem von R. Schröder (a. a. O.) aus dem Sachsen-, Deutschen- und Schwabenspiegel nachgewiesenen Grundsatz, daß der Frohnbote in ganz Deutschland das Recht habe, den zehnten Mann freizugeben.
  1683 sprichwörtlich: was vom Schicksal bestimmt ist, geschieht, ist unabwendbar; vgl. Zingerle, Sprichw., S. 50. 193; Erec 4800; GA. III, 70, 1020. — 1684 *übersehn*, nachsehen, durch die Finger sehen. — 1686 *schein* (præt. von *schînen*), zeigte sich, ward offenbar. — 1688 RA. 707. Bereits R. Schröder hat (a. a. O. 304) auf die Eigenthümlichkeit aufmerksam gemacht, «daß der Scherge in unserm Gedicht von seinem Recht nicht Gebrauch macht, um ein Lösegeld zu erheben, sondern um einen Akt besonderer Rache an dem Verbrecher zu üben.» — 1690 *daz*, dadurch daß. — 1691 gewöhnlich die rechte Hand und den linken Fuß. RA. 705 fg., umgekehrt Laurin 74 u. Anm. (DHB. I, 202. 278). — 1692 *swachen*, geringschätzigen (764 fg.). —

dise maneger slahte nôt,
daz im tûsent stunt der tôt 1700
lieber möhte sin gewesen
dan sin schämlîch genesen.

Helmbréht, der diep blinde,
schiet von Gotelinde
ûf einer wegescheide 1705
mit riuwe und mit leide.
den diep blinden Hélmbréht
brâht' ein stáp únd ein kneht
heim in sines vater hûs.
er behielt in niht, er treip in ûz, 1710
sine swære er im niht buozte,
hœret wie ér in gruozte.
«deû sal, her blinde!
dô ich was ingesinde
ze hove wilen (des ist lanc), 1715
dô lernte ich disen ántvánc.
gèt ir nû, her blindekin!
ich weiz wol, an iu mac gesin
swes ein blinder knabe gert.
ir sit ouch dâ ze Walhen wert. 1720
den gruoz sult ir von mir haben,
alsô grüeze ich blinde knaben.
waz touc langez téidínc?
got weiz, her blinder jungelinc,
die herberge ir mir rûmet. 1725
ist daz ir iuch sûmet,
ich lâze iuch minen frîmán
slahen daz nie blinde gewan
von slegen álsólhe nôt.
ez wære ein verworhtez brót 1730

1699 diese mannichfaltige Noth (die Stellung des Gen. wie beim Artikel Grimm Gr. IV, 397 fg. 412). — 1702 *schämelich*, schimpflich.
1711 er linderte (*büezen*, bessern, Schaden gut machen) ihm seine Noth (*swære*) nicht. — 1714 *ingesinde* swm., Diener. — 1715 *wilen* adv. dat., weiland, ehemals. — 1716 *antvanc* stm., Empfang. — 1717 *blindekîn*, ndd. Diminutivform von *blinde;* der Vater stimmt höhnend in den früher vom Sohne angeschlagenen vornehmen Ton ein (zu 718). — 1719 ich weiß wol, ihr habt alles, was ein Blinder verlangt. — 1720 *dâ ze Walhen*, dort in Wälschland. — 1723 *teidinc* stn., Verhandlung, zunächst gerichtliche, dann allgemeiner: wozu nützt langes Hin- und Herreden? — 1724 *h. bl. j.*, ähnl. Anreden Flore 4010 u. Anm. — 1725 *rûmen*, räumen, verlassen. — 1730 das Brot wäre verflucht (*verworht* part. von *verwürken*). —

daz ich hint mit iu verlür.
ir hebt iuch ûz für die tür!»

«Neinâ, hérre, lât mich betagen!»
sprach der blinde. «ich wil iu sagen
wie ich bin genennet; 1735
durch got mich erkennet.»
er sprach: «nû saget drâte.
zoget iuwer, ez ist spâte.
ir sult iu suochen andern wirt:
min hant mit gâbe iuch gar verbirt.» 1740
beidiu mit leide und mit schamen
seit' er dem vater sinen namen,
«herre, ich bin'z iuwer kint.»
«und ist der knabe worden blint
der sich dâ nante Slintezgeu? 1745
nû vorht ir niht des schergen dreu
noch alle rihtære,
ob ir noch mêr wære.
hei waz ir isens âzet,
do ir ûf dem hengste sâzet 1750
dar umbe ich gap miniu rinder!
unde kriechet ir nû blinder,
daz enwirt mir nimmer zorn.
mich riwet min lôde und min korn,
sit mir sô tiuwer ist daz brôt. 1755
und læget ir vor hunger tôt,
ich gibe iu nimmer umbe ein grûz.
ir sult iuch balde heben ûz
und tuot nimmer mêre
ze mir die widerkêre.» 1760

Dô sprach aber der blinde
«sit ir min ze kinde
geruochet nimmêre,
durch die gotes êre

1732 macht euch hinaus vor die Thür.
    1733 *betagen*, bleiben bis zum Anbruch des Tages. — 1738 *zoget iuwer*, beeilt euch. — 1740 meine Hand gibt euch gar nichts, zu Am. 1892. — 1743 zu 750. — 1746 *dreu* stf., Drohung. — 1749 fg. vgl. 410. 395 fg. — 1752 zu Am. 2433. — 1753 das kränkt mich nicht. — 1754 vgl. 390. 397. — 1757 *grûz* stn., Korn: nicht so viel wie ein Korn, nicht das geringste.
    1762—63 nachdem ihr mich nicht mehr zu euerm Kinde haben wollt. —

sult ir dem tiuvel an gesigen: 1765
lât mich als einen dürftígen
in iuwerm hûse kriechen;
swaz ir éinem armen siechen
welt geben in der minne,
durch got daz gebt mir hínne. 1770
mir sint die lántlíute gram:
leider nû sit ir mir sam.
ich enmác níht genesen,
welt ir mir ungenædec wesen.»

    Der wirt hônláchte, 1775
swie im sin herze krachte
(er was sin vérch únd sin kint,
swie er doch stüende vor im blint).
«nû fuort ir dwérhés die welt;
iwer méidem gíe níe enzelt, 1780
er dravete unde schûfte.
manec hérze von iu sûfte.
ir wâret sô ungehûr.
manic wîp únd gebûr
sint von iu habe worden fri. 1785
nû sprechet ob die troume dri
an iu sint bewæret.
noch hœher ez sich mæret,
daz iu wirt wirser danne wê.
ê der vierde troum ergê, 1790
hebt iuch balde für die tür.
kneht, sperre, stôz den rigel für;
ich wil hinaht hân gemach.
den ich mit ougen nie gesach,
den behíelt' ich unz an mînen tôt, 1795
ê ich iu gæbe ein halbez brôt.»
allez daz er het getân,
daz ítewîzt' ér dem blinden man.

1766 *ein dürftige* (swm.), der sich nicht selbst erhalten kann, ein Armer (Ben. zu Iw. 6403). — 1769 vgl. zu Am. 1183. — 1770 *hinne = hie inne.* 1777 *verch* von Blutsverwandtschaft: «sein Blut». — 1779 vgl. 418. — 1780 *enzelt*, im Paßgang (:celt). — 1781 *schûften* swv., galopieren. — 1782 *von iu*, durch euch, um euretwillen. — *süften* swv., seufzen. — 1783 *ungehûr* adj., schrecklich. — 1785 *habe* gen. abh. von *fri*: der Habe ledig. — 1786 vgl. 577 fg. — 1787 *bewæret*, wahr geworden. — 1788 «es kommt viel schlimmer noch», Schröder; vgl. zu 90. — 1790 vgl. 620 fg. — *ergê* (zu Am. 38), in Erfüllung geht. — 1793 *gemach*, Ruhe. — 1798 *itewîzen* swv., vorwerfen. —

er was gar sin schiuhe.
«sich, blinden kneht, nû ziuhe   1800
in von mir der sunnen haz.»
er sluoc den kneht: «nû habe dir daz.
dînem meister tæt ich sam,
wan daz ich mich dés schám,
ob ich blinden slüege.   1805
ich bin wol sô gefüege
daz ich'z kan vermîden.
doch mac ez sich verrîden.
des hebt iuch, ungetriuwer Rûz,
balde für die tür ûz,   1810
ich ahte niht ûf iuwer nôt.»
im gap diu muoter doch ein brôt
in die hant als einem kinde.
hin gie der diep blinde.
swâ er über vélt gie,   1815
dehein gebûre daz verlie,
er schrire in an und sinen kneht:
«hâhâ, díep Hélmbréht,
hetest dû gebouwen alsam ich,
sô züge man nû niht blinden dich.»   1820
alsô leit er ein jâr nôt
unz er von hâhen leit den tôt.

Ich sage iu wie daz geschach.
ein gebûre in ersach
dô er gie zuo einer frist   1825
durch einen walt um sine genist.
der gebûre kloup dâ wit,
andèr gebûren ouch dâ mit.
daz was eines morgens fruo.

1799 *schiuhe* stf., Scheuche, Schreckbild: er war ihm ein Schreckbild, «sah ihn mit Abscheu vor sich». Mhd. Wb. II, 2, 105ᵇ, 45 fg. — 1800 *blinden kneht*, vgl. 1708. — *ziuhe* (vgl. 242) *in der sunnen haz*, schleppe, führe ihn von mir weg, hin, wo ihn die Sonne nicht bescheint, zum Teufel; vgl. Grimm DM⁴. 16 u. NA. — 1802 *habe dir daz*, das nimm du. — 1803 *meister*, Herr. — 1808 *verrîden* stv., verdrehen: «doch kann es sich verkehren; es kann noch soweit kommen, daß ich ihn schlage». Haupt (vgl. Nith. 50, 1 u. Anm.). — 1809 *Rûz* (= *Riuse*, Reuße) «neunt der Vater den Sohn, weil er so wenig als von dem fremdesten Manne von ihm wissen will; s. Lachm. zu Walther s. 194» (180, I, 4 ed. Pfeiffer und Anm.). Haupt. — 1818 *hâhâ*, interj. des Lachens. — 1820. 1832 zu Am. 2453.

1826 *genist* stf., Unterhalt, Nahrung. — 1827 *kliuben* stv., spalten, abhaueu. — *wit* stm., Holz. —

dem hete Helmbreht eine kuo 1830
genomen von siben binden.
do er sách in alsô blinden,
er sprach zuo sinen holden
ob si im helfen wolden.
«entriuwen», sprach der eine, 1835
«ich zerre in alsô kleine
sam daz in der sunne vert,
ist daz mir in nieman wert.
mir und minem wibe
zôch er ab dem libe 1840
unser béidér gewant.
er ist min vil rehtez pfant.»
dô sprach der drítté dâ bî:
«ob sin eines wæren dri,
die wolte ich tœten eine. 1845
er vil únréine,
er brach mir úf mínen glèt
und nam daz ich dâ inne hèt.»
der vierde der den wít klóup,
der bídemt' vor gírde alsam ein loup; 1850
er sprach: «ich briche in als ein huon.
von allem rehte ich daz tuon.
er stiez min kint in einen sac
dô ez sláféndé lac.
ér wánt ez in ein bet. 1855
ez was naht dô er daz tet.
dô ez erwachete unde schrè,
dô schutte er'z úz án den snè.
sinen énde het ez dâ genomen,
wær' ich im niht ze helfe komen.» 1860
«entriuwen», sprach der fünfte,
«ich freu mich siner künfte

1830 fg. Zu Helmbreht's Missethaten an den Bauern vgl. Helbl. I, 536 fg. (bos. 630 fg.). — *eine kuo von siben binden*, «eine Kuh, die siebenmal gekälbert hat. Die Bezeichnung ist davon gekommen, daß sich an den Hörnern der Kuh beim jedesmaligen Kälbern ein Streifen oder Ring *(binde, jetzt bandl)* bildet.» Keins. — 1833 *holde* swm., Freund. — 1836—38 ich zerreiße ihn in so kleine Stückchen, wie die Stäubchen, die im Sonnenlicht fliegen, falls niemand ihn gegen mich vertheidigt. — 1842 vgl. zu 352. — 1844 ob drei solcher wären wie er allein. — 1847 *glét* stm., Vorrathkammer, Keller im Bauernhause (slavischen Ursprungs, mlt. cleda). — 1850 *bidemen* swv., beben, zittern. — 1851 sprichwörtlich (Haupt zu Erec² 5483, GA. II, 212, 104): «ich zerreiße *(briche)* ihn wie ein Huhn». — 1855 *want*, wickelte. — 1859 da hätte es seinen Tod gefunden. —

sô daz ich mines herzen spil
hiute an im geschouwen wil.
er nôtzógete mír min kint. 1865
wær' er noch drî stunt alsô blint,
ich sol in hâhen an den ast.
selbe ich im kûme enbrast
beide nacket unde blôz.
wære er als ein hûs sô grôz, 1870
ich wirde an im errochen,
sit er sich hât verkrochen
in disen walt sô tiefen.»
«dar nâher», si dô riefen
und kêrten alle rehte 1875
gegen Hélmbréhte.
dô si sich wol errâchen
an im mit slegen, si sprâchen:
«nû hüete der hûben, Hélmbréht!»
daz ir dar vor des schergen kneht 1880
het lâzen ungerüeret,
daz wart nû gar zerfüeret.
daz was ein griuwelïch dinc.
sô breit als ein pfénning
beleip ir niht beinander. 1885
siteche und galander,
spárwære und türteltûben,
die genâten ûf der hûben,
wurdèn gestréut ûf den wec.
hie lac ein lóc, dórt ein flec 1890
der hûben und des hâres.
gesagte ich nie iht wâres,
doch sult ir mir gelouben
daz mære von der houben,
wie kleine man si zarte. 1895
ir gesähet nie swárte
ûf houbete alsô kalwe.
sin reidez hâr daz valwe
sach man in swachem werde
ligen ûf der erde. 1900

1863 *spil* stn., Lust, Freude. — 1865 *nôtzogen* swv., nothzüchtigen. —
1868 *enbrast*, entrann. — 1874 *dar nâher* sc. *gât*, kommt näher, da herzu! —
1880 *daz* rel. mit part. gen. *ir.* — 1885 *beinander* = *bî einander.* — 1886 vgl.
18. *galander*, Haubenlerche. — 1895 vgl. 1836. — 1899 *in swachem werde*,
verachtet. —

daz wac si iedoch vil lihte.
si liezen in sîne bihte
den müedinc dô sprechen.
einèr begunde brechen
ein brósemen von der erden. 1905
dem vil gar unwerden
gap er si z'einer stiuwer
für daz hellefiuwer,
und hiengen in an einen boum.
ich wæné, des vater troum, 1910
daz er sich hie bewære.
hie endet sich daz mære.

 Swâ noch selpherrischiu kint
bî vater unde muoter sint,
die sîn gewarnet hie mite. 1915
begént si Hélmbréhtes site,
ich erteile in daz mit rehte,
in geschehe als Hélmbréhte.
ûf den strâzen und ûf den wegen
was diu wagenvart gelegen: 1920
die varent alle nû mit fride,
sit Hélmbréht ist an der wide.
nû seht ûf und umbe:
râte iu wol ein tumbe,
dem volgt und ouch des wisen rât. 1925

1901 *mich wiget* (*wegen* stv.) *lihte*, mir liegt wenig daran. — 1905 *brosme* swf., Brosame, Krume. Die Erde wurde im christlichen Mittelalter zum Symbol des Leibes Christi. In einer Wiener Handschrift (N. 121, 9. Jahrh.) der Origines des Isidorus heißt es in einer den Ausgaben fehlenden Stelle, die mir mein Freund J. A. Schmidt nachwies, XIV (= XII der Ks.; vgl. Endlicher Catal. I, 289), 1, 3 (Schluss nach *rentis*; Bl. 1ᵃ *fg.*): terra enim mystice plures significationes habet.... aliquando carnem domini salvatoris significat. Daraus erklärt sich der Glaube, daß Sterbende, denen kein Priester zur Seite steht, in einem Krümchen Erde (auch Brot oder Gras, Ulrich von Liechtenstein Frauend. 544, 1; Garin mhd. Wb. I, 263), nachdem sie entweder einem anwesenden Laien, wie hier und in Wolfram's Wh. 65, 10; 69, 11 (vgl. Reinaert 1439 fg., Reinke 1378 fg.), oder im Fall sie ganz allein sind, Gott gebeichtet haben (Liechtenstein a. a. O.), den Leichnam Christi empfangen können; vgl. Wolfd. B 912, 3. 4 (DHB. III, 299), Rabenschl. 457, 3 fg. (DHB. II, 262); Eckenlied 58, 7 fg. (DHB. V, 229). Den Glauben bestätigt auch Berthold von Regensburg, aber dagegen polemisierend 309, 9—16 (ed. Pfeiffer); vgl. Zeitschr. VI, 288. — 1907 *stiuwer* stf., Hülfe. — 1909 *und hiengen*, weil noch *si* aus 1902 als Subject vorschwebt. — 1910 zu 1790. —
 1913 *selpherrisch* (vgl. zu 421), die ihre eigenen Herren sein wollen, eigenmächtig. — 1917 *einem erteilen*, einem das Urtheil sprechen. — 1920 lag die Wagenfahrt, der Verkehr, darnieder. — 1921 *die* bezogen auf *wagen* in *wagenvart*.

waz ob Helmbreht nóch hắt
etewà junge knehtel?
die werdent ouch Helmbréhtel.
vor dén gíb ich iu niht fride,
si komen danne ouch an die wide.   1930
swer iu ditze mære lese,
bítet daz gót genædic wese
ím únde dem tíhtǽre,
Wérnhér dem gartenære.

1929 vor denen, behaupte ich, habt ihr auch nicht Frieden.

IV.

DER VERKÊRTE WIRT

VON

HERRANT VON WILDONIE.

VORBEMERKUNG.

Herrand von Wildonie, wie sich der Dichter der nachfolgenden Erzählung am Schlusse nennt, gehört einem der hervorragendsten Geschlechter der Steiermark an*), in deren älterer Linie das Truchseßamt erblich war, während zwei Sprößlinge der jüngern, Hertnit III. und IV., mit welchem 1325 der Mannsstamm erlosch, die Marschallwürde bekleideten. Noch heute sind auf dem Wildonerberg bei dem Markte Wildon, südlich von Gratz, die Trümmer der Stammburg zu sehen, deren Herren einst thätig in die Schicksale ihrer Heimat eingriffen. Auch Herrand II.**), der nach der Zeit, in der er urkundlich nachweisbar ist (1248—1278) und der Technik der unter seinem Namen überlieferten Dichtungen unter den drei Trägern dieses Namens (Herrand I., 1174—1222, ist entschieden zu früh, Herrand III., des II. Sohn, 1281—1292, doch wol zu spät) den begründetsten Anspruch hat, für den Dichter gehalten zu werden. Ulrich, unseres Herrand Vater, half die Herrschaft Bela's von Ungarn in der Steiermark begründen und Herrand selbst zog noch 1258 dem erwählten Erzbischof von Salzburg, Ulrich von Seckau, dem Verbündeten Bela's, gegen den bisherigen Besitzer des erzbischöflichen Stuhles, Philipp von Kärnthen, dem Vetter und Schützling Ottokar's von Böhmen, zu Hülfe; allerdings mußte er unterwegs, von einer Krankheit befallen, wieder heimkehren. Und bald darauf finden wir die Wildonier (zuerst am 10. März 1260 in Wien) in der Umgebung König Ottokar's, dem sie sich mittlerweile,

---

*) Vgl. K. F. Kummer, Das Ministerialengeschlecht von Wildonie (Archiv für œsterreichische Geschichte, LIX, 1, 177—322, auch in Separatabdruck, Wien 1879).

**) Kummer, S. 62 (238) fg.

wir wissen nicht aus welchem Grunde, zugewandt hatten.
Aber auch mit ihm gab es bald einen Conflict. Wir finden
Herrand, seinen jüngern Bruder Hertnit und den ihnen verwandten Dichter Ulrich von Liechtenstein unter den steirischen
Adelichen, welche Ottokar auf der Rückkehr von seinem
zweiten Zuge gegen die Preußen 1268 einer angeblichen Verschwörung halber verhaftete. Herrand saß 26 Wochen zu
Eichhorn gefangen und mußte seine Burgen Eppenstein, Premersburg und Gleichenberg ausliefern, von denen ihm nur die
erste ungebrochen verblieb. Diese Strenge bekam Ottokar
übel, als der Conflict zwischen ihm und Rudolf von Habsburg
ausbrach; bereits 1275 erschien Hertnit bei letzterm auf dem
Reichstage zu Augsburg und drängte zu raschem Vorgehen
gegen Ottokar, und auf dem Tage zu Reun (19. Sept. 1276)
ist Herrand unter der Zahl der steirischen Edlen, die sich
hier offen gegen Ottokar zu Gunsten Rudolf's erklärten.
Hertnit brachte die Kunde vom Aufbruch des Königs und
zog ihm entgegen, und während dieser Wien belagerte, eroberte Hertnit Neuwildon und Herrand zwang Eppenstein zur
Übergabe. Bald nach 1278, wo noch ein Vergleich zwischen
ihm und seinem gewaltthätigen Bruder Hertnit um streitige
Güter zu Stande kam, muß Herrand gestorben sein. Im
Jahre 1282 war er jedenfalls todt, da sein älterer Sohn Ulrich
bereits das Truchseßamt bekleidet.

Als Dichter lernen wir Herrand, abgesehen von drei von
der Pariser Liederhandschrift unter dem Namen Der von
Wildonie überlieferten Liedern, aus vier Erzählungen*)
kennen. Eine Fabel vom freienden Kater, die auch vom
Stricker behandelt ist, ausgenommen, gehören sie dem in unserer Sammlung vertretenen Kreise von Dichtungen an. «Die
getreue Gattin» erzählt von einer Frau, die ihren Gatten so
liebt, daß sie, als jener im Turnier ein Auge verloren und
daher nicht mehr zu ihr zurückzukehren wagt, sich selbst
ein Auge aussticht, um nichts vor ihm voraus zu haben.
«Der bloße Kaiser», ein sehr verbreiteter, angeblich auch
vom Stricker behandelter Stoff, schildert die Bekehrung des
hochmüthigen Kaisers Gorneus, indem er durch einen Engel,
der, während er im Bade ist, seine Gestalt annimmt und

---

*) Alles vereinigt in der Ausgabe K. F. Kummer's: «Die poetischen
Erzählungen des Herrand von Wildonie und die kleinen inneroesterreichischen Minnesänger» (Wien 1880); vgl. dazu meine Bemerkungen
Zeitschr. f. d. œsterr. Gymn. 1882, S. 215—228.

seine Geschäfte führt, zur Demuth und Gerechtigkeit zurückgeführt wird. Die beste meinem Gefühl nach ist die hier aufgenommene «Der betrogene Ehemann».

In Friaul lebt ein alter Ritter, der ein schönes junges Weib hat. Ein junger Ritter in der Nachbarschaft weiß ihre Gunst zu gewinnen, sodaß sie ihn unter den Erker des Schlosses bestellt, der auf Parkanlagen sieht. Ein Ring mit einer Schnur an ihren Fuß befestigt soll, wenn er daran ziehe, sie von seiner Anwesenheit verständigen. Der Ritter kommt in der Nacht, aber die Schnur geht über den Fuß des Ehemanns, der davon erwacht und nachspürend den ihm gespielten Streich erräth. Er ergreift den harrenden Ritter und ruft sein Gesinde. Die Frau, aus dem Schlafe aufgeschreckt, trifft die beiden ringend und erbietet sich, den Mann zu halten, bis ihr Gatte Licht geholt habe, um ihn zu erkennen. Der Gemahl übergibt ihr ihn und empfiehlt ihr bei ihrem Leben ihn festzuhalten. Sobald er aber weg ist, entläßt sie den Ritter und bestellt ihn in den Hof. Dann ergreift sie einen Esel bei den Ohren und weist ihn dem mit einer Fackel zurückkehrenden Gatten. Dieser schilt sie treulos und befiehlt ihr, schlafen zu gehen. Sobald er aber entschlafen, geht sie zu einer Gevatterin, bittet sie gegen Belohnung ihre Stelle bei ihrem Manne, mit dem sie einen kleinen Zwist habe, zu vertreten, und begibt sich dann zu dem ihrer harrenden Ritter. Die Gevatterin aber, die nicht zu sprechen wagt, um sich nicht zu verrathen, wird von dem Manne tüchtig geschlagen und zuletzt schneidet er ihr zum Wahrzeichen das Haar ab. Die Frau kommt zurück, tröstet sie und legt sich dann zu ihrem Manne. Erwacht macht er ihr Vorwürfe, sie aber leugnet den ganzen Vorfall ab und bringt ihm dadurch, daß sie ihren Leib frei von Spuren einer Misshandlung und ihr wallendes Haar unverletzt zeigt, den Glauben bei, er habe nur geträumt. Erschreckt redet er sich aus, er habe mit ihr gescherzt, muß aber, um sie zu begütigen, einen kostbaren Mantel versprechen. Bekannt ist die Geschichte worden durch die Gevatterin, der die Frau den ihr versprochenen Lohn vorenthalten.

Diese Erzählung ist ein lehrreiches Beispiel der reichen von Indien ausgehenden und durch die buddhistischen und semitischen Völker weit über Asien und Europa sich verbreitenden Novellendichtung. Wenn wir sie zurückverfolgen durch die verschiedenen Gestaltungen, die sie erfahren, so finden wir als letzterreichbare Quelle eine buddhistische, bisher in

IV. DER VERKEHRTE WIRT.

fünffacher Bearbeitung bekannte Novellensammlung, die fünf-
undzwanzig Erzählungen der Vetâla (Vampyr), in ältester Gestalt uns vorliegend in dem mongolischen Ssiddi-kür und Somadeva's Märchensammlung. Da wird von einer Frau erzählt, die nachts von ihrem Manne schleicht, um ihren Geliebten zu besuchen. Dieser ist entweder schon todt oder wird, ihrer harrend, von den Wächtern für einen Räuber gehalten und getödtet oder von einer Schlange gestochen und von ihr bereits todt oder im Sterben getroffen. Leidenschaftlich ihn umarmend, wird ihr entweder zufällig durch den zerspringenden kupfernen Löffel, mit dem sie ihm den Mund geöffnet, um ihm Speisen einzugeben, die Nasenspitze abgeschlagen, oder durch einen in die Leiche fahrenden Jakscha (bösen Geist) oder den in Zuckungen liegenden Sterbenden selbst abgebissen. Sie beschuldigt dann ihren Mann, sie verstümmelt zu haben, und dieser wird nur durch das Zeugniss eines Diebes, der im Hause hat stehlen wollen, oder der Wächter, die den Buhlen getödtet und sie belauscht haben, befreit, worauf die Frau an Leben oder Ehre gestraft wird. Hier gehört Schuld und Strafe noch der Frau allein an, eine Gelegenheitsmacherin kennt die älteste Fassung Ssiddi-kür gar nicht, Somadeva und die brahmanischen Bearbeitungen nur in untergeordneter Verwendung und nur die Hindibearbeitung nimmt einen Anlauf, ihr eine bedeutendere Rolle zuzuweisen, indem die Anklage des Mannes auf ihren Rath in Scene gesetzt wird.

Eine eigentlich in den Gang der Geschichte eingreifende Stellung gibt dieser erst die aus dem märchenhaften, gespenstigen, in den rein novellistischen Ton übergetretene Fassung, wie sie, aus einem gemeinsamen indischen Grundwerke stammend, im Pantschatantra (übersetzt von Benfey II, 38—46) und der arabischen Bearbeitung erscheint und durch Vermittelung griechischer, hebräischer und lateinischer Übersetzungen (namentlich Johannes von Capua) in die verschiedenen abendländischen Literaturen eingegangen ist. Hier wird die ungetreue Gattin eines Webers von ihrem heimkehrenden Manne, der ein Trunkenbold ist, überrascht, als sie eben zum Stelldichein sich begeben will. Er schlägt sie und bindet sie an einen Pfosten. Die Kupplerin, eine Barbiersfrau, kommt und fordert sie auf, zu ihrem Geliebten zu gehen und lässt sich für die Zeit an ihrer Stelle anbinden. Der Weber aber erwacht, redet sie an, und da sie auf mehrmalige Anrede keine Antwort gibt, um sich nicht zu verrathen, schneidet er ihr

im Zorn die Nase ab und legt sich wieder schlafen. Die
Webersfrau kehrt zurück und lässt sie heimgehen. Als ihr
Mann erwacht und ihr droht, ihr noch die Ohren abzuschnei-
den, ruft sie die Götter an, so wahr sie keusch sei, ihr ihre
Nase wiederzugeben. Als der Mann bei Licht ihre Nase wie-
der ganz, auf dem Boden aber den Blutstrom sieht, glaubt er
erschrocken an ein Wunder und sucht sie durch viele Lieb-
kosungen zu beruhigen. Die Barbiersfrau aber reizt daheim
ihren Mann, daß er ihr das Scheermesser nachwirft, und klagt
ihn darauf an, sie verstümmelt zu haben. Er wird aber durch
das Zeugniss eines Einsiedlers gerettet, der als Gast die Nacht
im Hause des Webers zugebracht und alles beobachtet hat.

Die Novelle hat im Orient und Occident mehrfache Nach-
ahmungen hervorgebracht. Die orientalischen, die ich nur aus
Benfey's Nachweis kenne, übergehe ich hier, und weise nur auf
die eine von ihm bemerkte Änderung hin, wonach das Schick-
sal der Vertrauten nicht weiter benutzt oder verfolgt wird,
wodurch eigentlich auch der Betrug der Frau hätte entdeckt
werden müssen, wie es im deutschen Gedichte auch ähnlich
ergeht. Diese Änderung scheint mir wichtig, da sie auch in
den abendländischen Nachahmungen erscheint und also wohl
auf einen irgendwie vermittelten Zusammenhang beider deutet,
den ich freilich nicht näher nachzuweisen vermag.

Unter den abendländischen Nachahmungen ist die älteste
die französische des Guerin (bei Barbazan und Méon IV, 393;
Auszug bei Le Grand, 3me éd., II, 340; Montaiglon IV, 67),
mit der im wesentlichen unser deutsches Gedicht stimmt, ohne
aber unmittelbar darauf zu beruhen, wie außer Herrand's
Worten V. 10—19 auch eine Reihe von Verschiedenheiten im
einzelnen zeigt. So fehlt im französischen die List mit der
Schnur, und der Buhle, der mit der Frau vorher im Hause
seiner Schwester verkehrt hat, schleicht nachts in ihr Schlaf-
gemach, wo er vom Manne ergriffen wird. Die Stelle des
Esels vertritt ein Maulthier oder ein Kalb. Als der Ehe-
mann sich betrogen sieht, jagt er die Frau weg, die sich zur
Schwester ihres Geliebten begibt, wo sie diesen trifft. Eine
Freundin (bei Le Grand ihre Magd) nimmt auf ihre Bitte
ihre Stelle bei ihrem Manne ein, der, erzürnt daß sie trotz
seinem Verbote sich in sein Haus gewagt, sie, wie bei Her-
rand, schlägt und ihr die Haare abschneidet. Darauf eilt diese
zur Frau, die sie begütigt und heimgeht zu ihrem schlafenden
Manne, unter dessen Kissen sie die Zöpfe findet, welche sie
mit einem abgeschnittenen Pferdeschwanz vertauscht. Der

Ausgang ist wie im deutschen, nur fehlt die Ausrede des Mannes, er habe gescherzt, der Mantel als Versöhnungsmittel, die Bemerkung, daß die Vertraute geplaudert habe.

An die Stelle der Nase in den orientalischen Versionen sind hier die Haare getreten*), und weiter ist die Geschichte von der misshandelten Stellvertreterin verbunden worden mit einer gleichfalls orientalischen Erzählung von der Substitution eines Thieres statt des ertappten Liebhabers, die von Benfey aus Çukasaptati fast ganz wie bei Guerin nachgewiesen ist und als Einzelerzählung die LXI. der Cent nouvelles bildet, worin es ebenso, wie bei Herrand, ein Esel ist, der untergeschoben wird, und durch den der Gatte, der den Buhlen seiner Frau schon in Gewahrsam zu haben glaubt, vor den zusammengerufenen Verwandten derselben beschämt wird. Benfey zieht auch die glänzende Novelle des Boccaccio von der List der Gattin Egano's (VII, 7) herbei, indessen fehlt hier doch der wesentlichste Vergleichungspunkt, die Substitution des Thieres, und Landau hat eine andere Quelle nachgewiesen (Quellen des Decamerone, S. 43).

Die wichtigste Neuerung der deutschen Erzählung gegenüber der französischen ist die Einführung der Schnur. Dadurch nähert sie sich der achten Novelle des siebenten Tages bei Boccaccio, die in ihrem Schlusse übrigens wieder mit der schon erwähnten Nummer der Cent nouvelles stimmt, die wahrscheinlich, wie schon Benfey vermuthet, von Boccaccio nicht unabhängig ist. Eine gemeinsame romanische Quelle für diesen und unser deutsches Gedicht setzt jener gleiche Eingang ohne Zweifel voraus, nur muß Boccaccio sie viel freier behandelt haben, er läßt gleich die Substitution des Esels fallen (die Magd als Stellvertreterin haben wir schon bei Le Grand gefunden, aber dieser dürfte hier geändert haben, Landau a. a. O. 45 und Anm. 50).

Herrand hatte keine schriftliche Quelle: er hat die Geschichte von seinem Verwandten und Freunde Ulrich von Liechtenstein erzählen hören und danach in Verse gebracht.

---

*) Verlust der Haare als schimpfliche Strafe kennt auch der Orient: in der Hindibearbeitung der Vetâlapantschavinçati (übersetzt von Lanceraux, Journal asiat. Série IV, XVIII [1851], 388 fg.) wird der ehebrecherischen Frau zum Schluß als Strafe bestimmt: «qu'on noircit le visage de cette femme, qu'on *lui rasât la tête* et après l'avoir fait promener ainsi par toute la ville montée sur un âne il (sc. le roi) la fit mettre en liberté.» Es war kein glücklicher Einfall von der Hagen's, bei dieser entlehnten Fabel an die altdeutsche Strafe des Haarabschneidens bei Tacitus zu erinnern.

Woher dieser sie hatte, können wir natürlich nicht ermitteln. Zu beachten ist, daß wir die Geschichte bereits in Friaul localisiert finden: sie lief, obwol ohne Frage auf literarischem Wege dahin gelangt, vielleicht schon länger mündlich um und verbreitete sich so oder auf schriftlichem Wege in die nahen deutschen Länder. Möglicherweise könnte Ulrich auf einer seiner Fahrten sie selbst gehört haben.

Eine vermittelnde Stellung zwischen Herrand und Boccaccio nehmen die beiden von Ad. von Keller (Erzählungen aus altdeutschen Handschriften, S. 310. 324) herausgegebenen Gedichte des 15. Jahrhunderts ein, von denen das zweite, wie mehrfach wörtliche Anklänge beweisen, eigentlich nur eine verkürzende Bearbeitung auf Grund des ersten ist. Die Schnur haben diese mit Herrand und Boccaccio gemein, sie stimmen in diesem Zuge aber mit letzterm insofern genauer als mit Herrand, als der Ehemann die Schnur zufällig eher bemerkt als der bestellte Liebhaber kommt, und sie von der Zehe seines Weibes losbindet und an seiner eigenen befestigt. Daß sie aber nicht etwa von Boccaccio abhängig sind, zeigt die Substitution des Esels, die sie mit Herrand gemein haben. Die Rolle der Gevatterin oder Magd ist nicht sehr geschickt einem alten Weibe übertragen. Der Schluß stimmt wieder genauer zu Boccaccio als zu Herrand. Der ganze Liebeshandel aber spielt hier zwischen einem Pfaffen und einer Bäuerin, und dem entsprechend ist der Schluß durch eine Fortsetzung erweitert, die ich hier nicht weiter verfolge. An die Beschämung des Ehemannes vor den von ihm zusammengerufenen Verwandten schließt sich nämlich noch die Besegnung des für verrückt und besessen ausgegebenen durch den Pfaffen, zu dem man ihn unter Absingung des Kyrie cleison getragen, und die Heilung durch seine Frau.

Die Geschichte von der stellvertretenden Freundin findet sich übrigens noch mit einem andern Eingang verbunden französisch und deutsch. Ziemlich primitiv ist die Verbindung in einem offenbar nach einem französischen Vorbild abgefaßten deutschen Schwank, wo die Frau eines Reihers wegen, den der Mann für Gäste bestimmt, sie aber mit einer Gevatterin aufgegessen hat, den Zorn des Mannes vermeidet und diese Gevatterin substituirt, die dann für sie büßt. Passender ist in der XXXVIII. der Cent nouvelles an die Stelle der Gevatterin ein Liebhaber getreten, dem eine vom Gatten gekaufte Lamprete mitgetheilt wird und die Strafe des Haarabschneidens fallen gelassen, die doch nur passt, wo der

Mann einen Ehebruch zu strafen meint. Auch sonst findet sich die Substituierung einer andern statt der Gattin noch öfter, entweder um einen Fehltritt zu verdecken (Brangœne statt Isôt im Tristan, 12440 fg.) oder die Tugend vor einem zudringlichen Verführer zu retten, der dann der Substituierten zum Wahrzeichen den Finger abschneidet, in dem von Benfey passend mit dem Namen der «geprüften Frau» bezeichneten Novellenkreis. Über all diese Darstellungen und Nachahmungen verweise ich auf Benfey's Ausführungen in der Einleitung zu Pantschatantra (I, 140—147), wo auch die weitern Nachweisungen zu finden sind, wozu ich noch das schon genannte Werk Landau's (S. 45. 48) hinzufüge.

Âventiure swer die seit,
der sol die mit der wârhéit
od mit geziugen bringen dar.
ob ez ein hübscher habe vür wâr,
sô wil liht' ein unhübscher jehen,   5
éz enhábe niemán gesehen:
sus getânez striten
wil ich an disen ziten
zevüeren mit der wârhéit;
wan mir ein ritter hât geseit   10
dise âventiure,
des lip ist sô gehiure
und an êren sô volkomen,
swaz ich hân von im vernomen,
daz ich daz mit êren mac   15
wol breiten an den liehten tac:
her Uolrîch von Liehtenstein,
der ie in ritters êren schein,
sagt' mir ditze mære,
daz ein ritter wære   20
ze Friûl gesezzen;
und hât er sîn vergezzen,
daz er in mir niht hât genant,
sô tuon ouch ich'z iu niht bekant.

---

1 Zum Eingang vgl. Iwein 1039 fg. und, worauf Kummer hinwies, Berhte mit der langen Nase 1 fg. (Altd. Bl. I, 105). — *Aventiure* (franz. *aventure* von *adventura*) stf., (wunderbare, ungewöhnliche) Begebenheit, dann der Bericht davon, die Erzählung (J. Grimm, Kl. Schr. I, 82 fg.). — 2 *wârheit* wurde nach lat. *veritas* zunächst von der Bibel (Heinzel zu Heinr. v. Melk Erinn. 254), dann überhaupt von der beglaubigten rechten Quelle gebraucht (J. Grimm a. a. O. 86). — 3 *dar bringen*, vorbringen. — 9 *zevüeren*, schlichten, beenden. — 12 *gehiure*, vertraut, Vertrauen einflößend. — 14 fg. zur Satzstellung vgl. zu Am. 3. — 16 *breiten* swv., verbreiten. — 18 derselbe Vers Iwein 4718, Wigalois 13, 18. 38, 7 u. ö. —

der selbe ritter het ein wîp, 25
diu het ein sô schœnen lip,
daz si was guot ze sehen an:
dâ bi was vil alt der man.
sin hof an einer ebene lac,
dâ hinder was ein schœne hac, 30
ûz gegen dem hage ein ärker gie,
dâ er des nahtes ruowe enpfie.
nu was gesezzen nâch bi in
ein ritter, der het sinen sin
gewent an ditze schœne wip. 35
dem selben ritter was der lip
ze solhen dingen wol gestalt,
des er niht gegen ir engalt.
nu er gedienet het sô vil,
daz diu vrouwe im gap ein zil, 40
wie si im lonen wolte,
der ritter gerne dolte
disiu mære, wan er nie
sô rehte guotiu mære enpfie.
der bote sprach: «min vrouwe iu hât 45
enboten daz ir lise gât
hin zuo dem hûse und in dem hage
wartet unde vor dem tage
gâhet under'n ärkêr,
dâ vindet ir nâch iuwer ger 50
an einer snuor ein vingerlin
hangent, daz diu vrouwe min
hât gebunden an ir vuoz.
daz ziehet: al ze hant si muoz
sin werden inne, daz ir sit 55
hie unt kumt iu an der zît.»

Der ritter sleich hin bî der naht.
als sin diu vrouwe het gedâht,
er vant snuor und daz vingerlin
hangen nâch dem willen sin. 60

---

30 *hac* stn., umfriedeter Park. — 32 *ruowe* stf., Ruhe: wo er nachts schlief. — 35 *wenen* swv., gewöhnen. — 38 darum kam er bei ihr nicht zu Schaden, ironisch: das half ihm bei ihr. — 40 *gap ein zil*, eine bestimmte Weisung gab. — 42 *dolte*, ließ sich diese Kunde gerne gefallen. — 50 *ger* stf., Begehren, Wunsch. — 51 *ringerlin* stn., Fingerring. — 56 und kommt sofort zu euch.
58 wie die Frau das (gen. *sin*) ausersonnen hatte. —

dâ greif er zuo unt zucte dar.
nu wart der wirt der snuor gewar,
wan sî im gie über ein sin bein;
dô in daz twanc, er wart enein,
er wolte wecken niht sin wip, 65
und doch besëhen waz im den lip
besiffelt'. stille greif er dar;
nu wart er schiere des gewar,
wâ diu snuor gebunden was;
die selben snuor er alles las 70
unz an ein ende in sin hant.
dô er daz vingerlin dâ vant,
dô erschrac sin alter lip;
er dâht': «ez wil niht wol min wip.»
vor leide im viel daz vingerlin 75
unwizzent von der hende sin.
er spranc ûf von dem bette sin
und lief dâ er ein türelin
wiste gênde in daz hac.
der ritter, der dâ wartens pflac, 80
gedâht': «ez ist diu vrouwe min»,
dô er daz kleine türelin
hôrte ûf gân, er gâhte dar.
der wirt erwischte in bî dem hâr
und schrê nâch dem gesinde sin. 85
der gast gedâht': «wer ich mich din,
sô kumt diu vrouwe min in wort,
sô bin ich an den êren mort.
ich hân mich schiere dir benomen,
du bist âu' swert und mezzer komen: 90
sô hân ich bî mir min wer,
dâ von hân ich dir überher.»
von des wirtes ruof erschrac
diu vrouwe, diu vor slâfes pflac
si zucte balde an sich ir wât 95

---

61 *zücken* swv. rasch anziehen. — 63 *ein sin bein*, zu Bl. 55. — 64 *twingen*, drücken, beunruhigen. — *enein werden*, mit sich eins werden. — 67 *besiffeln* swv., über etwas hingleiten. — 70 *lesen* stv., auflesen, auffassen. — 76 *unwizzent*, ohne daß er davon wußte, unwillkürlich. — 80 *wartens phlac*, wartete (zu Am. 1414). — 86 *din*, gegen dich. — 87 *in wort*, vgl. zu Am. 432. — 88 *mort* adj. (franz. Lehnwort), todt. — 89 *dir benomen*, von dir losgemacht, befreit. — 91 *wer* stf., Waffe. — 92 *überher* stn., Übermacht: dadurch bin ich dir überlegen. — 93 *erschrac*, fuhr auf (aus dem Schlafe). —

IV. DER VERKÉRTE WIRT.

und dâhte: «ouwê, mîn man der hât
disen ritter vunden hie.»
si lief, niht blîde si dar gie,
und spranc zę in beiden in daz hac.
iezuo der obe, der under lac.   100
si sprach: «wie nu, waz sol daz sîn?
vil lieber wirt, bedarft du mîn?»
er sprach: «dâ wiste ich gerne wer
diser wære, der mir her
ist bekomen ûf mînen schaden.»   105
si sprach: «des wirst du lîhte entladen,
gip mir in her und brinc ein lieht:
und gib ich dir hin wider nieht
swaz du mir gist in mîne hant,
sô habe mîn houbet dir ze phant.»   110
der wirt gedâht': «lâz' ich sî gân
dâ hin, dâ mêr dan zehen man
ligent, unde zünden lieht,
ich wæn' mêr schaden dâ geschiht
danne von dem einen hie.»   115
er sprach: «nemt hin und merket wie
ich iu bevilhe disen man:
und lât ir'n, sô sît ir dar an
schuldic, daz er her ist komen,
sô wizzet daz iu wirt benomen   120
hie der lîp an sîner stat.»
diu vrouwe sprach: «swaz ir mir lât,
daz wil ich iu hin wider geben,
ode ir nemet mir mîn leben.»
er gap in ir und lief dâ hin   125
nâch einem lieht, daz was sîn sin.
der ritter sprach: «ich bin her komen
iu leider, vrouwe, niht ze vromen.»
diu vrouwe sprach: «gêt, wartet mîn,
hin in den hof.» «des mac niht sîn»,   130
sprach der ritter, «schœne wîp,
nu habt ir vür mich iuwern lîp
gesat: ê dan ich den verlür,
den tôt ich ê mit willen kür.»

---

98 *blîde*, froh. — 103 *dâ* leitet Antworten und erläuternde Sätze ein. — 117 *bevilhe*, anvertraue. — 118 *und*, und zwar. — *lân*, loslassen. — 128 *vrome* swm., Vortheil: nicht zu euerm Besten. — 133 *gesat* (zu Am. 975), zum Pfande.

IV. DER VERKÉRTE WIRT.

si sprach: «nu sorget niht um mich.» 135
er kust' si: «got der segene dich!»
waz si dô tet, daz weiz ich wol
und weiz wie ich'z iu nennen sol:
wan einen esel, den si vant,
den nam diu vrouwe sâ ze hant 140
bi sinen ôrn und habte in.
nu hât daz kunter sölhen sin,
daz ez im niht wol gezimt,
swer ez bi den ôren nimt.
daz kunter hinder sich dô gie, 145
daz hac enwart sô dicke nie,
ez endente sich dar in.
si dâht': «und lâz' ich dich, sô bin
ich schuldic gar umb' disen man,
wan ich dich wil ze worte hân.» 150
dôrn nézzel manec ast
was dâ niht der vrouwen gast,
wan si ir nâhen wâren bi.
aller kleider wart si vri.
dô diu vrouwe wart gar blôz, 155
von bluote ir schœner lip hin gôz.
inne des lief zuo der wirt,
unlange het er sich verirt,
dô brâht' er ein pühel grôz,
diu bran. die vrouwe des verdrôz, 160
daz er sô lange was gewesen.
diu vrouwe schrê: «ich mac genesen
niht, ir ungetriuwer man,
von dem, daz ir mir habt verlân.»
nu lief er blâsende, im was gâch, 165
dâ er sin wip in nœten sach.
er wolt' ir helfen: dô er vant
ditze kunter in ir hant,

---

139 *wan (wande)* begründend und erklärend: nämlich. — 142 *kunter*, Geschöpf. — *sin*, Charakter, Art. — 145 *hinder sich*, zurück. — 146 *hac*, die Einfriedigung; vgl. 151. — 147 *denen* swv., ziehen, schleppen: die Dichtigkeit der Einfriedigung hinderte es nicht, sich hineinzudrängen. — 150 *wan*, sondern, vielmehr; in dem Vorausgehenden (148 fg.) liegt der zu ergänzende Gedanke: das thue ich aber nicht; indessen *wan* könnte vielleicht auch begründend *(wande)* gefaßt werden. — *ze worte*, zur Rechtfertigung, Ausrede. — 152 *gast* stm., fremd, unbekannt. — 156 ihr Leib troff von Blut. — 159 *pühel* stf., Fackel aus Spänen. — 161 daß er so lange ausgewesen war. — 165 *blâsende*, keuchend. —

IV. DER VERKÊRTE WIRT.

dô erschrac er unde sprach:
«ouwê, daz ich iuch ie gesach!» 170
er sprach: «war ist komen der man?»
si sprach: «nu seht daz ich hie hân,
daz ir mir gâbet in mîn hant,
sô ir dem tiuvel sît bekant.»
er sprach: «gât slâfen, ich weiz wol, 175
daz ir sît bœser untriuwen vol.»

Der wirt gienc slâfen, und sîn wîp
was vor dem bette; schier' sîn lîp
entslâfen was; diu vrouwe gie,
dô si in sach sus müeden hie, 180
hin in den hof und bat ein wîp,
der gevater was ir lîp;
si sprach: «gât zuo dem wirte mîn
und sizzet vür daz bette sîn;
ret er mit iu, sô swiget ir: 185
ich kum iu, daz geloubet, schier'.»
si sprach: «was habet ir getân,
daz ir niht selber welt dar gân?»
diu vrouwe sprach: «ein zornlîn
ist zwischen uns; nu lât daz sîn. 190
ob er iuch slahe, des ist vil,
daz selbe ich widerdienen wil,
ich wil iū geben ein halp pfunt.»
si dâht': «und wirde ich von im wunt,
daz würde mit dem halben heil; 195
die andern werdent mir ze teil.»
si gienc hin und saz hin vür,
unt tet vil lîse zuo die tür.
diu vrouwe disem ez wól bôt:
wes si dâ pflac, des ist unnöt, 200
daz ich daz ieman tuo bekant.

Der wirt erwachte. dô er vant
sîn wîp niht an dem bette sîn,
er sprach: «welt ir noch spotten mîn?»

---

174 betheuernd: so wahr ihr dem Teufel verfallen seid.
180 *müeden*, zu Am. 2453. — 184 *sitzet*, setzt euch. — 189 *zornlîn*, kleiner Zwist. — 192 *widerdienen*, vergelten durch Gegendienst. — 193 *ein halp pfunt* sc. *phenninge*; so erklärt sich dann 196 *die andern*. — 199 *disem*, dem Ritter, den sie (129 fg.) in den Hof bestellt. — 200 *unnöt* stf. mit gen., es ist unnöthig.

si sweic. er sprach: «nu legt iuch her.» 205
si sweic. den rigel zucte er
und leget' si vür sich unde sluoc,
unz in selber dûhte genuoc.
er leget' sich nider unde pfnach.
aber er zorniclichen sprach: 210
«get ir niht her, iu mac geschehen,
daz ir ungerne müget sehen.»
diu arme dâhte: «und melde ich mich,
sô ist verloren gar swaz ich
leides hie erliten hân, 215
und muoz des guotes abe gestân,
daz man mir git: Unsælde hât
mich brâht an dise veigen stat.»
er sprach: «und welt ir niht zuo mir,
sô kum ab ich iu sô daz ir 220
mich gerne wisset anderswâ.»
er nam den selben rigel dâ
und sluoc ir manegen grôzen slac.
er sprach: «sô ez nû werde tac,
sô jeht, ich habe iuch niht geslagen: 225
ein wortzeichen sult ir tragen,
daz muoz bewæren mir den man,
den ir valschlich habt verlân.»
die armen er zen vüezen swanc,
unt zucte ein mezzer daz was lanc, 230
und sneit ir ab ir schœne hâr
oberhalp der ôren gar.
er sprach: «ich bin ân' angest zwâr',
daz ir iu müget ein ander hâr
gemachen, als ir ûz dem man 235
einen esel habt getân.»
nu het sô sêre sich erwegen
der wirt, dô er sich wolte legen,
daz er hin viel reht' vür tôt.

206 *rigel* stm., Querholz, zum Verschluß der Thür. — 209 *pfnehen* stv., blasen, schnauben. — 213 *melde*, verrathe ich mich (indem ich spreche). — 216 *abe gestân* m. gen., verzichten auf etwas. — 217 *Unsælde*, das personificirte Unglück (DM.⁴ 731. NA. 267 und zu Am. 2053). — 218 *veige*, hier activ (vgl. WM. 408): Tod oder Unglück bringend, unselig, verwünscht. — 226 *wortzeichen*, Wahrzeichen. — 227 *bewæren*, bestätigen, bezeugen. — 228 *valschlich* adv., treulos. — *verlân*, freilassen. — 229 *swingen* stv., schleudern. — 236 *getân*, zu Am. 53. — 237 *erwegen* stv. (*erwige, erwac, erwâgen, erwegen*), erregen.

IV. DER VERKÊRTE WIRT.

    Diu vrouwe ez wol ir vriunde bôt   240
und gap im urloup und gie hin
wider zuo dér kemnâten in.
si sprach: «gevaterin, ir sult gân,
ich wil ouch triuten minen man.»
diu arme sprach: «daz triuten min   245
mac wol gên im verloren sin;
ich'n weiz, waz ir im habt getân,
ich hân vür iuch ein buoze enpfân,
der ich gedenken immer mac:
sô manegen ungehiuren slac   250
het, ich wæn', nie wip erliten.
dar zuo hât er mir abe gesniten
min schœne hâr.» diu vrouwe sprach:
«swer niht lidet ungemach,
dem wart nie mit gemache wol: 255
billîch ich iuch ergetzen sol.»
diu arme gienc ze ir kinden wider.
diu vrouwe smucte sich dar nider
zuo irem wirte lise gar.
vor müede wart er niht gewar   260
daz in daz vil karge wip
twanc vil nâhen an ir lip
unt twanc ir wange an daz sin.

    Dô hôhe ûf kam der sunnen schin,
der wirt erwachte und sach si an.   265
er sprach: «hiet ir daz ê getân,
sô möhtet ir mit ruowe sin.»
si sprach: «was meinstu, herre min?»
«ich mein', daz ir vil bœsez wip
mir habt beswæret minen lip.»   270
«mit welhen dingen, herre min?»
er sprach: «wâ ist daz vingerlin,

---

    241 *gap im urloup*, entließ ihn, verabschiedete sich von ihm. — 244 *triuten* swv., liebkosen. — 254—55 (sprichwörtlich?) wer nicht Ungemach erduldet, der hat auch nie das Wohlthuende behaglicher Ruhe erfahren. — 256 *ergetzen*, entschädigen. — 258 *smücken* swv., schmiegen. — 259 flectiertes *ir*, seit dem 11. u. 12. Jahrh. belegbar, wird in Herrand's Zeit häufiger (Weinhold, mhd. Gr. §. 463) und ist in den Liedern des Wildoniers (8, 7) durch den Vers gesichert.
    264 *ûf kam*, emporgestiegen war. — 266 *hiet* (gekürzt aus *hietet*), dialektische Form des Præt. von *hân*. — 267 so hättet ihr wol in Ruhe liegen mögen. — 270 mich betrübt, beleidigt habt. —

daz an iuwer snüere was
gehangen abhin ûf daz gras
und gelegt an iuwer zêhen? 275
nu welt ir mir daz ab ervlêhen,
daz ich vergezze sölher tât,
die iuwer lip begangen hât.»
si sprach: «zwiu het ich daz getân?»
«dâ het ir einen vremden man 280
heizen komen in daz hac;
diu snuor ûf mînem beine lac:
dô er ziehen die began,
dô kam ouch ich, den selben man
begreif ich nâch dem willen mîn 285
bî hâre und den ôren sîn.»
si sprach: «war tâtet ir den man?»
«ir gewunnet mir in an,
alsô daz iuwern valschen lip
ich immer hazze, bœsez wîp!» 290
«sit ich in iu an gewan,
nu war hân ich in getân?»
«dâ gâbet ir vil valschez wîp
mir mînen esel vür sînen lip,
den hieltet ir bî sînen ôren. 295
habt ir mich vür einen tôren,
dâ bin ich iu doch zuo ze grâ.»
si sprach: «waz tâtet ir mir dâ?»
«daz ist an iuwerm rucken schîn.»
si sprach: «seht ir die slege mîn, 300
sô sult ir haben ez vür wâr.»
si endâcte sich. dô sach er dar.
si sprach: «ist schœn' der rucke mîn,
sô mágez iu wól getroumet sîn.»
er sprach: «nu zeiget iuwer hâr.» 305
«war umbe?» «dâ hân ich'z iu gar
abe gesniten.» «jâ, ir helt!
und habt ir mich dar zuo erwelt,
daz iu von mir troumen sol
daz mînen êren stât niht wol?» 310
er sprach: «ir lât'z ungerne sehen.»

---

274 *abhin* adv., hinunter. — 284 *ouch*, jedoch (zu Am. 777). — 299 das ist
an euerm Rücken zu sehen. — 302 *endecken*, entblößen. — 303 *schœne*, heil,
unverletzt. — 308 habt ihr mich dazu auserkoren?

si sprach: «und ist es niht geschehen,
sô sît ir gar âne sin,
sô wizzet daz ich immer bin
iu gehaz und wil ez klagen 315
dar zuo allen minen mâgen.»
er sprach: «den zorn welt ir hân
dar umb' ich müez' ez iu verlân:
wizzet, sin mac niht geschehen,
ich'n müez' iuch schône gestrælet sehen.» 320
si sprach: «welt ir sin niht enbern,
sô lâz' ich iuch ez sehen gern':
sô hân schône gestrælet ich
gên im, mit dem ir zihet mich.»
si brach ir risen ab in zorn 325
und sprach: «hân ich min hâr verlorn,
daz ist dem leit, durch den ich'z tragen
wil an den næhsten viretagen.»
nu was der vrouwen hâr sô lanc,
daz ez ir ûf diu hüffel sprang. 330
der wirt erschrac und dâhte: «ich bin
unsælic und gar âne sin.
wes hân gezigen ich min wîp?
ez ist billîch daz mir ir lîp
nimmer mêre werde holt, 335
daz hân ich wol gên ir verscholt.
wâfen, wie ist mir geschehen!
und het ich selber niht gesehen
ir schœnen lîp, ir schœne hâr,
ich wolte wænen ez wære war.» 340
er sprach: «liebe vrouwe min,
nu lâzet iuwer zürnen sin,
wan ich mit iu geschimpfet hân.»
si sprach: «des sult ir mich erlân,
daz ir die schimpfe mit mir hânt, 345
die mir an mîn êre gânt:
nu suochet iu wîp sô gemuot,

---

313 *âne sin*, wahnsinnig, toll. — 317—318 ihr ereifert euch, geberdet euch aufgebracht darüber, damit ich es euch nachsehen *(vertân)* soll. — 324 in Erwartung dessen, für den, mit dem ihr mich beschuldigt. — 325 *ab brechen*, herabreißen. — 328 *viretac* stm., Feiertag. — 330 *hüffel* dim. zu *huf* stf., Hüfte. — *sprunc*, herabwallte. — 336 *verscholn (versoln)*, verschulden, verdienen. — 343 *schimpfen*, scherzen. — 345 *die schimpfe*, derartige Scherze. —

die solhe schimpfe hân verguot.»
er sprach: «liebe vrouwe min,
von samit oder von baldekin 350
gib ich iu einen mantel guot,
daz ir lât iuwern zornes muot.»
si sprach: «nu si durch iuch getân;
ir sult's ab vürbaz mich erlân.»

Nu möhte wir des wizzen niht, 355
von welhen dingen diu geschiht
wære geschehen, wan daz wîp,
der zerslagen wart der lip,
diu saget' ez durch solhen muot:
diu vrouwe wolt' ir niht daz guot 360
geben, daz si ir het benant:
dâ von wart uns daz mære bekant.
der iuch der âventiure mant,
der'st von Wildonje Hérránt.

---

348 *verguot* = *vür guot*. — 350 über *samít* (wahrscheinlich doch von unserm Sammt verschieden) und *baldekín*, ein Gewebe von Gold und Seide aus Baldac (Bagdad), vgl. DF. II², 253. 249; Schultz I, 259. 253. — 353 nun sei es um euertwillen.
356 *von welhen dingen*, weshalb. — 357 *wan*, aber. — 361 *benennen*, zusagen, versprochen. — 363 *manen* mit gen., aus der Bedeutung «erinnern», «gedenken», ist hier die des «Erzählens» abzuleiten.

V.

DER WINER MERVART

VON

DEM FREUDENLEEREN.

VORBEMERKUNG.

Zu Wien in Œsterreich saßen einst reiche Bürger auf einer Laube beim Weine zusammen. Als es Abend geworden und sie bereits die Wirkung des Weines erfuhren, forderte sie einer darunter auf, eine Kreuzfahrt übers Meer zu unternehmen. Alle stimmten zu und ließen Speise und Trank in Fülle für die Fahrt herbeibringen. Unter Gesang und Gespräch ward es Mitternacht, und sie glaubten schon, das Schiff betreten zu haben und auf dem Meere zu fahren. Da ihnen vom Weine ihr Sinn immer mehr schwand und sie zu taumeln begannen, meinten sie, ein Sturm treibe das Schiff schwankend hin und her, und flehten zu Gott um Rettung. Da sah einer von ihnen einen Bürger unter einer Bank liegen, und in der Meinung, das sei ein todter Pilger, um dessentwillen das Meer so stürme, räth er den andern, ihn schleunigst über Bord zu werfen. Die Übrigen stimmen ein und trotz all seinem Rufen und Bitten werfen sie ihn aus einem Fenster mitten auf die Straße, sodaß er Arm und Bein bricht. Dann tranken sie erfreut über die Rettung wacker fort bis an den Morgen. Da kamen die Nachbarn, die den Lärm gehört hatten, und machten ihnen Vorwürfe. Die Trunkenen aber erzählten ihnen von der Meerfahrt, dem Sturm, den sie bestanden, und wie sie den Todten über Bord geworfen hätten. Die Nachbarn eilten diesem zu Hülfe, die Freunde desselben kamen herbei, und nur der Dazwischenkunft der Besonnenern war es zu danken, daß eine Sühne zu Stande kam, indem die vermeintlichen Kreuzfahrer, nachdem sie ihren Rausch ausgeschlafen, dem Beschädigten 200 Pfund zur Buße bezahlten.

Der Dichter dieses Schwankes, der zwar ebenso wenig wie einzelne Streiche des Pfaffen Âmîs von einer gewissen Roheit der Empfindung freizusprechen, sonst aber lustig genug ist, stammt, wie die Reime seines Gedichts beweisen, aus Mitteldeutschland. Er nennt sich (V. 45) den Freudenleeren, ein angenommener Dichtername, wie wir sie bei den fahrenden Sängern finden. Er selbst berichtet, daß er Wien aus eigener Anschauung kenne und daselbst von dem Burggrafen Hermann von Dewin die Geschichte erzählen hörte. Wie er nach Wien und mit diesem Hermann in nähere Berührung kam, darüber läßt er uns im Dunkeln. Urkundlich ist ein solcher Hermann von Dewin überhaupt bisjetzt nicht aufgefunden, aber Karajan hat wenigstens in dem Grafen Heinrich von Hardeck einen Burggrafen von Dewen (Duino am Adriatischen Meere) in Urkunden aus den Jahren 1260 und 1269 nachgewiesen (Haupt, Zeitschr. 5, 243), dessen Bruder vielleicht, wie Karajan meint, jener Hermann war.

Die Entstehungszeit unseres Gedichts läßt sich durch Beobachtung mehrerer darin erscheinender Anspielungen annähernd bestimmen. Man hat bereits aufmerksam gemacht, daß dasselbe vor 1291 entstanden sein müsse, weil Akkon noch als der übliche Landungsort der Kreuzfahrer erscheint, also noch nicht vom ägyptischen Sultan erobert ist. Noch genauer bestimmt sich die Zeit der Entstehung durch die Erwähnung der Preußenfahrt (147), jenes funfzigjährigen Kreuzzugs (1233—1283), der zur Unterstützung des Deutschen Ordens mehrfach von deutschen Fürsten und Dynasten unternommen wurde und mit der Unterwerfung der heidnischen Preußen endete. Unser Dichter läßt die Wiener sich beim Weine davon unterhalten. Das ist wol am passendsten, wenn es ein Zug war, an dem Œsterreich selbst nähern Antheil hatte, also eine der beiden Unternehmungen Ottokar's in den Jahren 1254 und 1267 (Lorenz, «Deutsche Geschichte», I, 122—137 und 262—270), welche von beiden bleibe dahingestellt; jedenfalls möchte ich die Jahre 1254—1283 für die äußersten Grenzen der Entstehungszeit erklären.

Wie schon bemerkt, verdankt unser Dichter den Stoff seiner Erzählung mündlicher Überlieferung. So sehr er indessen hier bereits localisiert und den Zeitverhältnissen angepasst erscheint, ist er doch nicht deutschen Ursprungs. Wir können ihn bis ins 3. Jahrhundert v. Chr. zurückverfolgen; denn wie wir aus Athenæus (Deipnosophista, II, 5) wissen, erzählte Timæus von Tauromenion (352—256 v. Chr.), ein sicilischer Geschichtschreiber, der sich wegen seiner Sammelwuth den Spottnamen Γραοσυλλέκτρια zuzog, von den Agrigentinern folgenden Schwank, der in den Grundzügen mit unserm Gedichte stimmt. Zu Agrigent habe ein Haus den Namen das Schiff erhalten, weil in demselben einmal junge Leute sich so weit

betrunken hätten, daß sie meinten, in einem Schiffe auf dem
Meere zu fahren und einen Seesturm zu bestehen, und um
das Schiff zu erleichtern, Tische, Stühle u. dgl. über Bord
geworfen hätten; und als am Morgen die Obrigkeit gekommen
wäre, um ihrem Toben ein Ende zu machen, hätte einer unter
ihnen die obrigkeitlichen Personen als Meergötter und ihre
Retter von dem Sturm begrüßt, und alle hätten ihnen gelobt,
wenn sie aus der Gefahr glücklich nach Hause kämen, ihnen
Bildsäulen zu errichten. Durch welche Vermittelung dieser
antike Schwank nach Deutschland gekommen, ist noch nicht
aufgehellt. Unser Gedicht ist bisjetzt die älteste bekannte
Darstellung aus dem Mittelalter. Der Stoff wurde übrigens
bis in neuere Zeit herab mehrfach behandelt. Hugo von Trimberg
erzählt dieselbe Geschichte, wie unser Gedicht, in seinem
um 1300 gedichteten «Renner» (Bamberg 1834, V. 10208—10235)
von den Baiern, nur ergeht hier die Aufforderung zur Meerfahrt
von zwei der Betrunkenen, die im Traume aufreden, und
der ganze Schluß, nachdem der für todt Gehaltene von der
Laube hinabgeworfen ist, fehlt, indem seine Zechgenossen auf
sein Geschrei nüchtern werden. Mehrfache Anklänge (vgl.
R. 10230 fg. WM. 546 fg.; R. 10232 WM. 88. R. 10234 fg.
WM. 419 fg., 449 fg.; R. 10562 WM. 147) machen es mehr
als wahrscheinlich, daß Hugo unser Gedicht gekannt und es,
gekürzt und auf die Baiern übertragen, seinem Gedichte eingeflochten
hätte, zum mindesten weist seine Darstellung auf
dieselbe Quelle mit unserm Gedicht, die den antiken Schwank,
das Auswerfen des vermeinten Leichnams, bereits hinzugefügt
hatte. Diesen letztern Zug finden wir dann in der Darstellung
des Hans Michael Moscherosch wieder, der in seinem «Philander
von Sittewald» II. Th. 2. Gesicht (1643, S. 228 fg.) eine ähnliche
Geschichte erzählt, die in einer Herberge an der Saar begegnet
sei. Dort stürzt einer der Betrunkenen, der sich auf
die obere Kammer verkrochen hat, von den lärmenden Zechgenossen
aufgeschreckt, über die Treppe hinab, ohne aber
Schaden zu nehmen. Ganz auf Athenæus beruht schon wieder
die Darstellung, die Abraham a Sancta Clara seinem «Bescheidessen»
(1736, S. 332) eingefügt hat, nur daß die Geschichte hier
auf Straßburg übertragen ist, sowie eine jüngere in der «Neu
eröffneten lustigen Schaubühne menschlicher Gewohn- und
Thorheiten» (o. J. und O. 12., S. 120 fg., Mone's Anzeiger III
[1834], 46) und die erweiternde Fassung des Johannes Passerini
aus dem 15. Jahrhundert (Pfeiffer's Germania, X, 431).

Die werlt stuut eteswenne sô,
daz die lûte wâren vrô
in tugentlichem mûte
und kĕrtén zu gûte
allez daz si konden.   5
swes si dô begonden,
daz was gerne tugentlich:
nû hât die werlt verkêret sich
alles hin nâch gûte;
in wunneclichem mûte   10
vindet man ir kleine,
die richen alle gemeine
habent zû liber gût
denne wunneclichen mût.
vrôlicher mût ist tûwer: 15
daz gût ist sô gehûwer,
daz sin al die wérlt gért.
hi vor dô was vrou Ére wert:
nû ist daz gût wérder gar,
denn' vrou Ére, daz ist wâr,   20
den bôsen missewenden.
man vindet mangen enden
noch sô tugentrichen man,
der Ére baz getrûten kan
dan ein schemelichez gût: 25
daz ist hovelicher mût,
swer die fûge gerne tût.

---

1 *eteswenne*, vordem. — 4 wendeten zum besten. — 15 *tûwer*, kostbar, selten. — 16 *gehûwer* (vgl. v. W. 12), angenehm. — 18 *vrou Ére*, vgl. Grimm, DM.⁴ 742 fg., NA. 271. — 20 *d. i. ic.*, vgl. 39. 261. 280. 326. 495. (115. 307. 356. 476). — 21 *missewende* swm., der sich zum Schlechten wendet. — 22 *mangen enden* adv. dat. pl., an manchen Orten. — 24 *getrûten* swv., lieben. — 25 *schemelich* adj., Schande bringend, schändlich. *ein sch. guot*, ein Besitz, den er nur mit Schande erwerben oder behalten könnte.

Mir hât ein wârhâfter munt
eine rede gemachet kunt,
die mac wol heizen wunderlich: 30
alsô hât verrihtet mich
von Dewîn burgrâve Hérmán,
der nî schanden mâl gewan
an schéntlîcher missetât.
daz im der sêle werde rât, 35
des sol man im von schulden biten.
er was ein man von gûten siten,
gezogen unde getrûwe gar
was der hêre, daz ist wâr,
gên vremden und gên vrunden. 40
des mache in got von sunden
dórt án der sêle vri
durch sine hôsten namen drî.
der sagete mir ditz mêre.
daz hât der Vreudenlêre 45
gemachet als iz dort geschach,
als man im zu Wîne jach
von gûter lûte worte,
dâ er daz mêre hôrte.
daz lît in Österrîche, 50
man lebt dâ wunnecliche;
swer silber unde gólt hât,
der vindet manger hande rât.
in der selben gûten stat
man vindet einer hande bat, 55
daz hân ich dicke wol gehôrt,
dâ man unz an den lesten ort
einen unbekanten man
schire blôz gemachen kan.
des silbers und der kleider 60
pfendet man in beider.
swer dem bade volgen wil,

---

29 *rede*, Geschichte. — 31 *verrihten* swv., belehren. — 33 *mâl* stn., nota, Makel. — 35—36 daß seine Seele gerettet werde, darum hat man alle Ursache *(von schulden)* für ihn zu bitten *(einem biten* mit gen.). — 38 *gezogen* part. von *ziehen*, wohlerzogen. — 40 vgl. 86. — 43 um seiner heiligen Dreieinigkeit willen. — 48 *wort*, Rede, Erzählung: wie gute, wackere Leute zu Wien ihm erzählten. — 55 *einer hande bat*, ein Bad von einer gewissen Art *(hant)*. — 57 *ort* stm., ein Viertel von Maßen, Gewichten und Münzen (Gulden, Pfennig: *ain viertail von ainem Wienner phenning, daz dô haizzet ein ort*, Lexer II, 171); hier im letzten Sinn, wie unser «bis auf den letzten Heller». — 61 *pfenden* swv., berauben. —

der wirt gesetzet an daz zil,
er habe wênic oder vil.

Daz hat gevellet mir niht wol, 65
die stat ich anders loben sol:
Wine daz ist lobes wert,
dâ vindet man ros unde phert,
grôzer kurzewîle vil,
sagen singen seitspil: 70
des vindet man zu Wine guûc.
hûbschéit únde gevûc,
swem die wirt ze teile,
die vindet man dâ veile.
swelch man hât den pfénninc, 75
der vindet manger hande dinc,
den hûsen und den sûzen win,
und manec schônez vrouwelin
vil wunneclîches mûtes
und rîché des gûtes, 80
die mac man dâ ze Wine sehen.
in dér stát íst geschehen
ditz séltsêne mére.
die richen búrgère
sâzen z'einen stunden, 85
die vremden mit den kunden,
z'einem wine der was gût,
der dicke trûrîgen mût
ze vreuden kan gewenken gar,
und lizen vaste holen dar 90
in hovelicher wise
ir wol gemachten spîse
mit wurzen und mit sâfrân,
der islich wol gemachen kan
dem starken wine sûzen smac. 95
si trunken vaste durch den tac,
unz ir trûren gar gelac.

---

63 *zil*, Ende (seines Geldes und seiner Habe).
66 *anders*, auf andere Weise: ich will anderes zu ihrem Lobe sagen; oder «sonst», «übrigens»? — 71 vgl. 215. — 72 *gerûc* stm., Schicklichkeit. — 75 vgl. Am. 409 u. Anm. — 85 *z'einen stunden*, einmal; in dieser Weise findet sich *ein* mhd. öfter im Plur.; vgl. O. 27. — 86 *kunden*, einheimischen (vgl. 40). — 87 *ze*, bei. — 88. 89 vgl. 653. — *gewenken* swv. (mit *se*), verwandeln in. — 93 zu *wol gemachten* zu construieren; vgl. zu 229. — 96 *durch den tac*, den Tag hindurch.

V. DER WINER MERVART. 233

  Ûf einer louben dô geschach
ditz vrôliche hûsgemach,
dâ die hêren sâzen,   100
beide trunken und âzen,
und heten kurzewîle gnûc.
die spîse mán vúr si trúc;
dâ was gestreuwet grûnez gras.
beide becher unde glas   105
wart dâ selden lêre;
si trunken âne swêre,
unz in daz bat erwarmte.
ir keinen daz erbarmte,
si trunken alle zu der stunt   110
daz tife glás án den grunt
durch des wînes sûze;
des wurden in die vûze
als die kugeln sinewel.
iz ist wâr und niht ein spel.   115
der wîn was gût und niht sûr.
etlîcher sînen nâkebûr
zu jungest niht erkante.
dar nâch man liht enbrante;
ditz geschach vil drâte,   120
dô der âbent nâte.
dô hûp sich trinken aber als ê,
si hizen vaste holen mê:
daz tet dem wirte nirgen wê.

  Si wurden alle rîche: 125
der vil kumerlîche
des morgens nuhtern mûste leben,
der wolde dô zu wette geben.

---

  98 *loube* swf., offener Laubengang (Loggia) um das obere Stockwerk eines Hauses mit Fenstern (402) nach der Straße zu; vgl. Schultz I, 49. — 99 *hûsgemach* stn., häusliche Behaglichkeit, häusliches Vergnügen. — 104 vgl. zu Bl. 372. — 105 *becher*, gemeiniglich wie H. 1002 aus Holz; über Trinkgläser s. Schultz I, 320. — 107 *âne swêre*, ohne Kummer, sorglos. — 108 verstehe ich bildlich, etwa wie wir sagen würden: bis ihnen der Wein einzuheizen begann? — 114 *sinewel* adj., ganz rund, schwankend. — 115 *spel* stn., Fabel, Lügenmärchen. — 117 fg. vgl. 295 fg. *nâkebûr* (md. *nâchgebûr*) stm., Nachbar. — 119 *enbrennen* swv., anzünden. — 121 *sich heben* (vgl. 238. 334. 342. 513. 517. 591. 629) anheben, beginnen. — 124 *nirgen* adv., eigentlich des Orts: nirgendwo, hier allgemein: durchaus nicht.
  125 *rîche*, aus der Bedeutung «vermögend, reich» entwickelt sich hier ebenso die von «freigebig» wie (566) die «(seines Vermögens) froh, glücklich». — 128 *zu wette*, um die Wette. —

der gelobte mit der hant
beide silber unde gewant 130
zu gebene sinem vrunde,
der klagete sine sunde,
der réité die sippe:
«von Adâmes rippe
sî wir gár mâge 135
als Âkers unde Prâge»,
sprach einer zû dem andern dô,
und wurden ûz der mâzen vrô.
si ságten ir mére.
der stolze schrîbêre 140
holte vaste kûlen win,
der wolde mit den besten sin.
si trunken vaste âne wer.
einer sagete von dem mer
unt von Sant Jâkóbes wege, 145
und trunken vásté zu phlege,
dér vón der Prûzen vart:
mit hélléuder stimme wart
vil swinde dâ getrunken,
daz die starken sunken 150
nider bî die benke.
der wart só gelenke,
daz er tûmelt' unde spranc
von der tavel ûf die banc,
daz er sider vaste hanc. 155

Dô ditz álléz geschach,
ein richer burger sider sprach:
«woldet ir mir volgen nû,
ich wolde ráten wol dar zû,

---

129 vgl. zu Am. 1773. — 133 *die sippe reiten* (swv.), die Verwandtschaft berechnen; vgl. Berthold v. Regensb. 312, 16 fg., Reinaert 2096 (Reinke 2004), Germ. VIII, 471, Erec² 9716 u. Haupt's Anm. — 134 vgl. Parz. 82, 2 (Vrid. 135, 11). — 136 *Âkers* n. pr. Akkon, Jean d'Acre. Die Vergleichung scheint sprichwörtlich zu sein für weithergeholte Verwandtschaft; vgl. GA. I, 96, 264 *wir sîn als náhe mâge als Âkers unde Prâge.* — 140 *schrîbêre* stm., Schreiber, Notar, Rechnungsführer; vgl. 216. 300. 538. — 142 *mit unter.* — 143 *âne wer* (385. 509), ohne Weigerung. — 145 zu Am. 1250. — 146 = 266 (vgl. 96. 143) *zu phlege*, nach Gewohnheit. — 147 *sagte* ist aus 144 zu ergänzen. — *Prûzen vart* s. Vorbemerkung, S. 228. — 148 *hellen* swv., hallen. — 149 *swinde*, heftig, stark. — 151 *bî* md. mit acc., neben. — 152 *gelenke*, gelenkig. — 153 *tavel* stf., Tisch.
157 *sider* adv., seitdem, nachher. —

waz daz beste mohte sin.» 160
si rifen alle: «bringe win,
sô lose wir dem mêre.»
dô sprach der bürgêre:
«ich sage û, waz mich dunket gût;
welt ir ándér den mût 165
nâch mînem râte kêren,
wir sullen unserm hêren
dinen lobelîche,
(wir sin des gûtes rîche
und vermugen'z harte wol, 170
got uns dar umbe danken sol)
und sullen uber mér várn:
da enwil ich nimmer vor gesparn
weder lîp nóch daz gût.»
«ich hân ouch den selben mût», 175
sprach sîn nâkebûr dâ bî.
dar nâch schîre wart ir drî,
die spráchen alle gemeine:
«der ántlâz ist reine,
den man uber mér hólt.» 180
unlange wart ditz sint vordolt,
si rîfén mit schalle,
die kumpân' al metalle:
«wir wellen endelichen dar
mit einer kréftigen schar 185
varen durch gotes gûte.»
des wînes ubervlûte
half vil sêre zû der vart,
daz in des zu mûte wart,
daz si der grôzen árbéit 190
gerne wolden sin gereit.
sust wart die mervart ûf geleit.

Ditz wart gelobet under in,
si wolden mit einander hin

---

161 *bringe*, vgl. zu H. 242. — 162 *losen* swv., lauschen. — 166 *kéren*, richten. — 171 *danken*, lohnen. — *sol*, zu Am. 1015. — 176 *dâ bî*, daneben, an seiner Seite. — 177 über den Sing. *wart* vgl. zu H. 1583. — 178 = 433 (389). 179 *reine*, gut. — 181 *sint* adv., seitdem, darauf. — *verdoln* swv., ertragen, hier vom geduldigen Abwarten. — 183 = 241. *kumpân* stm., Kumpan, Geselle. — *al metalle* (vgl. Am. 1468), alle miteinander. — 184 *endelîchen* adv., durchaus, sicherlich. — 187 *ubervlúte* stf., Überfluß. — 192 *ûflegen*, festsetzen (vgl. Benecke und Lachmann zum Iw. 1190).

gèn Åkers varen als man pflit, 195
kom ez immer an die zit,
daz man zu rehte varen sol;
daz gevil in allen wol.
dô ructen si zu samne baz
sunder allen bösen haz 200
an der tavelrunder.
si sageten alle wunder
waz si wolden vûren.
der win begunde rûren
ir houbet dô mit siner kraft. 205
spise wart dâ vil geschaft
und gûtes trankes in den kil:
mit worten, als ich wênen wil,
mit den werken kleine.
daz wizzet al gemeine, 210
si wâren vil vermezzen.
da enwart niht vergezzen,
swaz man haben solde,
von silber und von golde,
des heten si zu Wine gnûc. 215
der schriber vaste win dar trûc,
und sprâch gégen in allen:
«lât û die rede gevallen,
wir haben unser zeche nû.»
er gap vil grôze trunke zû. 220
der wirt was ouch der besten ein,
der des nahtes dâ erschein
an der pilgerîme schar.
der liz zu jungest holen dar
vil lactwarje drâte; 225
der gap die mûschäte,
der ingéber, der gálgán;
dâ bî gap ein hubscher man

---

196 wenn je einmal die Zeit dazu kommt (zu Am. 95). — 201 *tavel-
runder* stf. (eigentlich dat., vgl. zu Parz. III, 820), die runde Tafel des
Tisches (table ronde in den Gedichten von Artus). — 204 *rûren* swv., in
Bewegung setzen. — 215 vgl. 71. — 217 = 372. — 219 *zeche* stf., Vereinigung
zu gemeinsamem Zwecke auf gemeinsame Kosten, Zechgelage. — 221 *ein*,
flexionsloser Nom. (vgl. 550. 406. Lachm. zum Iw. 105). — 225 *lactwarje* stf.,
lat. electuarium, Latwerge. — 226 *muschâte*, nux muscata, Muscatnuss. —
227 *ingéber* stm., lat. zingiberi, Ingwer. — *galgan*, alpinia galanga, Galgant,
die scharfschmeckende Wurzel einer ostindischen Schilfpflanze. —

kubēben, dirre neilikīn.
dar nāch trunken si den win.　　　　　　　　　230
den gewermet, disen kalt,
daz die jungen wurden alt
und die alten sêre junc.
sust begegentin manic trunc
ein ander ûf der louben dâ,　　　　　　　　　235
zû der vârt wârt in gâ:
daz mer was noch vil ûnnā́.

Dô hûp sich singen unde sagen,
daz die loube mohte wagen
von dem grôzen schalle,　　　　　　　　　　　240
die kumpân' al metalle
héttén geneiget,
daz in wart erzeiget
des' sûzen wines gûte;
si heten ir gemûte　　　　　　　　　　　　　245
alle zû dem mer gekart;
trinken wart dâ niht gespart;
si îltén ir strâze;
von wines ubermâze
heten si den sin verlorn;　　　　　　　　　　250
si heten alle wol gesworn,
si wêren halben wec gevarn.
dô hîzen si den kil bewarn,
daz in daz wazzer schatte niht.
sust wart der segel ûf geriht　　　　　　　　255
und ir dinc wól begat:
si wâren verre von der stat,
dâ got ménschlíchen ginc.

---

229 *kubēbe*, piper cubeba. — *neilikín* stn., Gewürznägelein. — Wie man, um den Durst zu reizen, die Speisen stark zu würzen pflegte (92 fg.), so aß man zum Trinken auch die bloßen Gewürze selbst. Wackernagel, Zeitschrift VI, 268 fg. (Kl. Schr. I, 95). — 231 *gewermet*, Glühwein: Wackernagel a. a. O. 272 (99). — 234 der Plur. wegen der in *manic* enthaltenen Mehrheit. Grimm, Gr. IV, 195. — 236 *pâ* md. = *gâch*. — *mir wirt g. zuo*, ich habe Eile mit etwas. — 237 vgl. 257. 359. *unnā́* md. = *unnâhe*.
238 *singen unde sagen*, hier «von dem tobend lauten Singen und Sprechen». Lachmann, Kl. Schr. I, 474. — 239 *wagen* swv., sich bewegen, erzittern. — 241 = 183. — 242 *neigen* intrans., eine Richtung nehmen. — 246 *gekart* part. von *kêren*. — 250 *sin*, Besinnung. — 252 sie hätten bereits den halben Weg zurückgelegt. — 253 *bewarn* swv., behüten. — 256 *begaten* swv., ins Werk setzen, besorgen. — 257 zu 237. — 258 *menschlichen* adv., in menschlicher Gestalt; vgl. Walther 79, 6; Vrid. 161, 18 u. Anm. —

des wines kráft sí bevinc,
daz si wurden töreht gar 260
als die kint, daz ist wár.
mit sulhen vreuden sázen si,
und retten [dórt únde hí],
unz die zit hin gí,
allez von dem gotes wege. 265
si trunken vásté ze pflege
den starken wín über maht.
dó kom iz uber die mitternaht,
dó wurden si durchschellic
und só gar gesellic, 270
von des wines súzikeit
wurden si só gar gemeit
und des mûtes alsó vrô,
daz si wânten alle dô,
si wêren izú an dem mer. 275
si lizen allen herzen sêr
und súngén vil schône
in einem lûten dône
úf der louben offenbâr
iren leisen, daz ist wâr: 280
«in gotes namen varc wir!»
der sprach: «vrunt, ich lâze dir
beide kínt únde wip
úf séle und úf líp,
daz dû der mit trûwen pflegest, 285
und dich nimmer des bewegest,
als ein vrunt zu rehte sol.»
daz gevil in allen wol,
wan si wâren wines vol.

---

260 fg. vgl. 292. — 263 die Interpolation verräth sich durch den Mangel stärkerer Interpunction, die sonst jedesmal nach den mit dreifachem Reim schließenden Absätzen zu stehen pflegt. — 265 von der Kreuzfahrt. — 266 zu 146. — 269 *durchschellic* adj., durch und durch aufgeregt (vgl. Lachmann, Kl. Schr. I, 489). — 276 *sêr* stm., Schmerz. — 278 mit lauter Stimme (vgl. 401). — 279 *offenbâr* adv., öffentlich. — 280 *leise* swm. (aus kyrie eleison entstanden, vgl. Wackernagel LG. §. 76, bes. S. 338), geistlicher Volksgesang. Der folgende Vers ist der Anfang eines bekannten auf Kreuz- und Betfahrten gesungenen Liedes; vgl. Hoffmann, Gesch. d. deutschen Kirchenl. ², S. 70. 71 fg., 185. 191 fg.; Uhland, Volkslieder, Nr. 301. A. S. 796 u. Ph. Wackernagel, Das deutsche Kirchenlied II, N. 678—683; III, N. 1437—1440; IV, N. 451. — 282 *lâzen*, überantworten. — 284 *úf*, in Bezug auf. — 286 *sich bewegen* mit gen., sich von etwas abwenden, einer Sache entschlagen.

Sust vûren si mit vreuden hin, 290
âne wîslîchen sin:
si wâren tûmb âls die kint,
si bâten umbe gûten wint,
daz in den got gesente.
daz ein brûder kente 295
den andern, des enwêne ich niht.
dô si fûren in der schiht
und an der wunneclichen stat,
der gebôt, dirre bat,
daz der schriber brêhte win. 300
mich dunket an den sinnen min,
si heten gûtes windes gnûc:
sô man den wîn fûr si trûc
durch trunkenhéit únd durch guft,
sô slûc in die vil sûze luft 305
allen under d' ougen.
ich rede iz âne lougen,
si trunken harte swinde,
des wines ingesinde,
daz einer lác únde slif, 310
der ander schallet' unde rif,
der dritte strûchte unde vil,
der virde sprach: «iz ist der kil,
der sust wánkénde gêt.»
«ein stúrmwéter uns bestêt», 315
sprach der funfte sâ zehant.
dem sehsten sorge was bekant,
der segente sich vil swinde
vur dem grózen winde.
dô wânten si der mêre, 320
daz iz daz mér wére:
dô was iz der vil sûze win,
der tet sine gûte schin.
sust wurden si ervéret.

---

292 vgl. 260 fg. — 294—295 *gesente: kente*, über diese umgelauteten Conj. Præt. rückumlautender Verba im md. s. Bech, Germ. XV, 129 fg. — 295 fg. vgl. 117 fg. — 297 *schiht* stf., Eigenschaft, Weise. — 304 *guft* stf., laute Freude, Übermuth. — 305 *die vil sûze luft* (md. fem.), der Duft des Weines. — 306 *under d'ougen*, ins Gesicht. — 307 *âne lougen* (stn.), unleugbar, fürwahr. — 309 *ingesinde* stn., Gefolge. — 311 *schallen* swv., Schall, Lärm machen. — 312 *strûchen* stv., straucheln. — 315 *bestên*, anfallen. — 317 der sechste lernte die Sorge kennen, begann besorgt zu werden. — 319 zu Bl. 616. — 319 *vur* md. auch m. dat., gegen. — 320 *wânten der mêre* (= *des*, vgl. 469, zu HM. 285), glaubten. —

von wine gar beswêret 325
was ir houbet, daz ist wâr.
si wâren alle trunken gar,
daz was ir hôster ungemach.
der eine jêmerlichen sprach:
«mir tût daz houbet sêre wê. 330
swaz got welle daz ergê.
uns wil ein stúrmwéter kumen,
daz wirt uns allen kleine vrumen.»
dô hûp sich michel trûren
von den nâkebûren: 335
der eine klágté den lip,
der die kínt, dér daz wip,
der die sêle, der daz gût.
alsust lac ir ubermût,
als er noch vil dicke tût. 340

Der win begonde vaste toben,
sich hûp ein swérn únd geloben
mit henden und mit vûzen;
si wolden gerne bûzen
swaz si héttén getân, 345
und wolden des zu bûze stân.
der eine z' íslíchem sprach:
«daz die várt î' geschach,
daz mûze gote sin geklaget!
der wint den kil zu sêre jaget 350
und des wazzers unde:
mich rûwet mîne sunde.»
in tobte daz gehirne,
si konden daz gestirne
vor der louben niht gesehen, 355
des wil ich û verwâre jehen.
dô ginc ez an den morgen.
si fúrén mit sorgen,
und wâren dannoch, goteweiz,
niht halben wec gên Brándéiz. 360

---

324 *ervéren (erecæren)* swv., täuschen, jemand die Fassung, Besinnung nehmen. — 331 *ergê*, geschehe. — 339 *lac*, lag darnieder, sank.
345 = 632. — 346 *zu bûze stân*, Genugthuung für etwas (gen.) leisten. — 351 *unde* stf., Woge. — 356 *verwâre* = *vür wâr*, vgl. zu H. 242. — 359 fg. zu 237. *goteweiz* für *gotweiz*, Gott weiß es, fürwahr. — 360 *Brandeiz* n. pr., Brundusium, Brindisi. —

dô nam der wîn über hant.
si rûrten dannoch niht daz laut,
und rifen doch vil sêre:
«hilfâ, liber hêre,
diner armen hantgetât! 365
du engêbest lêre unde rât,
sô mûze wir verterben gar.»
innes sach der eine dar,
dô lac ein richer burger dort,
der was von einer taveln ort 370
bî die banc gevallen.
er sprach gegen in allen:
«geverten, nû gehabt ûch wol,
menlich gote danken sol,
daz er uns geholfen hât 375
(sin sol werden vil gût rât)
dirre grôzen wazzernôt:
ein pilgerim der lît hî tôt,
des ist gewesen dise schult,
daz daz mer sin ungedult 380
an uns hât erzeiget hir.
ir hêren, volget alle mir:
nemet disen tôten man,
der uns niht gehelfen kan,
den werfet drâte âne wer 385
ûz dem kiele in daz mer:
sô lêzt iz sin toben sin.»
«nû wald'es unser trêhtîn»,
sprâchen si gemeine,
«daz mêr ist sô reine, 390
daz iz keine bôshéit
mac geliden sô man seit»,
und wurden alle gar gemeit.

Si stunden ûf vil drâte
mit gemeinem râte, 395

---

362 r. d. l., strandeten. — 365 hantgetât stf., Geschöpf (der Hand). — 368 innes
= inne des, indessen. — ort stn., Ende. — 372 = 217. — 374 menlich, ahd.
manno (gen. pl.)-lîh, jedermann (Grimm, Gr. II, 569; III, 53). — 376 rât,
zu 53, Am. 1663. — 377 der Genetiv hängt ab von geholfen; «aus dieser
Wassernoth». — 380 ungedult stf., Heftigkeit, Ungestüm. — 388 dafür sorge,
das gebe unser Herr (vgl. Am. 1262). — 391 keine bôsheit, nichts Schlechtes, Übeles.
395 = 525, nach einstimmigem Rathe. —

ERZÄHLUNGEN UND SCHWÄNKE. 2. Aufl. 16

```
den vor grôzer trunkenheit
dannóch daz gên wás gereit,          gehen?
und nâmen iren nâkebûr,
dem wart der sûze win vil sûr,
und trûgen in mit grimme                      400
in einer lûten stimme
gên einem venster, daz was hô.
der man begonde rûfen dô:
«lâzt mich mit gemache,
ir seht wol daz ich wache                     405
und bin gesunt sam ûwer ein.»
si sprâchen alle: «trûwen, nein,
ir sit véigé gewesen,
ir mohtet nimmér genesen,
daz ist uns allen wol bekant»,                410
unde trûgen in zehant,
swaz er gerîf ûnde gebat,
vaste hin von siner stat
unde wurfen in hin fur
ûz dem venster fur die tur                    415
mitten in die strâze,
daz was ein ûnmâze,
ûf stóc und ûf stéin,
daz im der árm únd daz bein
von dem vállé zubrach.                        420
daz was ein bôse hûsgemach.
vor sust getâner mérvárt
wil ich gerne sin bewart;
tût iz aber der sûze win,
sô mûz' ich mit den andern sin.                425
dô gingen si mit vreuden wider
unde sazten sich dar nider
unt trunken ander weide.
si lizen herzeleide,
und krigen aber vúrbáz.                        430
```

---

397 *gereit* adj., bereit, möglich. — 401 (vgl. 450. 278) mit lautem Geschrei. — 402 *hô* = hôch. — 404 *mit gemache*, mit Ruhe. — 407 = 551. — 408 *veige*, zum Tode bestimmt (Grimm DM.⁵, 718). — 417 *unmâze* stf., Maßlosigkeit, Unziemlichkeit. — 418 *stoc und stein*, alte alliterierende Formel (RA. 7). — 420 *zubrach* md. = *zebrach*. — 421 vgl. 99. — 424–425 halte ich für interpoliert. — *mûz'* = *müeze* (optativisch). — 428 *ander weide*, zum zweiten male, weiter. — 430 *krîgen* stv. (md.; hd. *kriegen* swv., vgl. DWB. V, 2223 fg.), die Grundbedeutung «sich anstrengen, streben» genügt schwerlich, wol aber «kämpfen, streiten»: scherzhaft wird das Trinken mit einem Kampfe, Turnier verglichen; vgl. den sogen. Helbling XIII, 94 fg. —

die loube was von wine naz.
daz mér schäte in kleine;
si sprâchen alle gemeine:
«uns ist ein michel heil geschên,
daz wir den mán háben gesên, 435
der sò veige ist gewesen.
wir mohten nimmer sîn genesen,
wêr' der mán hinnen bliben:
got hât in selbe hin vertriben
und ûz dem kîlé gesant 440
mit sîner götlîchen haut
unde hât uns alle erhôrt:
daz wazzer ging uns an den bort»,
und sungen vaste lobes wort.

Nû schrei der burger sêre: 445
«zêther immer mêre,
waz ist an mir gerochen?
mîn bein ist mir zebrochen
und der árm óuch enzwei.»
in jêmerlîcher stimme schrei 450
der rîche búrgĕre
von sô grôzer swêre
unde klagte sînen val,
deiz uber al die gazze schal.
die hergesellen wâren vrô, 455
und sungen alsô lûte dô,
daz si in niht enhôrten
von sust getânen worten
die der burger klagete.
bi der zit iz tagete, 460
der eine zû dem andern sprach:
«wol uns, daz iz î geschach,
daz wir gên Âkers sîn gevarn!
got sol uns dester baz bewarn
sêle gût únde lip. 465
got behûte unser wip
und die kint nâch grôzem vrumen

---

433 zu 178. — 438 *hinnen* = *hie innen*. — 443 *bort* stm., Bord. — 444 *lobes wort*, Lobgesänge.
446 *zêther*, Klage-, Hülferuf (Grimm, Gr. III, 303). — 447 was habe ich verbrochen, das man an mir rächt? — 450 vgl. 401. — 455 *hergeselle*, Kampfgefährte, Gefährte überhaupt. — 464 = 574. — 465 vgl. 672. — 467 *nâch grôzem vrumen*, wie es zu unserm Besten ist. —

unz daz wir ze lande kumen.»
si enwêsten niht der mêre,
die tumben Wînêre, 470
daz si zu Wine wâren,
dâ si von kindes jâren
alle wâren erzogen.
der wîn héte si betrogen.
dar nâch wart iz lihter tac. 475
daz ich verwâr sågen mac,
sie mûsten sinne darben.
si wâren sam die garben
gestrûchet und gevallen.
der burger liz sin schallen, 480
der des nahtes alsô rif
und sô rehte kleine slif.
der was noch betoubet,
doch hétté sin houbet
des wines kraft gerûmet. 485
er hete sich versûmet,
daz er zu schire entslâfen was,
dâ von er kûme sint genas.
dem tet der vâl hârte wê
und was im verre wirs dan è. 490
daz was sin bester ântlâz,
daz er was von blûte naz
und des valles niht vergaz.

Des morgens frû kômen dar
ir nâkebûren, daz ist·wâr, 495
die den schal vernâmen.
dô si zusamen quâmen,
die nuhtern sprâchen alle dô:
«ir sit ûz der mâzen vrô
gewesen alle dise naht 500
und habet lange gnûc gewacht
und habet grôzen schal getriben.
ist des wines iht beliben?
die sunne stêt wol boumes hô.»
die trunkenbolde sprâchen dô: 505

---

469 vgl. zu 320. — 472 *von kindes jâren*, von Kindheit an. — 477 sie mußten ohne Besinnung sein (*sinne* gen. abh. v. *darben*). — 486 er hatte sich (dadurch) geschadet. — 491 Anspielung auf 179. — 503 *belíben*, (übrig) bleiben. —

«ir sult uns des wol gunnen,
wir sin in grôzen wunnen
hinâht gevárn über mer
gewaldiclichen âne wer.
dâ hât uns got geholfen zû, 510
beide spât' únde vrû,
er gap uns sêre gûten wint:
dar nâch hûp sich aber sint
ein stúrmwéter harte grôz,
daz uns daz wilde mér vlôz 515
gewaldiclichen in den kil.
dâ von hûp sich sorgen vil,
wir wânten alle des verwâr,
wir solden sin ertrunken gar,
wan daz uns doch ein heil geschach. 520
daz ein pilgerîm ersach
einen mán dér was tôt,
als iz selbe got gebôt.
den wurfe wir vil dráte
mit gemeinem râte 525
ûz dem kile uber den bort,
als wir heten vor gehôrt
und der marner uns gebôt,
und verwunden sulhe nôt,
unz der stúrmwint gelac 530
und vil manic donerslac.»
die nuhtern lachten vaste.
der wirt lac bi dem gaste
und wâren sêre trunken.
der schriber was gesunken 535
bi der bánc hín zu tal,
der weste kleine von der zal,
wer daz meiste téil gált:
noch was der wîn úmbezalt.
dô rif der búrgĕre 540
und klagte sine swêre,
der in daz mer geschozzen wart.
dô wart ein michel zûvárt

---

509 *âne wer*, ohne daß es gewehrt wurde. — 517 *vil* als Subj. hat auch mit einem gen. pl. das Verb im sing. bei sich. — 523 vgl. 439 fg. — 528 *marner* stm., lat. marinarius, der Seemann, Lootse. — 529 *verwinden* stv., überwinden. — 530 = 616. — 537 *zal* stf., Rechnung. — 539 *umbezalt* = *unbezalt*. — 542 *schîzen* stv., schleudern. —

zu den selben stunden,
dô si den mân fúnden, 545
der was gevallen hô eupor
von dem venster in daz hor,
daz man sin niht erkante,
unz er sich selbe nante:
dô was er der besten ein. 550
si sprâchen alle: «trûwen nein,
der spot ist nû niht gût gewesen.
der man sol kûmé genesen:
ditz lôzbûch ist unrêhte gelesen.»

Dô die vrunde dô gesân, 555
daz der schade was getân
an dem manne riche,
si lîfen zornicliche
mit einander alle hin.
ubellich was ir begin: 560
si wólden jene erslân
die daz hétten getân.
si sprâchen zorniclichen gar:
«ir habt unsern vrunt verwâr
verterbet vrevelliche. 565
der was nehten riche,
dem ist der lip zubrochen.
iz wirt an û gerochen,
daz ir die grôzen kundikeit
an disen mân hâbt geleit.» 570
die hêren sprâchen sâ zehant:
«die mêre sint uns unbekant.
wir haben rêhté gevarn,
got sol uns dester baz bewarn,
an des dinste vare wir. 575
beswêrt ir uns an ihte hir,
des welle wir uns mit rehte wern:
sûle wir gût alsô verzern,

---

46 *hô enpor*, hoch. — 547 *hor* stn., Schmuz, Straßenkoth. — 551 = 407. — 554 *lôzbûch* stn., ein Buch, aus dem gelost, wahrgesagt und in wichtigen Fällen Entscheidung geholt wird (Grimm DM.⁴ NA. 321 fg.; mhd. Wb. I, 279ᵇ, Lexer I, 1973, Vintler 1757 u.Anm.): also «da war man schlecht berathen».
555 *die vrunde*, die Angehörigen des zum Fenster Hinausgeworfenen vgl. 564). — *gesân* md. = *gesâhen*. — 561 *erslân* md. = *erslahen*. — 566 zu 195. — 569 *kundikeit* stf., Hinterlist. — 573 wir haben den rechten Weg eingeschlagen, recht gethan. — 574 = 464. — 578 *alsô verzern*, dazu verbrauchen. —

daz ir uns missebiten wolt?
jâ habe wir silber unde golt 580
ûf dem gotes wege verzert.
dan daz uns dér hât ernert,
wir wêren alle bliben tôt.
wir quâmen in sô grôze nôt,
daz wir kûme sin genesen. 585
welt ir uns drumbe vînt wésen,
daz ist uns leit, daz wizze got.
iz was des mârnérs gebot
und niht gar ein kindes spot;
[des lobte wir alle got].» 590

Nû hûp sich aber ein grôzer haz
von den vrunden umbe daz
und ein zûdringen
und ein swértklingen
und ein bôser stúrmwint, 595
wan daz die besten alle sint
vaste dar zû trâten,
vlêten unde bâten,
unz si'z brâhtén zu tage
allez nâch ir beider klage. 600
des mannes schade was in leit
und wâren vrô der trunkenheit,
die den hêren was geschehen;
si heten alle wol gesehen,
daz ditz von grôzen trunken quam. 605
menlich sinen vrunt dô nam
und fûrten si zu bette.
daz ich die mûze hette,
ich sagete hi von wunders guuc.
den burger man zu hûse trûc, 610
der sô hô gevallen was,

579 *missebiten* stv. mit dat., ungebührlich begegnen. — 582 *dan* statt *wan*, außer, gebraucht. — *der*, Gott. — *ernert*, errettet. — 589 *niht gar*, ganz und gar nicht. — *ein kindes spot*, ein kindischer Scherz. — 590 ist unecht, denn jeder Absatz schließt mit drei Reimzeilen.

591 *haz* stm., Streit. — 595 *sturmwint* und Kampf ist ein beliebter Vergleich, namentlich der volkstümlichen Dichter. — 598 *vlêten* nnd. = *rlêheten*. — 599 *tac*, der festgesetzte Tag (Termin) einer gerichtlichen Verhandlung und diese selbst, also bis sie es zum Austrag vor Gericht brachten: 628 fg. — 602 nämlich als eines mildernden Umstandes. — 608 *daz*, vorausgesetzt daß, wenn. —

daz er kűmé genas.
dô si dô gelâgen
und der rûe phlâgen
wol biz an den dritten tac, 615
daz der stúrmwint gelac
und des sûzen wines kraft,
dà mite si wǽrén behaft,
dô stunden si mit sorgen
ûf gégen dem morgen: 620
alrêst wart in dô bekant
daz si wǽrén gepfant
von trunkenheit der sinne.
Sant Gérdrűden minne
wart in sider harte sûr. 625
der búrgǽre ir nâkebûr,
der was der reise niht ze vrô,
der beklagete s' alle dô:
dô hûp sich Krímhílden nôt.
si wurden schemelichen rôt, 630
dô si die wǽrhéit gesân,
daz si héttén getân
den schaden an dem gûten man.
dâ gewunnen si niht an.
die burger sprâchen alle nû 635
daz beste vásté dar zû,
daz iz kûme dar zû quam,
daz man bezzerunge nam,
daz si gében zu der stunt
dem selben man zwei hundert pfunt 640
fur den grôzen schaden sin.
sust wart in sûr der sûze win,
dô si daz silber wûgen dar.

---

616 = 530. — 622—623 daß ihnen die Trunkenheit die Besinnung geraubt hatte.
— 624 das Trinkgelage heißt hier passend «Andenken der heiligen Gertrud»,
deren Gedächtniss man zu trinken pflegte, wie das des heiligen Johannes,
mit Bezug auf das Amt dieser Heiligen als Beschützerin der Reisenden,
denen sie gute Herberge verleiht; vgl. Erec 4018 und Anm. Zingerle,
Johannessegen und Gertrudenminne (Sitzungsber. der Wiener Akad. d. W.,
phil.-hist. Cl., Bd. XL, 217—229). Übrigens könnte, da man das Ge-
dächtniss am Schlusse des Gelages zu trinken pflegte, auch das traurige
Ende der Zecherei ironisch so genannt sein, ähnlich wie in Nib. 1891 der
Minnetrunk gemeint ist. — 627 *niht ze vrô*, ironisch: sehr betrübt. —
629 ironische Anspielung auf das Nibelungenlied. — 630 *schemelichen rôt*,
schamroth. — 632 = 345. — 637 daß man es mit Mühe *(kûme)* dahin brachte.
— 638 *bezzerunge* stf., Entschädigung, Geldbuße. — 643 *wûgen* anom. præt.
zu *wegen* stv., wägen —

dâ mite wêren si verwâr
mit êren uber mer gevarn. 645
swer den win niht kan gesparn
und wil in trinken uber reht,
dâ wirt der man des wines kneht
und niht des wines hêre.
swer trinken wil zu sêre, 650
iz krenket im sin êre.

Nû hôret waz der wîn tût:
er vreuwet trûrigen mût
beide vrouwen unde man,
swer in zu rehte trinken kan; 655
und schadet doch den êren,
swer den sin wil kêren
ûf den grôzen ubertranc.
dâ von wirt der lîp kranc
und schadet ouch dem gûte. 660
nû merkt in ûwerm mûte
waz der win geschaden mac:
der wîn ist der sêle slac,
swer in trinket uber daz zil
und kein mâze haben wil, 665
daz ist der sêle unhêil.
an allen houbetsunden teil
hât die leide trunkenheit.
dâ von wirt der lip gemeit,
dem er vlûzet durch den munt; 670
daz machet mangen ungesunt
die sêle gût unde lip.
des hûtet man unde wîp,
daz ir von sulher trunkenheit
iht kumet zu langer arbêit. 675
man vindet ouch vil mangen man,

---

647 *uber reht*, mehr als recht, in der Ordnung ist. — 648 *der man*, unbestimmt: einer, man.
653 fg. vgl. 88 fg. — 655 *zu rehte*, in rechtem Maße. — 658 *ubertranc* stm., Trinken über Maß. — 659 *kranc*, geschwächt. — 663 *slac* bildlich: ein tödtlicher Schlag für die Seele (vgl. Am. 646). — 664 *zil*, Grenze, über das Maß. — 667 *houbetsunde*, Todsünde. — 669 *der lîp*, hier wegen 672 nicht sowol «der Leib» (im Gegensatz zur Seele), als vielmehr «der Mensch» im allgemeinen. — *gemeit*, übermüthig, wenn nicht gar die alte Bedeutung «schwach, thöricht» hier anzunehmen ist. — 672 vgl. 465. — 673 *hûtet*, seht euch vor. — 675 *iht*, zu H. 432. —

der die besten mâze kan
an grôzem ubertranke:
deist gote wol ze danke
und der werlde ouch dâ mite, 680
swer trinken wil nâch rehtem site.
swer aber si des mûtes,
daz er des kranken gûtes
mêr schônet dan der êren,
den wil ich trinken lêren: 685
der mac underwîlen wol
sîn houbet gûtes wînes vol
durch kurzewîle trinken:
sô mûz sîn karkeit sinken,
daz er durch grôze trunkenheit 690
eine kleine miltikeit
underwîlen doch begêt.
swem der mût aber stêt
anders niht dan ûf gût,
der hât zagehaften mût, 695
er si nuhtern oder sat.
swaz man den bôsen î gebat,
daz hilfet niht ein minzenblat:
got werfe in von gelückes rat,
der sich bôsheit undersat, 700
swer worden ist an êren mat.
ditz mêre ist ûz an dirre stat,
daz ist die mérvárt genant;
den namen lâzt û sin bekant.
[daz mêre ist ûz an dirre stunt:
ich kuste gerne ein rôten munt.]

677—678 der sich zu müßigen weiß, daß er sich nicht übertrinkt. — 679 *ze danke*, wolgefällig. — 683 *kranc*, nichtig. — 689 *karkeit* stf., Geiz. — 691 *miltikeit* stf., Freigebigkeit. — 695 *sagehaft* adj., mattherzig, elend. — 698 *niht ein minzenblat*, nicht das geringste, gar nichts. *minze*, lat. menta, eine Pflanze. — 699 vgl. zu Am. 2053. — 700 *undersetzen* swv., unterwerfen (*undersat* md. = *undersetzet*). — 701 *mat* übertragen aus dem Schachspiel: wer seiner Ehre verlustig geht. — 705—706 sind Schreiberverse.

VI.

OTTE MIT DEM BARTE

VON

KONRAD VON WÜRZBURG.

VORBEMERKUNG.

Unter den Epigonen der mittelhochdeutschen Literatur ist der bedeutendste wie fruchtbarste Konrad von Würzburg. Seinen Beinamen führt er wol von seiner Vaterstadt, kaum, wie W. Wackernagel (LG. §. 43, 63; Germania, III, 257 fg.) meinte, von einem gleichnamigen Hause in Basel. Wann er geboren ist, wissen wir nicht. Von bürgerlicher Abkunft, führte er ein Wanderleben wie ein Fahrender. Von Würzburg aus kam er über Straßburg, wahrscheinlich gegen das Ende der sechziger Jahre, nach Basel, wo er bei Bürgern und Adelichen freundliche Aufnahme und Förderung in seiner Kunst fand. Hier ward es ihm möglich, sich festzusetzen und ein eigenes Hauswesen zu gründen. Hier schuf er seine größten Dichtungen und hier beschloß er am 31. August 1287 zugleich mit seiner Gattin Bertha und zwei Töchtern, Gerina und Agnes, wahrscheinlich von einer Seuche hingerafft, sein Leben. Sie wurden in der alten, an den Münsterchor angebauten Marien-Magdalenenkapelle (s. Wackernagel, Germania, III, 258 Anm.) begraben. Wann Konrad seine dichterische Thätigkeit begann, wissen wir nicht. So viel ist von Koberstein (Grundriß, I[5], 165, 24) richtig bemerkt worden, daß er um 1242 noch keinen Namen haben konnte, weil Rudolf von Ems ihn sonst schwerlich unerwähnt gelassen hätte. Am Ausgang einer Epoche stehend, weisen seine Dichtungen zum Theil noch in Stoff und Behandlung zurück auf die höfisch-ritterliche Dichtung, an der er, der Bürgerliche, mitten in einer Zeit des Verfalls festhielt mit einem Ernste der Gesinnung, der kaum von einem ritterlichen Sänger der Blütezeit übertroffen wird, zum Theil deuten sie mit ihrer Gelehrsamkeit, ihrer Richtung auf religiöse und weltliche Belehrung und ihre bis in Spielerei ausartende Künstlichkeit der Form bereits die folgende Periode an. Ja selbst in mehreren seiner ganz in höfischem Geiste

gedachten Producte macht sich eine späterhin selbständig
auftretende Richtung geltend, die Wappen- oder sogenannte
Heroldsdichtung, die sich mit Schilderung von Turnieren und
Wappenbildern und deren Erklärung beschäftigt und deren
ältestes Beispiel als selbständiger Gattung Konrad's «Turnei
von Nantes» ist.*)

Wenn wir nach diesen Gesichtspunkten seine Werke
überblicken, so ordnen sie sich von selbst in mehrere Gruppen. Zunächst haben wir seiner erzählenden Dichtungen im
höfischen Geiste zu gedenken. Wol das Beste darunter ist
der Engelhart (ed. Haupt, Leipzig 1844), eine Verherrlichung
der Freundestreue, die für das Leben des Freundes selbst die
eigenen Kinder hingibt, dafür aber belohnt wird, indem die
Geopferten, durch ein Wunder gerettet, dem freudig überraschten Vater wiedergeschenkt werden, derselbe Stoff, der
von Amicus und Amelius fast in allen Literatursprachen
des Mittelalters erzählt wird. Ebenso wenig wie für dieses
Gedicht vermögen wir für den Schwanritter (inhaltlich verwandt mit dem Lohengrin) Zeit und Ort der Entstehung zu
bestimmen. Nach seiner eigenen Angabe in Straßburg auf
Veranlassung des Propstes Berthold von Tiersberg wahrscheinlich um 1260 entstanden ist das von mir hier mitgetheilte Gedicht Otte (vgl. Hahn's Ausgabe, Vorwort, S. 36,
und Pfeiffer, Germania, XII, S. 27—28). Wahrscheinlich
ebendaselbst ist das andere in diese Auswahl aufgenommene
Gedicht, das Herzmäre, verfaßt. In Basel dichtete Konrad
nach französischer Quelle den vor Jahren von Franz Pfeiffer
wieder aufgefundenen, und aus dessen Nachlaß von K. Bartsch
edierten (Wien 1871) «Partonopier und Meliur» (1277, vgl.
Pfeiffer, a. a. O., S. 1 fg.), ein Gedicht, das stofflich mit
Friedrich von Schwaben verwandt, einerseits an den Mythus
von Amor und Psyche erinnert, andererseits verdunkelten Zusammenhang mit germanischer Mythe (Wieland der Schmied)
erkennen läßt. An das Ende seines Lebens fällt seine Bear-

---

*) Neu herausgegeben nach Roth's Vorarbeiten von Bartsch, Partonopier und Meliur, S. 313—332. Bartsch hält mit Recht gegen Pfeiffer's
Zweifel (Germania, XII, 28) an Konrad's Autorschaft fest: den poetischen
Werth wird niemand gegen Pfeiffer in Schutz nehmen, aber die sonst
allerdings in dem Umfange nicht wiederkehrende Wiederholung von
V. 398—420 aus Schwanritter 906—928 erklärt sich hinlänglich daraus,
daß an beiden Stellen das Wappen des Herzogs von Sachsen beschrieben
wird. Ein Jugendwerk aus der Würzburger Zeit wird der «Turnei» allerdings sein (vgl. Partonopier, IX fg.).

beituug des Trojanischen Kriegs nach dem französischen Roman des Benoit de St. More mit Erweiterungen nach Ovid's Heroiden und Metamorphosen, und der Achilleis des Statius (vgl. Dunger, «Die Sage vom Trojanischen Kriege», Leipzig 1869, S. 43 fg.), sein größtes und umfangreichstes Werk, über dem ihn der Tod überraschte und das von einer andern weniger kunstreichen Hand zu Ende geführt wurde (herausg. von Keller, Bibl. des liter. Ver., Bd. XLIV, dazu Anm. v. Bartsch, Bd. CXXXIII).

Dieser Gruppe weltlich-ritterlicher Erzählungen steht eine andere geistlicher Legenden gegenüber: Vom heiligen Alexius (ed. Haupt, Zeitschrift, III, 534), Silvester (ed. W. Grimm, Göttingen 1841), Pantaleon (ed. Haupt, Zeitschrift, VI, 193), sämmtlich in Basel entstanden, die erste offenbar zu Anfang seines Aufenthalts daselbst, die beiden andern zwischen 1277 und 1281 (Pfeiffer, a. a. O., S. 23—27).*) Noch mehr prägt sich die kirchlich-religiöse Richtung in der wol noch in Straßburg geschriebenen «Goldenen Schmiede» (ed. W. Grimm, Berlin 1840) aus, einem Lobgedicht auf die Jungfrau Maria, auf die alle althergebrachten Bilder und Gleichnisse aus der Bibel und andern geistlichen Schriften zusammengehäuft werden in überglänzender Diction ohne weiteres poetisches Verdienst. Diese kirchlich-didaktische Richtung zeigt sich bei unserm Dichter schon früh in einem kleinern Gedichte «Der Welt Lohn» (ed. Roth, Frankfurt 1843), das Pfeiffer noch in die Zeit seines Würzburger Aufenthalts verlegt und das die dem Mittelalter geläufige Anschauung von der Doppelseitigkeit der Welt in einer Vision des Dichters Wirnt von Grafenberg darstellt, dem «Frau Welt», der er zeitlebens gedient, sich zeigt, vorne von glänzender Schönheit, von rückwärts häßlich, ein Bild der Verwesung, mit der die Welt ihren Dienern schließlich lohnt.

Wenn wir noch der Leiche, Lieder und Sprüche Konrad's (jetzt nach Roth's Vorarbeiten herausgegeben von Bartsch, Partonopier, S. 343—402) und der gleichfalls strophischen Allegorie «Klage der Kunst» (Altd. Mus. I, 64. HMS. III, 334), die ihm Wackernagel doch wol mit Unrecht absprach (LG. §. 43, 89) gedenken, so haben wir den ganzen Kreis seiner poetischen Thätigkeit umschrieben: denn der Wappendichtung

---

*) Mit Bartsch auch ein nur bruchstückweise erhaltenes Leben des heiligen Nicolaus Konrad zuzuerkennen (Partonopier, S. 333—342 und XII—XIV), trug ich schon früher Bedenken, jetzt vgl. noch Zeitschr. XIX, 228 fg.; XXI, 417 fg.

über den «Turnei von Nantes» ist schon oben Erwähnung gethan und ein paar Novellen hat Wackernagel (LG. §. 44, 16) mit zweifellosem Recht für untergeschoben erklärt.

Bei den Zeitgenossen stand unser Dichter in großer Gunst, und noch im 15. Jahrhundert war er Gegenstand der Bewunderung und Nachahmung, und auch wir wollen ihm seine Bedeutung nicht ableugnen. Gewiss hat Wackernagel mit Recht den Adel seiner Gesinnung gerühmt, der den Verfall der Kunst, den er selbst beklagt, an seinen eigenen Gedichten nicht fühlen lasse (a. a. O.), und das Lob eines sinnigen Kopfes, eines ausgebildeten Gefühls für Reinheit der Sprache und des Verses, auch ein gewisses Maß seelenvoller Empfindung kann man ihm nicht streitig machen. Aber er erfuhr, wie so mancher andere, daß große Vorgänger für den Dichter selten ein Glück sind; statt frei aus sich selbst sein hübsches Talent entwickeln zu können, wirkt das Vorbild dieser bestimmend und einengend auf ihn nach, vorzugsweise Gottfried's von Straßburg, dem er selbstgeständig nacheifert. Allein wie Nachahmer pflegen, erfaßt er nur das Äußerliche seines Vorbildes: die schöne anmuthige Sprache, den hellen Fluß der Verse, die bei ihm, im Bestreben, das Geleistete zu überbieten, in Schwulst, Überladung mit Bildern, wobei nicht immer der beste Geschmack zur Seite steht, und in eine Formkünstelei ausarten, die namentlich in den Liedern auch einen viel bedeutendern Gedankeninhalt erdrücken und wirkungslos machen müßte. Seine Gelehrsamkeit — er verstand Latein und war in römischer Literatur wenigstens theilweise belesen, Französisch mußte er sich mindestens bis wenige Jahre vor seinem Tode von Freunden deuten lassen (Pfeiffer, a. a. O., S. 17, 28; vgl. Bartsch, Partonopier, S. VIII) — erregte schon Hugo von Trimberg Anstoß, und auch wir können sie nicht als Ersatz für die mangelnde tiefere, poetische Wirkung ansehen.

Am liebenswürdigsten zeigt sich Konrad's Talent, außer im Engelhart, unstreitig in seinen kleinern Erzählungen, sodaß meine Leser ihn von seiner besten Seite kennen lernen. Das zunächst hier mitgetheilte Stück, gewöhnlich nach der zweiten Heidelberger Hs. «Otte mit dem Barte», von der Mehrzahl der Hss. aber «Kaiser Otte» genannt, behandelt eine auch anderwärts mehrfach erzählte Sage von Kaiser Otto dem Großen, zu dessen Bilde übrigens wol sein Sohn Otto II., der Rothe genannt, einige Züge, wie den rothen Bart und die heftige Gemüthsart, geliehen hat. Konrad erzählt, Kaiser Otto habe einen schönen rothen Bart getragen, bei dem er gerne schwur, und einen solchen Eid unverbrüchlich zu halten pflegte. Einmal zu Ostern hielt er zu Bamberg ein großes Fest. Der junge Sohn des Herzogs von Schwaben brach, vor dem gedeckten Tische auf- und abgehend, nach Kinderart ein feines Brot an und wurde dafür von dem kaiserlichen Truchseß mit seinem Stabe blutig gezüchtigt. Aufgebracht darüber stellte sein Erzieher, Heinrich von Kempten, den Truchseß zur Rede und auf dessen trotzige Antwort spaltete er ihm das Haupt. Als der Kaiser, von dem Münster kommend, den Vorfall erfuhr, schwur er bei seinem Barte, Heinrich ohne Gnade zu bestrafen. In der Noth des Augenblicks faßt dieser den Kaiser bei dem Barte und droht ihn zu ermorden, wenn er den Eid nicht zurücknehme. Der Kaiser gelobt ihm Sicherheit, verbannt ihn aber für immer von seinem Hofe. Heinrich kehrt heim nach Schwaben auf sein Lehen. Nach zehn Jahren unternimmt der Kaiser einen Kriegszug über die Alpen und belagert vergebens eine Stadt, sodaß er gezwungen ist, neue Streitkräfte aus der Heimat kommen zu lassen. Auch Heinrich wird, trotz seines Sträubens, von seinem Lehnsherrn, dem Abt von Kempten, nach Apulien geschickt, vermeidet aber, eingedenk seiner Verbannung, des Kaisers Angesicht. Während er eines Tages in einem Zuber lag, um zu baden, sah er Bürger der belagerten Stadt und den Kaiser zu einer Unterhandlung einander entgegenreiten. Er bemerkte, wie die Ungetreuen den wehrlosen Kaiser aus einem Hinterhalt überfallen wollten und sprang aus dem Bade, faßte Schwert und Schild, und nackt, wie er war, griff er die Feinde an, befreite den Kaiser und kehrte, als wäre nichts geschehen, zu seinem Bade zurück. Der Kaiser, der ihn nicht erkannte, erkundigte sich nach seinem Retter. Einige wußten wol, daß es Heinrich war, wollten ihn aber nicht verrathen, bis Otto bei seiner kaiserlichen Ehre ihm Gnade zusicherte. Als er seinen Retter erfahren, ließ er sich ihn vorführen, empfing ihn zuerst scheinbar zornig, umarmte ihn dann lachend und belohnte ihn reichlich.

Unser Dichter hat seine Erzählung nach einer lateinischen Quelle gedichtet (V. 753). Diese ist für uns bis zur Stunde verloren, denn die lateinische Darstellung, die wir in des Gottfried von Viterbo «Pantheon» lesen, zeigt in einzelnen Wendungen merkliche Abweichungen von unserm Gedicht. Ebenso die aus dem Hermannus Aedituus von Crusius in seine «Annales Suevicae» aufgenommene Erzählung, die außer Gottfried deutsche Quellen voraussetzt. Der Schwur bei dem Bart fehlt bei Gottfried ganz, bei Crusius kann man höchstens eine leise Andeutung finden. Bei diesen wird Heinrich (der übrigens, nebenbei bemerkt, bei Gottfried gar nicht genannt, sondern ganz allgemein als ein Ritter erwähnt wird) nicht infolge eines vom Kaiser gegebenen Wortes von der Strafe befreit, sondern der Kaiser bereut seine Übereilung, daß er die heilige Festzeit nicht geachtet, wozu es dann freilich wenig passt, wenn er ihm doch seinen Hof verbietet, was Crusius auch wieder ändert, bei dem er in der Umgebung des Kaisers bleibt. Im zweiten Theil der Sage wird der Kaiser nach Gottfried und Crusius nicht bei einer Unterredung mit den Feinden, sondern während eines Mittagsschlafs überfallen. Diese und andere Züge weisen bestimmt auf eine zweite Fassung der Sage, der gegenüber unser Gedicht aber wol im Vortheil ist. Richtig hat bereits Hahn bemerkt, daß was wir hier als eine Sage vor uns haben, Verknüpfung zweier ursprünglich getrennter ist. In der Chronik Königshoven's und der kölnischen Chronik fehlt nämlich der zweite Theil unserer Sage ganz, während der erste ziemlich übereinstimmend mit Gottfried und Crusius erzählt wird. Auch Jacobus de Voragine (Leg. aur. ed. Graeße, p. 838) kennt nur diesen, und eine deutsche Kemptner Chronik des 15. Jahrhunderts erzählt unter andern Heldenthaten Heinrich's zwar beide Theile (den letzten mehr nur andeutend), aber vollständig voneinander getrennt (Maßmann, Kaiserchronik, III, 1076). Was den ersten Theil betrifft, hat diese letztere eine eigenthümliche Änderung: sie erwähnt der That des Truchseß gar nicht und läßt Heinrich sich an dem Kaiser vergreifen, weil dieser den Knaben schonungslos zu strafen geschworen. Zum Schluß sei noch erwähnt, daß der Schwur bei dem Barte Otto dem Großen auch anderwärtig beigelegt wird (vgl. Hahn, Vorrede, S. 21—34, und Liebrecht in Pfeiffer's Germania, 1, 252).

Für die Textgestaltung war durch die Ausgabe Hahn's (Quedlinburg und Leipzig 1835) und die Verbesserungen, die Haupt dazu in den Anmerkungen zu Engelhart beigebracht hat, eine sichere Grundlage geschaffen. An neuem Material konnte ich noch den Koloczaer Codex und die Wiener Handschrift 10100[a] (im 17. Jahrhundert nach einer Vorlage von 1402 geschrieben, Tabulae VI, 139) benutzen; sie führt mit der andern schon von Hahn benutzten Wiener Handschrift, von der ich seit Jahren eine von Dr. Ernst Gnadt freundlich besorgte, allerdings nicht sehr ergebnissreiche Collation besitze, auf eine und dieselbe Grundlage zurück und ist trotz ihrer Willkür nicht ganz ohne Belang.

Ein keiser Otte was genant,
des magenkrefte manic lant
mit vorhten undertænic wart.
schœn' unde lanc was im der bart,
wand' er in zôch vil zarte; 5
und swaz er bî dem barte
geswuor, daz liez er allez wâr.
er hete rœtelehtez hâr
und was mit alle ein übel man:
sîn herze in argen muote bran, 10
daz er bewârte an maneger stete:
swer iht wider in getete,
der muoste hân den lîp verlorn:
über swen der eit gesworn
von des keisers munde wart 15
«dû garnest ez, sam mir mîn bart»,
der muoste ligen tôt zehant,
wand' er dekeine milte vant
an sîner hende danne.
sus hete er manegen manne 20
daz leben und den lîp benomen,
der von sînen gnâden komen
was durch hôher schulde werc.
nû hete er dâ ze Babenberc

---

2 *magenkraft* stf., Macht, Majestät. — 3 *vorhte* stf., Furcht; in dieser und ähnlichen Redensarten ist der Plur., wie bei einer Reihe abstracter Begriffe überhaupt, beliebt. — 5 *zarte ziehen* (vgl. 99, zu Engelh. 3713), sorgfältig pflegen. Vgl. zu 21. — 7 *wâr lâzen*, halten. — 8—9 rothes Haar gilt als Zeichen eines bösen Menschen; vgl. 229. W. Wackernagel, Kl. Schr. I, 172—177; Werner von Elmendorf 730 (Zeitschr. IV, 304); Mone's Anz. VII, 501 (N. 16); A. Baumgarten im XXIX. Jahresber. d. Mus. Franc.-Carol. in Linz, S. 91. — *mit alle*, durchaus. — 10 *argen*: vgl. zu Am. 1919, für Konrad sind diese Formen durch den Reim Engelhart 47 gesichert; vgl. 20. 87 u. ö. — *brinnen*, von heftiger Gemüthsbewegung. — 11 *bewârte*, bewies. — 16 *garnen (gearnen)* swv., ernten, entgelten. — *sam mir mîn bart*, elliptische Schwurformel: so lieb mir mein Bart ist, bei meinem Bart; vgl. RA. 898 fg. — 21 *l. u. l.* ist eine alte alliterierende Formel; so wenig aber als Gottfried (Straßburger Studien I, 3 fg.) beschränkt sich Konrad auf solche in seiner Neigung zur Alliteration; vgl. zu Engelh. 2365. — 23 um hoher Schuld willen, die er begangen hatte. —

in der schœnen veste wit 25
gemachet eine hôhgezit.
und was diu z'einen óstern.
des kômen ûzer klóstern
vil hôher eppete in den hof
und manic werder bíschóf, 30
der mit êren îlte dar:
ouch kômen dar in liehter schar
grâven vrien dienestman,
die daz rîche hôrten an
und den keiserlichen voget: 35
die kômen alle dar gezoget
in wünneclicher presse.
nû daz gesungen messe
was an dem ôsterlichen tage,
dô wâren sunder leides clage 40
al die tische dâ bereit
und het man brôt dar ûf geleit
und manic schœne trincváz
dar ûf gesetzet umbe daz,
sô der keiser Otte 45
mit sîner fürsten rotte
von deme münster quæme,
daz er dâ wazzer næme
und er enbizze sû zehant.
nû was durch âventiur gesant 50
ein werder juncherre dar,
der edel unde wünnevar
an herzen unde an libe schein.
die liute im alle sunder mein
vil hôhen pris dâ gâben. 55
sîn vater was von Swâben
herzóge vil gewaltec,
des gülte manicvaltec

---

27 *z'einen óstern*, an einem Osterfest; vgl. zu WM. 85. — 31 *mit êren*, so daß es ihm Ehre machte: vgl. zu Am. 2032 fg. — 32 *lieht*, glänzend — 33 *vrien*, Freie. — *dienestman*, Ministeriale, nicht vollständig ritterbürtige Leute, die in eines Herren Dienst standen; vgl. RA. 278. — 34 *an hœren* mit acc., als Eigen zugehören. — *das rîche*, das deutsche Reich. — 35 *voget* stm. (lat. advocatus), Schutzherr, *keiserlicher v.*, soviel als *keiser*. — 37 *presse* stf., gedrängter Haufe. — 38 fg. vgl. zu Am. 1861. — 43 *trincvaz* stn., Trinkgefäß. — 46 *rotte* stf., Schar. — 48 vgl. zu Bl. 478. — 50 *durch âventiur*, zufällig. — 52 *wünnevar* adj., wonnig anzusehen. — 54 *sunder mein* (stm. Falschheit), aufrichtig. — 55 *pris geben*, Lob spenden. — 58 *gülte* stf., Einkünfte und solche abwerfendes Gut. —

solt' erben dirre aleine.
der selbe knabe reine 60
des tages dâ ze hove gie
vor den tischen unde lie
dar ûf die blanken hende sîn:
ein lindez brôt nam er dar in
und wolte ez ezzen sam diu kint, 65
diu des sites elliu sint
und in der wille stêt dar zuo,
daz si gerne enbîzent vruo.

Der junge fürste wünnesam,
als er daz brôt an sich genam 70
und ein teil gebrach dar abe,
dô gienc aldâ mit sime stabe
des keisers trûhsæze
und schicte daz man æze,
sô man gesungen hæte gar. 75
der selbe der wart des gewar,
daz der juncherre wert
des brôtes hæte dâ gegert;
des wart er zornic sâ zehant:
der site sîn was sô gewant, 80
daz in muote ein cleine dinc;
des lief er an den jungelinc
mit sime stabe, den er truoc,
dâ mite er ûf daz houbet sluoc
den knaben edel unde clâr, 85
daz ime diu scheitel unt daz hâr
von rôten bluote wurden naz;
des viel er nider unde saz
und weinte manegen heizen trahen.
daz in der trûhsæze slahen 90
getorste, daz ersach ein helt,
der was ein ritter ûz erwelt

---

61 *gie*, ging hin und her. — 62 *lie dar ûf*, legte, streckte die Hände auf den Tisch hin. — 63 *blanken*, zu II. 572. — 64 *lindez*, feines (vgl. zu H. 478). — 67 *und in*, und welchen, pron. pers. statt relat.

69 *wünnesam*: über den Gebrauch dieser Bildungen auf -*sam* vgl. zu Engelh. 1185. — 72 *stabe* als Zeichen seiner Würde, RA. 134 fg. 761; Schultz I, 325. 331. — 73 zu H. 1537 fg. — 74 *schicte*, traf Anstalt. — 75 sobald die Messe vorbei wäre (38: zu Am. 391 u. 48). — 80 *sô gewant* part., so bewandt, beschaffen. — 89 *trahen* stm., Tropfen, Thräne. — 92 *ûz erwelt* auserwählt, ausgezeichnet. —

und hiez von Kempten Heinrich:
sin edel muot der hete sich
rilicher manheit an genomen. 95
er was mit deme kinde komen
von Swâben dar, als ich iz las,
wan er sin zühtmeister was
und er in trütlichen zôch.
daz man den junchérren hôch 100
als unerbermeclichen sluoc,
daz muot' in sêre und übele gnuoc
und was im leit und ungemach.
zuo deme trûhsæzen sprach
der unverzagete ritter dô 105
harte zorniclich alsô:
«waz habet ir gerochen,
daz ir nû hât zerbrochen
iuwer ritterlichen zuht,
daz ir eins edelen fürsten fruht 110
als übelliche habet geslagen?
ich wil iu nemelichen sagen,
ir werbent anders dan ir sult,
daz ir sunder alle schult
geslagen hât den herren min.» 115
«daz lât iu gar unmære sin»
sprach der trûhsæze;
«mir ist daz wol gemæze,
deich ungefüegen schelken were
und einen iegelichen bere, 120
der hie ze hove unzühtec ist;
lât iuwer rede an dirre vrist
beliben algemeine:
ich fürhte iuch alsô cleine,
als der habich tuot daz huon: 125
waz welt ir nû dar zuo tuon,
daz ich den hérzógen sluoc?»

---

95 *rilich* adj., herrlich. — *sich un nemen* mit gen., sich aneignen. — 99 vgl. 5. *trûtlichen* adv., liebevoll. — 107 Was ist euch Leides geschehen? vgl. WM. 447. — 110 *fruht*, Kind. — 112 *nemelichen* adv., ausdrücklich, fürwahr. — 113 *werbent*, handelt. — 116 *unmære*, gleichgültig: darum kümmert euch nicht. — 118 *gemæze* adj., angemessen: mir kommt das wol zu. — 119 *ungefüege* adj., unartig. — *schalc* stm., Mensch von knechtisch ungezogener Art; vgl. H. 922. 1011. — 120 *bern* swv., schlagen. — 121 *unzühtec*, ungezogen. — 123 *algemeine* adv., insgesammt. — 125 zu 21. — *tuot*, zu Am. 53.

«daz wirt bekant in schiere gnuoc»,
sprach von Kempten Héinrích;
«daz ir fürsten edellich 130
alsus künnet bliuwen,
daz sol iuch hie geriuwen,
wand' ich vertrage sin langer niht.
ir tugentlôser bœsewiht,
nû wie getorstet ir geleben, 135
daz ir dem kinde hât gegeben
als ungevüege biusche?
daz iuwer hant unkiusche
sô unedelliche tuot,
des muoz begiezen iuwer bluot 140
den sal und disen vlecken.»
dô greif er einen stecken
als einen grôzen reitel:
er sluog in daz diu scheitel
ime zerklacte sam ein ei 145
und im der gebel spielt enzwei
reht' als ein havenschirben,
daz er begunde zwirben
alumbe und umbe sam ein topf;
daz hirne wart im unt der kopf 150
erschellet harte, dunket mich;
des viel er ûf den esterich
und lac dâ jæmerlichen tôt.
der sal wart sines bluotes rôt;
des huop sich ein michel dôz 155
und ein lût gebrehte grôz.

Nû was ouch der keiser komen
und hete wazzer dâ genomen

---

133 *vertragen* stv., etwas hingehen, sich gefallen lassen. — 135 eigentlich wie durftet ihr erleben? wie konntet ihr im Leben es wagen? *nû* leitet im Mhd. häufig Fragen ein (zu Kugelh. 288). — 137 *ungevüege*, übermüßig groß. — *biusche* plur. von *biusch* (bei Konrad, Schwanr. 1054, sonst *büsch*) stm., Schlag. — 138 *unkiusche* adj., blinder Leidenschaft folgend, roh (im Gegensatz zu feiner Sitte, die sich zu beherrschen weiß). — 141 *vlecke* swm., Platz. — 142 *grîfen* stv., ergreifen. — 143 *reitel* stm., Knittel. — 145 *zerklecken* swv., zerschellen, bersten. Bild und Ausdruck = Troj. Kr 10673. — 146 *gebel* stm., Schädel. — *spalten* stv. ist hier intraus. — 147 *havenschirben* stm., zerbrochener Topf. — 148 *zwirben* swv., sich drehen. — 149 *topf* stm., Kreisel. — 151 *erschellen* swv., zerschellen. — 155 *dôz* stm., Getöse, Lärm. — 156 *gebrehte* stn., Geschrei.
158 zu 45. —

und was gesezzen über tisch.
daz bluot begunde er alsó vrisch 160
ûf dem esteriche sehen.
er sprach «waz ist alhie geschehen?
wer hât den sal entreinet
unt die getât erscheinet,
daz er sô bluotic worden ist?» 165
alsus begunde im an der vrist
sin werdez ingesinde sagen,
daz im sin trúhsæze erslagen
wære bi der zit alsó.
mit zorne sprach der keiser dô: 170
«wer hât an im beswæret mich?»
«daz tet von Kempten Heinrích»
riefens' algeliche.
«jâ», sprach der keiser riche,
«hât ime der sinen lip benomen, 175
sô ist er uns ze vrüeje komen
her von Swâben in diz lant.
er werde schiere nû besant
vür min ántlitze her;
ich wil in vrâgen, war umb' er 180
mir habe sô vaste an im geschadet.»
sus wart der ritter dô geladet
vür den keiser vreissâm:
als er vür sin ougen quam
und in verrest ane sach, 185
mit zorn' er wider in dô sprach:
«wie habet ir alsus getobet,
daz mîn truhsæze hôh gelobet
von iu lit ermordet?
ir habt ûf iuch gehordet 190
min ungenâde manicvalt:
iu sol min keiserlich gewalt
erzeiget werden sére:
ir habt mins hoves êre
und minen pris zebrochen; 195

---

159 *über tisch*, an den Tisch: vgl. H. 1153. — 160 *alsó*, zu Am. 1173. — 163 *entreinen* swv., verunreinigen. — 164 *getât* stf., That, Werk. — *erscheinen* swv., zum Vorschein bringen, also: wer hat das gethan. — 167 *wert*, edel. — 173 *algeliche*, einstimmig. — 183 *vreissam*, schrecklich, furchtbar. — 185 erg. aus *sin* (189) das Subj. *er* (der Kaiser). — *verrest*, schon von weitem. — 190 *horden* swv., sammeln, zusammenhäufen. —

des wirt an iu gerochen
der hôhe mein unt diu geschiht,
daz man den trûhsæzen siht
von iu ze tôde erlempten.»
«nein, herre», sprach von Kempten 200
der unverzagete Héinrich:
«lât hie genâde vinden mich
und iuwer stæte hulde.
geruochet mine unschulde
hie vernemen und mine schult: 205
hab' ich mit rehter ungedult
verdienet iuwer vientschaft,
sô lâzet iuwer magenkraft
mich vellen unde veigen.
müg' aber ich erzeigen, 210
daz niht diu schulde wære min,
sô ruochet mir genædic sin,
daz ir mir niht übeles tuont.
durch den got, der hiute erstuont
an disem ôsterlichen tage, 215
sô günnet mir, daz ich bejage
iuwer keiserliche gunst;
sit daz ir habet die vernunst,
daz ir von art bescheiden sit,
sô éret dise hôhgezit 220
an mir vil armen hiute:
lât mich der werden liute
geniezen der man schouwet hie.
kein schulde wart sô michel nie,
da enhœre zuo genâden teil: 225
durch daz sô lâzent mich daz heil
hie vinden und erwerben,
daz ich iht sül ersterben.»

---

197 *mein*, Frevel. — *geschiht* stf., was geschehen ist, Ereigniss (vgl. Am. 1763). — 199 *erlempt* part. von *erlemen* (lühmen), mit eingeschaltetem *p* (Grimm, Gr. I², 392*); Weinhold Mhd. Gr. §. 145). — 204 *geruochen* (so wie einfach *ruochen* 212) mit Inf., geruhen. — 206 *ungedult* (zu WM. 380), leidenschaftliche That. — 209 zu 21. *veigen* swv., dem Tode übergeben. — 218 *vernunst* stf., Vernunft. — 219 *art* stf., Abstammung: daß euch verständiger Sinn angeboren, angestammt ist. — 222—223 laßt es mir zugute kommen, daß man so viel edele, vornehme Männer hier versammelt sieht. — *der* gen., durch Attraction statt acc. — 225 *genâden teil*, etwas Gnade, Gnade überhaupt. — 228 *iht* im abhängigen Satz mit negativer Bedeutung.

Der keiser übel unde rôt
der rede im ántwürte bôt 230
ûz eime grimmen herzen;
er sprach: «des tôdes smerzen,
den hie min trûhsǽze treit,
lid' ich mit sulcher arebeit,
daz ich niht muotes hân dar zuo, 235
daz ich iu keine guâde tuo
umb' iuwer grôze schulde:
min keiserlichiu hulde
muoz iu iemer sin verspart.
ir arnet ez, sam mir min bart, 240
daz min trûhsǽze tôt
lit von iu alsunder nôt.»

Der werde ritter Hêinrich
verstuont wol bi dem eide sich,
den der übel keiser tete, 245
daz er benamen an der stete
daz leben müeste hân verlorn.
des wart im alsô rehte zorn,
daz er sich gerne wolte wern
und daz leben sin genern 250
mit willicliches herzen ger:
wand' er bekante wol, swaz er
bi deme barte sin gehiez,
daz er daz allez stǽte liez.

Dâ von sprach er: «nû merke ich wol, 255
daz ich benamen sterben sol;
des hân ich reht, daz ich mich wer
und daz leben min gener,
al die wile daz ich kan.»
hie mite der ûz erwelter man 260

---

229 vgl. zu 8. Reinbart 2172 *Reinhart was übel unde rôt*. — 230 *antwürte bieten*, antworten. — 234 empfinde ich so schmerzlich. — 235 daß ich nicht gesonnen bin. — 239 *verspart* part. (von *versperren* swv.), verschlossen, versagt. — 242 *alsunder*, ganz ohne.
244 *verstuont sich*, merkte. — 250 *genern* swv., erhalten, retten. — 251 *ger* stf., Verlangen. Ders. Vers öfter bei K., vgl. Hahn. — 252 *bekante*, wußte. — 253 *geheizen* stv., geloben, schwören. — 254 daß er unabänderlich dabei blieb; vgl. 6. 7.
260 *erwelter*, über die starke Flexion nach dem best. Artikel vgl. Grimm Gr. IV, 540. Hahn citiert noch Troj. Kr. 1930. 5670. 20992 (Hs. A.). —

geswinde für den keiser spranc.
er greif in bî dem barte lanc,
er zucte in über sinen tisch:
ez wære vléisch óder visch,
daz man dâ vûr in hete bråht, 265
daz wart gevellet in ein bäht.

Als er in bî dem barte dans,
daz kinne wart im unt der vlans
vil håres dâ beroubet:
sin keiserlichez houbet 270
wárt sêr' entschumpfieret:
diu króne wol gezieret,
diu dar ûf gesetzet was,
viel nider in den pálás
und al sîn rîlich zierhéit. 275
er het in under sich geleit
geswinde bî den ziten:
er zucte von der siten
ein mezzer wol gewetzet,
daz het er im gesetzet 280
vil schiere an sîne kelen hin:
mit der hant begunde er in
vast' umb' den kragen würgen:
er sprach: «nû lât mich bürgen
euphâhen unde sicherheit, 285
daz iuwer gnâde mir bereit
und iuwer hulde werde:
ir müezet ûf der erde
daz leben anders hân verlorn:
den eit, den ir nû hât gesworn, 290
den velschet, ob ir welt genesen,
od ez muoz iuwer ende wesen.»

264—265 vleisch oder visch (zu 21), alle Speisen, die man vor ihn hingesetzt hatte. — 266 vellen swv., fallen machen, niederwerfen. — båht stn., Unrath, Kehricht.
   267 dinsen stv., zerren. — 268 vlans stm., Mund. — 271 entschumpfieren swv., zur Niederlage bringen, erniedrigen. — 275 zierheit stf., Schmuck. — 278 fg. vgl. Schultz II, 15 fg. — 283 krage swm., Hals. — 284—285 gebt mir Bürgen, Bürgschaft und Zusicherung (sicherheit stf.). — 288 ûf der erde füllt hier wie öfter bei Konrad nur den Reim, ohne volle Bedeutung zu haben und ist nhd. unübersetzbar; vgl. zu HM. 233 u. Engelh. 43. — 289 zu 21. — 291 velschen swv. (das Gegentheil von wâr lâzen?), fälschen, zurücknehmen. —

Sus lag er ûf im an der zît
und roufte in sêre en widerstrît
mit sînem langen barte: 295
er wurgte in alsô harte,
daz er niht mohte sprechen.
die werden unt die vrechen
fürsten alle ûf sprungen:
gar swinde si dô drungen 300
algemeiniclichen dar,
dâ der keiser tôtgevar
lag under dem von Kempten:
an kreften den erlempten
hætens' an den stunden 305
von ime vil gerne enbunden.

Dô sprach der ritter Heinrich:
«ist ieman der nû rüere mich,
sô muoz der keiser ligen tôt:
dar nâch sô bringe ich den ze nôt, 310
der mich zem êrsten rüeret an.
sît daz ich niht genesen kan,
sô kumt der wirt ze vreisen:
ich stich' im abe den weisen
mit disem mezzer veste: 315
ouch müezen sîn die geste
engelten, die mich wellen slahen:
ich giuze ir bluotes manegen trahen,
ê daz ich müge verderben.
nû dar! swer welle sterben, 320
der kêre her und rüere mich.»
sus trâtens' alle hinder sich,
als in diu wâre schult gebôt.
der keiser ouch mit maneger nôt
winken sêre dâ began, 325
daz si giengen al hin dan.

---

294 *en widerstrit*, um die Wette. — 295 *mit*, bei. — 302 *tôtgevar* adj., gefärbt, aussehend wie ein Todter, todtenbleich. — 306 *enbinden* stv., losmachen, befreien.
310 *ze nôt*, in Noth, Bedrängniss. — 313 *vreise* swf., hier im Plur.: was Gefahr und Verderben bringt, Drangsal. — 314 *weisen* stm., Luftröhre, Gurgel (Zacher's Zeitschr. X, 383 fg.). — 318 *giuze*, vergieße. — 319 zu Am. 38. — 320 *nû dar*, Aufforderung: heran! (Grimm Gr. III, 301). — 322 *hinder sich*, zurück. — 323 «wie sie dazu volle Ursache hatten». Haupt zu Engelh. 972. — 324 *mit*, in. — 326 *hin dan*, bei Seite.

Diz wart getân unt diz geschach.
zuo deme keiser aber sprach
der unverzagete Hêinrîch:
«lât hie niht langer ligen mich,　　　　　　330
ob ir daz leben wellet hân:
mir werde sicherheit getân,
daz ich genese, ich lâze iuch leben:
wirt mir gewisheit niht gegeben
umb' den lîp, êst iuwer tôt.»　　　　　　　335
hie mite ûf sine vinger bôt
der keiser unde lobte sâ
bî keiserlichen êren dâ,
daz er in lieze bî der stunt
von dannen kêren wol gesunt.　　　　　　340

Nû diu sicherheit ergie,
den keiser Otten er dô lie
geswinde von im ûf stân:
er hæte im schiere dâ verlân
den bart ûz sinen handen:　　　　　　　345
und als er ûf gestanden
was von dem esteriche wider,
dô gieng er aber sitzen nider
ûf sinen stuol von richer art:
daz hâr begunde er unt den bart　　　　　　350
streichen unde sprach alsô
zuo deme ritter aber dô:
«ich hân iu sicherheit gegeben,
daz ich iu lîp únde leben
unverderbet lâze:　　　　　　　　　　　355
nû strichent iuwer strâze
alsô daz ir mich iemer
vermîdet und ich niemer
iuch mit ougen an gesehe.
ich prüeve daz wol unde spehe　　　　　　360
daz ir z'eim' ingesinde mir

---

332 hypothetischer Conjunctiv: unter der Bedingung daß. — 335 *umbe den lîp*, in Bezug auf mein Leben. — 336 *ûf bieten*, aufheben zum eidlichen Gelöbniss, und zwar die zwei Vorderfinger der rechten Hand (bei einfacherm Gelöbniss auch nur einen, wie denn eine Wiener Hs. *sînen* hat), RA. 141. 903. — 340 *gesunt*, ungekränkt an Leib und Leben.
344 *verlân*, losgelassen. — 349 *von richer art*, reich, prächtig geziert. — 354. 356. zu 21. — 356 zieht euere Straße, geht euern Weg. — 360 *prüeven* swv., prüfend wahrnehmen, erkennen; ebenso wird *spehen* swv. von prüfendem Schauen und Urtheilen gesagt. —

ze swære sît: joch habet ir
vil harte an mir gunfuoget.
swer blicket unde luoget
an mînen bart, der kiuset wol, 365
daz ich iemer gerne sol
iuwer heimeliche enbern:
mir muoz ein ander meister schern
dann' ir, daz wizzet âne spot:
mîn bart muoz iemer, sammir got, 370
iuwer scharsahs mîden:
ez kan unsanfte snîden
hût unde hâr den künegen abe:
vil wol ich des enpfunden habe,
daz ir ein übel scherer sît. 375
ir sult bî dirre tagezît
uns rûmen hóf únde lant.
sus nam der ritter alzehant
ze des keisers mannen
urlóup und vuor von dannen. 380

Er kêrte gegen Swâben wider
und lie sich dâ ze lande nider
ûf ein rîchez lêhengelt:
acker wisen unde velt
het der von Kempten, als ich las: 385
dar ûf liez er sich, wande er was
ein dienestman der selben stift.
uns seit von im diu wâre schrift,
daz er sich schône gar betruoc.
wan er hete gülte gnuoc 390
unt was an êren offenbâr.
dar nâch über zehen jâr

---

363 *ze swære*, zu beschwerlich. — *joch* bekräftigend. — 363 *unfuogen* swv., *unfuoge*, Unziemlichkeit, begehen. — 364 *luogen* swv. (zu Engelh. 932), aufmerksam schauen. — 366 *daz* zu H. 1603 fg. — 367 *heimeliche* stf., Vertraulichkeit: vertraulichen Umgang mit euch. — 368 sc. den Bart, Grimm Gr. IV, 693. — 369 *âne spot*, im Ernst. — 370 zu H. 574. — 371 *scharsahs* stn., Scheermesser. — 373 zu 21. — 374 *enpfinden* stv. mit gen., empfinden fühlen.
383 *lêhengelt* stn., Geld, Einkünfte von seinem Lehen; auf ein Lehen, das ihm reiche Einkünfte abwarf. — 386 *liez er sich* sc. nider, wie es 382 heißt. — 387 *stift* stf., Stiftung, geistliche sowol, Gotteshaus, als Stadt; hier ersteres; vgl. 425. — 388 *diu wâre schrift* (vgl. v. W. 2), die zuverlässige schriftliche Quelle; vgl. 752. — 389 *sich schône betragen*, anständig leben. — 391 *an êren offenbâr*, als ein (durch Vermögen und entsprechendes Leben) angesehener Mann bekannt. —

kom ez von geschihte alsô,
daz der keiser Otte dô
eins grôzen ürliuges pflac 395
und jensit deme gebirge lac
vor einer stat vil wünneclich.
er unt die sinen heten sich
dar ûf gevlizzen manege zît,
daz si der veste gæben strît 400
mit steinen und mit phîlen.
doch was er bi den wîlen
an liuten alsô nôtháft,
daz er nâch tiutscher ritterschaft
her ûz begunde senden; 405
er hiez in allen enden
den liuten künden unde sagen,
swer iht hæte bi den tagen
ze lêhen von dem rîche,
daz im der snellicliche 410
ze helfe kœme bi der stunt;
dâ bi tet er den fürsten kunt,
swer im wære dienesthaft
und lêhen unde mânschaft
hæte enpfangen under in, 415
daz er balde kêrte hin
ze Pülle bi den zîten
und ime dâ hülfe strîten:
swer des niht entæte,
daz er sin lêhen hæte 420
verwürket und ez solte lân.
nû daz diu boteschaft getân
wart in elliu tiutschiu lant,
dô wart ze Kempten hin gesant
dem abbet' ouch ein bote sâ, 425
der im diu mære seite dâ.

---

393 *von geschihte*, durch Zufall, Schickung; ereignete es sich. — 396 über
den Bergen, d. i. den Alpen, in Apulien; vgl. 417. — 399 *sich vlîzen ûf*,
auf eine Sache Fleiß, Anstrengung verwenden. — 400 *strît* geben mit dat.,
bekämpfen, mit Kampf zusetzen. — 401 vgl. Schultz II, 322. — 402 *bî den
wîlen*, um diese Zeit. — 403 *nôthaft* adj., arm; litt Mangel an Leuten. —
406 *in allen enden*, nach allen Richtungen (des Reichs). — 412 *dâ bi*, außerdem. — 414 *manschaft* stf., Lehenspflicht (franz. homage). — 416 *kêrte*,
zog. — 421 *lân*, verlassen. — 422 *nû daz* relat., als nun.

Dô der fürste lobesam
des keisers boteschaft vernam,
dô wart er ûf die vart bereit:
ouch wurden schiere, sô man seit, 430
al sîne dienestman besant
und ûf die reise dô gemant
mit triuwen und mit eiden.
den ritter wol bescheiden
von Kempten hiez er vür sich komen. 435
er sprach: «ir habt daz wol vernomen,
daz der keiser hât gesant
nâch liuten her in tiutschiu lant
und ich der fürsten einer bin,
der im ze helfe komen hin 440
über daz gebirge sol.
dar zuo bedarf ich iuwer wol
und mîner dienestliute:
die mane ich alle hiute
und iuch ze vorderst, daz ir vart 445
und die reise niht enspart,
diu mir und iu geboten ist:
dâ von sult ir an dirre vrist
werden ûf die vart bereit.»
«ach herre, waz hât ir geseit!» 450
sprach von Kempten Heinrich:
«nû wizzet ir doch wol, daz ich
vür den keiser niht entar
und ich sîne hulde gar
iemer mê verwürket hân: 455
ir sult der reise mich erlân
iemer durch den dienest mîn:
der keiser hât die gnâde sîn
vil gar von mir geleitet
und über mich gespreitet 460
sîner ungenâden büne.
ich hân erzogen zwêne süne,

432—433 zur Heerfahrt (*reise* stf.) aufgefordert mit Bezug auf ihren Lehenseid (*triuwe*, das eidliche Versprechen; die Verbindung *m. t. u. m. e.* ist formelhaft). — 456 *sparn* swv., unterlassen. — 457 um meiner Ergebenheit willen. — 459 *geleitet*, abgelenkt, mir entzogen. — 460 *spreiten* swv., ausbreiten. — 461 die Decke, das Dach seiner Ungnade. *büne* ist nicht bloß der erhöhte Fußboden (vgl. zu H. 363), sondern auch die Decke. Konrad braucht das Wort in beiden Bedeutungen (zu Engelh. 230). —

die sende ich, herre, mit iu dar:
ê daz ich alters eine var,
sô füeret ir si bêdesamt: 465
gezieret wol ûf strîtes amt
kêrent si mit iu dâ hin.»
«nein», sprach der abbet, «ich enbin
des muotes niht, daz ich ir ger
und iuwer durch si beide enber, 470
wand' ir mir nützer eine sît:
mîn trôst unt al mîn êre lît
an iu bî dirre zîte:
joch kunnet ir ze strîte
gerâten ûzer mâzen wol, 475
und swaz man hôher dinge sol
ze hove schicken alle wege,
daz mac verrihten iuwer pflege
baz dan anders iemen:
sô nütze enist mir niemen 480
an dirre hinevert' als ir:
dâ von sô bite ich, daz ir mir
rât mit wîser lêre gebet.
ist daz ir dâ wider strebet
und ir mir dienstes abe gânt, 485
swaz ir von mir ze lêhen hânt,
weiz got daz lîhe ich anderswar,
dâ man'z verdienen wol getar.»

«Entriuwen», sprach der ritter dô,
«und ist der rede denne alsô, 490
daz ir mîn lêhen lîhent hin,
ob ich iu niht gehôrsam bin,
ich var ê mit iu, wizze Krist,
swie mir diu reise an dirre vrist

---

466 *gezieret*, geschmückt, gerüstet. — *ûf strîtes amt*, zum Kriegsdienst. — 468 fg. ich bin nicht gesonnen. — 475 *gerâten*, Rath ertheilen. — 476 *swaz — hôher dinge*, was immer für Angelegenheiten von Bedeutung. — 477 *schicken*, zu Stande bringen, ins Werk setzen. — 478 *pflege* stf., Sorgfalt, Leitung. — 479 *anders* gen. abh. von *iemen* (Grimm Gr. IV, 456), jemand anderer. — 481 *hinevart* stf., Hinreise, Zug. — 485 *abe gân* mit gen., von etwas abgehen, es unterlassen: und mir den Dienst verweigert. — 487 *anderswar*, anderswohin: damit belehne ich einen andern.

490 steht die Sache (*rede* zu Am. 462) so (zu H. 902). — 491 zu 21. —

VI. OTTE MIT DEM BARTE.

ze grôzen sorgen si gewant,   495
ê daz ich lâze ûz miner hant
min lêhen und mîn êre,
ê rite ich unde kêre
mit iu benamen in den tôt.
min helfe sol ze rehter nôt   500
iu bereit mit willen sîn,
wande ir sit der herre mîn,
den ich dienstes muoz gewern:
sit ir sin niht welt enbern,
sô werde erfüllet iuwer muot: 505
swaz mir der keiser übeles tuot,
daz wil ich gerne dulden,
durch daz ich iu ze hulden
gedienen müge an dirre vart.»
hie mit ûf sine reise wart   510
bereit der ellentriche man:
er fuor mit sime herren dan
über daz gebirge enwec:
er was sô küene und ouch sô quec,
daz er durch vorhte wênic liez: 515
er tet swaz in sin herre hiez
und wart im undertænic gar.
sie wâren beide schiere dar
vür die selben stat gezoget,
dâ der rœmische voget   520
lac mit sime her vil starc.
Heinrich von Kempten allez barc
sich vor des keisers angesiht
und quam vür iu ze liehte niht,
wan er im ouch den alten haz   525
und durch die schulde sin entsaz.
sô vlôch in der vil küene man:
ein lützel von dem her hin dan

---

495 *sorge* stf., nicht bloß «Sorge», sondern auch was diese erregt: «Gefahr». — *gewant* (part.) *ze*, ausschlagend zu: wie gefahrvoll sich die Fahrt für mich anlasse. — 503 dem ich Dienst leisten muß. — 505 *iuwer muot*, euer Verlangen, Ansinnen. — 508 *iu ze hulden gedienen*, euere Huld verdienen. — 511 *ellentrîch* adj., reich an Muth (*ellen*). — 513 *enwec* adv., weg. — 514 *quec* adj., lebendig, frisch, muthig. — 520 *der rœmische voget*, der römische Kaiser. — 523 *angesiht* stf., das Anschauen. — 525 *ouch* bekräftigend: «freilich, wirklich auch». — 526 *und*, und zwar. — *ich entsitze mir* mit acc. stv., ich fürchte mich vor etwas. —

het er die hütten sin geslagen.
ein bat was im dar in getragen 530
an eime tage, als ich ez las,
waud' ime nâch sîner verte was
gemaches durft: dô badet' er
in eime zubere, der im her
was von eime dorfe brâht. 535
unt dô der ritter wol bedâht
was gesezzen in daz bat,
dô sach er komen ûz der stat
ein teil der búrgære
und ouch den keiser mære 540
stapfen gegen in dort hin.
umb' die stat wolt' er mit in
teidingen unde kôsen:
dâ von die triuwelôsen
burgære hæten ûf geleit 545
mit pârât und mit válschéit,
daz sị in ze tôde slüegen:
si wolten gerne füegen,
so er mit in sprâchen wolte,
daz man in slahen solte 550
und morden âne widersagen.
nû hæte schiere sich getragen
diu zît alsô, des bin ich wer,
daz er geriten quam dort her,
gewæfens îtel unde bar. 555
ein tougenlîchiu hármschâr
was im ze lâge dâ geleit,
dar in er ungewarnet reit
und wart mit vrechen handen

- - - -

529 *hütte* swf., Zelt. — *geslagen*, aufgeschlagen. — 533 *durft* stf., Bedürfniss. *mir ist durjt* mit gen., ich bedarf. — 536 *bedâht* part., besonnen. — 540 *mære* adj. (vgl. zu H. 90), berühmt, gross. — 541 *stapfen* swv., traben. — 543 *teidingen* swv., unterhandeln. — *kôsen* swv., eine Besprechung halten. — 545 *ûf legen* (vgl. zu WM. 192), ausdenken, einen Anschlag ersinnen. — 546 *pârât* stf. (franz. Lehnwort), Betrug. — 548 *füegen*, bewerkstelligen. — 549 *sprâchen* swv., eine Besprechung, Unterredung (*sprâche* stf.) halten. — 551 ohne ihm erst widersagt, den Frieden aufgekündigt zu haben. — 552 *sich tragen*, sich fügen. — 553 dafür bin ich Gewährsmann (*wer* swm.), stehe ich ein. — 555 *gewæfen* stn., Collectiv zu *wâfen*, Waffenrüstung. — *îtel* adj. mit gen., leer. — 556 *harmschar* stf., ursprünglich eine Bezeichnung für eine qualvolle Strafe (RA. 68), dann allgemein für Leid, Schaden. — 557 *lâge* stf., Hinterhalt, Nachstellung: man legte ihm heimlich eine Falle.

eins strites dâ bestanden: 560
wan diu triuwelôse diet,
diu tougen sinen schaden riet,
wolte im briuwen ungemach.
unt dô der ritter daz ersach
von Kempten in dem bade dort, 565
daz man dâ mein únde mort
alsus begunde briuwen
unt daz man an den triuwen
den keiser Otten wolte slahen,
dô liez er baden unde twahen 570
vil gar beliben under wegen:
als ein ûz erwelter degen
spranc er ûz dem zuber tief.
zuo sime schilte er balde lief,
der hienc an einer wende, 575
den nam er zuo der hende
und ein swert gar ûz erwelt:
dâ mite kom der blôze helt
geloufen zuo dem keiser hin.
von den burgæren lôst' er in 580
und werte in alsô nacket:
zerhouwen unt zerhacket
wart von im der vinde gnuoc:
der liute er vil ze tôde sluoc,
die den keiser wolten slahen: 585
er gôz ir bluotes manegen trahen
mit ellenthafter hende:
ze bitterlichem ende
er der liute gnuoc dâ treip,
und swaz ir lebendic beleip, 590
die macht' er alle flühtec.
unt dô der ritter zühtec
den keiser hete enbunden,
dô lief er an den stunden
aber in daz bat hin wider, 595

---

560 *eines strites bestân* (zu 21), mit Streit anfallen, überfallen. — **561** *diet* stf., Volk, Menge. — **563** *briuwen* stv., brauen, gewöhnlich von Unheilstiften, vgl. 567. HM. 94. J. Grimm zu Reinaert 2183. — **566** zu 21. — **568—569** daß man Kaiser Otto erschlagen und so die Treue gegen ihn verletzen wollte. — **570 fg.** *liez beliben under wegen* (unterwegs, mitten auf dem Wege) unterbrach. — **581** *wern* swv., vertheidigen, beschützen. — **582** zu 21. — **586** vgl. 318. — **587** *ellenthaft* adj., muthig (vgl. 511). — **592** *zühtec* adj., von feinem Anstand. —

dar in saz er dråte nider
und badet' als er tet då vor.
der keiser ûf der flühte spor
rante wider in daz her.
wer in mit månlîcher wer 600
het erlœset bî der stunt,
daz was im harte kleine kunt,
wand' er sin niht erkante.
vür sîn gezelt er rante:
dâ erbeizte er balde nider 605
und saz ûf sîn gestüele wider
vil zorniclîchen bî der zît.
die fürsten quâmen alle sît
vür in gedrungen schiere dar.
er sprach: «ir herren, nemet war, 610
wie nåch ich was verråten:
wan daz mir helfe tåten
zwô ritterlîche hende schîn,
sô müeste ich gar verdorben sîn
unt den lîp verloren hån. 615
wiste ich, wer mir kunt getân
het alsô båltlîchen trôst,
daz er mich nacket hât erlôst,
ich wolte im lîhen unde geben:
den lîp hån ich unt ouch daz leben 620
von sîner helfe stiure:
nie ritter wart sô tiure
noch sô vrech ân' allen spot.
erkennet in ieman, durch got,
der bringe in vür mîn ougen her; 625
ich bin des offenlîchen wer,
daz er enphâhet rîchen solt:
min herze ist ime an triuwen holt
und muoz im iemer günstic wesen:
kein ritter sô gar ûz erlesen 630
lebt weder hie noch anderswâ.»
nû stuonden sumelîche dâ,

---

598 *spor* stf., Spur. *ûf der flühte spor*, auf der Flucht, flüchtig. — 605 *erbeizen* swv., absitzen. — 612—613 *schîn tuon*, erzeigen. — 615 zu 21. — 616 *kunt tuon*, zutheil werden lassen. — 617 *båltlîch* adj., kühn. — *trôst*, Schutz, Hilfe. — 619 sc. Lehen und Geschenke. — 620 zu 21. — 621 *stiure* stf., Unterstützung; hier, wie öfter bei Konrad, tautologisch. — 622 *tiure* adj., ausgezeichnet. — 626 ich verspreche öffentlich; vgl. 553. — 628 *an triuwen*, in Wahrheit, aufrichtig. —

die wol westen under in,
daz Heinrich deme keiser hin
geholfen hæte bi der zît; 635
die språchen alle wider strit:
«wir wizzen, herre, wol den helt,
der iuwer leben ûz erwelt
von deme tôde erlœset hât.
nû vert ez leider unde stât 640
umb' in alsô bi dirre zît,
daz iuwer ungenâde lit
ze verre ûf sinem rücke:
er hât daz ungelücke,
daz er durch sine schulde 645
vermidet iuwer hulde.
wurd' im diu sælde nû getân,
daz er die möhte wider hân,
wir liezen, herre, iuch in gesehen.»
der keiser dô begunde jehen, 650
hæt' er den vater sîn erslagen,
er lieze in sine hulde tragen
und tæte im sine gnâde schîn;
daz nam er ûf die triuwe sin
und ûf sin êre keiserlîch. 655
dô wart der ritter Heinrich
von Kempten im genennet.
der keiser wît erkennet
sprach dâ wider sâ zehant:
«und ist er komen in diz lant, 660
daz weiz ich gerne sunder wân.
wer hæte ouch anders diz getân,
daz er nacket hiute streit:
wand' er ouch die getürstikeit
truog in sime herzen hôch, 665
daz er bi deme barte zôch
einen keiser über tisch.
sin muot ist vrœlich unde vrisch;
des enkelt' er niemer:

---

636 *wider strit*, um die Wette. — 640 nun ist es leider so um ihn bestellt: vgl. Walther 69, 9. — 643 *verre* adv., sehr. — 646 *vermidet*, nicht besitzt. — 654—655 das nahm er auf sich, versprach er bei seiner Treue und kaiserlichen Ehre; vgl. Tristan 5035. — 658 zu 21. *wît erkennet*, weit bekannt, berühmt. — 661 das ist mir gewiss (*sunder wân*) lieb zu wissen. — 664 *getürstikeit* stf., Kühnheit. — 665. 668 zu 21.

mîn helfe muoz in iemer 670
genædiclichen decken.
doch wil ich in erschrecken
und übelliche cuphâhen.»
dô hiez er balde gâhen
und in ze hove bringen; 675
mit zorniclichen dingen
wart er vür in gefüeret hin.
seht dô gebârte er wider in,
als er gehaz im wære.
«nû saget», sprach der mære 680
keiser, «wie getorstet ir
ie gestrichen her zuo mir
oder vür mîn ougen komen?
nû habet ir doch wol vernomen,
war umbe ich iuwer vient wart: 685
ir sît ez doch der mir den bart
âne scharsahs hât geschorn
und iuwer grimmelicher zorn
vil hâres in beroubet hât;
daz er noch âne löcke stât, 690
daz hât gefrumet iuwer hant.
daz ir getorstet in diz lant
komen, dar an wirt wol schîn,
daz ir hôhvertic wellet sîn
und übermuotes künnet pflegen.» 695
«genâde herre», sprach der degen,
«ich quam betwungenlichen her:
dâ von sô bit' ich unde ger,
daz ir verkieset dise tât.
mîn herre, ein fürste der hie stât, 700
bî sîner hulde mir gebôt,
daz ich durch keiner slahte nôt
liez' ich enfüere her mit im.
ich setze daz hiut' unde nim
ûf alle mîne sælikeit, 705
daz ich die vart ungerne reit,

---

676 *mit zorniclichen dingen*, soviel wie *zornicliche*; vgl. zu H. 985 und zu Engelhart 35. — 682 vgl. 356. — 688 *und iuwer* st. des wiederholten Relativs *u. des*, vgl. 67. — 691 *gefrumet*, bewirkt. — 697 *betwungenlichen* adv., gezwungen (durch meines Herrn Gebot), nicht freiwillig; vgl. 706. — 699 *verkiesen* stv., nachsehen, verzeihen. — 703 *nôt*, dringende Ursache, Hinderniss. — 704—705 ich setze dafür meine Seligkeit ein; vgl. 654. —

wan daz ich muoste, sam mir got,
erfüllen gar sin hôch gebot:
wære ich niht ûz mit im komen,
min lêhen hæte er mir benomen,   710
wære ich an den stunden
an der verte erwunden;
ouch wolte ich lœsen minen eit
daz ich mit mime herren reit:
swer mir dar umbe iht übeles tuot,   715
weiz got, der ist niht wol gemuot.»

 Der keiser lachen dô began:
er sprach: «ir ûz erwelter man,
ir sit unschuldic, hœre ich wol:
dâ von ich gerne lâzen sol   720
gegen iu den zorn min:
mir und gote sult ir sin
wol tûsent warbe willekomen:
ir habt mir swære vil benomen
unt daz leben min genert: 725
den lip den müeste ich hân verzert,
wan iuwer helfe, sælic man.»
sus spranc er ûf und lief in an
und kuste im ougen unde lide.
ein suone lûter und ein vride   730
wart gemachet under in:
ir zweier vintschaft was dâ hin,
wan der keiser hôh geborn
und sin grimmelicher zorn
was deme ritter niht gevêch.   735
ein gelt gap er im unde lêch,
daz jâres galt zwei hundert marc.
sin manheit vrevel unde starc
brâht' in in hôhen richtúom

---

707 man ergänze: und ich wäre nicht geritten, außer *(wan daz)*. — *s. m. g.* zu 370. — 709 *ûz komen*, ausziehen. — 710 vgl. 484 fg. — 712 *erwinden an* stv., eine Wendung von etwas weg nehmen, sich abwenden von etwas. — 713 vgl. 432 fg. — 714 *daz*, dadurch daß, indem. — 713—716 sind nur durch zwei Hss., aber verschiedener Klassen bezeugt.
 723 *warp* stm., Drehung, Wendung; nach Zahlwörtern: mal (Grimm Gr. III, 231 fg.). — 726 *verzern*, aufbrauchen, mein Leben müßte ich geendet haben. — 727 *wan* ellipt. mit dem nom.: «wäre eure Hilfe nicht gewesen.» — 730 *lûter* adj., lauter, aufrichtig. — 735 *gevêch* adj., feindlich. — 736 *gelt* wie *lêhengelt* 383. — 737 *jâres* adv. gen., jährlich. — 738 *vrevel* adj., kühn. —

und in ganzer wirde ruom, 740
daz man sin noch gedenket wol.
dar umbe ein ieglich ritter sol
wesen sines muotes quec,
werf' alle zageheit enwec
und üebe sines libes kraft: 745
wan manheit unde ritterschaft,
diu zwei diu prisent sêre:
si bringent lop und êre
noch einem iegelichen man,
der si wol gehalten kan 750
und in beiden mac geleben.
hie sol diz mære ein ende geben
und dirre kurzen rede werc,
daz ich durch den von Tiersbérc
in rime hân gerihtet 755
und in tiutsch getihtet
von latine, als er mich bat
ze Strâzburc in der guoten stat,
dâ er ist ze dem tuome
probest und ein bluome 760
dâ schinet maneger êren.
got welle im sælde mêren,
wan er sô vil der tugende hât.
von Wirzeburc ich Cúonrât
muoz im iemer heiles biten. 765
er hât der êren strit gestriten
mit gerne gebender hende.
hie hât diz mære ein ende.

---

752 *ende geben*, Ende nehmen. — 753 *werc* mit gen. umschreibt: diese Rede. — 759 *tuom* stm., Dom. — 765 ich muß für ihn um Glück bitten, ihm alles Gute wünschen; vgl. Iwein 6008; zu WM. 35 fg.

VII.

DAZ MÆRE VON DER MINNE

ODER

DAZ HERZEMÆRE

VON

KONRAD VON WÜRZBURG.

VORBEMERKUNG.

Bei deutschen wie französischen Liederdichtern des Mittelalters finden wir wiederholt den Gedanken von einer Trennung des Leibes und des Herzens ausgesprochen, das, wohin jener auch fahre, zurückbleibe bei der Geliebten.*) Die vorliegende Erzählung kann für die epische Ausführung dieses Gedankens gelten. Ein Ritter und eine edele Frau lieben einander auf das innigste. Die Frau hat aber einen edeln Gatten und wird von diesem so sorgfältig gehütet, daß die beiden keine Gelegenheit finden, ihres Herzens Sehnsucht zu stillen. Der Gatte, der ihre Liebe bemerkt, beschließt mit ihr nach Jerusalem zu fahren, und um diesem Entschluß zuvorzukommen und zugleich den Argwohn des Ehemanns zu zerstreuen, tritt der liebende Ritter auf den Wunsch der Dame selbst diese Fahrt an. Fern von der Geliebten bricht ihm das Herz vor Sehnsucht; und da er den Tod nahe fühlt, befiehlt er seinem Knappen, sobald er gestorben, ihm das Herz auszuschneiden und es wohl einbalsamiert in einer goldenen Kapsel seiner Dame zu bringen. Der Knappe thut nach seinem Gebot; als er aber in die Nähe der Burg kommt, wo die Dame wohnt, begegnet er ihrem Gemahl. Dieser entreißt ihm die Kapsel mit Gewalt, läßt das Herz von seinem Koch köstlich zubereiten und setzt diese Speise seiner Frau vor. Nachdem sie dieselbe gegessen und sie auf seine Frage für die köstlichste erklärt, die sie je genossen, sagt ihr der Ritter, was sie gegessen habe. Sofort erfasst sie unsäglicher Jammer, sie erklärt, nach so köstlicher Speise wolle sie keine andere mehr genießen, und stirbt an gebrochenem Herzen.

---

*) Auf einem englischen Spiegel überreicht ein Ritter seiner Dame sein Herz: Wackernagel, Kl. Schr. I, 138.

Ohne Zweifel hat unser Dichter nach einer französischen Vorlage gearbeitet, und in der That finden wir die Erzählung zweimal an französische Dichternamen geknüpft. Wer dächte nicht sofort an das tragische Schicksal des nordfranzösischen Trouvere Reignault, Castellan von Couci, und der Dame von Fayel, von dem uns nach einem französischen Gedichte und einer Prosachronik Uhland eine seiner schönsten Romanzen gesungen und so den Stoff allgemein bekannt gemacht hat; vgl. «Chansons du Châtelain de Coucy» ed. Fr. Michel, Paris 1830, p. IX—XV und den Anhang zum Essai. Entfernter verwandt und doch im wesentlichen übereinstimmend ist was provenzalische Biographien mehrfach, von schlicht chronikenartiger Erzählung bis zu novellistischer Ausschmückung, über den Troubadour Guillem de Cabestanh berichten, der von Raimon von Roussillon, dessen Gemahlin Soremonda er geliebt, erschlagen wird, worauf mit seinem Herzen geschieht wie mit dem des Castellan von Couci, und die Dame sich vor Schmerz aus dem Fenster stürzt (vgl. Diez, «Leben und Werke der Troubadours», 2. Aufl., S. 67 fg., wo in der Anm. 1 die Literatur verzeichnet ist), eine Erzählung, die ich ebenfalls als bekannt voraussetzen darf in der schönen Fassung, die ihr Boccaccio in der neunten Novelle des vierten Tages gegeben, der, wie er selbst sagt, den Stoff provenzalischen Quellen entnommen hat und nur in der Todesart von ihnen abgeht. Es liegt auf der Hand, daß wir es in beiden Erzählungen nicht mit historischen Thatsachen, sondern mit einer in höheres Alter mit wilderen, blutigen Sitten hinaufreichenden Sage zu thun haben, die die ritterliche Zeit ihren Anschauungen von Liebe und Ehe gemäß wieder aufnahm und ausbildete. Schon im 12. Jahrhundert mindestens gab es einen Lai von Gurun (Goron oder Gorhon, bei Gottfried von Straßburg im Tristan 3524 Gurun genannt), der ebenfalls von dem Gatten der Geliebten getödtet wird, mit dessen Herz jener thut wie Raimon mit dem Guillem's. Iseult singt diesen Lai in dem französischen Tristan des Thomas (Michel, Tristan III, 39, V. 681—690 und Note, vgl. Notice, p. VIII), und Ferdinand Wolf hat schon bemerkt, daß er bretonischen Ursprungs ist («Über die Lais», S. 52, 236 fg. und Anm. 718). Einen andern Lai (Lai d'Ignaures ed. L. J. N. Monmerqué et Fr. Michel, Paris 1832), ebenfalls aus dem 12. Jahrhundert, besitzen wir noch, in welchem Renaut erzählt, wie Ritter Ignaures zwölf Frauen geliebt, von den Ehemännern erschlagen und sein Herz den zwölf Damen vorgesetzt wird, die ebenfalls nach dieser Speise keine andere mehr genießen*): eine Fassung, die auch in Deutschland nicht unbekannt ist, nur auf den Namen Graland übertragen.

Überhaupt finden wir den weit verbreiteten Stoff mehrfach in germanischen Volksliedern wieder. Zunächst gleichfalls an einen Dichternamen geknüpft: den Brennberger's (vor 1276 von den Regensburgern erschlagen), der um seiner Liebe zu einer Frau willen sieben Jahre lang gefangen gehalten und getödtet wird wie Guillem von Cabestanh. Sie erscheint bearbeitet in einem altdeutschen Meistersang (danach bei Grimm, Sagen, No. 506) und in niederdeutschen und niederländischen Liedern (Uhland, Volkslieder, S. 158; Willems, Oude flamsche Liederen, S. 135, erneut bei Simrock, Volkslieder, S. 14, und mit verstümmeltem Schluß in Hejes Volksdichten). Hier ist es noch immer die Frau, um derentwillen der Liebende den Tod erleidet, wobei in diesen letzten Fassungen die Unschuld des Verhältnisses besonders hervorgehoben wird. In einem schwedischen Volkslied von Herzog Freudenburg und Fräulein Adelin (bei Geijer und Afzelius, Svenska Folkvisor I, 95; neue Ausg. v. R. Bergström u. L. Höijer I, 81, vgl. II, 84; deutsch von Rosa Warrens, Schwedische Volkslieder, Leipzig 1857, S. 99 fg.), das sonst in den Thatsachen zum Brennberger stimmt, ist an die Stelle der Gattin die Tochter getreten und damit der Übergang gebildet zu einer andern verwandten Sage, in der auch das Herz nicht mehr wirklich gegessen, sondern der Tochter nur in einer Kapsel zugeschickt wird, die sie mit Gift füllt und den Tod daraus trinkt, ähnlich wie in den Brennbergerliedern, und im schwedischen die Frau oder das Mädchen nach dem Genuß des Herzens einen Becher Wein oder Meth verlangt, bei dessen erstem Trunk ihr das Herz zerspringt. Die Geschichte ist allgemein bekannt durch Boccaccio's viel nachgeahmte und bearbeitete (vgl. unter anderm Hans Sachs' Tragödie von dem Fürsten Concreti; das Lied in Gœdeke's Ausgabe, I, 18, Leipzig 1870; Simrock, Volksb., VI,

---

*) Wie hier haben mehrere Frauen an der Liebe und dem Genuß des Herzens des Getödteten Antheil in der von Borghini in der Vorrede zum Libro di Novelle (Firenze, Giunti 1574) mitgetheilten und mehrfach (in Ferrario's Ausgabe der Cento novelle antiche, Milano 1804, I, XI, bei Zambrini, Libro di novelle antiche tratte de diversi testi del buon secolo della lingua, Bologna 1868, Nov. XII; vgl. Landau, S. 38. 57) wiederholten Novelle von der Gräfin von Arimini Monte, ihren Cameriere und ihrem Portiere Domenco, aus dessen Herz der Graf eine «torta» bereiten läßt, von welcher die Gräfin und ihre Cameriero essen, worauf sie Nonnen werden und das Kloster Rimini gründen.

153—170; und Bürger's Lenardo und Blandine) Novelle Guiscardo und Gismonde (4, 1, vgl. Landau 138), mit der ich diesen Umblick über die verwandten Darstellungen schließen will.*)

Für den Text konnte ich nun außer den schon früher benutzten Handschriften (der Straßburger, Heidelberger, Wiener, dem Liederbuch der Clara Hätzlerin mit den Lesarten der Handschrift L, Bechstein's und Laßberg's Liedersaal) noch das Hardenbergische Bruchstück (Zacher's Zeitschr. XI, 432 fg.) und die Münchener Hs. Cgm. 714 benutzen. Daß ich die letztere selbst mit aller Bequemlichkeit vergleichen konnte, verdanke ich der Güte des königl. Oberbibliothekars Hrn. Dr. G. Laubmann, auf dessen Vermittelung mir schon früher Hr. Dr. F. Keinz Anfang und Schluß abgeschrieben und eine Anzahl von Versen verglichen hatte. Ich spreche beiden Herren für ihre zuvorkommende Gefälligkeit meinen herzlichsten Dank aus. Auf Grund der genannten Quellen habe ich nun den Text unabhängiger von F. Roth's Ausgabe (Frankfurt a. M. 1846) als früher zu gestalten versucht. Was außer diesem namentlich Haupt in den Anmerkungen zum Engelhart und in seiner Zeitschrift XV, 250 fg. (vgl. Bartsch, Partonopier, S. XI fg.) geleistet hat, ist selbstverständlich gebührend berücksichtigt worden.

---

*) Nur nebenbei sei noch der spanischen Romance bei F. Wolf, Rosa de Romances 63 gedacht, in der die spröde Belerma das Herz Durandarte's mit einem frommen Wunsche für seine Seele in Empfang nimmt, ohne selbst zu sterben.

Ich brüefe in mime sinne,
daz lûterlichiu minne
der werlte ist worden wilde,
dâ von sô sulent bilde
ritter unde frouwen   5
an disem mære schouwen,
wan ez von ganzer liebe seit.
des bringet uns gewîshéit
von Strâzburc meister Gótfrít:
swer ûf der wâren minne trit   10
wil ebene setzen sinen fuoz,
daz er benamen hœren muoz
sagen unde singen
von herzenlichen dingen,
diu ê wâren den geschehen,   15
die sich heten undersehen
mit minneclichen ougen.
diu rede ist âne lougen:
er minnet iemer deste baz,
swer von minnen etewaz   20
hœret singen oder lesen;
dar umbe wil ich flizic wesen,
daz ich diz schœne mære
mit rede alsô bewære,
daz man dar ane kiesen müge   25
ein bilde, daz der minne tüge.

---

2 *lûterlich* adj., lauter. — 3 zu O. 21. — *wilde* adj., fremd. — 4 *bilde*, Vorbild; vgl. 583 fg. u. zu 26. — 7 *ganzer*, vollkommener, vgl. zu 52. — 8—9 das versichert uns Meister Gottfried von Straßburg (im Tristan 87—122). — 10 auf die Fußspur, den Pfad der wahren Minne. — 11 *ebene* adv., gleich, passend, daher «recht». — 13 zu O. 21. — 14 von Herzensgeschichten. — 16 *sich undersehen*, sich gegenseitig einander sehen (vgl. Zeitschr. XV, 264, 46). — 18 vgl. WM. 207. — 20 *minnen* plur., von Liebesverhältnissen, Liebesgeschichten. — 26 als Vorbilder pflegt Konrad seine Dichtungen öfter hinzustellen: vgl. den ähnlichen Eingang und Schluß des Engelhart (bes. V. 157. 206. 6498), die Eingänge des Partonopier (V. 40), des troj. Krieges (V. 264. 284), Alexius (V. 39), Silvester (V. 28), Pantaleon (V. 24).

diu lûter und diu reine
sol sîn vor allem meine.

Ein ritter und ein frouwe guot
diu heten leben unde muot 30
in ein ander sô verweben,
dáz beid' ir muot und ir leben
ein dinc was genzlich unde gar:
swaz der frouwen arges war,
daz war ouch dem ritter; 35
dâ von ze jungest bitter
wart ir ende leider.
diu minne was ir beider
worden sô gewaltec,
daz si vil manicvaltec 40
mahte in herzesmerzen.
grôz smerze wart ir herzen
von der süezen minne kunt.
si hæte si biz an den grunt
mit ir fiure enzündet 45
und alsô gar durchgründet
mit minneclicher trütscháft,
daz niemer möhte ir liebe kraft
mit rede werden z'ende brâht.
ir lûterlichen ándâht 50
nieman künde vollesagen.
nie ganzer triuwe wart getragen
von manne noch von wibe,
danne ouch in ir lîbe
si zwei zesamene truogen. 55
joch kunden si mit fuogen
zuo ein ander komen niht,
alsô daz si zer minne pfliht
ir geruden willen möhten hân.

---

30. 32 *leben — muot, muot — leben,* Nachahmung Gottfriedischer Manier; vgl. 41. 42. — 31 *verweben* (part. præt. von *verweben* stv.), verwoben. — 33 zu O. 21. — 34 alles Übel (*arc* stn.) das die Dame betrübte (*werren* mit dat.). — 41. 42 zu 30. — 46 *durchgründen* swv., durchdringen bis auf den Grund; vgl. Engelhart 975 fg. — 47 *trütschaft* stf., Liebe. — 49 *z'ende brâht,* bis ans Ende gebracht, d. i. vollständig erschöpft. — 50 *andâht* stf., das Denken an etwas: wie lauter, wie aufrichtig sie aneinander dachten. — 52 *ganzer* compar. von *ganz* adj., ganz, unverletzt, unverbrüchlich; vgl. 7. — 56 *fuoge* stf., Schicklichkeit, passende Gelegenheit, hier im Plur.: mit guter Art. — 58 *pfliht* stf. mit gen. nur umschreibend statt *zuo der minne.* — 59 *gernden* part. præs., verlangenden, sehnsüchtigen. —

daz süeze wip vil wol getân 60
hæt' einen werden man zer ê,
des wart ir herzen dicke wê,
wan ir schœne was behuot
sô vaste, daz der herre guot
nie mohte an ir gestillen 65
sins wunden herzen willen,
daz nâch ir minne lac versniten.
des wart diu nôt von in geliten,
diu strenge was und engeslich.
nâch ir libe minneclich 70
begunde er alsô vaste queln,
daz er sinen pin verheln
niht mohte vor ir manne.
zuo der schœnen danne
reit er swenne ez mohte sin 75
und tet ir dô mit clage schin
sines herzen ungemach;
dâ von ze jungest ime geschach
ein leit, daz in beswârte.
der frouwen man der vârte 80
mit starker huote ir beider
sô lange, biz er leider
an ir gebærden wart gewar,
daz si diu süeze Minne gar
hæt' in ir stric verworren, 85
daz si muosten dorren
nâch ein ander beide.
dar umbe wart vil leide
deme guoten herren dô.
er dâhte wider sich alsô: 90
«enhüete ich mines wibes niht,
min ouge lihte an ir gesiht
daz mich her nâch geriuwet,
wan si mir schaden briuwet
mit disem werden edelen man. 95
deiswâr ob ich ez füegen kan,

---

63 *behuot* part. von *behüeten* swv., vgl. 81. — 67 *versniten* part., verwundet, wund (vgl. zu H. 1010). — 69 *engeslich* adj., angstvoll. — 71 *queln* stv., Schmerz leiden, sich sehnen. — 80 *vâren* swv., nachstellen. — 81 *huote* stf., Aufsicht; Bewachung, namentlich zur Entdeckung Liebender. — 85 *verwerren* stv., verwirren, verwickeln. — 86 *dorren* swv., verdorren, schmachten. — 90 *wider*, bei. — 93 *geriuwen* stv., Leid, Verdruß bereiten.

ich bringes' ûzer siner wer.
über daz vil wilde mer
wil ich zwâre mit ir varn,
durch daz ich künne si bewarn 100
vor ime biz daz er gar von ir
gewenke sines herzen gir
und si den muot von im geneme.
ich hôrte sagen ie, daz deme
sin liep vil sanfte würde leit, 105
der mit langer stætikeit
von im gescheiden würde gar:
dar umbe ich gerne mit ir var
zuo deme frônen gotes grabe,
biz daz si gar vergezzen habe 110
der hôhen liebe, die si treit
dem werden ritter vil gemeit.»

Alsus kam er über ein,
daz er den gelieben zwein
ir trûtschaft wolte leiden, 115
diu niemer doch gescheiden
mohte werden under in.
er kêrte dar ûf sinen sin,
daz er mit der frouwen
benamen wolte schouwen 120
Jherusalêm daz reine lant.
und dô der ritter daz bevant,
der nâch ir werden minne bran,
dô wart der muotsieche man
vil schiere des ze râte, 125
daz er nâch ir drâte
wolde ouch varen über mer.
in dûhte daz er âne wer
dâ heime tôt gelæge,
ob er sich des verwæge, 130

---

97 *wer* stf., Besitz, Gewalt. — 102 *gewenken (von)*, abwenden. — *gir* stf., Begierde, Verlangen. — 103 über *muot* vgl. zu Am. 35. — 105 zu O. 21. — 106 *mit langer stætikeit*, auf längere Dauer. — 109 *frôn* adj., den Herrn (*frô*, besonders Christus) angehend, in solchem Bezug dann: heilig. — 112 *gemeit*, zu H. 921.
113 *über ein komen*, mit sich eins werden. — 114 *geliep* stm., Geliebter. — 121 *d. r. l.*, vgl. Walther 79, 3. — 123 *brinnen*, von der Liebesglut; vgl. zu O. 10. — 124 fg. *muotsiech* adj., herzenskrank. — *ze râte werden*, einen Entschluß fassen. — 128 *âne wer*, rettungslos (vgl. WM. 509). — 130 *sich verwegen* mit gen., sich zu etwas entschließen. —

daz er wendic würde.
der strengen minne bürde
twanc sô vaste sinen lip,
daz er durch daz schœne wip
wær' in den grimmen tôt gevarn; 135
dar umbe er doch niht langer sparn
wolte nâch ir sine vart.
und dô des an im innen wart
diu süeze tugende riche,
besante in minnecliche 140
daz vil keiserliche wip.
«friunt herre», sprach si, «lieber lip,
min man ist an den willen komen,
als dû wol selbe hâst vernomen,
daz er mich flœhen wil von dir. 145
nû volge trût geselle mir
durch diner hôhen sælden art
und erwende dise vart,
die sin lip hât ûf geleit,
über daz wilde mere breit: 150
var alters eine drüber ê,
dar umbe daz er hie bestê;
wan swenne er hât von dir vernomen,
daz dû bist vor über komen,
sô belibet er zehant 155
und wirt der arcwân erwant,
den sin lip hât ûfe mich;
wan er gedenket wider sich:
«wære an disen dingen iht
des min herze sich versiht 160
an minem schœnen wibe guot,
der werde ritter hôchgemuot

---

131 *wendic* adj., abwendig (von seinem Vorhaben). — 141. 297 *keiserlich*: den Gebrauch dieses Adjectivs in allgemein lobender Bedeutung theilt Konrad mit seinem Vorbild Gottfried von Straßburg (zu Tristan 708; Straßb. Studien I, 62); vgl. zum Engelh. 863. — 145 *flœhen* swv., flüchten, durch die Flucht entfernen. — 147 *art* stf., angeborene Eigenthümlichkeit, steht hier in schwacher, fast nur umschreibender Bedeutung. — *sælde* stf. (gern im Plur. zu O. 3), das vom Geschick verliehene Gute, von äußern wie geistigen Gaben; also: um deiner dir angeborenen Güte willen. — 148 *erwenden* swv., abwenden, rückgängig machen. — 149 *ûf geleit*, beschlossen (zu W.M. 192). — 154 *vor*, voraus. — *über komen*, hinübergefahren. — 156 *arcwân* stm., Argwohn, Verdacht. — *erwant*, abgelenkt. — 160 *des* = *des* (abh. v. *iht*) *des*, (etwas) von dem, was. — *sich versehen* mit gen., vorhersehen, hoffend oder fürchtend. —

wære niht von lande komen.
sus wirt der zwîfel ime benomen,
den wider mich sîn herze treit; 165
ouch sol dir niht wesen leit,
ob dû bist eine wîle dort,
biz man verredet hie daz wort,
daz von uns fliuget über lant.
sô dich her wider hât gesant 170
der vil süeze reine Crist,
sô hâstû sam mir alle frist
dînen willen deste baz,
ob man gar verredet daz,
daz man ûf uns ze mære saget. 175
dem edelen gote si éz geclaget,
daz dû nâch deme willen dîn
niht iemer maht bî mir gesîn
und ich bî dir nâch mîner ger.
nû ganc, vil lieber herre, her, 180
enphâch von mir daz vingerlîn:
dâ bî soltû der swære mîn
gedenken under stunden,
dâ mite ich bin gebunden,
sô dich mîn ouge niht ensiht: 185
wan zwâre, swaz mir joch geschiht,
ich muoz an dich gedenken.
dîn vart diu kan mir senken
jâmer ju mins herzen grunt.
gip mir her an mînen munt 190
einen süezen friundes kus
unde tuo durch mich alsus,
alse ich hân gesaget dir.»
«gerne, frouwe», sprach er z'ir
ûz trüebes herzen sinne, 195
«swaz ich dar an gewinne,
ich tuon mit willen, swaz ir went.

---

163 hätte das Land nicht verlassen. — 168 *verreden* swv., zu Ende reden, aufhören zu reden. — *wort*, Nachrede; vgl. Am. 432. — 169 vgl. Wackernagel, Kl. Schr. III, 245 fg., wo Beispiele dieser beliebten sinnlichen Ausdrucksweise für «die weite Verbreitung des Wortes und des Mæres» gesammelt sind. (Der mythologischen Auslegung W.s kann ich allerdings nicht folgen.) — 172 *sam* præp., mit. — 175 was man uns nachredet, über uns erzählt. — 183 *under stunden*, zuweilen. — 196 was ich auch damit erreiche, was mir auch davon zutheil wird, Gutes oder Schlimmes. — 197 *went* alemannische Form = *welt*. —

ich hân sô gar an iuch versent
herze, muot und ouch den sin,
daz ich iu von rehte bin   200
eigenlichen undertân.
lânt mich iuwern urloup hân,
ûz erwelte frouwe guot,
und wizzent, daz min sender muot
nâch iu muoz grôzen kumber doln.   205
ich bin sô gar an iuch verquoln
mit herzen und mit libe,
liebest aller wibe,
daz ich des michel angest habe.
man trage tôten mich ze grabe,   210
ê mir diu sælde mê geschehe,
daz ich iuch iemer mê gesehe.»

Hie mite was diu rede hin,
die si dô triben under iu
von ir herzeleide.   215
diu zwei gelieben beide
schieden sich mit marter
und twungen sich dô harter
ze herzen an der stunde,
mê danne ich mit dem munde   220
iu bescheiden künne.
an wérltlîcher wünne
lac ir beider herze tôt;
ir liehten münde rôsenrôt
vil senfter minne pflâgen,   225
dar nâch si sich verwâgen
aller fröiden under iu.
der werde ritter kêrte hin
mit jâmer an daz mer zehant.
den êrsten kiel, den er dâ vant,   230

---

198 *versenen* swv., abhärmen vor Sehnsucht; in Sehnsuchtsschmerz hingeben. — 201 *eigenlichen* adv., als *eigenman* (Leibeigener). — 204 *sender* (= *senender* part.) von *senen*, sich sehnen, sehnsuchtsvoll, besonders vom Liebesschmerz. — 206 *verquelu* stv., in Schmerz vergehen; mit præp. *an* wie *versenen* 198: ich hänge so ganz und gar in Schmerzen an euch. — 212 *iemer mê*, je wieder.

213 *hin* sc. *getân* (zu H. 1255), aus, zu Ende. — 218 fg. und drückten sich fester ans Herz. — 221 *bescheiden* mit dat. (u. acc. 460) auseinandersetzen, mittheilen, sagen. — 222—223 weltlicher Wonne (zu O. 21) waren ihr beider Herzen abgestorben. — 224 *lieht*, hell, von lebhaften Farben. — 226 *sich verwëgen*, hier (vgl. 130) in der Bedeutung: entsagen. —

dâ wart er inn' über brâht.
er hæte sich des wol bedâht,
daz er ûf der erden
nimêre wolde werden
fröidehaft noch rehte frô, 235
got gefuogte ez danne alsô,
daz er ze lande kæme
und etewaz vernæme
von der lieben frouwen sin.
des wart sin herzeclicher pin 240
vil strenge und ouch vil bitter.
der tugenthafte ritter
begunde nâch ir trûren
und in sin herze mûren
vil jæmerliche riuwe. 245
sin altiu sorge niuwe
nâch ir süezen minne wart.
der reinen türteltûben art
tet er offenliche schin,
wan er nâch dem liebe sin 250
vermeit der grüenen fröiden zwi
und wonte stæteclichen bi
der dürren sorgen aste.
er sente nâch ir vaste
und wart sin leit sô rehte starc, 255
daz ime der jâmer durch daz marc
dranc biz an der sêle grunt;
er wart vil tiefer sorgen wunt
und inneclicher swære.
der sende marterære 260
sprach ze maneger stunde
mit siufzebæren munde:

---

232 *sich bedenken* mit gen., sich entschließen. — 233 ù. d. e., die zu O. 288 bemerkte Abschwächung der Bedeutung tritt nicht ein in negativen Sätzen (wie hier) und Fragen. — 235 zu O. 21. — 237 *ze lande komen* (vgl. 163), ins Land zurück, heimkehren. — 240 *herzeclich*, was von Herzen geht. — 244 *mûren* swv., mauern, festmachen. Dasselbe Bild und derselbe Reim bei Konrad, öfter: zu Engelh. 2142, Part. 709 u. Anm. — 245 *riuwe* stf. hier nicht: Reue sondern allgemeiner: Schmerz. — 248 das Bild von der Turteltaube, die, wann ihr Männchen stirbt, die grünen Zweige meidet und sich nur auf dürre niederläßt (vgl. mhd. WB. III, 125; *Mâze* 187—194 [Germ. VIII, 102]; Heinr. von Krolwitz, Vater unser, 325—338; Altd. Bl. I, 385; St. Pauler Predigten ed. Jeitteles 41, 3 fg.) hat K. auch Alexius 376 fg. — 250 *nâch — sin*, aus Sehnsucht nach seinem (verlorenen) Lieb. — 252 *bi wonen*, sich aufhalten. — 254 *senen*, zu 204. — 258 *wunt* mit gen. — 262 *siufzebære* adj., seufzend. —

«gèret si daz reine wip,
der leben und der süezer lip
mir git sô herzeclichen pin.   265
jâ si liebiu frouwe min,
wie kan ir süeziu meisterschaft
sô bitterlicher nœte kraft
senden mir ze herzen!
wie mac sô grôzen smerzen   270
ir vil sælic lip gegeben!
sol si trœsten niht min leben,
sô bin ich endelichen tôt.»
in dirre clagenden herzenôt
was er mit jâmer alle tage   275
und treip sô lange dise clage,
biz er ze jungest wart geleit
in alsô grôze sendekeit,
daz er niht langer mohte leben.
im wart sô grimmiu nôt gegeben,   280
daz man wol ûzen an im sach
den tougenlichen ungemach,
den innerhalp sin herze truoc.
und dô der werde ritter kluoc
der leiden mære sich versach,   285
daz ime ze sterbenne geschach,
dô sprach er zuo dem kuehte sin:
«vernim mich, trût geselle min,
ich bevinde leider wol,
daz ich benamen sterben sol   290
durch mine lieben frouwen,
wan si mich hât verhouwen
biz ûf den tôt mit sender clage.
dar umbe tuo daz ich dir sage:
swenne ich si verdorben   295
und ich lige erstorben

---

264 zu O. 21. — 267 *meisterschaft* stf., Herrschaft, Gewalt. Man beachte die Gegensätze *süeziu* m. — *bitterlicher nœte, smerzen* — ir vil *sælic* (zu Am. 2402, HM. 147) *lip*; vgl. 270 fg., 462 fg., 469 fg.; auch hiefür ist Gottfried Vorbild: Straßb. Studien I, 17 fg. — 273 *endelichen* adv., sicherlich. — 274 *diu klagende herzenôt* ist eine Bedrängnis des Herzens, wobei geklagt wird, die Klage hervorruft; in dieser Weise werden part. præs. im Mhd. öfter in passivem Sinne gebraucht. — 278 *sendekeit* stf., Sehnsuchtsschmerz (vgl. zu 204). — 281—283 vgl. zu 267. — 285 *mære* ist nicht bloß die Erzählung, sondern auch der Gegenstand, wovon erzählt wird: Geschichte, Sache (vgl. zu WM. 320 und *rede* zu Am. 462). — 286 daß er sterben mußte (zu Am. 679). — 292 *verhouwen* stv., verwunden. —

durch daz keiserliche wip,
sô heiz mir snîden ûf den lip
und nim dar ûz mîn herze gar
bluotic unde riuwevar, 300
daz soltû denne salben
mit balsame allenthalben,
durch daz ez lange frisch bestê.
vernim waz ich dir sage mê:
frume ein ledelîn cleine 305
von golde und von gesteine,
dar în mîn tôtez herze tuo
und lege daz vingerlîn dar zuo,
daz mir gap diu frouwe mîn;
sô diu zwei zuo ein ander sîn 310
verslozzen und versigelet,
sô brinc alsô verrigelet
si beidiu mîner frouwen,
durch daz si müge schouwen,
waz ich von ir hân erliten 315
und wie mîn herze sî versniten
nâch ir vil süezen minne.
si hât sô reine sinne
und alsô ganze triuwe,
daz ir mîn jâmer niuwe 320
lît iemer an ir herzen,
bevindet si den smerzen,
den ich durch si lîden sol.
dar umbe tuo sô rehte wol
und erfülle mîn gebot. 325
der reine und der vil süeze got,
der kein edel herze nie
mit der helfe sîn verlie,
der ruoche sich erbarmen
über mich vil armen 330
und müeze der vil lieben geben
fröid' und ein wunneclichez leben,
von der ich muoz hie ligen tôt.»
mit dirre clagenden herzenôt

---

305 *frumen* swv., machen lassen. — 311 zu O. 21. — 312 *alsô*, zu Am. 1173. — *verrigelet*, versperrt. — 318 *sinne*, Gesinnung. — 320 *niuwe*, sich immer wieder erneuernd. — 324 *tuo sô wol*, sei so gut (eine Redensart der Höflichkeit). —

der ritter nam sin ende. 335
dar umbe sine hende
der kneht vil jæmerlichen want;
er hiez in snlden ûf zehant
und erfulte im sine bete.
swaz er in ê gebeten hete, 340
daz tet er und kêrte dan
alse ein fröidelôser man
mit dem herzen alsô tôt.
er fuorte ez, alse er ime gebôt,
zuo der selben veste, 345
dâ er si ûfe weste,
durch die der liebe herre sin
leit des grimmen tôdes pin.

Dô er zuo der veste kam,
dâ diu frouwe tugentsam 350
was inne bi der selben zit,
dô reit im ûf den velde wit
ir man engegen von geschiht
und wolte, als uns daz mære giht,
dô lihte hân gebeizet. 355
des wart der kneht gercizet
ûf clegelichen ungemach;
wan dô der ritter in gesach,
dô gedâhte er alzehant:
«zwâre, dirre ist her gesant 360
umb' anders niht wan umbe daz
daz er mæres etewaz
bringe minen wibe
von sines herren libe,
der nâch ir minne jâmer treit.» 365
hie mite er zuo dem knehte reit
und wolte in mære frâgen sâ.
dô ersach er schiere dâ
die lade von gezierde kluoc,
dar inn' er daz herze truoc 370
und der frouwen vingerlin.
er hætes' an den gürtel sin

---

337 *want*, rang. — 343 *alsô*, zu Am. 1173. — 355 *beizen* swv., Vögel mit Falken jagen (Schultz I, 375 fg., Weinhold DF. II², 121 fg.). — 356 *reizen* (swv.) *ûf*, treiben ln. — 367 zu Am. 1245. — 369 *gezierde* stf., Schmuck.

geheuket beidiu von geschiht,
áls ob éz wær' anders iht.

Dô der ritter daz ersach, 375
den knappen gruozte er unde sprach,
waz er dar inne trüege.
dô sprach der vil gefüege
und der getriuwe jüngelinc:
«herr', ez ist einer hande dinc, 380
daz verre mit mir ist gesant.»
«lâ sehen», sprach er alzehant,
«waz drinne sî verborgen!»
dô sprach der kneht mit sorgen:
«zwâre des entuon ich niht, 385
kein mensche niemer ez gesiht,
wan der ez sol von rehte sehen.»
«nein, alsus mac es niht geschehen»,
sprach der ritter aber zuo ime,
«wan ich dir'z mit gewalte nime, 390
und schouwe ez sunder dinen danc.»
dar nâch was vil harte unlanc,
biz daz er ime daz ledelin
brach von deme gürtel sîn.
daz tet er ûf mit sîner hant. 395
daz herze sach er unde vant
dâ bi der frouwen vingerlîn,
an den zwein wart ime schîn,
daz der ritter læge tôt
und disiu beidiu sîner nôt 400
ein urkünde wæren
zuo der vil sældebæren.

Der ritter sprach dem knehte zuo:
«ich sage dir, knappe, waz dû tuo:
var dîne strâze, wellest dû, 405
ich wil daz cleinôte nû
mir selben hân, daz sage ich dir.»

---

378 *gefüege* adj., die *fuoge*, Schicklichkeit, beobachtend, höflich. — 380 *einer hande dinc*, ein Ding von einer gewissen Art; vgl. WM. 55. — 387 *von rehte*, von Rechts wegen. — 391 *sunder dinen danc*, wider deinen Willen. — 394 *brach*, riß. — 398 *schîn*, ersichtlich, klar. — 401 *urkünde* stn., Zeugniß. — 402 *zuo* præp., bei, vor.

404 *tuo* Imper., thun sollst; vgl. mhd. Wb. III, 137ᵃ, 33 fg. — 407 *mir selben hân*, für mich selbst behalten. —

sus reit er heim nâch siner gir
und sprach zuo sinem koche sû,
daz er im ûz dem herzen dâ 410
eine sunder trahte
mit hôhen flize mahte.
daz tet der koch mit willen gar;
er nam zuo ime daz herze dar
und mahte ez alsô rehte wol, 415
daz man enbizen niemer sol
dekeiner slahte spise,
diu sô wol nâch prise
mit edelen würzen si gemaht
sô daz herze vil geslaht. 420

Als ez wart gar bereitet,
dô wart niht mê gebeitet;
der wirt gienc ezzen über tisch
und hiez tragen alsô frisch
die trahte sinen wibe dar. 425
«frouwe», sprach er suoze gar,
«diz ist ein spise cleine,
die solt dû ezzen eine,
wan dû ir niht geteilen maht.»
sus nam diu frouwe vil geslaht 430
und az ir friundes herze gar,
alsô daz si niht wart gewar,
welher slahte ez möhte sin.
daz jæmerliche trehtelin
sô süeze dûhte ir werden munt, 435
daz si dâ vor ze keiner stunt
nie dekeine spise gaz,
der smac ir ie geviele baz.

Dô diu frouwe stæte
daz herze gezzen hæte, 440
dô sprach der ritter alzehant:
«frouwe, nû tuo mir bekant,
wie disiu trahte dir behage.
ich wæne, daz dû dine tage

---

411 *sunder* adj., besonders, ausgezeichnet. — *trahte* stf., Gericht. —
420 *geslaht* adj., wohlgeartet; 430 schön.
424 zu Am. 1173. — 432 *alsô daz — niht*, ohne daß (zu Am. 43).
444 *dine tage* (vgl. 469, zu Engelh. 6157), dein Lebtag (vgl. Am. 1548). —

enbizzest keiner spise nie 445
süezer, frouwe, danne die.»
«lieber herre», sprach si dô,
«niemer werde ich rehte frô,
ob ich ie spise græze,
diu sô zuckermæze 450
mich dûhte und alsô reine,
sô disiu trahte cleine,
der ich iezuo hân bekort.
aller spise ein überhort
muoz si mir benamen sîn. 455
sprechent, lieber herre mîn,
ist diz ezzen lobesam
gewesen wild' ôder zam?»

«Frouwe», sprach er aber zuo ir,
«vernim vil rehte, waz ich dir 460
mit worten hie bescheide:
zam und wilde beide
was disiu trahte, sam mir got!
den fröiden wilde sunder spot,
den sorgen zam ân' underlâz. 465
dû hâst des ritters herze gâz,
daz er in sîme libe truoc,
der nâch dir hât erliten guuoc
jâmers alle sîne tage.
geloube mir, waz ich dir sage, 470
er ist von sender herzenôt
nâch dîner süezen minne tôt
und hât dir daz herze sîn
und daz guote vingerlin
zuo eim' urkünde her gesant 475
mit sîme knehte in disiu lant.»

Von deme leiden mære
wart diu sældenbære

445—446 man beachte den Übergang von dem bei *enbizen* genau richtigen Genetiv (*keiner spise*) zum Accusativ (*die*). — 448 *werde* conj., möge ich werden. — 450 *zuckermæze* adj., wie Zucker, zuckersüß. — 453 *bekorn* swv. mit gen., kosten. — 454 *überhort* stm., höchster Hort.
464 *wilde* adj. bedeutet auch «fremd» (mit dat.) wie 465 *zam*, vertraut; in diesen Bedeutungen sind die beiden Ausdrücke wortspielend hier gebraucht; vgl. auch zu 267. — 466 *gâz* part. præt., gegessen. — 469 *a. s. t.*, zu 444.

alse ein tôtez wip gestalt,
ir wart iu deme libe kalt 480
daz herze, daz geloubent mir.
ir blanken hende enphiclen ir
beide für sich in die schôz.
daz bluot ir ûz dem munde gôz,
als ir diu wâre schult gebôt. 485
«jâ», sprach si dô mit maneger nôt,
«hân ich sin herze danne gâz,
der mir hât ân' underlâz
von grunde ie holden muot getragen,
sô wil ich iu binamen sagen, 490
daz ich nâch dirre spîse hêr
deheiner trahte niemer mêr
mich fürbaz wil genieten.
got sol mir verbieten
durch sinen tugentlichen muot, 495
daz nâch sô werder spîse guot
in mich kein swachiu trahte gê.
enbîzen sol ich niemer mê
dekeiner slahte dinges,
wan des ungelinges, 500
der geheizen ist der tôt.
ich sol mit sender herzenôt
verswenden hie min armez leben
umb' in, der durch mich hât gegeben
beide leben unde lîp. 505
ich wære ein triuwelôsez wîp,
ob ich gedæhte niht dar an,
daz er vil tugentlicher man
sante mir sîn herze tôt.
wê, daz mir ie nâch sîner nôt 510
wart einen tac daz leben schîn!
zwâr', ez enmac niht langer sîn,
daz ich âne in eine lebe,
unde er in dem tôde swebe,
der vor mir triuwe nie verbarc.» 515
sus wart ir nôt sô rehte starc,

---

483 *für sich*, vorwärts, vorne. — 484 *gôz*, floß. — 485 vgl. O. 323. — 497 *swachiu*, Gegensatz zu *werder* (zu 267): unedels, gemeine. — 500 *ungelinc* stm., Unglück. — 503 *verswenden*, hingeben. — 505 zu O. 21. — 511 *wart schîn*, leuchtete. — 515 *nie verbarc*, immer offen bewies. —

daz si von herzenleide
ir blanken hende beide
mit grimme zuo ein ander vielt;
daz herze ir in dem libe spielt 520
von sender jâmerunge.
hie mite gap diu junge
ein ende ir süezen lebene
und widerwac vil ebene
mit eime swæren lôte, 525
swaz ir dâ vor genôte
ir friunt geborget hæte.
si galt mit ganzer stæte
und ouch mit hôhen triuwen ime.
got welle, swaz ich dinges nime, 530
daz ich widergeben daz
müeze senfter unde baz
denn' ir vil reinez herze tete.
ich wæne daz an keiner stete
wart nie vergolten alsô gar 535
noch niemer wirt: des nim ich war
an den liuten die nû sint;
wan in froun Minnen underbint
lît niht sô strengelîchen an
daz beidiu frouwen unde man 540
zesamene gebunden sin,
daz si des grimmen tôdes pin
nû durch einander liden.
man slîzet ab der widen
ein bast vil sterker mit der hût 545
denn' iezuo si der minne bant
dâ nû liep bî liebe lît.
âne grimmes tôdes strit
werdent si gescheiden wol
die nû kumberliche dol 550
durch einander wellent tragen.
frou Minne gît bî disen tagen

---

519 *zuo einander*, zusammen. — *vielt* præt. von *valten* stv. — 520 *spielt* præt. von *spalten* stv., brach. — 521 *jâmerunge* stf., Jammer. — 524 *widerwegen* stv., Gegengewicht, die Wage halten; zurückerstatten. — 526 *genôte* adv., mit Eifer. — 528 *galt*, vergalt. — 538 *underbint* (stn.) bedeutet was zwischen zwei Dingen ist, verbindend oder trennend: hier «Band» (vgl. 546). — 539 *strengelîchen* adv., stark, fest. — 544 *slîzen* stv., reißen. — 546 *si*, zu Am. 38. — 550 *dol* stf., Leid. —

in selber alsô guoten kouf.
wîleu dô si niender slouf
ze tugentlôser diete 555
umb' alsô swache miete,
dô dûhte ir süezekeit sô guot,
daz durch si manic edel muot
biz ûf den tôt versêret wart.
nû verkêret sich ir art 560
und ist sô kranc ir orden,
daz si wol veile ist worden
den argen umbe ein kleinez guot.
dar umbe lützel iemen tuot
durch si nû deme libe wê. 565
man wil dar ûf niht ahten mê
und rüemet daz vil kleine
daz sich tuot algemeine.
als ist ez umb' die minne.
gewünne si die sinne 570
daz si noch tiurre würde,
ez wære jâmers bürde
nie geleget vaster an
denn' iezuo frouwen unde man:
ez würde nâch ir sô gestriten 575
und ein ander für geriten
daz man ez gerne möhte sehen.
niht anders kan ich iu verjehen,
von Wirzeburc ich Kuonrât.
swer alsô reine sinne hât 580
daz er daz beste gerne tuot,
der sol diz mære in sinen muot
dar umbe setzen gerne
daz er dâ bî gelerne
die minne lûterlichen tragen. 585
kein edel herze sol verzagen.....

553 *guoten kouf*, zu Am. 2120; vgl. 562 fg. — 560 *verkêren*, in das Gegentheil verwandeln. — 561 *kranc*, im Werthe gesunken. — *orden*, Stand, Art, wird manchmal auch bloß umschreibend gebraucht: *ir o.* also beinahe s. v. a. *si*. — 564 *lützel iemen*. s. v. a. *niemen*. — 566 fg., zum Gedanken vgl. Part. 78 fg., Troj. Krieg 14 fg. — 568 *tuot* mit einem praedic. Adj., macht. — 571 *tiurre*, compar. v. *tiure*, schwer zu erringen, zu WM. 13. — 572 *jâmers*, Liebesschmerz ist natürlich gemeint. — 582 fg., vgl. 4 fg., bes. zu 26. — 586 der Schluß des Gedichts ist uns schwerlich ganz vollständig erhalten.

VIII.

DAZ MÆRE VON DEM SPERWÆRE.

VORBEMERKUNG.

In einem Frauenkloster, so erzählt uns ein ungenannter Dichter nach mündlicher Überlieferung, lebte ein Jungfräulein von großer Schönheit. Ihr gebrach nur das eine, daß sie von den Sitten und der Welt außerhalb des Klosters gar nichts wußte. Von der Ringmauer des Klosters ins Land sehend, bemerkte sie einmal einen Ritter, der mit einem Sperber auf der Hand dahergeritten kam; sie fragte ihn nach dem Vogel, er sagte ihr, daß es ein Sperber sei und bot ihr ihn für ihre Minne feil. Sie erwiderte, daß ihr diese unbekannt sei, und bot ihm an sich etwas von ihren kleinen Habseligkeiten auszusuchen. Er aber wollte ihre Minne und machte sich anheischig, diese bei ihr zu finden, wenn er sie suchen dürfte. Sie willigte ein, er hob sie von der Mauer, und nachdem er die Minne gefunden, hob er sie wieder hinauf und ritt weg. Freudig erzählte das Mädchen ihrer Meisterin von dem billigen Kauf. Da diese sie aber schalt und schlug, begab sie sich wieder auf die Ringmauer, wartete auf den Ritter und verlangte, als er wiederkam, daß er ihr ihre Minne wiedergäbe und seinen Sperber zurücknähme. Der Ritter that nach ihrem Verlangen und die Meisterin mußte sich, als ihr das Mädchen den abermaligen Tausch erzählte, wol oder übel darein finden, da sie versäumt hatte, den Schaden bei Zeiten zu verhüten.

Man sieht es dem Stoffe dieses Gedichtes, dessen Entstehungszeit nicht näher zu bestimmen ist, als daß es nach Reim und Vers noch der bessern Zeit des 13. Jahrhunderts angehört, wol an, daß er aus Frankreich stammt. Doch stimmt das hierher gehörige französische Fabliau von dem Kranich (Barbazan et Méon, IV, 250) nur in den allgemeinen

Zügen, wie es bei mündlicher Überlieferung zu erwarten ist. Dort geht die Tochter eines Castellans, die von ihren Aeltern so geliebt wird, daß man sie, um sie von aller Welt abzuschließen, mit ihrer Erzieherin in einen Thurm einsperrt, während sie einmal allein ist, mit einem Knappen um einen Kranich denselben eigenthümlichen Handel ein. Wenn man die unverhüllte rohe Darstellung des Franzosen mit dem deutschen Gedicht vergleicht, so muß man zugestehen, daß dieses den bedenklichen Stoff fein und delicat, fast möchte man sagen unschuldig, zu behandeln weiß. Es fehlte ihm aber auch nicht an Beliebtheit bei den Zeitgenossen und wurde bis ins 15. Jahrhundert in verschiedenen Gegenden Deutschlands abgeschrieben und gelesen.

Der Stoff erfuhr übrigens in Deutschland noch zwei andere Bearbeitungen. Die eine, nur in einer einzigen Handschrift erhalten, rührt von einem alemannischen Dichter noch aus dem 13. Jahrhundert her (von der Hagen, GA., II, 1 fg.). Der Gegenstand des Kaufes ist hier ein Häslein, das ein Ritter im Korn erjagt, und der Schauplatz der Handlung in ein Dorf verlegt, wo der Ritter durchreitend das Mädchen findet. Sonst stimmt sie in ihrem ersten Theil mit unserm Gedicht, nur ist die Erzählung etwas derber. Eigenthümlich ist ihr ein Schluß, der auch dem französischen Gedichte fehlt. Der Ritter verlobt sich mit einem reichen Fräulein und ladet zur Hochzeit auch das Mädchen mit dem Häslein und ihre Mutter ein. Als diese eintreten, muß der Ritter, des Handels gedenkend, laut lachen, und als er, von seiner neugierigen Braut um den Grund dringend gefragt, dieser alles erzählt, erwidert sie, das Mädchen sei eine rechte Thörin gewesen, der Mutter von dem Handel zu sagen, ihr Caplan habe ihr wol hundertmal ebenso gethan, und es wäre ihr leid, wenn je ihre Mutter davon erführe. Da erschrickt der Ritter und heirathet, mit Zustimmung seiner Freunde, statt seiner reichen Braut das Mädchen mit dem Häslein. Offenbar ist das ein späterer Zusatz, der ursprünglich mit unserer Erzählung nichts zu thun hat, hinzugefügt, um dem Ganzen einen befriedigenden, versöhnenden Abschluß zu geben. Ich kann in das Lob, das von der Hagen diesem Schlusse spendet, nicht einstimmen. Namentlich scheint mir die plumpe Art, mit der das edele Fräulein sich verräth und so die Wendung herbeiführt, nicht eben geschickt erfunden.

Nur Bruchstücke haben sich von einer andern am Niederrhein gegen Ausgang des 13. Jahrhunderts entstandenen Bearbeitung erhalten (Haupt und Hoffmann, Altd. Bl. I, 238 fg., und Zeitschr., V, 426 fg.), die insofern dem Altfranzösischen näher steht, als hier das Mädchen, Dulciflôrie genannt, ebenfalls von ihren Aeltern, König Confortin von der Normandie und seiner Gemahlin Crisante, aus Liebe innerhalb einer Steinmauer von der Welt abgeschlossen gehütet wird. Der Schluß, soweit er vorhanden ist, nähert sie dagegen dem «Häslein», indem auch hier das Mädchen mit dem Ritter vermählt wird, dem Confortin hierauf das Land übergibt. Dieses Gedicht setzt übrigens, wie schon die Namen und die Localisierung der Geschichte in der Normandie zeigen, eine eigene französische Bearbeitung voraus, die auch bereits einen versöhnenden Schluß hinzugefügt hatte.

Mein Text beruht auf fast sämmtlichen mir bekannten Handschriften, nur die Innsbrucker glaubte ich wegen ihrer Übereinstimmung mit der schon bei von der Hagen benutzten Wiener Handschrift 2885 auch hier ohne erheblichen Nachtheil entbehren zu können. Die zweite Wiener Handschrift habe ich zum erstenmal vollständig verglichen, und von der zu ihr fast durchgängig stimmenden Koloczaer Handschrift hat mir K. Bartsch aus Pfeiffer's Nachlaß die Goldhahn'sche Abschrift mitgetheilt, die ich nachträglich noch mit dem Original vergleichen konnte. Aus der Straßburger Handschrift hat mir Herr Professor Karl Schmidt das Gedicht mit zuvorkommender Gefälligkeit abgeschrieben. Eine Vergleichung der Münchener Handschrift Cgm. 717 verdanke ich der Güte Muncker's. Von der Karlsruher Handschrift (Altdeutsche Handschriften, verzeichnet von A. v. Keller, 1. 2, S. 8 fg.) war Herr Hofbibliothekar A. Holder so gütig, mir seine eigene sorgfältige Abschrift zur Verfügung zu stellen. Ihnen allen spreche ich für Ihre freundliche Unterstützung meinen herzlichsten Dank aus.

Die zit sul wir vertriben
bî wol gemuoten wîben:
dô des niht mâc gewesen,
dô sol man singen oder lesen
oder sagen eteswaz   5
ze kurzewîle umbe daz,
ob man ihtés gedenke
daz in kein sorge iht krenke,
daz er sich trûrens mâze
und die wîle dâ von lâze: 10
als mir ein mære ist geseit
gar vür eine wârhéit,
niht vür ein lüge noch vür ein spel.
ez ist hübesch unde snel.
ich sag' iu'z, man seite mir'z: 15
als ir'z gelernt, sô saget ir'z.

Ez was, álsó man seit,
ein klôster guot und wol bereit,
erbûwen schône unde wol,
als man von rehte ein klôster sol.   20
dâ wâren vrouwen inne,
die dienten gote mit sinne:
die alten und die jungen
lâsen unde sungen
ze ieslichèr ir tagezit.   25

---

2 *wol gemuot* wie nhd., von heiterer Stimmung. — 7 fg. die substantivische Bedeutung von *man* ist mhd. noch fühlbar genug, um ein Personalpron. darauf beziehen zu können (vgl. Haupt zu Er.² 5239, Steinbuch 346 u. Anm.): falls jemand an etwas denken sollte, infolge dessen ihn vielleicht irgendeine *(kein)* Sorge quält. — 9 *sich mâzen* mit gen., sich mäßigen. — 13 vgl. WM. 115. 20 u. Anm. — 14 *snel*, hier wol: kurzweilig.

20 *sol* sc. *erbûwen*. — 25 *tagezit* stf., die sieben kanonischen Horen. Die Stellung von *ir* ähnlich wie Bl. 55. —

si dienten gote wider strit,
sô si beste kunden.
si muosten under stunden,
sô si niht solden singen,
næn oder borten dringen, 30
oder würken an der rame.
ieglichiu wolde's haben schame,
die dâ müezic wæren bliben.
si entwurfen oder schriben,
ieglichiu nâch ir ahte 35
worhte swaz si mahte.
nu was, als mir ist geseit,
ir reht und ir gewónhéit,
daz nimmér dehéin mán
in ir klôster torste gân 40
durch deheine sache.
si wâren mit gemache
innerhalp des klôsters tür.
ir kom dehéiniu her vür,
niwan die der amte pflâgen: 45
an den die witze niht lâgen,
die muosten innerthalben sin.
ez lêrt' diu schuolemeisterin
die jungen singen unde lesen,
und wies' mit zühten solden wesen, 50
beidiu sprechen unde gên,
ze kôre nigen unde stên,
als in der órdén gebót.
in wârn die münde alsô rôt,
swes si gót bắten, 55
ob si'z mit vlîze tâten,
daz er niht enkunde
sô rôsenrôtem munde

---

30 vgl. zu H. 109. Bl. 409. — *dringen* stv., flechten, weben. — 31 *würken* swv., arbeiten, besonders technisch von Arbeiten an der *rame*, stf., einem Gestelle zum Wirken, Sticken u. dgl.; vgl. Tristan 4692; DF. I², 181; Sch. I, 152 fg. — 32 *schame haben* mit gen., sich schämen; vgl. zu Am. 762 (1106). — 33 der Plur. wegen des in *ieglichiu* liegenden Begriffs der Mehrheit. — 34 *entwerfen* stv., zeichnen, malen. — *schriben*, Kenntnis des Lesens and Schreibens war selten bei den Männern, bei den Frauen der höhern Stände seit alter Zeit häufig zu finden und wurde ihnen namentlich durch die Nonnenklöster vermittelt. DF. I², 124 (bes. 128) fg.; Sch. I, 123 fg. — 35 *ahte* stf., Art. — 36 *mahte* = *mohte*, konnte, verstand. — 38 *reht* stn., Sitte (wie sie das Gesetz des Ordens vorschrieb, vgl. zu Am. 1879). — 42 sie lebten ruhig. — 46 *witze* stf. (häufig wie hier im Plur.), Verstand, Klugheit: diejenigen, welche dazu (ein Amt zu verwalten) nicht geschickt waren. — 50 sich mit feinem Anstand benehmen. —

wérlîchiu dinc versagen.
nu was bî den selben tagen 60
ein schœniu júncvróuwe dâ.
wær' si gewesen anderswâ,
dâ man si möhte hân gesehen,
sô müesten ir die liute jehen,
daz si benamen wære 65
gar unwandelbære
lîbes unde muotes.
si was alles guotes
volliclîchen wol gewert,
des man an schœnen vrouwen gert: 70
wan daz ir des éinén gebrast,
daz si den liuten was ein gast,
daz si in dem lande
weder lîut noch site erkande,
der man ûzerhalben pflac. 75
wan si was vil manegen tac
dâ ze klôstér beliben
und het ir zît dâ vertriben
vil nâch ûf fúnfzéhen jâr.
si ahte niht úmbe ein hâr 80
ûf der wérlt üppikeit,
si lebete in éinváltikeit
réhté nâch klôster site,
dâ si was erzogen mite.

Diu selbe júncvróuwe 85
éines táges durch schóuwe
ûf die rincmüre gie
diu daz klôster umbevie.
unverre von der klôstertür,
dâ gie diu lántstrâze vür. 90
dô kom ein ritter dar geriten,
dem stuont wol nâch ritters siten
sîn lîp únde sîn gewant:
ein sperwer vuorte er ûf der hant.

---

59 *werlich*, erfüllbar. — 66 *unwandelbære* mit gen., tadellos an. — 71 *gebresten* mit gen., fehlen, mangeln an etwas. — 73 *daz*, sodaß. — 75 *ûzerhalben*, sc. des Klosters.
86 *schouwe* stf., das Schauen; *durch schouwe*, Schauens halber. — 90 *vür*, vorbei. — 94 die gewöhnliche Art die Jagdvögel zu tragen; vgl. Sch. I, 371 fg., bes. die Abbildung 376. J. Grimm, Gesch. der deutschen Sprache, S. 44. —

VIII. DAZ MÆRE VON DEM SPERWÆRE.

dô er kom ir sô nâhen,   95
ir gruoz und ir enpfâhen
was bî im, dô si in sach,
daz si alsô zuo im sprach:
«ich wil iuch gerne vrâgen,
des lât iuch niht betrâgen,   100
min vil lieber herre,
habet ir iht verre
diz vogelîn gevüeret her?»
«nein, vróuwe», sô sprach er.
si sprach: «sô tuot mir bekant,   105
wie iuwer vogelîn sî genant:
im sint sîn vüezé sô gel,
sîn ougen schœne und sinewel,
sîn gevîdere vêch únde sleht,
wære im sîn snabel gereht,   110
so enwær' kein brésté dar an.
vil wol ich mich des entstân,
daz ez vil suoze singet.
swelher vrowen ir'z bringet,
diu muoz iu immer hólt sîn: 115
ez ist ein schœnez vogelîn.»

Der ritter vil wol hôrte
an der júncvróuwen worte,
daz si benamen wære
guot und álwære.   120
ér téte ir bekant,
ez wære ein spérwære genant.
er sprach: «vrouw', èst mir veile:
ez wirt iu wol ze teile,
und welt ir ez mir gelten.»   125
si sprach: «man gît mir selten
ze pfrüende pfénninge:
kom iz an ein gedinge,
dáz ích mác gehân,

---

96 *enpfâhen* stn. (subst. Inf.), vgl. zu H. 725. — 97 *was bî im*, wurde ihm zu Theil. — 98 *daz*, indem. — 105 *bekant tuon*, bekannt machen. — 108 *sinewel*, rund, rollend. — 109 *rêch*, bunt. — *sleht*, gerade, glatt. — 110 *gereht*, gerade. — 111 *breste* stm., Mangel, Fehler. — 112 *entstân* refl. mit gen., etwas verstehen, merken. — 114 über die Vorliebe der Mädchen und Frauen für allerlei gezähmte Vögel (auch Jagdvögel) vgl. DF. 13, 109 fg.

125 *gelten*, bezahlen, abkaufen. — 127 *pfenninge*, zu Am. 698. — 128 zu Am. 95. — *gedinge* stn., der durch Übereinkunft bestimmte Preis. —

ich lâze des koufes niht zergân, 130
sô gern' het ich daz vogelîn.»
er sprach: «vil liebe vrouwe mîn,
sit ir koufes an mich gert,
sô nim ich gerne iuwern wert:
ich wil iu'z umb' iuwer minne geben, 135
dâ sult ir niht wider streben.»
sprach diu juncvróuwe dô:
«daz tæte ich gerne und wær' es vrô.
nu enwéiz ich leider waz ir welt:
daz ir mir habt vür gezelt 140
und ez minne habt genant,
daz ist mir leider unbekant,
ich weiz niht waz ez müge sîn.
ich hân niht in mînem schrîn
dan zwêne bíldǽre, 145
drî nâdel und ein schære
und zwei niuwe hârbânt
und mîn vîrteglich gewant,
dar zuo mînen salter.
i'n gewân bî mînem alter 150
nimmê guotes bî der zal:
dar under lâze ich iu die wal.
unt zürnet dan mîn müemelîn,
doch hân ich daz vogelîn.»
er sprach: «vrouwe minneclich, 155
iuwer lip ist minne rîch,
die wolde ich balde vinden,
solt' ich mich underwinden,
deich bî iu torste suochen.
und woltet ir's geruochen, 160
ich hüeb' iuch von der mûre nider.»
«wie kœme ich dan her ûf wider?»

---

134 *wert* stm., Kaufpreis; *iuwern wert*, den Kaufpreis, den ihr habt, leisten
könnt. — 137 Beispiele von *sprach*, *sprâchen* an der Spitze des Satzes bei
fehlendem *dô* zu Virginal 799, 11 (DHB. V, 286). — 140 *rür zeln* swv., vor-
sagen. — 141 *und ez*, zu O. 67. — 145 *bildære* stm., Vorbild (wonach man
stickt u. dgl.) DF. I², 187. — 147 zum Festhalten der gescheitelten Haare
DF. II², 316; Sch. I, 181. — 148 *virteglich* adj., feiertäglich. — 149 *salter*
stm., Psalter, das gewöhnliche Erbauungsbuch und Erbstück des Weibes,
das mit dem Geräth zur Handarbeit (145 fg.) und der Kleidung (147 fg.)
im Schrein (146; vgl. DF. II², 110; Sch. I, 82) aufbewahrt zu werden
pflegte; DF. I², 128 fg. — 151 *nimmê* — *bî der zal*, nicht mehr an Zahl,
keine größere Menge. — 158 fg. statt des gen. bei *underwinden* (zu Am. 266)
ein abhängiger Satz. — 160 *geruochen*, genehmigen, sich gefallen lassen,
mit gen. —

sprach diu júncvróuwe dô.
der ritter wart der rede vrô:
«daz gevüege ich, vrouwe, wol.» 165
sin herze wárt vröuden vol,
der lieben er sich underwant,
er vuorte ouch si sâ ze hant
in einen bóumgárten.
er begún mit vlize warten, 170
daz ez ieman ensæhe,
swaz von in zwein geschæhe;
sin pfért háfte er vaste
ze eines boumes aste
unde sinen spérwære. 175
sin herze wárt vröudenbære,
er saz zuo ir an den klê,
der guoten tet er sanfte wê:
er suocht' die minne unz er si vant,
er trûte sí dấ ze hant, 180
er halste si unde kuste
als ofte in des geluste
und suocht' die minne aber dô.
dô sprach diu júncvróuwe sô:
«herrè, nemt iuwer minne gar, 185
daz ich iu rehte mite var,
daz ich mich iht versünde.
und merkt, waz ich iu künde:
swer ein guot gewinnet,
und sich des versinnet, 190
daz er'z niht gar vergolten hât,
daz ist ein gróziu missetât.
nu nemt hin iuwer minne
und suochet si mit sinne,
swie vil ir nu wellet. 195
ich hân daz wol gezellet,
daz ir niht sit vol gewert.
nu nemet swíe víl ir gert.
sit ich mit minne gelten sol,

---

167 *sich underwant*, bemächtigte sich. — 170 *warten* swv., Acht haben. — 173 *hafte* (præt. v. *heften* swv.), band. — 180 *triuten* swv., liebkosen, umarmen (euphemistisch). — 181 *halste* (præt. v. *helsen* swv.), umfieng. — 186 *mite varn* mit dat., behandeln: «daß ich euch nicht Unrecht thue». — 190 *sich versinnen* mit gen., sich besinnen, bewußt sein. — 196 *gezellet*, berechnet. — 197 *rol*, vollends. — *gewert*, bezahlt. —

so getríuwe ich iu vergelten wol: 200
geltes bin ich iu bereit.»
der ritter hübesch und wol gemeit
suocht' aber dô die minne,
unz in dûht' von allem sinne,
daz im sîn spérwære 205
vil wol vergolten wære.
im ságté daz herze sîn,
daz im dehéin vógelîn
würde báz vergolten vor noch sider.
er half ir ûf die mûre wider, 210
unde nám úrloup sâ.
dô reit er hin und lie si dâ.

Nu hœret, wie ez ir ergie
und wie si ir dinc áne vie:
si gie und gâhté ze hant 215
dâ si ir meisterinne vant.
si sprach: «vil liebez müemelîn,
ditze schœne vogelîn
hân ich gekoufet ringe
án' alle pfénninge: 220
ein herre hât mir ez gegeben.
sô er mit sælden müeze leben!
alsô wil ich im vluochen.
ich lie in dar umbe suochen
einez, daz ist minne genant: 225
daz ist mir worden wol bekant
alsô daz ich enruochte,
wie ofte er'z bî mir suochte.
er ist réhte ein méistér dar an.
daz diz klôster nie gewan 230
ein solhen súochære,
ez ist mir immer swære.
wir sin doch guotes wol sô rîch,
ez ist harte unbíllïch,
daz man uns iht gebresten lât. 235

---

201 *gelt* stm., Bezahlung. Der Gen. abhängig von *bereit*. — 209 *vor* adv., vorher.
219 *ringe* adv., um geringen Preis, wohlfeil. — 220 zu 127. — 222 *sô* leitet Wünsche, Verwünschungen und Betheuerungen ein. — 225 *einez*, zu II. 597. — 227: daß ich mich nicht kümmern, nichts danach fragen würde (*ruochte*). —

sint man minne veile hât,
wære uns guot sô tiure,
sô sold wir al ze stiure
unser pfrüende geben dar an:
sô liebes ich nie niht gewan, 240
ich hülfe in mite gelten.»
diu alte begunde schelten,
si roufte si sêr' unde sluoc.
daz si des koufes ie gewuoc,
daz muoste si got immer klagen: 245
si het si nûch ze tôde erslagen.
ir zornes si sô lange pflac,
unz si zwír ób ir lac:
«nu bistu wórdén ein wîp,
dîn vil sinnelôser lîp 250
hât dir benomen dîn êre,
des gewinnstu nimmermêre
wider juncfróuwen namen:
des maht du dich vür wâr schámen.»
ir zorn was únmấzen grôz, 255
manegen zwíc únde stôz
het diu guote enpfangen.
dô daz was ergangen,
des vröute sich diu guote,
und gedâhte in ir muote, 260
wie si nâch ir schulde
kœmè ze ir muomen hulde.
der gedánc ir in ir herzen lac
bîz án den dritten tac,
dô begundes' heimelichen 265
wider ûf die mûre slichen,
ob ir daz heil geschæhe,
daz si den ritter sæhe,
dar nâch stuont aller ir gedanc.
nu wart dar nâch niht lánc, 270
daz er kom dort her geriten.
si sprach im zuo mit únsiten:
«hébet mich vón der mûre nider,

---

237 *tiure*, zu WM. 15: hätten wir Gutes so wenig. — 241 *mite* = *dâ mite*. — 246 zu Am. 625. — 248 *zwir* Zahladv., zweimal. — *ob einem ligen*, ihm zusetzen, ihn überwältigen. — 256 *zwic* stm., Kniff. — 261 fg. vgl. Iw. 183 fg. — *ze hulde* (oder *hulden*) *komen*, jemandes Wohlwollen, Verzeihung erlangen (vgl. O. 646. 652). — 270 nun dauerte es danach nicht lang. —

und gebet mir min minne wider,
und nemet ir iuwer vogelin; 275
wan ez hât min müemelin
mit mir gezürnet sêre
und giht, ich habe min êre
durch den spérwǽre verkorn
und min magetuom verlorn. 280
hebet mich zuo der erde,
daz mir wider werde
min minne und iu iur vogelin.»
der ritter sprach: «daz sol sin.»
er huop si nider in den klê, 285
und tet ir reht' alsam ê,
und galt ir ir minne,
als er von sinem sinne
aller beste kunde.
si sprach: «der mir des gunde, 290
ich koufte al tâge zwei vógelin:
nu giht aber min müemelin,
ich habe sin grôz laster.
nu müet iuch diu vaster,
daz ich werde magt als ê. 295
ir wænet lihte, ez tuo mir wê,
und welt mir lihte borgen:
dar umb' sult ir niht sorgen.
machet ir mich wider magt,
sô sit ir von mir unbeklagt, 300
ich hân ez allez wol verguot,
swaz ir ûz mir nu tuot.
wan sô muoz min müemelin
ir grôzen zórn lâzen sin,
sô ir diu mære werdent kunt.» 305
dô galt er ir dô anderstunt.
er sprach: «liebe vrouwe min,
ich tar niht lenger hie gesin,
ich muoz von hinnen varn:
got müeze iu sêle und lip bewarn!» 310
«ir vart alsô von mir niht hin.

---

279 *verkiesen* stv. (-kôs, -kuren, -korn), nicht beachten, preisgeben. —
280 *magetuom* stn., Jungfrauschaft. — 287 *gelten* stv., zurückerstatten. —
290 «wäre es mir vergönnt», zu Am. 1300. — 293 *sin*, davon. — 294 *sich
müejen*, sich bemühen. — *diu* Instrum. von *der*, vor compar.: um so. —
297 *borgen*, schonen. — 302 *ûz*, mit. —

durch daz ich éinváltic bin,
sô welt ir mich betriegen.
sich hüebe ein langez kriegen,
ê daz ir vüeret sô von mir: 315
ir habt mir vergolten niht wan zwir
und nâmt min minne dristûnt.
ez wære ein ungetriuwer vunt,
welt ir mir sô swîchen.
ir müezt mir nemelîchen 320
die dritten minne wider geben:
und welt ir iht dâ wider streben,
des habt ir immer mînen haz.»
«vil gerne, vrouwe, tuon ich daz»,
sprach der ritter tugentlich. 325
diu rede dûhte in gemelich,
er gewérte si des si in bat
und half ir wider an ir stat.
er nam urloup und reit hin,
dô gie diu schœne wider in. 330

Diu vrouwe was ir wehsels vrô.
z'ir meisterinne sprach si dô:
«nu, vil liebez müemelîn,
lâ dîn grôzez zürnen sîn
und lâ mich dîn hulde hân; 335
ich hân ez allez widertân,
dar umbe du mich hâst geslagen.
ich wil dir liebiu mære sagen:
ich hân wider mîn minne.
dô ir sliefet hinne, 340
hiute vor der nône,
dô galt er mir vil schône,
der herre, dem ich mîn minne gap.
ungehabt und âne stap
übergên ich noch wol wîten rinc. 345

---

312 *durch daz*, darum weil. — 318 *vunt* stm., Erfindung, Kunstgriff. —
319 *swîchen* mit dat., im Stiche lassen. — 326 *gemelich*, spaßhaft. —
327—30 sind bei dem Zustande der handschriftlichen Überlieferung nicht
mit Sicherheit herzustellen. — 330 *in*, hinein.

335 *dîn hulde hân*, vgl. 262 *se h. komen*. — 336 *widertuon*, ungeschehen
gut machen. — 340 das übliche Schläfchen nach der ersten Mahlzeit (zu
Am. 1861), daher *vor der nône* (341), der Mittagszeit und der in dieselbe
fallenden kanonischen Hora. — 344 *ungehabt* part., ohne Stütze; vgl.
H. 1418 und über die Formel *u. u. a. st.*, d. h. in voller Kraft, BA. 96. —
345 *übergên*, überschreite. —

ez was ein séltsǽne dinc,
daz du mir zúrntést só sére
und jæhe, mír wǽr' mín ére
mit der minne gar benomen.
und wære er nie ze lande komen,　　　　　　350
dannoch müeste ich sin genesen.
ich wil im immer hólt wésen,
wan er ist ein getriuwer man:
des verstén ich mich wol dár án,
er galt mir güetlíchen gar.　　　　　　　　355
got gebe, daz er wol gevar!
des wünsche ich ím áls ich sol.
er zæme hie ze klóster wol,
wan wære er hie, des wære ich vrô.»
diu alte sprách áber dô:　　　　　　　　　360
«swaz ieman séit óder tuot,
sô hástu álwǽren muot.
wan wære der schade nu einer,
sô wære er dester kleiner:
sint nu der schade ist zwirnt geschehen,　　365
daz solte ich é hán undersehen:
sint ich des niht hán getán,
sô muoz ich minen zórn lán.»

　　Swer daz viur erkenne,
der hüet', deiz in iht brenne:　　　　　　 370
swer sich alsô übersiht,
daz im solher schade geschiht,
den nieman enkan bewarn,
den sol man güetlich lâzen varn.
daz ist wiser liute site.　　　　　　　　　 375
hie si iu bescheiden mite
diz vil hübsche mære
von dem spérwǽre.

---

350 *ze lande k.*, wieder hieher gekommen (vgl. HM. 237). — 358 er paßte
wol hierher ins Kloster. — 359 *wan* leitet den Wunsch ein wie lateinisch
utinam, griechisch ὤφελον. — 365 *zwirnt* Zahladv., zweimal. — 366 *undersehen*, vorsehen gegen etwas.
　　371 *sich übersehen*, die Vorsicht außer Acht lassen, versäumen. —
373 *bewarn*, abwenden. — 374 *güetlich*, ohne sich zu ereifern. — *lâzen varn*,
geschehen lassen, eine sprichwörtliche Redensart; vgl. zu Wolfd. B 197, 4
(DHB. IV, 277 fg.).

IX.

DER VROUWEN ZUHT.

von

SÎBOTE.

VORBEMERKUNG.

Ein weiter nicht bekannter, seiner Mundart nach mitteldeutscher Dichter, Namens Sîbote, erzählt von einem Ritter, der ein so böses Weib gehabt habe, daß sie in allen Punkten das Gegentheil von dem that, was er wollte, und weder durch Güte noch Strenge zur Nachgiebigkeit gebracht werden konnte. Gleichen Sinnes war auch die Tochter. Trotz ihres schlimmen Rufes wirbt um diese ein Ritter und läßt sich selbst durch die Warnung ihres eigenen Vaters nicht von seinem Vorsatze abbringen. Die Mutter unterweist sie, noch ehe sie mit ihrem Manne das väterliche Haus verläßt, wie sie ihm hartnäckigen Widerstand bieten solle nach ihrem Beispiele. Der Ritter verleidet ihr aber jede Widerspenstigkeit, indem er auf dem Heimwege erst seinen Falken, dann seinen Windhund, endlich sein Pferd tödtet, weil sie ihm nicht aufs Wort folgen, und hierauf in Ermangelung eines Pferdes, das er reiten könnte, sie selbst zwingt, ihn eine Strecke zeltend zu tragen, bis sie verspricht, immer gut und folgsam zu sein: von da an ist sie das beste Weib. Nach sechs Wochen besuchen die Schwiegerältern das junge Paar, und da die Mutter sofort die Umwandelung ihrer Tochter wahrnimmt, schilt und schlägt sie diese. Die beiden Männer belauschen die Scene und der Schwiegersohn verspricht dem Vater, das böse Weib gleichfalls zu zähmen. Er läßt zwei Stück Braten herbeischaffen und begibt sich zur Schwiegermutter, hält ihr ihre Bosheit vor und erklärt ihr, diese komme von zwei Zornbraten, die sie an ihren Schenkeln trage, und die man ihr ausschneiden müsse. Zwei Knechte fassen sie an, er schneidet ihr eine tiefe Wunde, wälzt den einen Braten in dem Blute und wirft ihn vor sie in ein Gefäß. Jammernd bittet sie um Schonung, der andere Zornbraten sei klein und schade ihr nicht, sie wolle immer gut und folgsam sein. So läßt man sie los und aus Furcht vor dem Schwiegersohn kehrt sie bald mit ihrem Manne heim, der nun ein folgsames Weib an ihr hat und um einem etwaigen Rückfall in ihre alte Weise zu begegnen, nur mit dem Schwiegersohn zu drohen braucht, der kommen und den andern Zornbraten ausschneiden müsse.

Auch dieser Schwank, der ziemlich beliebt gewesen sein muß, wie die Zahl der Handschriften beweist, in denen er sich zum Theil umgearbeitet und erweitert und mit verändertem Titel («Das üble Weib», «Vom Zornbraten») erhalten hat, weist, wie schon mehrere Stücke dieser Auswahl, in seinen letzten Anfängen auf den Orient als seine Heimat zurück.

In einer persischen Erzählung (bei Simrock, Quellen des Shakespeare I^2, 348 fg. aus «Kissch Khun, der Persische Erzähler») heirathet ein Mann ein stolzes Weib von vornehmer Abkunft, behält ihr gegenüber aber die Herrschaft, indem er in der Brautnacht ihrer schönen Lieblingskatze, die ihm, wie er in die Kammer tritt, knurrend begegnet, sofort vor seiner Frau den Kopf abhaut. Nachher erzählt er dies einem Manne, der ganz unter der Herrschaft seines Weibes steht, und nun es ihm nachthun und seine Frau gleichfalls zähmen will, die ihm aber mit ein paar Maulschellen erklärt, das hätte er gleich nach der Hochzeit thun müssen, jetzt sei es zu spät. Ebenfalls auf einer orientalischen und zwar arabischen Erzählung beruht, was Don Juan Manuel im 45. Kapitel seines «Graf Lucanor» (deutsch bei Eichendorff, Werke, 2. Aufl., VI, 546—550) von einem jungen Manne erzählt, der, wie in unserm deutschen Gedicht, trotz den Warnungen seines künftigen Schwiegervaters, dessen böse Tochter heirathet, sie aber in der Hochzeitsnacht zähmt, indem er seinen Jagdhund, ein Schoßhündchen und ein Pferd tödtet, weil sie seinen Befehl, ihm Wasser zum Händewaschen zu bringen, nicht erfüllen, worauf die Frau erschreckt diesen Befehl sogleich ausführt und am Morgen, als die Verwandten kommen und den Ehemann todt wähnen, sich zu ihrer Verwunderung als völlig bekehrt erweist. Der Schwiegervater aber, der das Gleiche bei seinem Weibe versuchen will, erfährt gleichfalls die Weisung, daß es bereits zu spät sei.

Noch näher stimmt ein französisches Fabliau, von der bösen Dame (Barbazan-Méon, IV, 365; Legrand 1829, III, 87), zu unserm deutschen Gedicht, geht aber doch wieder in vielen Punkten so sehr von ihm ab, daß an einen unmittelbaren Zusammenhang nicht zu denken ist. Es hat mit dem deutschen

die Tödtung zweier Windhunde und eines Pferdes, die der
Ritter von dem Schwiegervater erhalten, gemein, der Habicht
fehlt aber, ebenso wie das Satteln und Reiten der Frau, das
im deutschen Gedicht allein erscheint, und ausschließlich von
einer spätern kürzern deutschen Novelle ausgeführt wird, wo
der Ritter erst seinen Hund Willebrecht zelten läßt und, da
seine Frau darüber schilt, nun diese selbst dazu zwingt, worauf
sie folgsam wird («Die zeltende Frau» bei Laßberg, Lieder-
saal, Nr. 42. I, 297). Weiter hat das französische mit unserm
Gedicht eine ähnliche Operation an der Schwiegermutter ge-
mein, die aber in jenem auch der Tochter angedroht wird,
falls sie sich nicht in allem gefügig erweisen sollte. Einige
Züge hat das Fabliau vor dem deutschen Gedicht voraus, so
die Veranlassung zum Besuch des Freiers bei dem Vater
durch einen Sturm, der ihn auf der Jagd überfallen, wobei
der Vater, um ihm Aufnahme bei seinem Weibe zu sichern,
ihn scheinbar abweist, ein Zug, der in einer deutschen Er-
zählung des 15. Jahrhunderts von der bösen Adelheid weiter
ausgeführt wird, die ihr Mann durch Widerspruch geschickt
dazu bringt, allen seinen Willen zu thun, und zuletzt sich
zu ertränken (bei Keller, Altdeutsche Erzählungen, 204 fg.),
ähnlich wie die Frau Kaiser Friedrich's im Conde Lucanor
(Eichendorff, 2. Ausg., VI, 407), die sich der Warnung ihres
Gemahls zum Trotz vergiftet. Außerdem hat das Fabliau
die Misshandlung des Kochs und seiner Frau, die diesen zum
Ungehorsam verleitet hat, vor unserm Gedicht voraus. Dieser
Zug erscheint ähnlich wieder in der bekannten Komödie
Shakespeare's, die auf einem ältern englischen Stück beruht.
In ihr hat der Stoff noch eine andere Umwandlung erfahren,
indem die beiden Weiber nicht mehr Mutter und Tochter,
sondern Schwestern sind, eine Umwandlung, die bereits früher
bei Straparola (Notte 8, Nr. 2) sich findet, aber mit dem
Unterschied, daß bei diesem auch die zweite Schwester eine
böse Sieben ist, während sie bei Shakespeare sanften Cha-
rakter und nur zum Schluß eine Anwandlung von Wider-
spruchsgeist zeigt, von der sie Katharina sofort heilt.*) Stra-
parola kennt auch die Tödtung des Pferdes, hat aber vorher
einen auch anderweitig vorkommenden Zug, den Kampf um

---

*) Daß Straparola nicht die Quelle ist, wird freilich niemand mehr
leugnen: vorschnell scheint es mir aber auch andererseits wegen einiger
gemeinsamer Züge nun gleich auf Juan Manuel zu rathen (Landau, Quel-
len 86; vgl. Simrock, I², 340 fg.).

die Hosen zur Entscheidung über die Herrschaft im Hause, der hier freilich nur angeboten, nicht, wie in dem Fastnachtspiel von Hans Sachs, «Der bös Rauch» (ed. A. v. Keller IX [Bibl. d. lit. Ver. CXXV], 108 fg.), wirklich ausgekämpft wird. Der zweite Theil der Novelle Straparola's stimmt wieder zu den ältern orientalischen Darstellungen, indem der Versuch des Schwagers, auch die andere Schwester zu zähmen, gleichfalls misslingt.

Zum Schluß sei auch noch des jütischen Märchens gedacht, das R. Köhler (Jahrbuch der Shakespearegesellschaft, III, 397, wiederholt bei Simrock I², 345) aus Svend Grundtvig's dänischen Volksüberlieferungen (I, 88) beibrachte. Darin wird die jüngste und schlimmste von drei Schwestern, Mette, gut und folgsam, da ihr Mann beim Heimreiten nach der Trauung erst den Hund, dann das Pferd wegen Ungehorsams tödtet und ihr eine grüne Gerte, deren Enden er zusammengebogen, zum Aufheben gibt. Nach mehreren Jahren schlägt er ihr vor, ihre Aeltern zu besuchen, kehrt aber zweimal auf dem Wege zu diesen wieder um, da sie widerspricht, als er das erste mal Störche für Raben, das zweite mal Schafe und Lämmer für Wölfe erklärt. Das dritte mal aber stimmt sie bei, da er Hühner für Krähen ausgibt, und so fahren sie weiter zu ihren Aeltern, wo sie auch die beiden andern Schwestern, Karen und Maren, mit ihren Männern treffen. Die Mutter nimmt ihre Töchter in die Schlafkammer, der Vater aber setzt einen mit Silber- und Goldpfennigen gefüllten Krug auf den Tisch für den, der die folgsamste Frau habe. Als solche erweist sich Mette, die auf Verlangen auch sofort die Gerte bringt, die ihr Mann den andern weist: «Seht ihr wol, ich bog die Gerte, als sie noch grün war, das hättet ihr auch thun sollen.» Die zweite Hälfte dieses Märchens erinnert an das Gegenstück zu der vorerwähnten Frau des Kaisers Friedrich im Conde Lucanor (a. a. O., S. 411): die Frau des Don Alvarfannez, der seinen Neffen von der unbedingten Ergebenheit seiner Gattin, Donna Vescunnana, überzeugt, indem er erst Kühe für Stuten, dann umgekehrt Stuten für Kühe ausgibt, und endlich angesichts eines Mühlen treibenden Flusses behauptet, das Wasser fließe aufwärts, wobei Donna Vescunnana jedesmal den Streit zu Gunsten ihres Gatten entscheidet.

Eine Reihe anderer nur entfernter mit unserm Gedicht zusammenhängender Fassungen, sowie die Gegenstücke, in denen Weiber auf ähnliche Weise, aber ohne Erfolg, den Versuch machen, ihre Männer zu bezwingen, übergehe ich.

VORBEMERKUNG.

Mein Text war der erste Versuch einer kritischen Bearbeitung auf Grund der wichtigsten mir bekannten Handschriften. Zu Grunde liegt ihm auch jetzt wieder die Heidelberger Handschrift, die den kürzesten, aber, wie ich noch immer meine, verhältnissmäßig ursprünglichsten Text bietet; doch sind die übrigen interpolierten Handschriften allerdings mit Vorsicht (vielleicht wird man finden mit zu großer) ausgenutzt worden, und was man aus von der Hagen's Abdruck nicht ersehen konnte, daß das Gedicht noch entschieden ins 13. Jahrhundert gehört und zwar nicht in die schlechteste Zeit desselben, wird nun wol von niemand bezweifelt. Professor Karl Bartsch hat mir wie früher so auch jetzt wieder die Goldhahn'sche Abschrift des Koloczaer Codex aus Pfeiffer's Nachlaß mitgetheilt; ich habe sie seinerzeit auch bei diesem Gedicht mit dem Original verglichen. An neuem Material kam für die zweite Ausgabe kaum etwas von Belang hinzu: denn die vollständige Vergleichung der Wiener Handschrift 2885, die ich jetzt zur Beschwichtigung aller etwaigen Zweifel und um ja nichts zu versäumen doch nachholen wollte, konnte bei der Zeile für Zeile sich bestätigenden nahen Verwandtschaft mit der Dresdener Handschrift und dem geringen Werthe dieser Quellen für die Kritik wenig Hülfe bringen. Ganz ohne Belang ist das kurze Zeitschrift XVIII, 318 abgedruckte Bruchstück

Welt ir hôren als ich vernam
ein mære daz mir fûr quâm
von gemelichen dingen?
kund' ich iz z' ende bringen,
die rede hât mich gût gedûht: 5
ditz mære heizt der vrouwen zuht.
swelch man ein ubel wîp hât,
der sol merken disen rât.
ob ich die wârheit sprechen sol,
so bedôrfte ich selbe râtes wol, 10
wan ich die mine betwungen hân,
si ist mir alsô undertân,
spreche ich swarz, si sprichet wiz:
dar an kêret si iren vliz,
unt tût daz sêre wider gote. 15
ditz mære tihte Sibôte.
ich meine nikein vrouwen mite,
mir behâget wol allêr ir site,
wan daz ich si mit zuhten mane.
ir enkéin zúcke sich'z niht ane, 20
daz si sich iht selbe melde
als die knehte ûf dem velde,
die sprechen: «well wir uns sin trôsten
unde bole wir den bôsten»:
sô meldet einer selbe sich 25
und spricht: «entrûwen, bolet ir mich,

---

1 vgl. 353, zu H. 44. — 2 *fur quam*, bekannt wurde. — 6 *zuht*, Erziehung. — 11 fg. vgl. zu Am. 154. — 13 *spreche* vgl. 277. 289. 362. 366. 426. 454. 467; über das Eindringen des *e* in den sing. præs. (hier nach uhd. Weise die 1. P.) vgl. Weinhold, mhd. Gr., S. 310. 311. 312 fg. — 14 *kêret*, wendet (vgl. Bl. 407). — 17 *nikein (nihein, enkein)*, keine. — *mite*, zu Sp. 241. — 19 *mit zuhten*, höflich (vgl. Sp. 50). — 20 *sich ane zucken*, auf sich beziehen. — 21 *melden* swv., verrathen. — 23 *trôsten*, versichern. — 24 *bolen* swv., werfen, schlagen. —

sit ich sin ûch vor bescheide,
ez wirt ûwer einem leide.»
der selbe ist wandelbére.
nu hôrt furbaz ditz mére. 30

Vernemet alle geliche:
ez was ein ritter riche,
der het alles des genûc,
des die erde 1 getrûc,
als man noch von dem sprichet, 35
dem nihtés gebrichet.
des het er állés ein teil.
vrouwe Sêlde hete ir heil
gar an in gewendet,
daz er was ungepfendet 40
der éren und des gûtes.
er was senftes mûtes:
daz schein an sinem wibe wol,
als ich û nu bescheiden sol.
er hete daz érgéste wip, 45
die 1 gewán iren lip,
daz ûf al der erden
ni wip moht' erger werden.
des nam si lutzel tûre.
ir náchgebûre 50
heten si dâ vur erkorn,
daz erger wip ni wére geborn.
swi vil heseliner gerten
iren rucké zeberten,
birkin oder eichin, 55
die enkúndens niht erweichin,
daz si wolde gût sin.
daz wart an mangen dingen schin:
swenne quämen nótháfte lúte,

---

27 *nachdem ich es euch im voraus (vor) erkläre*. — 29 *wandelbére* adj., *ein wandel* (Fehler, Mangel) an sich tragend. — zu 20—29 vgl. J. Nas in Wagner's Archiv I, 58 fg. (vgl. Simrock, Die deutschen Sprichwörter, S. 265): *Wann man unter die hundt wirft, so schrait kainer dann den man trifft; Catho 'conscius ipse sibi de se putat omnia loqui' (I, 17).*

34 *des* statt *das* durch Attraction. — 36 *gebrechen* stv. impers. mit dat. und gen. — 38 *vrouwe Sélde*, vgl. zu Am. 2053. — 40 *ungepfendet* part. adj., unberaubt, wohl versehen. — 49 *mich nimt túre* (stf.) m. gen. (Grimm, Gr. IV, 248), ich lege Werth auf etwas: «daraus machte sie sich wenig». — 51 *erkísen* stv. mit *fur*, für etwas ansehen. — 53 *heselín* adj., vom Haselstrauch. — 54 *zebern* swv., zerschlagen. —

als geschehen mohte hûte, 60
und bâten hérbérge,
si enpfinc si mit erge.
swen er behalten wolde,
den sprach si er ensolde:
swen er wolde vertriben, 65
den hiz si dâ beliben.
swes er niht enwolde,
daz tet die únhólde:
swaz er gerne hete gesehen,
des enkunde im niht geschehen. 70
der strit wert' under in, daz ist wâr,
volliclichen drizic jâr,
si beléip vor im únbetwungen.
si was óuch án ir zungen
weizgot gar unversunnen. 75
in der zît si gewunnen
beideutsamt ein tohtir.
dér váter enmoht'ir
mit allen sinen sinnen
nî án gewinnen, 80
daz si die site wolde lâzen,
si enwólde sich nâch der múter sâzen:
der ubele und der erge,
der bósheit und der kerge,
die der múter wonten bî, 85
der hete die tohter mè dan dri.
si was ubel unde arc,
dâ bi schóne unde starc,
und was des niht entwildet,
got hete si gebildet 90
z'einer schónen júncvróuwen:
swer si muste schouwen,
den dûhte si vil mûtlích,
und an der rede ungûtlích.

«Tohter, diner múter site 95

---

62 *mit erge* (zu H. 827), übel. — 63 *behalten*, beherbergen. — 75 *unversunnen* part. adj., unüberlegt. — 76 *gewunnen*, zu Am. 636. — 77 *beidentsamt*, miteinander. — 82 *sich sâzen*, sich richten. — 84 *kerge*, Tücke. — 86 *dri* (wovon die Gen. abhängen), das dreifache. — 89 *entwilden* swv. mit gen. und abhängigem Satz, entfremden, entfernen von etwas: es fehlte ihr nicht daß. — 93 *mûtlich* adj., anmuthig.

volgen dir zu lange mite»,
sprach der vater eines tages.
«swenne du uns her nâch klages
und hâst genumen einen man,
der enwíl nóch enkan 100
diner erge niht vertragen,
sô wirstu dícké zeslagen,
sô gerûwet dich'z zu spâte.
nu sich, dáz du diner mûter râte
volgest iht zu verre, 105
deiz dir her nâch iht werre:
er zusléht dir rucke unde huf.»
«jâ, dort gêt der män' ûf
der rehte und der krumme.
man bôt dâ siben umme, 110
ez wêre ubele verkoufet.
wî dicke habet ir zuroufet
mîne mûter und zeslagen?»
«tohter, daz wil ich dir sagen,
dâ lebte ich gerne mit gemache.» 115
«wênt ir, daz min sêlde iht wache?
mir mac got den man beschern,
ich trûwe mich von im wol ernern.»
«du maht dem manne zû kúme
dér sô bíderbe ist únde frume 120
daz er dich vil schíre twinget
und nâch sînen siten bringet.
sô mûz dír úbele ergê:
dir wirt der slege michel mê
danne der pfénnínge. 125

---

96 *v. d. m.*, begleiten dich, haften dir an. — 99 *und*, wenn du. — 107 *huf*
stf., Hüfte. — 108—111, ebenso 136 fg., 156 fg., 426. 492 fg., sind sinnlose Antworten, die nach dem Grundsatz *ein thoret red darf kainer weysen antwort*
(Germ. IV, 146 = Wackernagel, Kl. Schr. III, 80; vgl. «Närrische Frage,
närrische Antwort», Simrock, Sprichw., S. 400), eben durch ihre Sinnlosigkeit der Rede des andern spotten sollen; vgl. Haupt zu Er.[2] 7517. — 108
vgl. Hoffmann's Fundgruben II, 320, 24 *dorte get der monde uf*, als Antwort der *mercatrix* auf eine Drohung ihres Mannes. — 109 *rehte (rihte)* stf.,
gerade Richtung. — *krumme* (= *krümbe*) stf., Krümmung; geläufige Zusammenstellung der beiden Begriffe, gew. im Acc., hier im Gen. (vgl. Diemer, Deutsche Ged. 235, 6; Grimm, Gr. IV, 680): gerad und krumm. —
115 *dâ*, zu v. W. 103. — *m. g.* zu WM. 404, Sp. 42. — 116 *iht* zu H. 432. —
Über das *wachen* der *Sælde* v. Grimm, DM.[4], 720 u. NA. — 117 fg. *den*
m. — *ich tr.*, einen solchen — daß (zu Am. 154). — *mich ernern von*, mein
Leben zu fristen vor. — 119 *kume(n)*, die md. Infinitivform mit Abfall des
n erscheint noch im Reime 123. 132. 140. 172. 267. 456. 479. 508. — 122 *und*
dich dazu bringt, dich seinen Sitten anzupassen. —

dir mûz misselinge,
daz ist billich unde reht.
er sî ritter oder kneht,
swér diu zu mir gért,
er wirt din sâ zehant gewert, 130
dem gibe ich dich zu wibe:
sô mac daz niht sô blibe,
du enmüzest siner hant entseben,
swenn' er mit éichînen steben
din hût beginnet villen.» 135
«jâ, durch der vedern willen,
daz die génse wol gerâten!
wâ sint die min bâten?
nâch den ich gerne vrâge.
ir nikéin tar'z mit mir wâge: 140
swer iz aber mit mir wâget,
der hât es ubele gelâget.
ûwer réde sint unmugelich.
ich hân wol des bedâht mich,
ob iz morgen alsô quême 145
daz ich einen man genême,
er'n mohte mir'z nimmér versagen,
ich'n wolde 'z langer mezzer tragen.
daz ir mir sô vil vór ságet
und miner müter vertraget 150
hér álsó manegen tac
des ûch wol verdrizen mac!
ûwer rede sint vil dunne.
ich tûn billîcher nâch dem kunne,
dan ich nâch dem kunge tû: 155
die sunne gêt ûf morgen vrû,

---

129 wor immer um dich *(dín)* bei mir *(zu mir)* anhält. — 133 *entseben* stv. mit gen., empfinden. — 135 *villen* swv., stäupen, züchtigen. — 136 fg. vgl. zu 108—111. — 138 *biten*, in demselben Sinne wie 129 *gern*. — 142 *lâgen* swv. mit gen., auf etwas sein Augenmerk richten, es auf etwas absehen: der hat nicht gut gethan, es darauf abzusehen, danach zu streben. — 143 was ihr redet ist u. — 148 *das langer messer tragen* sprichwörtlich für das Hausregiment, DF. II², 4. — 150 *vertragen* stv. mit dat., sich von einem gefallen lassen, hinnehmen: der Objectacc. ist durch Attraction in den Gen. des Relativsatzes 152 gezogen. — 151 *hér* adv., bisher. — 153 *dunne*, ohne Gewicht, machen keinen Eindruck. — 154 Der Sinn des wol sprichwörtlichen Wortspiels mit *kunne* (stn., Geschlecht, Verwandtschaft, *nâch dem k.* oder *n. k. tuon*, nach angestammter Art handeln, vgl. zu MF. 30, 35 Z. 60; HMS. III, 86ᵇ), und *kunic* ist deutlich der der Auflehnung gegen die höhere, hier väterliche, Autorität, und mehr kaum darin zu suchen; zum fg. vgl. zu 108—111. *tû* könnte Conj. sein (zu Am. 53), aber nach den Reimen 365. 468 auch Indic.; vgl. Weinhold, mhd. Gr., S. 331. —

zu dem rihte hören üwer wort.
daz endünket mich niht gût gehôrt.»
«tohtèr, nu ensage ich dir niht mè.
got gebe, daz min wille ergê, 160
und sende dir in kurzer zit,
der dâ hálde strît wider strit.»

Nu saz ein rittèr dâ bî
niwan uber mile dri,
der was riche des gûtes 165
und mênlîches mûtes;
doch was er mênlîchers mûtes,
dann' er riche wêre des gûtes.
der vernám dise mère,
daz si schône wêre, 170
nâch sage und nâch vrâge.
er dâhte: «ich wil iz wâge»,
und quam im in sinen mût:
«wi ob ich si mache gût?
mac aber dés niht ergân, 175
sô wil ich si als ubel hân
durch die schône die si hât,
des enmac niht werden rât.»
cines tâges quam er z'irem vatir
mit sinen vrunden unde batir: 180
er wolde sich z' im vrunden.
«sold' ich mich dar an sunden?»
sprach der vater al zehant,
unt tet mit worten im bekant,
stille und offenbêre, 185
wi gesîtet sin tôhter wêre.
er sprach: «daz hân ich wol vernumen;
dar umbe bin ich hér kúmen,
daz ir mir si zu wibe gebet:

---

157 *rihte* stn., Gericht. — *hören* swv., gehören. — 158 vgl. zu Am. 2206. — 162 *strît halden wider str.*, nicht nachgeben, Sieger bleiben.
163 *dâ bî* (vgl. Am. 154), in der Nähe. — 164 *uber*, in einer Entfernung von; vgl. Beneoke zum Iw. 554. — 168 zu Am. 53. — 171 gerüchtweise und auf Erkundigung (vgl. Am. 809. 1256). — 176 *als ubel*, so böse wie sie ist (zu Am. 1173). — 180 Begleitung der Angehörigen bei der Werbung ist alte Sitte, DF. I², 316. — *batir* (d. i. bat ir), vgl. zu 138. — 181 *sich vrunden ze:* sich vriunt, verwandt mit ihm machen, sich ihm verschwägern. — 182 *sunden* refl., mich versündigen. — 185 *st. u. o.*, formelhafte Verbindung. — 186 *wi gesîtet*, von welchen Sitten, wie beschaffen. —

wil got, daz ir ein jâr gelebet, 190
ir gesehet wol wi si wirt.
ich schaffe dáz sí verbirt
allez daz mir léit íst;
daz geséhet ir in kurzer vrist.»
zû dem eidem sprach der swèr: 195
«ich enweiz waz sagen mèr
wan hûtet ûch dés vór;
kumt si ûf der mûter spor,
ir gewínnet nimmer gûten tac,
vur wâr ich û daz sagen mac, 200
ir mûzet schire alden.»
«sèt, des lât mich walden,
alsó tump als ich bin.»
hi mite gíngén si hin
unde wurden des in ein, 205
die vrunt under ín zwéin,
swelch zit er dár quême,
daz er si mit im nème.
dâ rette nïmán niht wider;
ditz lobten si unde leisteu'z sider. 210
nu euwésté die mûter niht,
daz iz was alsó geschiht,
daz die tohter was vergeben.
si drouwete ír án daz leben,
dő sí die rede erfùr. 215
víl tůwer daz si swûr
eines táges dô si bí ir saz:
«heldèst du dinen mán báz
immèr denn' ich din vater hán,
ich wil dich selb zu tòde slân. 220
tóhtér, verním mich,

---

195 *swêr* (md. = *sweher*) stm., Schwiegervater. — 197 *hûten* reflexiv mit gen., sich vor etwas hûten. — 198 tritt sie in die Fußstapfen (*spor* stn.) der Mutter. — 202 dafür laßt mich sorgen (zu WM. 388). — *sêt* interj. plur. (sg. *sê* 502), ecce, en (Grimm, Gr. III, 247 fg.; Scherer, Zur Gesch. der deutschen Sprache ² 413. 514). — 203 so jung, unerfahren (*tump* adj.) als ich auch sein mag. — 205 (vgl. v. W. 64) kamen überein, machten aus. — 211 fg. Der Vater konnte als Vormund zunächst über die Hand der Tochter verfügen, ohne die Mutter zu Rathe zu ziehen, DF. I², 298. — 212 *geschiht* part. præt. von *schicken*. — 216 über das eingeschobene bedeutungslose *daz* vgl. J. Grimm, Gr. IV, 444. 959; W. Grimm zum *Graf Rudolf* 5, 4; Virginal 3, 9 u. Anm. (DHB. V, 375); Trierer Floyris 160 (Zeitschr. XXI, 324); Veldecke's Servatius I, 535. 587; II, 589. 1677. 2252 u. ö. — 219 *hán* zu Am. 2451. — 224 *ôfse* zu H. 242. —

swenne er zurne wider dich
und dich wérfé dar nider,
bize krazze roufe in wider
unde tû den willen mîn. 225
lâz dir michel liber sin,
als ich hân gesprochen,
daz du vîr wóchen
habest sêren rucke,
dan man dir daz fur zucke, 230
daz din mân din oberhoubet si.
bî mérke mích bî:
ich sage dir, tohter, ungelogen,
ich hân dim váter hâr ûz gezogen
mèr dan ein schèper wollen: 235
du bist gewahsen vollen
an liden und an armen,
lâz dich sin niht erbarmen:
ich was vil minner dan du sîs,
ich behilt doch wol den pris.» 240

Dar nâch uber siben naht
er weste wol wes im was gedâht,
úndé gewan ein pfert,
daz was lihtes schazzes wert,
als noch ungèbe pfert sint. 245
dar zû nam er einen wint,
den er hete an sinem stricke,
unde ginc zu sinem ricke,
dâ der hábech saz bî der want,
und nam in ûf sine hant 250
und gerte nihtes mére,
und reit zu sinem swère
und vórdérte sine brût.
die gap man im uberlût,
und hîz sî in gotes namen vàrn. 255

---

224 *bîze* zu II. 242. — 229 *sér* adj., schmerzhaft. — 230 *fur zucken* swv. mit dat., vorwerfen. — 232 hierin nimm dir mich zum Beispiel. — 235 *schéper* stm., Schaffließ. — 236 *vollen* adv. acc., vollkommen.

241 nach Nächten zu rechnen ist uralter Brauch (Tacitus, Germ. 11): vgl. darüber und über die alte Frist von sieben Nächten oder einer Woche RA. 221. 868; *naht* bleibt in diesen Formeln im nom. u. acc. pl. unflectiert. — 242 er wußte wohl was er vorhatte. — 244 *lîhtes schazzes wert*, gering an Werth. — 245 *ungèbe* adj., unannehmbar, schlecht. — 246 *wint* stm., Windhund. — 248 *ric* stm., wagerechtes Gestell. — 250 zu Sp. 94. —

er sprach: «got müze üch bewarn,
bezzer heil müz' û mit ir erstân,
dan ich mit der muter hân!»
dô si hinder daz pfert besaz,
die muter des niht vergaz, 260
si çurife und sprêche zû der meide:
«tohtèr, vernim, waz ich dir seide,
und wis dim manne undertân,
als ich dich è gelárt hán.»
«mûter, habet ûr gemach, 265
ich weiz wol weich è wider ůch sprâch,
dáz wil ich durch niman lâze.»
dâ mite riten si ir strâze.
durch der meide bôsen kric
reit er einen smalen stic 270
und heten der breiten strâze rât,
daz iman sêhe ir zweier tât.
dô gerte der habech von der hant,
als sin site was gewant.
er sprach: «du enlâst din vederslân, 275
ich wil dich zu tôde slân,
ich breche dir abe din houbet,
daz du wirst betoubet
diner sinne und diner bôsen list.»
dô sach der habech in kurzer vrist 280
ûf våren eine krâ,
der wêre er gerne nâ:
«sit du nâch ungemache strebest
und ungerne saufte lebest,
sô wil ich dir din rêht tůn,» 285
und wurget' in als ein hůn
und warf in nider ûf daz gras:
«nu hábe dir dáz din wille was!

---

259 *hinder* adv., hinten. — 264 *gelart* md. = *geleret*. — 265 *habet ûr gemach*, seid ruhig. — 266 *weich* = *waz ich*. — 269 *kric* (md. = *kriec*), Widerspenstigkeit, Zanksucht. — 271 das Verb wird nun auf beide bezogen, daher der Übergang vom Sing. zum Plur.: vermieden die breite Straße. — 273 *gern*, kunstmäßiger Ausdruck vom Falken: er wollte auffliegen. — 275 *vederslán*, Flügelschlagen. — 278 *betouben* mit gen., berauben (durch Betäubung). — 279 *böse list* (ntf.), Bosheit. — 282 der wêre er gerne nachgeflogen (Ellipse eines part. priet. eines Verbums der Bewegung, etwa *gevarn*, Grimm, Gr. IV, 136 fg.). — 283. 284 vgl. Iwein 545. 546. — 286 u. w., eine ähnliche Ellipse des pronom. Subjects (*er*) nach *und* wie in den zu Am. 591 und Steinbuch 419 besprochenen Fällen. —

ich spreche iz ane valsche list,
allèz daz hûte bî mir ist, 290
ez'n welle haben gûte site,
ich spil im des selben mite.
ey, du hóvewart, wî du dich nu zuckest
und mir mînen arm zeruckest
ane diseme seile! 295
ez kumet dir z' únhéile.»
die rede wás gár enwiht,
der wint enmohte im niht
bî der sîten gevolgen.
des wart der herre erbolgen 300
unde hiw den hunt enzwei.
daz die maget niht enschrei,
ir wart doch ubele zu mûte:
«ouwê, herre got der gûte,
wes ist disem manne gedâht, 305
welch tůvel hât dich hér brãht?»
daz swert er dannoch bár fůrte.
swenn' er daz pfert mit spóru růrte,
in dûhte ez niht wólde gân
(man mûz iht zu worte hân 310
und etewaz erdenken,
swenn' man den hunt wil senken:
man spricht, er si ein ledervràz,
dér nî deheinez gaz)
unde rúckéte daz swert, 315
und hiw vásté daz pfert
und slûc im sinen háls ábe:
«nu lige, gurre, unde suabe!
hetest du réhté gegangen,
du enbétest den tôt niht enphangen. 320

---

269 *valsche list*, Falschheit: ich spreche es ohne Falsch, in Wahrheit. — 292 *des selben* adv. gen., auf dieselbe Weise. — 293 *zucken* swv., zerren, reißen. — 294 *zerucken* swv., zerreißen. — 297 *enwiht*, umgestellt aus *newiht*, nicht etwas, nichts; vgl. 411. — 300 *erbolgen* part. (von *erbelgen*, intumescere), erzürnt. — 302 *daz* — *niht* (vgl. zu Am. 43), wenn auch nicht. — 308 *daz pfert rüren* (mit oder ohne den Zusatz *m. sp.*) Kunstausdruck: dem Pferde die Sporen geben. — 309 *in dûhte ez wolde* ohne Conjunction wie bei *wenen* (zu H. 1385). — 310 *zu worte*, zum Vorwand. — 312 *senken*, sinken machen, zu Fall bringen, verderben. Drei Handschriften lesen: *henken*: sie setzen an die Stelle des ihnen unverständlichen das gewöhnlichere, wie es im Sprichwort heißt: *als man den hunt henken wil, sô hât er leder gezzen*, Zingerle, S. 73. 74. — 315 das Subj. kann man aus 309 ergänzen (zu Am. 1403); aber vgl. auch zu 286. — *das swert rucken*, das Schwert ziehen. — 318 *gurre* zu H. 369. — *snaben* swv., straucheln. —

vrouwe, ir habet wol gesehen,
wáz hî' íst geschehen:
mir was únwérde
worden zú dem pferde,
zû dem wínde und zú dem vederspil.   325
daz mûte mich ein teil zu viL
nu kan ich únsánfte gân,
ich hân iz selten mè getân,
ich tûn iz niht zu disen zîten:
vrouwe, ich mûz úch rîten.»   330
dô si den érnést gesach,
daz si sólde liden ungemach,
und er si sateln begunde,
si sprach an der stunde:
«herre, daz û libe geschi,   335
lâzét den satel hî:
só trage ich ûch vil dester baz.»
«vrouwe, wí' stúnde daz,
daz ich bárrósse rite?
mich dunket ir hât bôse site,   340
daz ir spréchét dâ wider.»
dô sprách die vrouwe sider:
«herre, dar umb' si û niht leide,
ich trage úch vil wól béide.»
dô satelt' er si an der stunt   345
und leite ir den zoum in den munt,
und hiz si die gegenleder
zu beiden siten íetwéder
vaste haben bi der haut.
ûf sáz der wígánt.   350
dô si riten ein wîle,
minner danne ein mîle,
(welt ir hôrn die wárhéit,
wí' vérre er si reit?
er reit si drier spere lanc)   355
der reise wás sí zu kranc,

---

323 fg. *mir wirt unwerde zû* (vgl. 343, Grimm, Gr. IV, 860), ich werde ärgerlich, sorgig über etwas. — 327 *unsanfte* adv., nicht gut. — 328 *mé*, sonst, bisher. — 335 *líbe* (= *liebe*) adv., angenehm, wohl. — *geschi* (*geschie*) md. = *geschehe* — 339 *barrosse* adv., auf barem, d. i. ungesatteltem Pferde. — 347 *gegenleder* stn., Steigriemen. — 350 *wigant* stm., Held. — 353 zu 1. — 355 Beispiele von *sper* als Längenmaß gibt Lexer II, 1081 (vgl. RA. 892). — 356 *kranc* adj. mit gen., schwach, zu etw. —

ir begúnde vaste abe gàn:
si het iz selten mè getân.
er sprach: «vrouwe, snabet ir?»
«nein ich, hérre, des geloubet mir, 360
ditz íst ein schônez velt,
ich bréche mich in zelt.»
«seht, daz ir sô iht zeldet,
daz ir sîn iht engeldet.»
«néin, hérre, ich entû, 365
ich bréche mich dar zû.
zeldens sit ir wol gewert:
in mîns váter hove gêt ein pfert,
bî dem ich iz gelernet hân;
ich kan wol sanfte und ebene gân.» 370
«welt ir tûn swáz ich wil?»
«des endúnket mich niht ze vil.»
dô liz er si ûf zu hant
und nam si under sin gewant.

Sîn vrunt wârn' bî an einer stat, 375
den ir heímelíche hete gesat,
daz si dár quēmen
und die vrówen ûf nēmen,
und fûrten si an ir gemach.
ich'n weiz waz sît dä geschach, 380
ich'n was z'ir hôchzîte nit,
wán dáz si wol gerit
unde wart daz beste wip,
die î gewán iren lip,
unde tet daz beste 385
und enpfínc wól die geste
und warte sins willen z' aller zît.
uber séhs wóchen sît
quam der vrouwen vater dar

---

357 *abe gân* impers.: ihr begannen die Kräfte sehr zu schwinden. —
362 *sich brechen*, sich mit Gewalt, Anstrengung bemühen. — *in zelt*, im
Passgang. — 374 *u. s. gewant*, soviel als *u. sinen mantel*, das Symbol des
Schutzes (RA. 160); der Ausdruck kann ebensowol wörtlich als bildlich
verstanden werden von liebevoller Aufnahme; vgl. W. Grimm zu Graf
Rudolf I[b], 7 (wiederholt mhd. Wb. II, 1, 61[b]) und die Sitte, bei der
Trauung den Mantel um die Braut zu schlagen (J. Grimm, Kl. Schr. VI,
164 fg.).
  376 denen ihre vertraute Freundschaft als Pflicht auferlegt hatte,
DF. I[2], 406 fg. — 387 *warten* swv. mit gen., achten auf etwas, dagegen

und die műter an der selben schar 390
und wolte warten waz si tèten,
und ob si iht gûtes hêten,
dâ mite si sich begingen,
und wî si ir dinc an vingen.
dô die zórnhérte 395
der tóhtér geverte
alsô schïré gesach,
si nam si hin únde sprach:
«eyâ, du verschaffen barn,
wî hâstu álsó gevarn? 400
ich hân gesehen in kurzer vrist,
daz dîn man dîn meister ist.
dú víl úbele hût,
daz du î wúrdés sîn brût,
des műze dir got geswîchen! 405
wî hâstu sô gûtlîchen
dîn dinc ane gevangen?»
sus begúnde si si zwangen
allenthalben an iren liden;
dû wart weinen niht vermiden. 410
die rede wás gár ein wint:
swélch vróuwe ir kínt
sleht dar umbe iz ist gůt,
ich weiz wol, daz si unrehte tût.
si sprach: «můter, sît ir komen her 415
durch schelten, seht wer's úch gewer.
ich hân den besten man,
den î vróuwé gewan;
er ist biderbe unde gût:
swer aber sîns willen niht entût, 420
wîrt ím ûf dén zórn,
der hât ze hant den lip verlorn.»
si sprach: «du bôse gimpelstirne,

---

391 *warten*, sehen. — 393 *sich begân mit*, von etwas loben. — 395 *zornherte* adj., im Zorn heftig. — 399 *verschaffen* part., missgeschaffen, ungerathen. — *barn* stn., Kind. — 403. 437 *ubele hût* (wie *balc*), eine besonders gegen Weiber gebrauchte Schelte. — 404 *wurdes*: über diese seit dem 12. Jahrh. erscheinende Form der 2 sg. præt. vgl. Weinhold, mhd. Gr. §. 357. — *brût* ist mhd. nicht blos die Verlobte, sondern auch die neuvermählte junge Frau, DF. I², 7 fg. — 405 *geswichen* stv. mit dat., von einem weichen, ihn verlassen. — 408 *zwangen* swv., kneipen. — 411 *ein wint* (zu II. 378), nichtig; vgl. 297. — 413 *dar umbe*, deshalb, weil. — 416 *wer's ûch gewer*, wer es euch gestattet. — 423 *gimpelstirne*, Schmähwort: Närrin. —

der túvel ist in dinem hirne,
daz du mir sô drouwen solt, 425
des'n werd' ich dir nimmer holt.»
«mûter, ich endrouwe û niht,
ich sage û wáz geschiht.
ich torste û wol râten daz,
daz ir mînen mán grüzet baz 430
dan ir mînen vater tût;
dáz wurd' û hárte gût,
und wurde ouch ûwér gelucke:
od er beginnet ûwerm rucke
würkén ein knutelwerc.» 435
«jâ», sprách si, «Hennenberc!
lâz, ubel hût, dîn klaffen stân:
dîn mán tórste sich baz hân,
al wêrlich ê bestè in die suht,
danne er immer sîne zuht 440
ane mich gelege mêr.»
der éidám únd der swêr
sâzen heimeliche dort
und hôrten wól dise wort,
die zwêne lûsterère 445
vernâmen dise mêre.
dô sprach der swêr áber dô:
«nu bin ich ûz der mâzen vrô,
daz ir mine tohter hât.
swenne mich der tòt bestât, 450
daz ich niht langer sól lében,
sô wil ich û mîn erbe geben
unde swaz ich gûtes hân.
ich sehe, ir habt sî û undertân.»
«herre, gûtes ich û wol getrúwe. 455
got lâze ûch mit genâden bûwe
ûwer eigen und ûwer erbe.

---

435 euern Rücken mit Knütteln tractieren. — 436 vgl. zu 103. — 438 *hân* md. = *hâhen*. — 439 *al* adv. verstärkend zu *wérlich* adv., wahrlich (betheuernd). — *bestén*, von der personificiert gedachten Krankheit (*suht* stf., Siechthum) wie 450 vom Tode (Grimm DM.⁴, 965 u. N A. 336; 709 fg.), befallen. — 440 *zuht* stf., Züchtigung. — 441 *mêr* ist mit *immer* zu verbinden: je einmal. — 445 *lûsterære* stm., Lauscher. — 454 *undertuon*, unterthänig machen. — 456 *mit genâden*, glücklich (zu Bl. 561): das Geschenk, das man ablehnt, zu segnen, ist eine schöne, selbst dem Feinde gegenüber beobachtete Sitte des deutschen Alterthums: J. Grimm, Zeitschr. II, 1. Martin zur Kudrun 1225, 1. Wolfd. B. 621, 1 (DHB. III, 259).

miner vróuwen rede sint únbedérbe.
welt ir hóren minen mût,
waz mich dar umbe dunket gût, 460
ich mache mit ir in kurzer vrist,
daz si ímmer mê gût íst.»
«herrè, des wil ich úch gewern,
welt ir si villen oder schern
oder bråten in den koln, 465
daz mag ich wól verdoln
und helfe gérné dar zû,
wan ich ez billïchen tû.»
«só swïgét der rede mè,
und hóret, wi iz noch hûte ergè.» 470
er hete sich des beråten
und gewán zwëne bråten.
do er in die kemenåten ginc,
nu hóret wi si in enpfinc:
«sit willekomen, er Eckehart!» 475
«genåde vrowe, ver Wisengart»,
sprách ér zu hánt wider
und trat fur si aber sider:
«vrouwe, torste úch iman bite,
daz ir lïzet ûwer bóse site, 480
die ir wider minen herren tût:
er ist zu lanc mit û gemût.
dar umbe bin ich û gehaz:
er solde úch twingen baz,
mit einer flëmischen ellen 485
slege ûf ûwern rucke zellen:
swenne er eine het zuslagen,
só solde man im ein ander tragen,
biz ir gnåde bêtet umb' den lip.
iz gewan ni man noch wip 490
einen mût só swint.»

---

458 *miner vrouwen* (franz. madame) als Titel. — *unbederbe* adj., schlecht, ungeziemend. — 466 *verdoln*, geschehen lassen. — 471 er war mit sich darüber zu Rathe gegangen. — 472 *bråte* swm., Fleischstück (vgl. 517. 536, H. 178). — 473 *kemenåte* (mlt. caminata), das heizbare Wohnzimmer. — 475 *er* und 476 *ver*, verkürzte, in der Anrede vor Namen gebrauchte Formen für *her* und *vrou*. — Die Namen *Eckehart* (ecke, Schneide) und *Wisengart* (Imperat. Weisdenstachel? zu H. 1185. Varianten: *Wirshart*, *Isenhart* und *Isengart*) sind absichtlich ihrer charakterisierenden Bedeutung halber gewählt. Wackernagel, Germ. V, 290 (= Kl. Schr. III, 97) fg. — 476 *genåde*, höflicher Gruß: ich danke. — 482 *gemût* part. von *müejen*, gekränkt, gequält. — 491 *swint* adj., heftig, unbändig. —

«jâ, wes kû bizzén die rint?
wir hôrten zu jâre dâ von sagen,
ir het ir vil alsô erslagen.
liebe éidém, er Gickengôch, 495
ich habe hût und bâr nóch
vór ü behalden:
sol ich geluckes walden,
ich behâlte iz ouch wol langer.
min mût ist sô zanger.» 500
«sô solt ir sin doch gnâde hân.»
«sè, waz hân ich im getân?»
«dâ leidet ir'm sin eigen hûs.»
«jâ, ich hiz sine katze Mûs
und nante sinen wint Rin. 505
ich wil sin meister immer sin.»
áber hûp ér die rede ane:
«sô mûz ich ûch anders mane.
è wir uns tâlanc scheiden,
ich schaffe under û beiden, 510
daz ir âne ûwern danc
lâzet allen bôsen wanc.»
«sim, wi moht ir daz gahten?»
«dar umbe wil ich trahten.
ich weiz wol, waz û wirret, 515
daz ir sit verirret
und als ubele gerâten:
ir traget zwêne zôrnbrâten
an îtwéderm ûwerm di,
dâ von ir gûte gewunnet ni. 520
swer û die ûz snite,
so gewúnnét ir gûte site,
daz wêre û inneclichen gût
und gewúnnét den besten mût.»

---

492 vgl. zu 108. — 493 *zu jâre*, voriges Jahr. — 495 *Gickengôch*, hier als
n. pr., Gauch, Thor. — 497 *behalden*, bewahrt, rettet. — 498 *geluckes wal-
ten*, Glück haben. — 500 *zanger* adj., scharf, frisch. — 502 vgl. zu 202. —
503 *dâ* zu v. W. 103. — 504 fg. Zingerle will Germ. VII, 192 *mûs* und *Rin*
als «verkehrte Benennungen» verstehen. Richtiger hat R. Sprenger (Bez-
zenberger's Beitr. III, 85 fg.) an Reinke 1770. 2517 erinnert, wo *Rin* als
Hundename erscheint (auch Reinaert 2678. 2681: vgl. Wackernagel, Germ.
IV, 146 = Kl. Schr. III, 79) und so wird man auch seiner Erklärung von
Mûs als Kosename der Katze (mlt. musio) folgen dürfen (vgl. Schmeller
B. WB. I², 1702. 1706). — 509 *tâlanc* adv., den Tag über, heute. — 511 *âne
û. d. s. v. a. sunder* (HM. 391) oder *über* (Am. 1084) *û. d.* — 512 *wanc*
stm., Seitenbewegung. *bôser wanc*, Rückfall zum Schlimmen. — 513 *sim*
interj., ei, hm! — *gahten (geahten)* swv., aussinnen. — 514 *umbe*, über. —
trahten swv., nachdenken. — 519 *di* md. = *diehe* von *diech* stm., Schenkel. —

si sprach: «mir'st lip an dirre zît, 525
daz ir ein arzât worden sît
und ûch mit arzenîe begât,
sît ir mîne tohter hât.
habt ir iht cristiânen dâ,
unde agrimônjâ? 530
und kénnét ir bîbôz?»
«vrouwe, ûwer uppikeit ist grôz.»
«nu wi mohte ich des gelachen?
oder waz welt ir ûz mir machen?
wi mohte daz gerâten, 535
daz ich trage brâten
als ein wilt éberswîn?
lât, herre, ûr teidingen sîn.»
zuhânt wólde si von dan,
dô griffens' zwêne knehte an 540
unde wurfen si dar nider.
dô greif er an sîn mezzer sider,
daz hât' einen scharfen ort,
und begúnde ir vaste snîden dort
durch daz niderhemde 545
(lachen wart ir vremde)
eine wúnden tîf únde lanc.
daz lit, daz si dô fânc,
daz machte ir herze únvrô.
einen brâten nam er dô, 550
den hât' er in sîner hûte,
und welget' în in dem blûte
und warf in nider an ein vaz:
«vrowe, dâ von sît ir gûtes laz
gewesen alsô manic jâr.» 555
si lac under im unde kar:
«jâ, herre, daz ist daz mir war
und mich aller gûte beschar.
swelch tûvel mich dés berît,

---

527 *sich begân mit* (vgl. 393), sich abgeben mit etwas. — 529 *cristiâne* swf., ein mir unbekanntes Heilmittel. — 530 *agrimônjâ*, Ackerkraut, Odermennig (vgl. Pfeiffer, Arzneib., S. 56). — 531 *bîbôz* stm., artemisia, Beifuß (vgl. Germ. VIII, 300). — 532 *uppikeit* stf., Übermuth. — 538 *teidingen* (vgl. H. 1725), Gerede. — 543 *ort* stm., Spitze. — 545 *niderhemde* stn., Unterhemde. — 552 *welgen* swv., wälzen. — 553 *vaz* stn., Gefäß. — 554 *laz* adj., lässig, mit gen.: bar einer Sache. — 556 *kerren* stv., schreien. — 558 *beschern* stv., scheren, kahl machen, mit gen.: berauben. — 559 *berâten* mit acc. u. gen., jemand mit etwas versehen, ausstatten. —

IX. DER VROUWEN ZUHT.

des'n weste ich an mir selbe nit.» 560
si begúnde sére weinen.
«neinâ, ir habt noch einen
an dem andern beine.»
«nein, herre, der ist cleine:
der'n wirret mir sô sére nit, 565
alse der dâ vor û lît.»
dô sprach die tohter wol gemût:
«ich sage û, waz mich dunket gût,
daz ein michel arbit
wére verlorn zu diser zit, 570
ir'n snîdet ûz den zórnbrâten;
er mohte álsô geráten,
daz er gewunne ein jungen:
sô wére uns misselungen.»
«neinâ, lîbe tohter, sprich derzû, 575
durch got, daz er iz iht tû
und lâz mich unverséret:
ich hân mich des bekéret,
daz ich wíl wésen gût
und lobe swaz ir alle tût.» 580
dô sprach die tohter aber dô:
«wolte gót, mûter, quême iz sô,
daz wèr' mim vater ein sélic werc.
wâ ist nu ûwer Hennenberc
und ander manic sprichwórt, 585
die ich von û hân gehórt?
ir gábet mír éinen rât,
der allen vrouwen missestát,
daz man wider die mán strîte:
mich wundert sére wes man bite, 590
daz man den andern snîde ûz.
ir dunket ûch kûner dan ein strûz.»
dô greif er an daz ander bein;
si schrei lûte: «neinâ, nein!
es ist mër dánne genúc: 595
gedenkâ, tohter, deich dich trûc,
und gewinne mír éinen vride.

---

560 ich wußte selbst nichts davon, daß ich es an mir hätte. — 569 àrbît
= arbeit. — 573 vgl. 76. — 578 des, dazu. — 584 s. 436. — 588 missestân,
übel stehen. — 592 der Vergleich mit dem Strauß scheint sprichwörtlich
(Lexer II, 1256). — 595 es, der Gen. abhängig von mér. — 596 trúc, vgl.
H. 316. 1374. —

ich wil dir sweren bî der wide,
daz ich wil gerne wesen vrût,
und lobe, swaz ûch dunket gût.» 600
dô liz er si ûf zehant.
er'n rûchte wér si verbant:
daz was im åls ein bast,
wan ir krîc wås zu vast.
des selben tages ze nahte 605
lac si unde trahte,
waz ir des tages was geschehen.
si sprach: «nu môhtét ir sehen,
ich mag niht bliben lange
von disem grôzen twange: 610
ich furhte ich mich verspreche,
daz er iz an mir reche
mit sinem zórnigen mûte:
got hab' in in sîner hûte!»
dô er mit ir hèim quám, 615
swelhe zït ér vernam,
daz si im iht gesprach,
daz im was leit und ungemach,
sô sprach er: «ich kan'z niht volenden,
ich mûz nach unserm eidem senden.» 620
sô wart si von schame rôt.
si sprach, im wère sin niht nôt,
«sin kumen ist mir niht gût,
ich hân benamen dén mût,
daz ich wil tûn daz û lip ist 625
beide nu und alle vrist.»

Hî bî râte ich allen vrouwen daz,
daz si ir manne grûzen baz
dan dise vrouwe tète.
nu merket dise rète. 630
ich râte iz û allen,
låt iz û wol gevallen
unde volget ûwern man:
daz ist lobelich getân.

---

598 *bî der wide*, bei der Strafe des Hängens (zu H. 1250), bei meinem Leben. — 599 *vrût* adj., artig, fein. — 601 = 373. — 603 *als ein bast*, so viel wie nichts, ganz gleichgiltig. — 610 *twanc* stm., Bedrängniss. — 611 zu H. 1578. — 622 fg. Zum Übergang von der ungeraden zur geraden Rede vgl. Haupt zu Neidhart 62, 20; Zeitschr. XIII, 178; Jänicke zu Staufenberg 133 (Altd. Studien S. 43); Lichtenstein, Ellhart CLVII.
634 zu Am. 2206.

WORTREGISTER.

â *interj. angehängt* H. 986.
ab (abe) = aber Am. 7.
abbet *stm., Abt.*
abe, ab H. 136. dar abe Bl. 151.
 abe *mit Verbis s. diese.*
abe = dar abe Am. 1577.
âbent Am. 1846.
aber Am. 128. a. ander stunt H. 1515. a. wider H. 1128.
abhin v. W. 274.
Absolón Am. 653.
Adâm: Adâmes rippe WM. 134.
affe Am. 1499.
agrimônjâ VZ. 530.
ahse H. 597.
âht H. 1019.
ahte, aht Am. 1622. Sp. 35. H. 864.
Âkers WM. 136. 195.
al (*neutr. pl.* elliu) Am. 626. 1017 u. ö. allen tac Am. 1402. allen den tac Am. 1842. alle die naht Bl. 460. z' allen ziten Am. 250. mit alle (betalle Am. 1573) Am. 1468. O. 9. al metalle WM. 183. über al Am. 177. 511. 672. niht über al Am. 601.
al *verstärkend* VZ. 439.
aldar H. 19.
algeliche O. 173.
algemeine O. 123.
alles H. 107.
allez Am. 724.
alrêrste Bl. 584.
als *s.* alsô.
alsam H. 336. noch — alsaam H. 1432.
alsô, als *demonstr.* Am. 824. WM. 578. H. 981. — Am. 993. 2102. H. 999. — *vor Adjectivis und Participien* = *franz. étant* Am. 1173. HM. 312. VZ. 176. *relat.* Am. 214. 475. H. 1454. — Am. 240. *mit e.*

Superl. H. 1286. alsô — als VZ. 203.
alsunder O. 242.
alsus Am. 304.
alter Am. 998.
alterseine Am. 90.
altertuoch Am. 996.
alumbe *um und um.*
alwœre Am. 944.
ambet, amt Am. 95. 1552. strîtes a. O. 466.
ambetliute H. 1537.
Ameizstoc *stm. Ameisenhaufen* H. 1245.
Âmîs, der pfaffe Am. 45 *u. s. w.*
amt *s.* ambet.
an *prœp. m. dat.* Bl. 244. H. 357. 1296. *m. acc.* Am. 324. 1532. H. 394. *adv.* dâ — an Am. 216. *mit Verbis s. diese.*
andâht HM. 50.
ander Am. 77. O. 479. anders *adv. gen.* Am. 12. 1704. WM. 66.
anderhalp H. 58.
anderswâ Am. 244.
anderswar Am. 283. O. 487.
âne *adj. m. gen.* â. stân Am. 444. â. tuon Am. 1734. â. werden Am. 137.
âne *prœp., ohne:* ân ditz Am. 2478.
âne *conj.* Am. 90. 812.
angesiht O. 523.
angest H. 417.
antlâz Am. 1011.
antlitze *stn., Antlitz.*
antvanc H. 1716.
antwürte: a. bieten O. 230.
antwurten *swv., antworten.*
arbeit, areboit (arbit VZ. 569.) Am. 731. H. 1139. O. 234.
arc *stn.* HM. 34.

ärker, erker *stm., Erker.*
arowân HM. 156.
Arle H. 67.
art HM. 147. swachiu a. H. 495.
von a. O. 219. von richer a. O. 349.
Artûs, der künic H. 1478.
arzât Am. 348.
arzenîe *stf., Arznei.*
âventiure, âventiur v. W. 1. durch a. O. 50.

Bâbilonje Am. 666.
bâgen Am. 1815.
bâht O. 266.
baldekîn v. W. 350.
baltlich O. 617.
ban H. 1019.
bâre Am. 937.
barm H. 1388.
barmen H. 1020.
barn VZ. 399.
barrosse VZ. 339.
bart: sam mir mîn b. O. 16.
bast *stm., Bast;* als ein bast VZ. 603.
baz *comp., besser;* witer b. H. 1152.
bedâht: wol b. O. 536.
bedecken Bl. 459. H. 1347.
bedenken Am. 300. 1174. sich b. Am. 105. *m. gen.* HM. 232.
bediuten *intrans., bedeuten. trans.* H. 700.
bedurfen *m. gen., bedürfen.*
begân, begên Am. 661. sich b. mit VZ. 393. 527. *vgl.* pris. ruom.
begaten WM. 256.
begeben *mit acc. u. gen.* Am. 2264.
beginnen Am. 288. *m. gen.* Am. 290.
behagen Am. 615.
behalten, behalden Am. 972. 2305. H. 166. 383. 656. VZ. 63. 497. vor b. *m. dat.* Bl. 186. *vgl.* pris.
behangen Bl. 370.
beherten Am. 2391.
Bêheim *Volksn., Böhme* H. 734. 776.
bêheimisch *adv., böhmisch* H. 728.
behüeten HM. 63. b. vor Am. 2376. Bl. 172. *refl.* Am. 728. Bl. 235. *m.* vor Am. 458.
beide Am. 1784. *neutr.* beidiu (-e) Am. 49. Bl. 33.
beidentsamt VZ. 77.
beinander H. 1685.
beiten Am. 1788.
beizen HM. 355.

bejac Am. 1027.
bejagen Am. 604. *refl.* H. 380.
bekant WM. 317. dem tiuvel b. v. W. 174. b. werden H. 497. b. tuon Sp. 105.
bekennen O. 252.
bekêren *refl. m. gen.* VZ. 578.
bekorn HM. 453.
belîben, blîben H. 158. WM. 503. Bl. 243.
benamen Am. 761.
bendel H. 1089.
benemen Am. 898. *refl. m. dat.* v. W. 89.
benennen v. W. 361.
berâten Am. 1326. *mit acc. u. gen.* VZ. 559. sich b. VZ. 471.
bereit Am. 735. *m. gen.* Am. 2036. Sp. 201.
bereiten Am. 1787. *refl.* Am. 337.
bern O. 120.
Berne *Ortsn., Verona,* Diether von B. H. 81.
beschaffen *stv.* Am. 1702. 2400. *partic.* H. 1297.
beschatzen H. 413.
beschelden *ste. mit acc. und gen.* Am. 292. 1494. VZ. 27. *m. acc. u. dat.* HM. 221.
bescheiden *adj. (eigentl. Partic. des vorhergehenden Verbums)* Bl. 432. O. 219.
bescheidenlîche Am. 640.
beschern *mit acc. u. gen.* VZ. 558.
beschirmen Am. 606.
besenden Am. 839.
besiffeln v. W. 67.
besitzen H. 1469. 45. Am. 31.
beslagen Bl. 409.
besliezen Am. 1386.
bestân, bestên *intrans.* Am. 548. *trans.* WM. 315. VZ. 439. einen strîtes b. O. 560.
beste und bœste (bœse) Am. 914. H. 518.
bestrûbet H. 625.
besunder Am. 900.
beswærde Am. 2279.
beswæren v. W. 270.
betagen Bl. 116. H. 1047. 1733.
betalle *s. al.*
bete Am. 272. 2364.
betouben Am. 2234. *m. gen.* VZ. 278.
betragen *refl.* O. 389.
betragen *impers. m. gen.* H. 578.
betrahten H. 1160.
betriegen *ste., betrügen.*

betrüllen H. 60.
betwungenlichen O. 697.
bevangen: mit dem heiligen geiste b. Am. 1507.
bevelhen Bl. 69. v. W. 117.
bevinden Am. 318.
bewant: wol b. Am. 731. 1046.
bewarn Am. 1394. 2156. WM. 253. — Am. 2194. 2412. Bl. 148. Sp. 373. *refl.* Am. 443.
bewæren H. 89. 1787. v. W. 227. O. 11.
bewegen *refl. mit gen.* WM. 286.
beziehen H. 35.
beziugen Am. 16.
bezzern Am. 1363.
bezzerunge WM. 638.
bî *præp. mit dat.* H. 209. 1481. O. 402. Sp. 151. *mit acc.* WM. 151. *adv.* Am. 154. dâ bî Am. 133. 853. H. 103. WM. 176. O. 412. VZ. 163. hie bî Am. 193. 2146. *mit Verbis s. diese.*
bibôz VZ. 531.
bidemen H. 1850.
biderbe Am. 416.
bier: mir ist daz b. gebrouwen H. 1401.
bieten: herze und hende gegen gote b. Am. 1343. rede b. Am. 1095. sîne vinger ûf b. O. 336.
bihte vernemen Bl. 226.
bildære Sp. 145.
bilde Am. 513. H. 15. HM. 4.
bile H. 1063.
binde: eine kuo von siben binden H. 1831.
binden: ûf b. Am. 1085.
birsen H. 963.
bîten *mit gen.* Am. 1032. VZ. 138. *mit gen. u. dat.* WM. 36. O. 765 *mit inf.* Am. 538.
bîten Am. 970.
biusch O. 137.
biutel Bl. 411.
bîzen *stv. beissen; s. stein.*
blâ *adj., blau.*
blanc: blanke hende O. 63.
blâsen H. 1166. v. W. 165.
blatwerfen Am. 253.
blide v. W. 98.
blindekln H. 1717.
bliuwen *stv., bleuen* H. 1360.
bloch Bl. 201.
blôz Am. 2433. H. 666.
bolen VZ. 24.
bolz H. 1497.

borgen Sp. 297.
bort WM. 443.
borte Bl. 409. H. 1077. Sp. 30.
bœse Am. 232. 1626. *vgl.* boste.
bôsheit Am. 26. WM. 391.
bote: gewisser b. Am. 1234.
botenbrôt Bl. 136. daz b. erwerben H. 708.
bou, bouwen s. bû, bûwen.
Brâbant *Landn.* H. 746. *Volksn.* H. 786.
Brandeiz WM. 360.
brâte VZ. 472.
brechen *intrans. mit vür* Am. 22. *trans.* H. 1851. HM. 394. *refl.* VZ. 362. abe b. Am. 1925. v. W. 325.
breit Am. 145. H. 1032.
breiten v. W. 16.
brennen: *ptc.* (wiz) gebrant Am. 1819.
breste Sp. 111.
brîe *swm., Brei.*
brief Am. 1270. H. 1001.
bringen nâch VZ. 122. dar b. v. W. 3.
brinnen *stv., brennen (intrans.)* O. 10. HM. 123.
briutegewant *stn., Brautgewand.*
briutegome H. 1661.
briutestuol *stn., Brautstuhl* H. 1469.
briuwen O. 563. s. bier.
broseme H. 1905.
brüefen *s.* prüefen.
brûnât H. 1345.
brunne Am. 1171.
bruoch H. 710.
brût VZ. 404.
bû, bou Am. 1398. H. 555.
büezen *mit dat. u. gen.* H. 1711.
buhurdieren H. 927.
büne H. 363. O. 461.
buoch Am. 47. 94. Bl. 244. diu b. lêren Am. 184. kunnen Am. 1354.
buosem *stn., Busen.*
buoz: mir wirt b. *mit gen.* Am. 2261. b. tuon *mit dat. u. gen.* H. 1032.
buoze, bûze Am. 847. ze b. stân *mit dat.* Am. 1078. *mit gen.* WM. 346.
buozen *mit dat. u. gen.* H. 1322.
bûr *swm., Bauer.*
bûrât Am. 1268.
bürde H. 1653.
burgære *stm., Bürger.*
bürge O. 284. b. unde phant H. 352.
bürgel Am. 2299.
bûwen, bûen, bouwen *trans.* Am. 602. *intr.* H. 278.
bûzen *md.* = büezen.

dâ *räuml. (dem. u. rel.)*; *in Antworten* Am. 505. v. W. 103.
dagen H. 329.
dan: *s.* danne, dannen.
danc: âne, sunder, über minen (dinen, iuwern) d. VZ. 513. HM. 391. Am. 1084. ze danke sin Am. 1636. WM. 679.
Dânjêl Bl. 70.
danken WM. 171.
danne, denne, dan, *dann; nach compar.* Am. 53. = wan WM. 582.
dannen, danne, dan, *von da wey, von dannen; relat.* Am. 1669.
dannoch Am. 641. Bl. 234.
dar: Am. 254. nû dar O. 320. d. nâher H. 1874. hin unz d. Am. 186. d. werden Am. 395. d. suochen Am. 995.
darben *mit gen.* WM. 477.
dâst H. 1276.
Dâvît Am. 651.
daz *s.* der.
dehein, *irgend ein, kein.*
dehsen H. 1360.
deich Am. 380.
deist Am. 650.
deiswâr Am. 218.
deiz Am. 1693.
denen *refl.* v. W. 147.
denken: Am. 2074. v. W. 58. mir ist gedâht *mit gen.* VZ. 242.
der = dar *nach relat. Pron.* H. 636.
der, diu, daz *pron. dem. u. relat. hypothetisch* Am. 1300. Bl. 650. *nach sô, alsô* Am. 379. 523. — daz *als conj.: temp.* Am. 655; *consec.* Am. 955. 1893. H. 1604. Sp. 8; *modal* H. 1690. Sp. 98; *causal* Am. 2372. Bl. 13; *condit.* Am. 2264. WM. 608; *optat.* Am. 1206; *mit Negation* Am. 43. 2346. H. 432. VZ. 302; *bedeutungslos eingeschoben* VZ. 216; *vgl.* durch.
dêr Am. 323.
des Am. 138.
deste, *desto.*
deû sal H. 726.
Dewin, burgrâve Herman von WM. 32 (*vgl. S.* 228).
dez = daz Am. 886.
di *s.* diech.
dicke Am. 81. Bl. 241.
diech VZ. 519.
diemüetic Am. 1130.
dienen, *dienen, verdienen*: d. nâch Bl. 355. umbe H. 758. hin ze H. 1178.

dienest O. 457. dienstes gewern O. 503.
dienestman O. 33.
diet O. 561.
Diether von Berne H. 81.
diezen H. 685.
dille Bl. 374.
dinc Am. 83. H. 1509. von welhen dingen v. W. 356. min, ir, iuwer d. Am. 1294. 2100. hôhiu d. O. 476. herzenlichiu d. HM. 14. *mit adj. umschreibend* H. 985. O. 676.
dingen umbe Am. 2154.
dinsen O. 267.
diser, -iu, diz, ditz, ditze *pron. dem. gen. fem. sing.* dirre Am. 82. *vgl.* jener.
diu Sp. 294.
diube H. 1667.
diupheit H. 1224.
diz = daz Am. 1872.
dô *temporal (dem. u. rel.).*
dobraytrâ H. 728.
dol HM. 550.
doln Am. 2205. v. W. 42.
dôn WM. 278.
dorren nâch HM. 86.
dôz O. 155.
draben *swv., traben.*
dræjen H. 648.
drâte Am. 410.
dræte H. 236.
draven = draben.
dreu H. 1746.
dri VZ. 86.
dringen: borten d. Sp. 30. *intr.* suo d. Am. 392. dar nâch d. Am. 402.
drischel H. 317.
drum H. 597.
dunken *anom. swv. (præt.* dûhte), *dünken; mit abh. Satz ohne* daz VZ. 309.
dünne VZ. 153.
duo = dû Am. 758.
durch *loc.* H. 582. *zeitl.* Am. 1204. WM. 96. *caus.* Am. 49. 275. 1136. 1835. 2364. durch daz Am. 1713. 2178. Sp. 314. d. daz wan Am. 1542.
durchgründen HM. 46.
durchschellic WM. 269.
dürfen Am. 1676.
durft: mir ist d. *mit gen.* O. 533.
dürftige *swm.* H. 1766.
dûze Am. 614.
dwerhes H. 418.

ê stf.: diu geistliche ê Bl. 10. diu
  alte ê Am. 363. diu niuwe ê Am.
  362. von der ê komen Am. 528.
ê adv., eher. wider ê Bl. 611.
ê conj., ehe, bevor Am. 38.
ê præp. mit dat. Am. 1028.
ebene, ebne Am. 105. HM. 11.
eberswin stn., Eber.
ecke: über e. H. 367.
Eckehart VZ. 475.
edelkeit H. 507.
ei H. 917.
eide H. 515.
eigenlichen HM. 201.
ein vor Stofnamen H. 1330, vor dem
  possess. v. W. 63. Bl. 55. im plur.
  WM. 85. unflect. WM. 221. in ein
  (enein) werden v. W. 64. über ein
  komen HM. 113. absol. neutr.
  einez H. 597. e., heizet H. 1349.
einander: zuo e. HM. 519.
eine Am. 792.
eines H. 1133.
einvaltikeit stf., Einfalt.
eit stm., Eid.
êkint Am. 525.
ellenthaft O. 587.
ellentrich O. 511.
elliu s. al.
en = ne.
enbern mit gen. Am. 69. 2466. mit
  abh. Satz Am. 182.
enbieten Am. 945.
enbinden Am. 2283. O. 306.
enbizen Am. 1177. mit gen. HM.
  445. enbizzen sin Am. 1887.
enbrenuen trans. WM. 119.
enbresten mit dat. H. 1868.
ende stm. (H. 1859), stn. swelch e.
  H. 293. im plur. mangen enden
  WM. 22. in allen e. O. 406. ende
  geben O. 752. e. nemen H. 1859.
  an ein e. komen mit gen. H. 1073.
  z'e. bringen HM. 49. des gæhen
  endes bliben Bl. 243.
endecken refl. v. W. 302.
endeliche, endelichen HM. 273. WM.
  184.
enden H. 1441.
ene H. 914.
enein s. ein.
ener Am. 564.
engegen, enkegen Am. 1064.
engelten, enkelten mit gen. Am. 2010.
  H. 524. v. W. 38.
Engellant Am. 1555. 2017.
engeslich HM. 69.

enkegen s. engegen.
enkelten s. engelten.
enmitten Am. 134.
enphâhen ste. Am. 320. H. 725.
euphâhen subst. inf. Sp. 96.
enpharn ste., entfahren.
enphetten H. 843.
enpfinden mit gen. O. 374.
enphremden refl. Am. 2062.
enpinden s. enbinden.
enpor, in der (die) Höhe. hô e.
  WM. 546.
enthaben refl. Bl. 339.
entladen mit acc. u. gen. Am. 226.
entlôhen Am. 410.
entreinen O. 163.
entrinnen H. 136.
entriuwen zu Am. 1358.
entsagen refl. mit dat. Bl. 451.
entschumpfieren O. 271.
entseben mit gen. VZ. 133.
entsitzen trans. Bl. 503. mit refl.
  dat. u. acc. O. 526.
entslâfen str., einschlafen.
entstân, entstên refl. mit gen. Sp.
  112.
entwer H. 1495.
eutwerfen Sp. 34.
entwichen mit dat. Am. 330.
entwilden mit gen. VZ. 89.
enwadele varn H. 848.
enwec Am. 1192. O. 513.
enwiht VZ. 297.
enzelt s. zelt.
er = her VZ. 475.
er pron. (acc. en = in bei Inclination
  Am. 976. 1885). demonstr. vor relat.
  H. 289. er vor Subst. oder Adj.
  H. 197. und in O. 67.
érbære Am. 436.
erbalden Am. 394.
erbeizen O. 605.
erben: an e. mit acc. H. 1378.
erbiten mit acc. und gen. Bl. 336.
erbiton mit gen. Bl. 18. H. 1134.
erbolgen VZ. 300.
erde: ûf der e. O. 289. HM. 233.
ére: Am. 49. H. 1255. O. 391. e.
  begân Am. 2033. ê. hân m. gen.
  H. 163. durch — êre Am. 1835.
  mit êren O. 31. ze allen êren Bl.
  528. ûf sin êre nemen O. 655.
  z' êren machen Am. 1573. an die
  ê. sprechen H. 1273. vrou Êre
  WM. 18.
ergân, ergân Am. 830. Bl. 493. H.
  1790. WM. 331.

erge Am. 24. mit e. VZ. 62.
Erge *Thiername* H. 827.
ergeben Am. 2393.
ergetzen v. W. 256. *mit acc. u. gen.* Am. 1650.
ergremen Am. 1905.
ĕrhaft Am. 1857.
erheben H. 23. unhôhe e. H. 210.
erkennen, *ptc.* witen erkant Am. 317. wit erkennet O. 658.
erkieuen Am. 942. e. vūr VZ. 51.
erlangen *intr.* Bl. 369.
erlâzen, erlân *mit acc. u. gen.* Am. 122. *ptc.* erlâzen sin *mit gen.* H. 840.
erledigen *mit gen.* H. 562.
erlempt O. 199.
erlesen Bl. 534.
erlœsen Am. 470.
ernern WM. 582. *refl. mit* vor VZ. 118.
Ernest *npr., Herzog Ernst v. Baiern* H. 957.
errâten H. 754.
errechen *stv., vollständig rächen.*
erscheinen O. 164.
erschellen O. 151.
erschrecken (*præt.* erschrac *und* erschracte, erschrahte *zu* Am. 624) v. W. 93.
ersehen Am. 294.
erslahen, erslân WM. 561.
erspehen Am. 1029.
ĕrst: von ĕrste, *zuerst.*
ersterben *stv., sterben. vgl.* kalp.
ersuochen Am. 284.
erteilen H. 1917.
ertriche *stn., Erde.*
erværen, ervôren WM. 324.
ervüllen (mit siden) H. 59.
erwarmen WM. 108.
erwegen v. W. 237.
erweln v. W. 308. ûz erwelt O. 92.
erwenden HM. 148. 156.
erwerben Am. 1816. 2501.
erwergen *refl.* H. 1626.
erwinden H. 242. e. an O. 712.
erziugen H. 29.
esse Am. 2484.
ĕst Am. 154.
ĕt, ôt Am. 154. 552. H. 384.
etelich, eteslich, *irgend ein.*
eteswenne, etewenne WM. 1. H. 966.
etewer, eteswer, -waz, *irgend wer, irgend was.*
ez vor dem Prædicat H. 750.

gâ, *s.* gâch.
gâch, gâ: mir wirt (ist) g. Am. 1055. WM. 236. H. 723.
gadem, gaden Am. 841.
gâhen Am. 413. *mit gen.* H. 1569.
gahten *s.* geahten.
galander, *Haubenlerche.*
galgan WM. 227.
Galitzen H. 70.
gämelich *s.* gemelich.
gân, gên (*imperat.* gê, gene. *prat.* gie, giene. *part.* gegân Am. 430) O. 61. H. 13. g. *mit inf.* Am. 517. abe g. *mit dat.* Am. 334. *mit gen.* O. 485. *impers. m. dat.* VZ. 357. ane g. Am. 150. umbe g. Am. 1395. vür g. Sp. 90. vür sich g. Am. 42. 121. ûz g. Am. 916. zuo g. Am. 408. *mit dat.* Am. 2367. dar in g. Am. 116. dar zuo g. Am. 547. g. bî dem tanze H. 204.
gans VZ. 137.
ganz HM. 7. 52.
ganzliche Am. 329.
gar Am. 48. 253. 547. niht g. WM. 589.
garnen O. 16.
gart H. 818.
gartenære: Wernher der g. H. 1934 (*vgl. S.* 137).
gast Am. 2144. g. sin *mit dat.* v. W. 152.
gater *stm., Gitter.*
gâz = gegessen.
ge- *vor Verbis* 195.
geahten, gahten VZ. 313.
gebâren Am. 15.
gebel O. 146.
geben Am. 820. H. 401. 1929. *refl. mit* in Am. 476.
gebet Am. 945.
gebinde H. 1075.
gebiurin Am. 943.
geborgen Am. 325.
gebot: in eines g. geben Bl. 301.
gebôzen: ûz g. H. 317.
gebrechen *impers. mit dat. u. gen.* VZ. 36.
gebrehte O. 156.
gebrest *stm. oder* gebreste *swm.* Bl. 37.
gebresten Sp. 71.
gebûre, gebûr Am. 359. 1661.
gebûrekin H. 764.
gebûric *adj., bäurisch.*
gebûrcleinôt *stn., Bauernkleinod.*
gebûwer = gebûr.

gedagen Am. 2241. *mit gen.* Am. 2311.
gedanc *stm.*, *Gedanke.*
gedenen H. 308.
gedenken *mit gen.* Am. 881.
gedieneu: einem ze huldon g. O. 508.
gediuge Sp. 128.
gedingen H. 347.
gegen, gên, gein H. 702. v. W. 38. 324. H. 1229.
gegenleder VZ. 347.
gehaz *adj., feindlich gesinnt.*
geheilen Am. 1348.
geheiz Am. 2018.
geheizen Am. 356. 2014. O. 253.
gehiure, gehûwer v. W. 12. WM. 16.
geil Am. 2046. H. 687.
gein = gegen.
gejcide H. 885.
gekart *s.* kêren.
gel H. 1645.
gelart *s.* lêren.
geleben Am. 2260. O. 135.
gelegen sin H. 1649. 1920.
geleisten Am. 1721. strit g. Am. 772.
gelenke WM. 152.
geliche Am. 417.
geliep HM. 114.
geligen Am. 1516.
gelingen Am. 1418.
gelœte Am. 1839.
gelt Am. 2036. O. 736. Sp. 201.
gelten Am. 965. Bl. 465. HM. 528. Sp. 125. — 287. H. 676. — Am. 1325.
gelücke: gelückes rat WM. 699.
gemach Am. 1611. H. 1793. v. W. 255. mit gemache WM. 404. mit g. sin, leben Sp. 42. VZ. 115. habet ûr g. VZ. 265.
gemahel H. 1468.
gemasten H. 1128.
gemœze O. 118.
gomein: mit gemeinem râte WM. 395.
gemeine Am. 791.
gemeit WM. 669. Am. 948. H. 921. 109.
gemelich, gümelich H. 1052. Sp. 326.
gemenen = menen.
gemuot *adj.* Am. 678. H. 1673. wol g. Am. 522. Sp. 2.
gemûte = gemûete.
gên *s.* gân, gegen.
genâde, gnâde Am. 884. *plur.* Bl. 278. 561. mit genâden VZ. 456. g. *als Gruss* VZ. 476.
genæme Am. 6. H. 118.
genern O. 250.

genesen Am. 27. 314. 1269. Bl. 4. 189. 642. H. 301.
genieten *refl.* mit gen. Bl. 565.
geniezeu *mit gen.* Am. 97. 1609. 2079. H. 529. O. 223. *mit gen. u. acc.* Bl. 420.
genist H. 1826.
genôte Am. 1103. HM. 526.
genôz, gnôz Bl. 76. H. 896. 1017.
genôzen *refl.* H. 338.
genüegen (genuogen Bl. 27. 266) *impers. mit acc.* Am. 1013. *mit acc. u. gen.* Am. 216.
ger v. W. 50. O. 251.
gerâten O. 475. *mit inf.* Am. 1063.
Gêrdrût: sant Gêrdrûden minne WM. 624.
gereht Sp. 110. H. 1483.
gereit *m. gen.* Am. 1522. WM. 397.
gereite, greite Am. 158.
gêret = gecêret Am. 316.
geriten Am. 339. H. 299.
gerluwen HM. 93.
gern *mit gen.* Am. 8. urloubes gern Am. 733. g. *mit gen. u.* ze Am. 349. VZ. 129. *absol.* VZ. 273. *part.* gernder wille HM. 59.
gerne O. 661.
geruochen *mit gen.* Am. 78. Sp. 162. *mit gen. u.* zo H. 1763. *mit inf.* O. 204.
gesagen H. 220.
gesanc H. 941.
gesat *s.* setzen
geschaffen *ste.* Am. 2501.
geschaffen *ptc. adj.* Bl. 213.
geschehen (*conj. præs.* gescht VZ. 335.) Am. 1151. H. 2. 1683. mir geschiht wol, liebe Am. 524. VZ. 335. genâde Am. 371. mir g. *mit inf.* mit ze Am. 399. 679. 1690. Bl. 137. HM. 286. daz si geschehen Am. 270.
gescheiden Am. 668.
geschiht Am. 1639. 1763. O. 197. von geschihte O. 393.
gesenen H. 1005.
gesezzen H. 1239.
gesiden Am. 970.
gesigen Am. 849. an g. *mit dat.* H. 1615.
gesinde *stm.* H. 659.
gesinde *stn.* H. 694.
gesindelin *stn.* Am. 2068.
gesingen H. 219.
gesitet: wi g. VZ. 186.
gesitzen H. 1574.

geslaht H. 479. HM. 420. 430.
geslozzen Am. 1795.
gespræche Am. 867.
gesprechen: zuo g. Bl. 11.
gestalt *ptc. adj.* Bl. 209.
gestân, gestên *mit dat. u. gen.* Am. 111. abe g. *mit gen.* v. W. 216.
gester *adv., gestern.*
gestôzen Bl. 179. H. 313.
gestrichen O. 682.
gesunt O. 340.
geswichen *mit dat.* VZ. 405.
geswie H. 1663.
geswigen *m. gen.* Am. 2240.
getât O. 164.
getragen H. 516.
getriuten, getrûten WM. 24.
getriuwe, getriu Am. 1410.
getrûwen, getrouwen Am. 560.
getuon: ûf g. Am. 271.
geturren == turren.
getürstikeit O. 664.
geutôre H. 41.
gevâhen Am. 1920. H. 481.
gevallen Am. 2122.
gevâren *mit gen.* Am. 16.
gevater *swmf., Gevatter, Gevatterin.*
gevêch O. 735.
geverte Am. 1608. H. 649. 920.
gevroischen Bl. 627.
gevuoc, gevûo WM. 72.
gevüege Am. 14. HM. 378.
gevüegen Bl. 80. zuo g. Am. 1647.
gewæfen O. 555.
gewahen Am. 924. zuo g. *mit dat. u. gen.* Bl. 206.
gewalt: (den) g. haben Am. 1146. *mit gen.* Am. 1091.
gewaltec: g. sîn *mit gen.* Am. 579. über Am. 1320.
gewant *stn.,* H. 132. under sîn g. nemen VZ. 374.
gewant *part.,* O. 80. g. ze, O. 495.
gewæte *stn., Kleidung.*
gewar: g. werden *mit gen.* Am. 274.
gewære Bl. 429.
gewehenen *swv.* g. der rede Am. 1769.
gewenken ze WM. 89. von HM. 102.
gewern *trans mit gen.* Am. 70. 1746. O. 503. VZ. 416.
gewern *intr.* Am. 2488. Bl. 322.
gewern *reflex. mit gen.* Am. 74.
gewerren Bl. 305.
gewin: nâch gewinne Am. 1563. für g. nemen H. 411.
gewinden: ûf g. Am. 1101.

gewinnen Am. 332. 357. 1159. 1213. H. 49. HM. 196. kint (ein tohter) g. Am. 636. VZ. 76. an g. *mit dat.* Am. 1019. 1044. ûz, g. Am. 249. 1228.
gewis: g. hân Am. 1106. g. wesen Am. 313.
gewisheit: g. nemen Bl. 514. bringen *mit gen.* HM. 8.
gezemen *mit dat.* Am. 379. mir gezimt *mit inf. mit ze* Am. 794.
gezierde HM. 369.
geziuc *stm., Zeuge.*
geziunen H. 322.
gezogen WM. 38.
Gickengôch VZ. 495.
gie *s. gân.*
giezen *trans.* O. 318. *intr.* HM. 484. v. W. 156.
gimpelstirne VZ. 423.
Ginovêr H. 1479.
gir HM. 102.
girde *stf., Begierde.*
girschelt *stf., Habgier.*
gisel Am. 1945.
gislitze H. 473.
glanz H. 96.
glêt H. 1847.
gnipe H. 153.
gollier H. 185.
golt: des keisers g. Bl. 90.
goltvar Am. 1000.
got: g. der riche Am. 306. der gotes tumbe H. 85. als g. wol weiz Am. 2017. gotes lêre Am. 1505. gotes hulde H. 574. gotes woc WM. 265.
gote H. 484.
Gotelint, Gotelinde H. 117. 1354. 1364. 1279. 1503. 1512. *gen.* Gotelinde H. 1458.
gotewoiz WM. 359.
Gotfrit: von Strâzburc meister G. HM. 9.
gouch Am. 779.
gouchin Am. 1050.
grâ, *grau;* ein grâwez klôster Am. 2492.
grans H. 455.
grifen Am. 275. O. 142.
gripen H. 768.
grise *swm., Greis.*
griuwelich *adj., gräulich.*
grôzliche Am. 460.
gruoz, *Gruss.*
grûz: (niht) umbe ein g. H. 1757.
guft WM. 304.
gülte O. 58.

gunêrt H. 765.
gunnen *mit dat. u. gen.* Am. 173, 1024. 1968. 618. H. 1524.
güetlich Sp. 374.
guot, gût *stn.* ein schemelichez g. WM. 25. daz krauke g. WM. 683. predegen nâch guote Am. 342.
guot, gût *adj.* Am. 521. g. vür Am. 10. vür, ver g. hân v. W. 348. zu gûte kéren WM. 4. ze g. tuon Am. 328. g. *m. part. præt.* Am. 2360.
gurre H. 369.
gürtel: die g. witer lâzen H. 1152.
gürten H. 1120.
gûte == güete *stf., Güte.*

habech, habich Am. 102. O. 125.
haben, hân *swv.* (*2 pl. pr.* ir hât Am. 87. *præt.* hete, het Am. 41. hette WM. 608. hâte Am. 252. hæte Am. 54. hiet v. W. 266). hât == h. getân Am. 2451. VZ. 219. h. vür H. 448. 500. bî den triuwen h. H. 174. mir selben h. HM. 407. im h. Am. 683. habe dir daz H. 1802. habet iu die kirchen wider Am. 160.
haben *swv.* H. 248. wider h. Bl. 48.
habere *stem., Hafer.*
hac v. W. 30. 146.
hâhâ H. 1818.
hâhære H. 1018.
hâhen (hân VZ. 438) H. 1033. 1244. stümbeln unde h. H. 1114.
halbe *adv., halb.*
Haldenberc H. 192 (*vgl. S.* 136).
halm: eines halmes breit Am. 145.
halp: halbez Am. 357. ir h. Bl. 344.
hân *s.* haben *u.* hâhen.
halt H. 570.
handeln *trans., behandeln.*
handelunge Am. 2485. H. 841.
hankrât: vor h. Am. 965.
hant: zehant Am. 101. einer hande dinc (bat) HM. 380. WM. 55. wîze (blanke) hende H. 572. O. 63. die hende lân ûf O. 62. die h. winden HM. 337. in die h. slahen Am. 2135. mit der h. geloben WM. 129. die h. abe slahen H. 1691. die h. twahen H. 784. 1102.
hantgetât WM. 365.
bâr (hâre H. 433): rœtelehtez h. O. 8.

niht ein h. Am. 1749. niht umb' ein h. Am. 890. niht als umb' ein h. Am. 113.
harmschar, haruschar O. 556. Am. 2250.
harte *steigernd vor adj. u. adv.* Am. 64.
havenschirben O. 147.
haz WM. 591. h. tragen *mit dat.* H. 311.
heben Am. 1462. *rejl.* Am. 417. WM. 122. sich ûz h. H. 1732.
heften Sp. 173.
heiden *stm., Heide.*
heidenschaft *stf., Heidenthum.*
heil Am. 820. Bl. 331.
heilictuom Am. 369. 939.
heimeliche O. 367. VZ. 376.
heinlich Am. 2192.
Heinrich: von Kempten H. O. 93 *u. s. w.*
Helche H. 76.
helfe *stf., Hülfe.*
helfen *mit acc.* Am. 1369. *mit dat. u. gen.* WM. 377.
hellefiuwer *stn., Höllenfeuer.*
hellen WM. 148.
Hellesac H. 1189.
Helmbreht: meier H. 21. dessen Sohn Helmbreht H. 25. Slintezgeu H. H. 1666. d. ene Helmbreht H. 914.
Helmbrehtel H. 1928.
heln H. 1072. *refl. mit dat. u. gen.* Bl. 590.
helsen Sp. 181.
henken *refl.* Am. 656.
Hennenberc VZ. 436.
her *stn., Heer.*
her *adv.* Am. 1356. VZ. 151.
herberge *stf.* Am. 957.
herbergen Am. 1606.
hêre *s.* herre.
hergeselle WM. 455.
hêrlich Am. 338.
Hermann: von Dewin burgrâve H. WM. 32. (*vgl. S.* 228.)
Herrant: von Wildonje H. v. W. 364. (*vgl. S.* 205 *fg.*)
herre, hêre Bl. 526. H. 1724. herren spîse H. 418.
herte *adj., hart.*
herze: holdez h. tragen *mit dat.* H. 232.
herzeclich HM. 240.
herzenhaft Bl. 167.
herzenôt: diu klingende h. HM. 274.
heselin VZ. 53.

hie: hie vor Am. 1.
himelrîche Bl. 563. ein himelrîches leben Bl. 592.
hin Am. 186. h. sîn HM. 213. h. hân Am. 1939. dâ hin wellen H. 1453. hin vür Am. 690. hin dan O. 326. hinhinder H. 1121.
hinaht, hint, hinte Am. 2318. 2378.
hinder *adv.* VZ. 259.
hinder *præp.* h. sich O. 322.
hinevart O. 481.
hinken *stv., hinken.*
hinne H. 1770.
hinnen Bl. 537. h. für H. 420.
hint, hinte, *s.* hinaht.
hinz' = hin ze.
hô WM. 402. h. enpor WM. 546.
hôchgemüete Am. 34.
hôchvertic H. 941.
hof: ze hove Am. 3.
hoflich = hövesch H. 921.
Hôhenstein H. 192 (*vgl. S.* 136).
hôhgezît = hôhzît.
hôhzît Am. 424. *plur.* H. 1556.
holde H. 1833.
holn Am. 232.
hor WM. 547.
horden O. 190.
hœren (hören) *mit dat.* H. 1651. *mit* ze VZ. 157. zuo Am. 847. an h. *mit acc.* O. 34.
hornunc: hornunges weter H. 1198.
hort: voller h. H. 1287.
hose H. 223.
houbetdach H. 39.
houbothaft Bl. 508.
houbetlachen: ein sîdîn h. Bl. 399.
houbetsünde WM. 667.
houbettuoch H. 1088.
houfe: mit houfen H. 1135.
hoveliute, *Hofleute.*
hövesch, höfsch Am. 3.
hovewart *stm., Hofhund, Hund.*
hovewîse H. 244. 902.
hövescheit, höfscheit, hübscheit, *md.* hubscheit Am. 66. H. 110.
hûbe, hoube *stf., Haube.*
hübscheit, hubscheit *s.* hövescheit.
hüeten, hûten *intr.* WM. 673. *mit gen.* Am. 2244. *refl. mit gen.* VZ. 197.
huf VZ. 107.
hüffel *v.* W. 330.
hul H. 1405.
hulde: einem ze hulden gedienen O. 508. ze h. komen Sp. 261. h. hân Sp. 335. *vgl. got.*
hunt VZ. 312.

huobe H. 249.
huobegelt H. 1103.
huon *stn., Huhn* H. 1851. O. 125.
huote, hûte H. 419. HM. 81.
hûs Am. 512. h. haben Am. 44.
hûse *sicc., Hausen.*
hûsgemach WM. 99.
hût *stf.* (*gen.* hiute) *Haut:* übele h. VZ. 403.
hûte *s.* huote.
hûten *s.* hüeten.
hütte O. 529.

ich *nach* jâ *und* nein Am. 1355.
ie Am. 91. 328. 1103.
ieman, iemen, *irgend jemand, in abh. Sätzen negativ* H. 16.
iemer, immer WM. 196. i. mê HM. 212. VZ. 441.
iesâ Am. 405.
ietweder Bl. 644.
iezuo *adv.,* jetzo.
iht, *irgend etwas. acc. adv.* Am. 73. *im abh. Satze neg.* Am. 2248. H. 432.
i'n = ich en.
in *adv.* Sp. 330. dar (dâ) in Am. 234. 245.
indert Am. 2141. *im abh. Satze neg.* zu H. 432.
ingeber WM. 227.
ingesinde *stem.* H. 1714.
ingesinde *stn.* des wînes i. WM. 309.
inne Am. 1102. inne *oder* innen werden Am. 188.
innes WM. 368.
ir *flectiert v.* W. 259.
irren *mit acc. u. gen.* H. 369.
îsen vrezzen H. 410.
îsenhalt H. 1205.
îtel *mit gen.* O. 555.
iteniuwe *adj.* H. 1291.
itewîzen H. 1798.
iu *für* iuch Am. 2416. iuch *für* iu Am. 1918.
iz = ez.

jâ H. 554. jâ ich Am. 1355.
jagen Am. 654. H. 963.
Jâkob: ze sancte Jâcobe komen Am. 1950. sant Jâkobes wec WM. 145.
jâmer, *Jammer* WM. 572.
jâmerunge HM. 521.
jâr (jâre H. 792), *Jahr.* jâres O. 733. ze jâre VZ. 493. von kindes jâren WM. 472.

jehen Am. 293. *mit gen.* H. 208.
mit dat. u. gen. Am. 209. 1590. 1952.
2133. Bl. 278. *mit dat. u. einem
untergeordn. Satz* Am. 420. *mit
gen. u.* ze Am. 2008. vür wâr j.
Am. 1230. nâch j. Am. 118.
jener: ist ez j. ist es dirre H. 446.
jensit *mit dat.* O. 396.
Jherusalêm, daz reine lant HM. 121.
joch Am. 767. O. 362.
jungest, jungist, jüngest H. 1572.
ze j. Am. 788. H. 335.

kal Am. 1633.
kalp: als in nie k. erstürbe H. 707.
kelber suochen H. 1391.
kamerære *zu* H. 1537.
karc Am. 803. 1053.
karkeit WM. 689.
kärclich *s.* sin.
Karle: künec K., *Kaiser Karl d. Grosse*
H. 62. 68.
kæse H. 871. 917.
kefse Am. 938.
kein Sp. 8.
keiser: des keisers golt Bl. 90.
keiserlich HM. 141.
kemenâte VZ. 473.
Kempten: O. 424. Heinrich von K.
O. 93 *u. s. w.*
kêren (*ptc.* gekart WM. 246) *intr.*
Am. 474. O. 416. *trans. mit* ze
WM. 4. *mit* nâch WM. 166. vliz
k. an VZ. 14.
kerge H. 828. VZ. 84.
Kerlingen Am. 496. 807. 930. 1553.
kerren VZ. 556.
kettenwambis H. 149.
kiel, kil H. 51.
kienlite H. 1427.
kiesen Am. 711. 721. 1560.
kil *s.* kiel.
kint *stn.* von kindes lit H. 245. von
k. jâren WM. 472. ein kindes spot
WM. 589.
kint *adj.* Am. 520.
kirchwîhe Am. 352. 934.
klagen: diu klagende herzenôt HM.
274.
clamirre H. 445.
clâr Am. 1855.
kleine *adj.* Am. 1037. *neutr. mit gen.*
Am. 870.
kleine *adv.* Am. 89. H. 135.
cleinœte *stn.*, *Kleinod.*

kliuben H. 1827.
klôster: ein grâwez k. Am. 2492.
kluoc H. 1387.
knabe, knappe Am. 338.
knecht H. 22. Am. 644.
knutelwerc: ein k. wurken VZ. 435.
koch H. 1241.
komen, kumen Am. 528. *mit dat. v. W.*
56. ane komen *mit acc.* Bl. 125.
hor k. Bl. 242. H. 108. über k.
HM. 154. ûf k. v. W. 264. ûz k.
O. 709. fur k. VZ. 2. zuo k.
Bl. 117. k. *mit inf.* Am. 973.
compân, kumpân WM. 183.
kopher Am. 421.
korrûn H. 321.
kôsen O. 543.
koste H. 381.
kostelich H. 191.
kosten Am. 546.
kouf Am. 1598. guoten k. geben
Am. 2120. HM. 553. koufes phlegen
Am. 2061. des k. jehen *mit
dat.* Am. 2133.
koufen mit einem Am. 2130. wider
e. Am. 1766. *refl. mit* in Am. 1163.
koufgaden Am. 1616.
krâ *stf.*, *Krähe.*
kraft Am. 1135. 489. Bl. 102.
krage H. 265. O. 283.
kræjen (*præt.* krâte), *krähen.*
kranc WM. 659. 683. HM. 561. *mit
gen.* VZ. 356.
kriec, kric VZ. 269.
Kriechen *npr., Griechenland* Am. 1597.
2044. 2473. der künec ûz K. H. 47.
Kriechenlant Am. 2061.
krigen WM. 430.
Krimhilde: Krimhilden nôt WM.
629.
Krist: wizze K. Am. 584.
cristiâne VZ. 529.
krône H. 507.
kroyieren H. 1025.
krumme VZ. 109.
krump *adj.*, *krumm.*
krût H. 867.
kubêbe WM. 229.
kuchenspîse, *Speise für die Küche.*
Küefrâz H. 1191.
kumber Am. 27. 322.
kûme Am. 970. WM. 637.
kumpf H. 1059.
kunde Bl. 587. H. 1202. WM. 86.
künde: k. gewinnen Am. 1479.
kündecliche Bl. 650.
künden Am. 984.

kunder, kunter H. 144. v. W. 142.
kündic Am. 1264.
kundikeit WM. 569.
künec, kune VZ. 154.
kunft Am. 816.
künne, kunne Am. 358. nâch (dem) k. tuon VZ. 154.
kunnen Am. 95. 1470. k. mit H. 922.
kunst Am. 13. 169. Bl. 313.
Kunstenôpel *npr.*, *Konstantinopel* Am. 1603.
kunt Am. 1306. k. tuon O. 616.
kunter *s.* kunder.
Cuonrât: von Wirzeburc C. O. 764. HM. 579, *vgl. S.* 253 fg.
kursen Bl. 396.
kurzliche Am. 842.
küssen: vêhe k. Bl. 459.
kust H. 1633.

lactwarje WM. 225.
lade *swstm.* Bl. 196.
lade *stf., Lade, Kiste.*
lâge: ze l. legen O. 557.
lâgen *mit dat.* Am. 1575. *mit gen.* VZ. 142.
lam *adj., lahm.*
lanc *s.* werden.
lange: l. sîn Am. 1851. v. W. 161.
lant: von lande komen HM. 163. zo lande komen HM. 237. Sp. 350.
lantliute Bl. 624.
lantman Am. 1665.
laster: Am. 2462. l. haben *mit gen.* Sp. 293.
lâte H. 718.
latin H. 741.
laz H. 491. *mit gen.* VZ. 554.
lâzen, lân Am. 52. 59. 940. 2270. 2278. 2414. H. 1149. v. W. 118. WM. 282. O. 62. 421. es lân an einen Am. 1082. witer baz l. H. 1152.
leben *mit gen.* H. 441.
ledelîn *stn., Kistchen.*
ledervrâz VZ. 313.
legen Am. 233. 1885. Bl. 224. în daz grap l. Am. 427. vliz l. an Bl. 407. ûf l. WM. 192. O. 545. HM. 149. sich an l. H. 404.
lêhen Am. 575.
lêhengelt O. 383.
leiden Am. 1798. Bl. 522.
leie: in leien wîs Am. 1350.
leise WM. 280.
leisten Bl. 284.

leiten O. 459.
Lemberslint, Lemberslinde H. 1185. 1505. 1522.
lemen Am. 1906.
lengen *swv., verlängern.*
lêren (*part.* gelart VZ. 264) Am. 315. einen dîu buoch l. Am. 184.
lesen Am. 246. 1674. H. 74. 936. 1399. v. W. 70. ûz l. Am. 286.
letzen H. 1465.
libe *s.* liebe.
liden O. 234.
liebe: durch — l. H. 184. l. tragen *m. dat.* Bl. 103.
liebe, libe *adv.* VZ. 335.
lieben *refl. mit dat.* H. 926.
liegen *stv., lügen.*
lieht HM. 224. O. 32.
Lichtenstein: Uolrich r. L. v. W. 17.
liet, lit *stn., Lied.*
lîf H. 766.
ligen (3. *sg. præs.* lit Am. 819) WM. 339. l. ob e. Sp. 248.
lîhen O. 487.
liht *adj., leicht,* lihtes schazzes wert VZ. 244.
lîhte *adv., leicht, vielleicht.*
lîlachen H. 1043.
linde O. 64.
lingewant *stn., Leinenzeug.*
lînwât *stf., Leinwand.*
lip Am. 341. 543. 860. H. 1340. WM. 669. durch mînen lîp Bl. 338. sam mir der l. mîn Am. 1965. an den l. gebieten Am. 381. ûf den l. rîten H. 1110. den l. verzern O. 726.
lipnar H. 889.
list Am. 248. 932. bôse l. VZ. 279. valsche l. VZ. 288.
lit: von kindes l. H. 245.
lit *s.* liet *u.* ligen.
litgebinne H. 1002.
liute, daz (Am. 1514) *v. pl.* die, diu l., *Volk, Leute.*
liuten Am. 1309. *mit dat.* Bl. 228.
loben Am. 2313.
loc *stm., Locke.*
lôch H. 606. 1391.
lode H. 390.
lôse H. 969.
losen WM. 162.
lôsen H. 975.
lœsen Am. 306. 415. Bl. 71.
loube WM. 98.
lougen: âne l. WM. 307. HM. 18.
lôzbuoch WM. 554.

lüejen (lűen H. 366) Am. 288.
luft WM. 305.
lügene Am. 789.
lűn H. 35.
luogen O. 364.
lusten Bl. 139.
lůsterœre VZ. 445.
lûte Am. 289.
lûter Am. 1003. O. 730.
lûterlich HM. 2.
Luteringen, Lutringen Am. 808. 929. 933. 1554.
lützel Am. 1610. l. iemen HM. 564.

mâc Am. 817.
machen Am. 967.
mâder *stm.*, *Mähder.*
magenkraft O. 2.
maget H. 94.
magetuom Sp. 280.
maht: über m. Bl. 549.
mâl: schanden m. gewinnen WM. 33.
malen H. 1402.
malhe H. 788.
man Am. 817. ze manne geben H. 1417. der man *indef.* WM. 648. man *und pron. pers.* Sp. 7.
mandel *stm.*, *Mantel.*
mâne *swm.*, *Mond* VZ. 108.
manec, manic, mano Am. 124. 668. m. *u. d. verb. im pl.* WM. 234.
manen: Am. 552. der Aventiure m. v. W. 363. m. ûf O. 432.
manschaft O. 414.
mæntac Am. 1648.
mar H. 871.
mære *stn.* Am. 9. 318. 952. HM. 285. ein bœsez m. Am. 404. liebiu m. Am. 2317. der (starker) m. vrâgen Am. 1245. 1493. wænen WM. 320, wizzen WM. 469. ein m. sagen Am. 811. ze m. sagen af HM. 175. m. fliuget HM. 133.
mære *adj.* O. 540. H. 1017. 1651.
mæren *refl.* H. 90. 1788.
marke, marc Am. 545.
marner WM. 528.
marschalc *zu* H. 1537.
marterære Am. 1950.
maser H. 1003.
mat: an êren m. werden WM. 701.
materje Am. 616.
maz H. 1572.
mâze Am. 2169. m. kunnen an WM.

677. âne m. Bl. 29. in der m. Bl. 203. ûz der m. Am. 301. ûzer m. Am. 1376. ze mâzen Bl. 408.
mâzen *refl. mit gen.* Am. 1550. Sp. 9.
mê = mêre, mêr.
meidem H. 325.
meier H. 21. 669.
mein (sunder m.) O. 54. 197.
meine H. 774.
meister Am. 504. 886. 1446. 1498. H. 1803. *mit gen.* Am. 532.
meisterinne Bl. 178.
meisterschaft Bl. 101. 327. HM. 267.
melden *mit acc. u. gen.* H. 324. *refl.* v. W. 213. VZ. 21.
menen H. 247.
menlich WM. 374.
mensche: der rehte m. Bl. 245.
menschlichen WM. 258.
mer: über m. H. 566.
mêre *stn. s.* mære.
mêre, mêr, mô Am. 164. VZ. 328. niemen mê Am. 527. niht mê *m. gen.* Am. 296.
mêren *refl.* Am. 321.
merken H. 920. VZ. 232.
met Am. 596.
mettin Am. 1007.
mezzen Am. 117.
mezzer: daz langer m. tragen VZ. 148.
michel *adj.* Am. 347.
michel *adv.*, *sehr*, *vor comp. viel.*
mulden Am. 1893.
mier = mir.
mieto Am. 577.
mieten Am. 693. Bl. 566.
milte Am. 24.
miltikeit WM. 691.
min Am. 1966.
minne Am. 833. in der m. Am. 1183. H. 1769. *plur.* Bl. 285. HM. 20. valsche m. Am. 467. *personificiert* HM. 84. 538 fg.
minnecliche Am. 305.
minnen *swv.*, *lieben.*
minner, *weniger, kleiner.*
minzenblat: niht ein m. WM. 698.
mirre H. 1306.
miselsuht Am. 825.
missebieten *intr. mit dat.* WM. 579.
missestân VZ. 588.
missetât Am. 88. Bl. 41.
missewende WM. 21.
mit Bl. 196. H. 432. 525. WM. 142. O. 295. 324. dâ mit H. 1066.
mite = dâ mite Sp. 241.
morgen H. 1352.

morgengâbe H. 1327.
Môrlant: Pôrûs von M. Am. 660.
mort v. W. 88.
mortliche Am. 1946.
müode stf., *Müdigkeit.*
müedinc Am. 2450.
müejen, müen Am. 163. 1641. 2243.
 Bl. 40. VZ. 482. *reft.* H. 365.
 Sp. 294.
müelich H. 698.
müezicliche Am. 1612.
mugen Am. 210. 360. Sp. 36.
müllen H. 1249.
münster *stn., lat.* monasterium,
 Stiftskirche, Münster.
muoder H. 211.
muot Am. 36. 327. 341. 1224. 1335.
 Bl. 285. 353. O. 505. hôher m.
 H. 6. ringer m. Bl. 99. swærer
 m. Am. 708. in sîn selbes m. H.
 797. des muotes sin O. 468. mir
 ist ze muote *mit gen.* Bl. 500.
muotsiech HM. 124.
mûrære *stm., Maurer.*
mûren Am. 1935. HM. 244.
Mûs VZ. 504.
muschâte WM. 226.
Müschenkelch H. 1191.
mûtlich VZ. 93.

nâ *adv. s.* nâch.
nac *stm., Nacken.*
nâch, nâ *præp.* Am. 280. 342. 724.
 1563. 2435. H. 463. 482. HM. 250.
 adv. VZ. 282. Am. 625. *mit Verbis
 s. diese.*
nagen H. 1564.
nâhe: dar nâher H. 1874. nâher
 geben Am. 1772.
nâhen *adv., nahe.*
nâhen *swv.* Am. 1220.
naht: siben n. VZ. 241. nahtes *adv.,
 Nachts.* nähten Bl. 217. ze n.
 Am. 967.
næjen H. 19.
nâkebûr WM. 117.
name: juncvrouwen n. Sp. 253. die
 (hôsten) namen drî Am. 1422.
 WM. 43. in dem namen Am.
 1698.
Narrie: von Nonarre N. H. 1220.
nât H. 121.
ne, en *Negation; nach neg. Hauptsatz im abh. Satz* Bl. 591.
neigen *intr.* WM. 242.
neilikin WM. 229.

nein: n. ich Am. 1355. n. ir H. 813.
nemelichen O. 112.
nemen Am. 399. 1125. 1247. ûf mîne
 triuwe und êre (sælikeit) n. O.
 654. 704. an n. *reft. mit gen.* O. 95.
 her ze mir n. Bl. 433. *vgl.* war.
nern Am. 878.
nestel H. 73.
neve H. 426.
nider: daz n. teil H. 115.
niderhemde VZ. 545.
nie Am. 92. 827. n. man H. 1130.
 n. mêr Bl. 7.
nieht *s.* niht.
niemer, nimmer Am. 84.
niender, ninder Am. 32. Bl. 30.
niene, nine Am. 8. 241.
niet *s.* niht.
nigen Bl. 349. H. 1461.
niht, nieht, niet, nit *subst. mit gen.*
 Am. 43.
nikein VZ. 17.
nimêr, nimmêre, nimmê Am. 245.
 mit gen. H. 435.
nit *stm.* Am. 59.
nit *pron. subst. s.* niht.
Nithart: her N. H. 217.
niuwan *mit gen.* Am. 1426.
niuwe Am. 259. HM. 320. n. machen
 Bl. 311.
niuwemære Am. 2429.
niuwen H. 1359.
niuwewaschen *ptc. adj., neugewaschen.*
noch H. 82. 618. n. — alsam H.
 1432.
Nonarre: von N. Narrie H. 1220.
nône Sp. 341.
nôt Am. 307. 1404. O. 702. âne n.
 Am. 1096. mir ist n. *mit gen.* H.
 1090. mir wirt n. *mit gen. od. abh.
 Satz* Am. 1454. H. 640. ze n.
 bringen O. 310.
nôtgestalde H. 64.
nôthaft O. 403.
nôtzogen H. 1865.
nu, nû, nuo *nun, jetzt; bei Fragen*
 O. 135. *rel.* Am. 1077. nû daz
 O. 422.
nuhtern *md.* = nüehtern *adj., nüchtern.*
nunne *swf., Nonne.*
nütze Am. 1324.

ob *conj.* Am. 330.
ob *præp.* H. 12. 507. 1153. Sp. 248.

obe *adv.*, *oben.*
ober: daz o. teil H. 116.
oberhant: o. gewinnen *mit gen.* H. 351.
ode, od = oder.
offenbâr O. 391.
offenlichen O. 626.
ofte, *oft.*
Oliviere *npr.*, *einer von Karl's des Grossen Helden* H. 63.
orden H. 290. HM. 561.
ordenunge H. 291.
ort *stm.* VZ. 543. WM. 57.
ort *stn.* WM. 370.
ôstern O. 27.
Österriche WM. 50. dâ z' Ôst. H. 445.
ôt *s.* êt.
Otte: keiser O. O. 1 *u. s. w.*
ouch Am. 936. 1103. 777. 1338. v. W. 284. O. 525.
ouge: under d' ougen WM. 306.
ouwe H. 675.
Ouwer H. 819.
oven H. 356.

palas Am. 535.
pârât O. 546.
pardîs *stn.*, *Paradies.*
Pâris H. 46.
parit *s.* pfert.
Pêter: sant P. Am. 1249.
pfaffe (*von lat.* papa), *Geistlicher, Priester.*
phalte H. 480.
pfant H. 352. 1842. pf. setzen Bl. 143.
pfanne: min pf. schriet mir H. 1398.
pfärit *s.* pfert.
pfeit H. 677.
phelle Am. 1617.
pfenden WM. 61. 622.
pfenninc Am. 409. WM. 75. *plur.* Am. 698. Sp. 127. 220. die pfenninge sint alle gezalt H. 355.
pfert, pfärit, parit Am. 699. H. 766. *s.* rüeren.
pflege O. 478. zu p. WM. 146.
pflegen *mit gen.* Am. 433. 741. 939. 1393. 1865. *mit inf.* *umschreibend* Am. 1414. v. W. 80.
pfliht, pflihte *mit gen.* *umschreibend* HM. 58. pflihte haben mit H. 866.
pfluoc H. 1125.
phnehen v. W. 203.

phrüondo Am. 1374.
pin: herzeclicher p. HM. 240.
Pôrûs von Môriant Am. 660.
Prâge WM. 136.
predigen, predegen Am. 342.
presse O. 37.
prîs Am. 806. der êwige p. Am. 1180. sæliclicher p. A. 1646. der sælden p. Am. 2122. nâch prîse Am. 1862. ze p. Bl. 461. p. begân an einem Am. 1080. den p. behalten Am. 2305. p. geben *mit dat.* O. 55.
prîsen *swv.*, *preisen*, *lobenswerth machen.*
Provenz H. 67.
prüefen, brüefen H. 105. O. 360.
Prüze: Prüzen vart WM. 147.
pühel v. W. 159.
Pülle O. 417 (*s. zu* 396).

quec O. 514.
queln *intr.* HM. 71.

Raben H. 77.
rame Sp. 31.
Ræme H. 823.
rat: gelückes r. WM. 699.
rât Am. 347. 1200. 1398. 2498. mit gemeinem râte WM. 395. r. geben Am. 1644. r. haben *mit gen.* Am. 1076. 1663. Bl. 218. VZ. 271. ze râte werden H. 796. 1433. *mit gen.* HM. 124. mir wirt r. *mit gen.* WM. 35.
râten an Bl. 290.
ræze H. 106.
rechen WM. 447. O. 107.
rede Am. 462. H. 749. 1010. WM. 29. O. 490. VZ. 143. r. bieten Am. 1095. r. geben Am. 1359. keine r. hân Am. 904. ze r. komen H. 354. waz der r. sî Am. 1985.
reht *stn.* Am. 833. 1879. Sp. 38. uber reht WM. 647. von rehte HM. 387. ze rehte Am. 96. 2125. WM. 655. diu r. verbôsen H. 970.
reht *adj.* Bl. 245. H. 296.
rohte *stf.* VZ. 109.
rehte *adv.* Am. 172. 1763. r. tuon Bl. 227. r. komen Am. 1592.
rele H. 215.
reine Am. 378. 436. 2148. WM. 179.

reise O. 432.
reit, reide H. 11.
reitel O. 143.
reiten: die sippe r. WM. 133.
reizen ûf HM. 356.
rennen: an r. *mit acc.* Am. 102.
revende H. 127.
ric' VZ. 248.
riche *stn.* O. 34.
riche *adj.* WM. 125. got der r. Am. 306.
rîden: ûf r. H. 428.
rigel v. W. 206.
rihte *stf.* H. 865.
rihte *stn.* VZ. 157.
rihten Am. 1178. abe r. H. 440.
rihter: des rihters gewin H. 1665.
rilich O. 95.
Rîn VZ. 505.
rinc *stm.* H. 1510.
rinc *adj.* Bl. 99.
ringe *adv. zu* rinc: r. koufen Sp. 221.
rinke H. 186. 1123.
rise H. 1336.
rîten Am. 319. H. 265.
ritterschaft Am. 1136 H. 950.
riuwe HM. 245.
riuwen Am. 2011.
riuwevar Am. 709.
riuwic: r. bestân H. 632. r. setzen H. 1466.
rîzen H. 1248.
rocke *zu* H. 448.
Rôme Am. 664. 1248. H. 480.
rôt: übel unde r. O. 229. schemelichen r. WM. 630.
rœteleht O. 8.
rotte O. 46.
rouchen H. 1311.
roup H. 444.
rûch *adj., rauh, behaart.*
rücke H. 1244.
rückebrâte H. 178.
rucken: daz swert r. VZ. 315.
rüeren, rûren H. 431. WM. 201. 362. daz pfert (mit sporn) r. VZ. 308.
rûmen H. 1725. ez r. Am. 1039. ûf r. H. 1126.
ruobe *swf., Rübe.*
ruochen Am. 1587. Sp. 227. *mit inf. zu* O. 204.
Ruolant *npr., Roland, der berühmte Held des Karolingischen Sagenkreises* H. 62.
ruom: r. begân Am. 2033. r. sagen Am. 1297.

Ruopreht: der meier R. H. 281. 326.
ruowe: r. enphâhen v. W. 32. mit r. sîn v. W. 267.
rûren *s.* rüeren.
Rütelschrin H. 1189.
Rûz: ungetriuwer R. H. 1809.

sâ Am. 275.
sache, *umschreibend*: mit alsô reinen sachen Am. 378.
sage: nâch s. und nâch vrâge VZ. 171.
sagen Am. 5. WM. 238. H. 1. *vgl.* ruom.
Sahse H. 422.
Sahsen H. 745.
sakent H. 764.
sal *stm.* Am. 512.
sal = sol H. 756.
sælde, sêlde Am. 737. *pl.* Am. 1667. dîner hôhen sælden art HM. 147. der s. prîs Am. 2122. der S. schîbe Am. 2053. ze s. Am. 1345. *person.* vrou S. VZ. 38. s. wachet VZ. 116.
sælic Am. 897. 2402. s. man *formelhaft in der Lyrik* Bl. 467.
sælikeit *s.* nemen *u.* setzen.
sæliclich *s.* prîs.
Sâlomôn Am. 650.
salter Sp. 149.
sam *adv. dem.* H. 1202. *rel.* Am. 748. *bei Betheuerungen* Am. 1965. O. 16.
sam *præp.* HM. 172.
samit v. W. 350.
samnen Bl. 501. H. 1471.
samfte, sanfte Am. 155. s. tuon Am. 1164. s. werden Am. 1694.
sat: s. werden Am. 236.
sât *stf.* (*gen. dat. sg.* sœte), *Saat.*
sâzen, *reft.* nâch VZ. 82.
schade Am. 1768. Bl. 158. an dem schaden stên H. 336. ûf — sch. Am. 1863.
schädelich *m. part. præt.* Am. 2206.
schaffære Am. 1378.
schaffen *swv.* Am. 568.
schaffen *stv.* Am. 120. H. 1396. sch. umbe H. 614. *refl.* Am. 1329. 2057.
schal Am. 928. mit schalle Am. 402. ze schalle werden Bl. 635.
schalc O. 119.
schalkheit H. 922.
schalcliche *adv.* H. 1011.
schallen WM. 311. sch. ûf H. 1278.

SCHAME — SINNEN   365

schame, scham Bl. 508. au der sch.
    sten H. 335. sch. haben *mit gen.*
    Sp. 32.
schämelich *s.* schemelich.
scharf (*n. pl.* scherphiu), *scharf.*
scharlât H. 1347.
scharsahs O. 371.
schebelinc Bl. 413.
schef *stn., Schiff.*
scheiden H. 628. *refl.* Am. 304. sch.
    abe Am. 1379.
schemelich, schämelich H. 1702.
    WM. 25.
schemelichen WM. 630.
schenden Bl. 646.
schenke *zu* H. 1537.
schêper VZ. 235.
schephære *stn., Schöpfer.*
schern *stv.* (schir, schar, schâren,
    geschorn), *scheeren.*
schibe: der Sælden sch. Am. 2053.
schicken (*part. præt.* geschiht VZ.
    216) O. 74. 477.
schiere *adv., bald.*
schiezen, schizen WM. 542. danne
    sch. H. 1208.
schiht WM. 297.
schimpf v. W. 345.
schimpfen v. W. 343.
schin Am. 107. sch. sin an v. W.
    299. sch. werden HM. 398. 511.
    sch. tuon A. 107. O. 613.
schinen H. 200. 1686.
schiuhe H. 1799.
schône O. 389.
schœne v. W. 303.
schœnen *sww., schön machen.*
schopf H. 33.
schoppen H. 1344.
schouwe Sp. 86.
schouwen Am. 360.
schribêre WM. 140.
schrien *stsww.* Am. 2241. min pfanne
    schriet mir H. 1398.
schrift: diu wâre schr. O. 388.
schrîn H. 1400. *zu* Sp. 149.
schriten Am. 25.
schrôten Bl. 354.
schüften H. 1781.
schulde, schult Bl. 379. diu wâre
    sch. O. 323. HM. 485. von schul-
    den WM. 36. von iuwern schul-
    den Bl. 356. von welhen schulden
    Bl. 506.
schuoch *stm., Schuh.*
schûten Am. 234.
sê *stm.* Am. 1929.

sê, sêt *interj.* VZ. 202.
segelwint *stm., der in die Segel bla-
    sende Wind* H. 685.
segen: urloubes s. Am. 910. einen
    s. vür sich tuon Bl. 616.
segenen *refl.* WM. 318.
segense H. 1060.
sehen: umbo sich s. Am. 537.
sehste Am. 8.
seit H. 140.
seitspil *stn., Saitenspiel.*
sêlde *s.* sælde.
selle H. 1271.
solp Am. 1088. H. 421. des selben
    VZ. 292.
selpfünfte H. 1613.
solpherrisch H. 1913.
selten H. 937.
seltsæne *adj., seltsam.*
sende *s.* senen.
sendekeit HM. 278.
senden: vür s. Am. 941.
senen HM. 254. *part. præs.* sende
    HM. 204.
senfte Bl. 367.
senken VZ. 312.
sêr *stm.* WM. 276.
sêr *adj.* VZ. 229.
sêre *adv., sehr.*
setzen Am. 975. v. W. 133. O. 704.
    VZ. 376. nider s. H. 1542. *vgl.*
    phant, riuwic.
Sibote VZ. 16.
sicherheit O. 285.
sider WM. 157.
sîdin *adj., von Seide.*
siech *adj., krank.*
siechtuom *stm., Krankheit.*
sige *stm., Sieg.*
sigenunft H. 1614.
sin VZ. 513.
sin Am. 364. WM. 250. v. W. 142.
    s. hân H. 465. kürclicher s. Am.
    1490. schämelicher s. Am. 754.
    starker s. Am. 364. âne s. v. W.
    313. sinnes darben WM. 477. *plur.*
    Am. 468. 2228. reine s. HM. 318.
    riche sinne Bl. 188. der s. gepfant
    WM. 622. der s. verirt H. 732.
sin *und* wesen Am. 2420. ist daz
    Am. 1431. si daz Bl. 140. s. bî
    Sp. 97. bî s. H. 579. bî w. Am.
    484. wie der hovewîse wære u. ä.
    H. 902. O. 490.
sinewel WM. 114. Sp. 108.
singen Am. 5. 391. 1674. WM. 238.
sinnen: heim s. H. 690.

sinnic Am. 1983.
sint WM. 181.
sippe WM. 133.
sit *adv.* Am. 310.
sit *conj.* Am. 99. 266.
site, sit, *Sitte. plur.* H. 634. 868. 1332. diemüetige s. Am. 1130.
sitech H. 18.
sitzen v. W. 184.
siufzebære HM. 262.
slac WM. 663. einen sl. tuon Am. 676.
sláfgaden, *Schlafgemach* Bl. 195.
slahen, slán Bl. 20. Am. 2233. O. 529. 569. in die hant s. Am. 2135. abe s. H. 1303. dar s. Am. 1775. her s. Am. 1773.
slahte Am. 1621. H. 1699.
slegerint H. 1291.
sleht H. 667. 26. 749. Sp. 409.
Slickenwider H. 1186.
sliefen *stv.*, *schliefen, schlüpfen.*
Slintezgeu H. 1237. S. Helmbreht H. 1666.
slizen HM. 544.
slouch H. 413.
smac *stm., Geschmack, Geruch.*
smal *adj., schmal.*
smücken v. W. 258.
snaben VZ. 318.
snel Sp. 14.
snœde Bl. 396.
snurren H. 370.
sô Am. 86. 814. 836. *verstärkend* H. 687. *rel.* Am. 96. 1254. *mit d. Superl.* Am. 289. 968. *Betheuerungen und Wünsche einleitend* H. 574. 1519. Sp. 222. *s.* swer.
sorge O. 495.
sorgen Am. 326. *mit gen.* Am. 89. *mit inf.* H. 1112.
soumære Am. 1585.
soumschrin Am. 1582.
spalten *intr.* O. 146. HM. 520.
spán H. 32.
spargolze H. 223.
sparn Am. 2060. O. 446.
sparráder H. 1251.
sparwære, sperwer *stm., Sperber.*
spehen Am. 942. O. 360.
Spehthart H. 37.
spel WM. 115.
sper, *Längenmaaß* VZ. 355.
spil H. 1863.
spilliute H. 1609.
spise Am. 78.
spiz H. 874.

spor O. 598. ûf daz sp. komen VZ. 198.
spot Am. 800. 1436. Bl. 127. ein kindes sp. WM. 589. âne (sunder HM. 464.) sp. O. 369.
spráche Am. 668.
sprâchen O. 549.
sprechen an H. 1273. sp. hin ze H. 1232. sprach, sprachen *ohne* dô Sp. 137.
spreiten O. 460.
springen v. W. 330. H. 215. 237.
spruch H. 1651.
stân, stên Am. 403. 692. stille st. Am. 386. st. an H. 335 *fg.* st. ze Bl. 285.
stap: st. *des Truchsep* O. 72. âne st. H. 1418. ungehabt und âne st. Sp. 344.
stapfen O. 541.
starc Am. 1839. *vgl.* sin.
stat Am. 282. H. 849. an der selben st. H. 1296.
state Am. 54. 1590. st. hân *mit gen.* Am. 54. die st. benemen Am. 1874. ze staten stân Am. 1723.
stæte *stf.* st. leisten Bl. 491.
stæte *adj.* Am. 1671. Bl. 335. st. bellben H. 512. st. lâzen O. 254.
stætikeit: mit langer st. HM. 106.
stecke H. 318.
stein: bîzen durch einen st. H. 408.
steinmûre *stf., Steinmauer.*
stellen H. 1510.
sterre Am. 176.
stic: der smale st. H. 1426.
stich: niht einen st. Am. 529.
stift O. 387.
stimme WM. 401.
stiure, stiuwer H. 228. 357. 1907. helfe st. O. 621.
stôzen H. 662. sin schif an st. Am. 1831.
Strâzburc O. 758. von St. meister Gotfrit HM. 9.
streben wider Am. 68.
strecken: für st. H. 1348.
strengelîchen HM. 539.
strich H. 1456.
strichen O. 356.
strit: strites amt O. 466. st. haben wider Am. 1388. st. geben *mit dat.* O. 400. st. geleisten Am. 772. st. halden wider strit VZ. 162. eines strites bestân *mit acc.* O. 560. wider st. O. 636.
strûchen WM. 312.

strûz VZ. 592.
stümbeln *swv.*, *verstümmeln. vgl.* hähen.
stunde, stunt Am. 37. in kurzen stunden Am. 201. stunt *nach Zahlwörtern* Am. 433. ander st. H. 1515. unz an die st. daz Am. 247. an die st. daz Am. 324. 1023. an der st. Am. 1115. z' einen stunden WM. 85. under stunden HM. 183.
sturm H. 78.
sturmwint WM. 595.
sturz H. 390.
süften H. 1782.
suht VZ. 439.
suln Am. 214. 1967. *mit inf. einen imper. umschreibend* Am. 174. 613. 1182. H. 298. 852. *daz futur. umschr.* Am. 1015. 1369. *Conditionalsätze einleitend* Am. 578.
sümelich Am. 697.
sûmen H. 1125.
sünden Am. 1016. *refl. mit an* VZ. 182.
sunder *adj.* HM. 411.
sunder *præp.*, *sonder, ohne* HM. 391. *adv.* Am. 1407. 2110.
sunne *stswf.*, *Sonne* VZ. 156. daz in der s. vert H. 1837. der sunnen haz H. 1801. Sunne als *Thiername* H. 831.
suochære *stm.*, *Sucher.*
suochen Am. 1127.
suone *stf.*, *Sühne.*
sûr, sûwer *adj.*, *sauer.*
sus, sust *adv.*, *so.*
susterkindekin H. 717.
sûwer s. sûr.
swâ *conj. correl.*, *wo immer.*
Swâben O. 56.
swach Am. 703. H. 1633. 1692. 1899. HM. 497.
swâr Am. 1881.
swære, swêre *stf.* Am. 627. H. 1711. âne s. WM. 107. s. tuon *mit dat.* Am. 1949.
swære *adj.* Am. 1956. *neutr. mit gen.* Am. 2165.
swarte H. 38.
sweizbat *stn.*, *Schwitzbad.*
swelfen H. 1045.
swelch *pron. corr.*, *welch immer.*
swenken Am. 655.
swenne *conj.*, *wann immer, wenn.*
swer *pron. corr.*, *wer immer. conditional* Am. 18. *neutr. swaz mit gen.* Am. 13. 176. 579. 1114. sw. sô H. 361.
swêr VZ. 195.
swêre s. swære.
swern Am. 2022.
swert Am. 699.
swichen Sp. 319.
swie *adv. correl.*, *wie immer, obgleich* Am. 681.
swigen Bl. 623.
swinde, swint *adj. (adv.)*, *geschwind, schnell, heftig* VZ. 491.
swingen H. 1360. v. W. 229.

tac: der ängestliche t. Am. 1344. allen t. Am. 1402. (alle) dine, sine tage HM. 444. bî einen tagen Am. 1548. ô tage Am. 1028.
tagezit Sp. 25.
tahs Am. 1264.
tal: ze t. H. 12.
tâlanc VZ. 509.
tanz H. 215. einen t. treten H. 940.
Tarjûs Am. 659.
tavel WM. 153.
tavelrunder WM. 201.
teidinc H. 1723.
teidingen O. 543. VZ. 538.
teil Am. 67. genûden t. O. 225. daz nider t. H. 115. daz ober t. H. 116. ein michel t. Am. 819. ein teil Am. 1022.
tone H. 88.
Tiersberc: der von T. O. 754.
tisch: ob dem tische H. 1152. über t. sitzen O. 159.
tiure, tûre *stf.* mich nimt t. VZ. 49.
tiure, tiuwer, tûwer *adj.* Am. 1626. H. 558. O. 622. Sp. 237. WM. 15. *comp.* tiurre HM. 571. *adv.* Am. 2186.
tiutischen H. 759.
tiuvel: dem t. bekant sîn v. W. 174. des tiuvels muoter Bl. 22.
tobel H. 1350.
toben Bl. 644.
tobesuht Am. 2232.
topf O. 149.
tôreht *adj.*, *thöricht.*
tôt *stm.* einem den t. tuon Am. 2295. des gæhen tôdes belîben Bl. 243.
tôt *adj.* H. 1144. t. ligen au HM. 222.
tote H. 482.

tôtgevar O. 302.
tôtslac Am. 646.
tougen Am. 393.
tougenlich Am. 406.
tragen Am. 597. 1212. 2141. H. 516. 1374. VZ. 596. liebe tr. Bl. 103. haz tr. H. 341. holdez herze tr. H. 232. *refl.* O. 552. ûz tr. Am. 1528. für tr. H. 1024. zesamene t. Bl. 342.
trâgen: âne tr. Am. 1494.
trahen O. 89.
trahte, traht HM. 411. H. 863.
trahten: t. umbe VZ. 514.
Trânis: eine stat ze T. Am. 45 (*vgl. S.* 11).
trehtelîn *stn. Diminutiv zu* trahte.
trehtîn H. 1394.
treten H. 1263. 1534.
trîben: an t. Am. 250.
triegen *stc., betrügen.*
trinevaz O. 43.
trit HM. 10.
triuten v. W. 244. Sp. 180.
triuwe Am. 1123. Bl. 283. 312. t. verbergen vor HM. 515. ûf die t. nemen O. 654. an sine t. verlân Am. 2153. an triuwen O. 628. an den triuwen slahen O. 568. mit triuwen Bl. 242. daz habt bî den triuwen mîn H. 174.
triuwen Am. 1358.
trôst O. 617.
trôsten *refl. mit gen.* VZ. 23.
Troye H. 45. 49.
trügenære Am. 1329.
trügene Am. 790.
truhsæze *zu* H. 1537 *u.* 1542.
trût *adj., traut, lieb.*
trûtlîchen O. 99.
trûtschaft HM. 47.
trûwen, trouwen *mit inf.* Bl. 4. H. 300. *mit gen.* Am. 2104.
tugen Am. 1722. 2085.
tugent Am. 31. 2118. Bl. 527.
tump Am. 240. 759. VZ. 203. *vgl.* got.
tuoch *stn., Tuch. s.* unversniten.
tuom O. 759.
tuon (1. *sg.* tuo VZ. 155) Am. 1484. t. ûz Sp. 302. einen eit t. Am. 903. einen slac t. Am. 676. vluoch, segen t. Am. 1140. Bl. 616. *mit præd. adj.* HM. 568. *stellvertretend* Am. 53. 670. v. W. 236. O. 125. sich abe t. *mit gen.* Am. 2389. hin t. H. 1104. sô getân Am. 385. H. 1509. wie getân Am. 951. ge-

tân als Am. 1105. daz si getân Am. 139. *imper.* tuo sô wol HM. 324. waz du tuo HM. 404.
turnei, *Turnier.*
Turpîn *npr., Erzbischof Turpin, einer der Helden Karl's d. Gr.* H. 63.
turren Bl. 643.
türtteltûbe HM. 248.
tûs Am. 2484.
tûwer *s.* tiuwer.
twahen H. 784.
twâlen H. 386.
twanc VZ. 610.
tweln Bl. 238.
twingen Am. 2434. v. W. 64. sich ze herzen tw. HM. 218.

übele *stf.* Am. 33. mit û. H. 432.
übele *adv.* Am. 818.
uber *præp.* Am. 1656. 1903. H. 367. O. 159. VZ. 164. *adv.* dar û. H. 157. û. werden Am. 75. 1749.
übergân, übergên Am. 51. Sp. 345.
überheben H. 93. *mit gen.* H. 1362.
überher: û. hân *mit dat.* v. W. 92.
überhort HM. 454.
überic *adj., übrig, überflüssig.*
überkraft H. 949.
überlût *adv., laut, öffentlich.*
übersehen H. 1684. *refl.* Sp. 371.
überstreben Bl. 639.
ubertranc WM. 658.
ubervlûte WM. 187.
ûf *præp. u. adv.* Am. 225. WM. 284. O. 466. *mit Verbis s. diese.*
ûfe = ûf.
umbe *præp.* Am. 83. 88. 2218. O. 335. VZ. 514. H. 1255. u. daz Am. 146. *adv.* dar u. VZ. 413.
umbegân H. 1309.
umbesweifen H. 720.
umbezalt WM. 539.
unbederbe VZ. 458.
unde *stf.* WM. 351.
unde, und, unt *conj.* Am. 184. 1320. v. W. 118. O. 526. 67. 688. Sp. 141. Am. 218. VZ. 99. H. 594.
under *præp. u. adv.* dar u. H. 533.
underbint HM. 538.
undersehen Sp. 366. *refl.* HM. 16.
undersetzen *refl.* WM. 700.
undertuon VZ. 454.
undervarn H. 1353.
underwinden *refl. mit gen.* Am. 266. Sp. 167. *mit c. abh. Satz* Sp. 158.

underwîsen Bl. 620.
unêre: nâch unêren H. 463.
unfuogen O. 363.
ungebærde Am. 2280.
ungébe VZ. 245.
ungedult WM. 380. O. 206.
ungehabt und âne stap Sp. 344.
ungehûr H. 1783.
ungelinc HM. 500.
ungemach stm. Am. 2434. v. W. 254.
ungemach adj. Am. 131.
ungemûete Am. 2339.
ungepfendet mit gen. VZ. 40.
ungevüege O. 119. 137.
ungesalt ptc. adj., ungezählt.
unheil stn. von unheile, durch einen unglücklichen Zufall.
unhôhe H. 210.
unhübsch adj., unhüfisch, ungebildet.
unkiusche O. 138.
unmære Bl. 38. O. 116.
unmâse WM. 417. unmâzen H. 1569.
unminne Bl. 231.
unmüezic Bl. 637.
unmuoze Am. 848.
unnâ WM. 237.
unnôt: des ist u. v. W. 200.
unnôthaft Am. 490.
unquelet Am. 2357.
unsælde H. 839. person. v. W. 217.
unsanfte VZ. 327.
unsitec H. 80.
untugent Am. 32.
unverirt mit gen. Am. 2145.
unversniten tuoch H. 1331.
unversunnen VZ. 75.
unwandelbære mit gen. Sp. 66.
unwert Am. 7.
unwerde: mir wirt u. ze VZ. 323.
unwizzent v. W. 72.
unz: u. an Am. 509. u. dar Am. 186. 277. u. her Am. 125. u. wenne Am. 205. adv. Bl. 340.
unzuht Am. 30.
unzühtic O. 121.
Uolrich von Liehtenstein v. W. 17.
uppikeit VZ. 532.
urkünde swm. Am. 1384.
urkünde stn. HM. 401.
urliuge: urliuges walten H. 655.
urlouben H. 1096.
urloup: Am. 733. Bl. 358. urloubes segen Am. 910. urloubes gern Am. 733. u. geben mit dat. v. W. 241.
ursprinc H. 894.
ûz præp. u. adv., aus. Sp. 302.

ûze: û. sin Am. 371.
ûzer præp., aus.

vâhen Am. 1192. H. 14.
val H. 11.
valde Bl. 407. H. 165.
valsch: âne v. Am. 435. 582. mit valsche Am. 636.
valschlich v. W. 228.
valten: zuo ein ander v. HM. 519.
vâr: âne v. Am. 1823.
vâren mit gen. HM. 80.
varn Am. 351. 2061. H. 1048. rehte v. WM. 573. ez vert umbe einen O. 640. mite v. mit dat. Sp. 188. v. lâzen Sp. 374.
vart Am. 1532. 2011. 2184.
vaste Am. 326.
vaz VZ. 553.
vêch Bl. 459. H. 1345. Sp. 109.
veder VZ. 136. vêhe v. H. 1345.
vederslân VZ. 275.
velge v. W. 218. WM. 403.
veigen O. 209.
veizt adj., feist, fett.
vellen O. 266.
velschen O. 291.
ver = vrou VZ. 476.
verbern Am. 1892. 2504. H. 1740.
verbôsen H. 970.
verbrinnen str., verbrennen (intransitiv).
verch H. 417. 1777.
verdagen Am. 845. mit acc. d. pers. Am. 1256.
verdenken refl. H. 1599.
verdoln H. 375. WM. 181. VZ. 466.
verdriezen impers. mit gen. Am. 56.
verenden Am. 123.
vergeben Am. 48. mit dat. Am. 1912.
vergolten Am. 323.
verheln Am. 230. 2206.
verholne: v. tragen Am. 923.
verhouwen HM. 292.
verirren Am. 1274. H. 732.
verjehen Am. 538. mit gen. H. 161.
verkallen H. 1277.
verkêren H. 803. HM. 560.
verkiesen O. 699. Sp. 279.
verlâzen, verlân Am. 695. v. W. 228. 318. O. 344. v. an Am. 1652. 2153.
verliesen Am. 329. 1559.
verligen refl. H. 328.
vermæren Bl. 425.
vermezzen refl. mit acc. Am. 225.
vermîden Am. 430. H. 609. O. 646.

vernemen Am. 934. Bl. 226. v. an Am. 958. v. umbe Am. 1062.
vernunst O. 218.
verqueln HM. 206.
verrâten Am. 1947.
verre Am. 151. H. 200. O. 643. verrest O. 185.
vorreden HM. 164.
verrigeln HM. 312.
verriden *refl.* H. 1808.
verrihten WM. 31.
verschaffen VZ. 399.
verscholn v. W. 336.
versehen *refl.* Am. 988. *mit gen.* HM. 160.
versellen *refl.* ze gote H. 356.
versenen HM. 198.
versieden H. 475.
versinnen *refl. mit gen.* Sp. 190.
verslahen H. 1023.
verslinden Bl. 146.
versmücken H. 130.
versniden H. 607. 1010. HM. 67.
versoumen *s.* versûmen.
versperren O. 239.
versprechen Am. 400.
verstân, verstén *refl.* O. 244. *mit gen.* Am. 407. v. lâzen Am. 2013.
versûmen, versoumen H. 615. *refl.* WM. 486. *mit an* Am. 92.
versuochen Am. 93.
verswachen *trans.* H. 159. *intr.* Am. 1574.
verswenden: daz leben v. HM. 503.
verswigen Am. 850.
vert H. 585.
verteilen Am. 1347.
vertragen O. 133. *mit dat.* VZ. 150.
vertriben Am. 1366.
vertuon Am. 66.
verwandeln: den lip, daz leben v. Bl. 124.
verwâre WM. 336.
verwâzen H. 839.
verweben HM. 31.
verwegen *refl. mit gen.* HM. 130. 226.
verwerfen Am. 345.
verwerren HM. 85.
verwinden WM. 529.
verworht H. 1730.
verzagen Am. 1182.
verzern: daz gût v. WM. 578. den lip v. O. 726.
verzihen *mit acc. u. gen.* H. 236. *mit dat. u. acc.* H. 327. *refl. mit gen.* Bl. 269.
veste Am. 322.

vetich *stm.*, *Fittig.*
videlære *stm.*, *Fiedler, Spielmann.*
vihe *stn.*, *Vieh.*
vil *subst. m. gen.* Am. 17. 298. *mit Sing. d. Verb.* WM. 517.
vil *adv. steigernd* A. 1612.
villen VZ. 135.
vinden Am. 38. H. 1544.
vingerlin Am. 411. v. W. 51.
viretac v. W. 328.
virteglich Sp. 148.
visch H. 783.
vlans O. 268.
vlecke O. 141.
vlégelich Am. 1095.
vleisch: ein guot v. *beim Sauerkraut* H. 869.
vlieme Am. 2345.
vliz: ze vlize Bl. 395. v. legen, kéren an Bl. 407. VZ. 14.
vlizec: v. sin *mit gen.* Am. 2307.
vlizecliche Am. 418.
vlizen *refl. mit an* Am. 2506. ûf O. 399. zuo Am. 256.
vlôch: ein sneller v. Bl. 368.
flœheu HM. 145.
vlorn = verlorn.
voget: der keiserliche v. O. 35. der rœmische v. O. 520.
vol *stm.* H. 376.
vol *adj. mit gen.* Bl. 188. 384. H. 1223. 1331. vür vol nemen Am. 196.
vol *adv.* Sp. 197.
volgen: mit v. H. 246. VZ. 96.
volkomen, vollekomen *mit gen.* Bl. 415.
volle Am. 1855.
vollen VZ. 236.
volliclich H. 381.
volsagen Bl. 73.
volslahen Bl. 33.
volsprechen H. 652.
volweben H. 138.
von Am. 1142. 1463. 1505 Bl. 345. H. 1782. WM. 472. HM. 163. dâ von Am. 182. 212. v. = dâ von Am. 2007.
vor *præp.* Bl. 218. 474. *adv.* H. 86. HM. 154. Sp. 209. Vz. 27. *mit Verbis s.* diese.
vorhte: mit vorhten O. 3.
vrâge: mit v. Am. 809. 1256. nâch sage und nâch vr. VZ. 171.
vrâgen: (der) mære v. Am. 1245. HM. 367.
Vranke Am. 1635.

vrâz Am. 1012.
frech H. 1165.
freise H. 1463. zo vreisen komen O. 313.
vroissam O. 183.
vromde Am. 508. H. 1043.
vrezzen s. iscu.
vröudenbære adj., freudig.
Vreudenlêre: der V. WM. 45. (vgl. S. 227 fg.)
vrevel O. 738.
vri: v. lâzen mit gen. Am. 82. v. werden mit gen. H. 1785.
vrie O. 33.
friden H. 1271.
vrien Bl. 472.
friman H. 743.
vristen Am. 641.
vritac stm., Freitag.
fritschâl H. 1345.
Friûl npr., Friaul v. W. 21.
vriunt, Freund, Verwandter. Am. 1865.
friwlp H. 711.
vrô: v. wesen mit gen. Am. 303. niht zo vrô WM. 627.
frôn HM. 109.
vrouwe Am. 461. min vr. VZ. 458.
vrüeje adj. adv., früh.
fruht H. 493. O. 110.
vrume, vrome: nâch grôzem vrumen WM. 467. ze v. v. W. 128.
vrum (frume VZ. 120) adj. Am. 2132. H. 598.
vrümekeit Am. 26.
frumen O. 691. HM. 305.
vrunden refl. mit ze VZ. 181.
vrunt md. = vriunt.
vrût VZ. 599.
füegen H. 1447. O. 548.
vüeren Am. 343. dar v. Am. 273.
füge s. fuoge.
füllen: gefüllet sint mir diu schrîn H. 1400.
vunt Sp. 318.
vuoder Am. 109.
vuoge, füge zu Am. 14. Bl. 30. v. begân Am. 1739. plur. HM. 56.
fuoter: ein f. H. 349.
vuoz: einen v. abe slahen H. 1690. ûf den v. treten mit dat. H. 1534. einen v. H. 1226.
vür præp. m. acc. Am. 23. 1383. 11. H. 306. 1606. v. sich Am. 42. HM. 463. md. vur m. dat. WM. 319. adv. Sp. 90. v. = dâ vür Bl. 237. mit Verbis s. diese.

vürbaz Am. 145.
vûren = vücren.
fürhten H. 1578.
vürsprecho H. 1669.

wâ Am. 1186. 2082.
wâfen H. 1370.
wâge Am. 1816.
wagen WM. 239.
wagenvart H. 1920.
wæhe H. 15.
wahs Am. 1263.
wæjen H. 1462.
Walch H. 735.
Walhen npr. H. 787. 1720.
walt (plur. welde) stm. H. 606.
walten mit gen. Am. 471. 1262. Bl. 185. WM. 383. VZ. 202. geluckes w. VZ. 498. urliuges w. H. 655.
wamhis stn., Wamms.
wan, außer, sondern, nur Am. 297. v. W. 130. 357. elliptisch m. nom. O. 727. w. daz Am. 1445. 2244. Bl. 647.
wan, utinam Sp. 359.
wan s. wande.
wân: nâch wâne Am. 138. âne (sunder) w. Am. 456. O. 661.
wanc: bôser w. VZ. 512.
wande, wan Am. 54. 308. 1374. 2004. v. W. 10. 139. durch daz wan Am. 1542.
wandel: w. haben mit gen. H. 680.
wandelbære VZ. 29.
wænen mit inf. Am. 714. Bl. 12. m. conj. ohne daz H. 1385.
war stf. w. nemen Am. 204. 418. 1737. H. 864. 919.
war adv., wohin.
wâr (wâre H. 1622): daz ist w., deis w. Am. 218. ze wâre, zwâre Am. 70. w. haben H. 509. w. lâzen O. 7. vür w. sagen H. 1622. für w. wizzen Am. 212. vgl. schrift, schulde.
wârhaft Bl. 191.
wârheit: v. W. 2. ein w. Am. 861. mit (der) w. H. 208. von der w. H. 1385. von der w. jehen H. 1676.
warkus H. 157.
wærliche, wêrlich Bl. 111. VZ. 439.
warp nach Zahlwörtern O. 723.
wârsage Am. 1286.
warte H. 886.

24*

warten Sp. 170. VZ. 391. *mit gen.* VZ. 387.
wât Am. 2056. H. 122.
wazzer geben, nemen Bl. 478.
wazzernôt WM. 377.
wê: wie ist im wê? Am. 2224.
webære *stm.*, *Weber.*
wec: der gotes w. WM. 265. under wegen Am. 742. O. 571.
weder H. 522.
wegen *stv.* (*præt.* wûgen WM. 643.) Am. 909. mich wiget lihte H. 1901.
wegen *swv.* H. 818.
wegescheide H. 1305.
wehsel Sp. 331.
weich VZ. 266.
weide: ander w. WM. 428.
weisen O. 314.
welgen VZ. 552.
welh: *neutr.* welhez *absolut* Am. 134.
wellen (2. *pl.* ir wolt WM. 579. ir went HM. 197) Am. 313. 762. 1106. Sp. 32.
wenden Bl. 54.
wendic HM. 131.
wenen v. W. 35.
wenne, *wann.*
went, ir *s.* wellen.
wer *stf.*, *Vertheidigung, Waffe* Am. 606. v. W. 91. Ane w. WM. 143. 509.
wer *stf.*, *Besitz* HM. 97.
wer *swm.* w. sin *mit gen.* O. 553. 626.
wer *pron.* waz *mit gen.* Am. 648. 766. Bl. 37.
werben *intr.* Bl. 114. 578. H. 531. O. 113. w. nâch Am. 335. umbe Bl. 194. *trans. mit dat.* Bl. 230.
werc *mit gen. umschreibend* O. 22. 753. kostelichiu w. H. 191.
werden: âne w. Am. 137. innen w. Am. 188. über w. Am. 75. 1749. nu wart dar nâch niht lanc Sp. 270.
werfen: umbo w. Am. 239.
werken Am. 582.
werlich Sp. 59.
wêrlich *s.* wærliche.
wern, *vertheidigen* O. 581. *mit dat. u. acc.* H. 1838. *refl. mit gen.* Bl. 547. v. W. 86.
wern, *gewähren, mit acc. u. gen.* Am. 350. 565. 734. H. 1407. *bezahlen* Am. 1822. Sp. 197.
wern, *dauern* Am. 1512. 2222.
Wernher der gartenære H. 1934. (*vgl. S.* 137.)

werren: mir wirret Am. 890. 1875 2346. HM. 34.
wert *stm.* iuwer w. Sp. 134. in swachem werde H. 1899.
wert *adj.* Am. 700. O. 167. HM. 496. eines tôren w. Am. 20 (*vgl.* liht). *neutr. substantivisch:* einer marke, eines cles w. Am. 1021 2387.
wes Am. 1672.
wesen *subst. inf.* Bl. 3.
wesen *stv. s.* sin.
weten H. 269.
wette: zu w. WM. 128.
wetzestein *stm.*, *Wetzstein.*
wîde H. 1250. bî der w. sweren VZ. 598.
wider *stm.*, *Widder.*
wider *præp.* Am. 376. 1132. 1766. Bl. 611. HM. 90. *adv.* Am. 2477. aber w. H. 1128. dâ — wider Am. 68. 2384.
widerdienen v. W. 192.
widerkêre *stf.*, *Wiederkehr.*
widersagen *swv., entsagen* H. 571.
widersagen *subst. inf.* O. 551.
widersatz Am. 43.
widerstreben Am. 908.
widerstrit: en w. O. 294.
widertriben Am. 770.
widertuon Am. 1111. Sp. 336.
widervarn Am. 1569.
widerwegen HM. 524.
widerzæme Am. 30.
Wîne WM. 67 *fg.*
Winêre WM. 470.
wîf H. 765.
wîgant VZ. 350.
wilde Am. 514. HM. 3. 464.
Wildonje: von W. Herrant v. W. 364 (*vgl. S.* 205 *fg.*).
wîle H. 386. wîlen H. 1715. bî den wîlen O. 402. die wîle Bl. 149.
wille: durch den willen sîn Am. 961.
willeclîch *adj. u.* willecliche *adv., bereitwillig, eifrig, entschlossen.*
willekomen: sît gote w. her Am. 1356.
win Am. 2136. H. 993. 1399.
winden H. 1855. hende w. HM. 337.
winster H. 61.
winsterhalp *adv., linkerhand.*
Wint H. 734.
wint H. 1461. ein w. Am. 2361. H. 378. VZ. 411. des windes leben H. 1482. *Windhund* VZ. 246.

wip Am. 461.
wirde Am. 1736.
wirouch H. 1306.
wirs: w. danne wê Bl. 43.
wirt Am. 1186. 2146. 2255. Bl. 186.
wirtschaft Am. 961.
Wirzeburc: Kuonrât von W. O. 764. HM. 579.
wis, wise *adj.* Am. 780. 2230. *mit gen.* Am. 47. 932. 1399. w. sin (wesen) an Am. 1399. mit Am. 344. 1058. ze Am. 1758. w. macheu Am. 168.
wise *swm.* Bl. 544.
wise, wis *stf. zu* Am. 72.
wischen H. 760.
wisen Am. 2110. H. 438.
Wisengart *npr.* VZ. 476.
wisheit Am. 209.
wit H. 1827.
Witege *npr.* H. 79. (*vgl. zu* 77. 80.)
witen Am. 317. H. 1471.
witze *plur.* H. 521. Sp. 46. mit witzen Bl. 465.
wiz Am. 1819. wize schebelinge Bl. 413.
wizen Am. 1937.
wizzen Am. 483. H. 1300. wizze Krist Am. 584. daz wizze unser herre Am. 1188.
wol Am. 73. 320. 1546. mir wirt w. v. W. 255.
Wolvesdarm H. 1221.
Wolvesdrüzzel H. 1203.
Wolvesguome H. 1195.
wonen: bi w. *mit dat.* H. 521. HM. 252.
wort Am. 13. 17. 94. 344. WM. 48. HM. 168. lobes w. HM. 444. mit kurzen worten Am. 101. in w. komen v. W. 87. von dem worte komen Am. 432. ze worte hân v. W. 150. VZ. 310.
wortzeichen v. W. 226.
wunder Am. 1489.
wunderære H. 1639.
wünnevar O. 52.
wunsch Bl. 328. ze wunsche H. 684.
wunt *mit gen.* HM. 258.
würken Bl. 196. H. 66. Sp. 31.
wurze Bl. 411.

zadel: mit zadels H. 847.
zage H. 590.
zagehaft WM. 695.
zal WM. 537. âne z. H. 725. bi der z. Sp. 151.
zalen H. 355.
zam: Am. 514. HM. 465.
zanger VZ. 500.
zarte O. 5.
ze *adv. steigernd vor adj. u. adv.* niht ze gar WM. 627.
ze, zu *præp.* Am. 45. 1327. WM. 87. 89. Bl. 285. 528. H. 684. O. 310. zem (zer) == ze dem (ze der) Am. 69.
zebern VZ. 54.
zebrechen Am. 1879.
zeche WM. 219.
zehant *s.* hant.
zehende H. 1681.
zeichen Am. 370.
zellen, zeln Am. 172. H. 355. Sp. 196. vor, vür z. Am. 191. Sp. 140.
zelt: in z. VZ. 362. enzelt H. 1780.
zemen H. 271. 514. Sp. 358.
zerbicken Am. 2344.
zerinnen: *unpers. mit gen.* H. 997.
zerklecken O. 145.
zerklucken H. 129.
zerren H. 1836.
zerucken VZ. 294.
zesamen *adv. mit Verbis s. diese.*
zese, zeswer H. 42.
zeswenhalp *adv., rechterhand.*
zêther *interj.* WM. 446.
zeviieren H. 432. v. W. 9.
zewâre *s.* wâr.
zieben H. 1800. O. 5. 99. dar in z. Am. 363. ûz z. H. 1051. vür z. Am. 894.
zieren O. 466.
zierheit O. 275.
zihen *mit acc. u. gen.* Am. 406. einen z. mit v. W. 324.
zil: z. geben v. W. 40. an das z. setzen WM. 63. uber daz z. WM. 664.
zit: an der z. v. W. 56. z' einer z. Am. 69. z' allen ziten Am. 252.
zobel: swarzer z. H. 1349.
zogen H. 723. zogt iuwer H. 1738.
zol Am. 1370.
zorn v. W. 317. mir ist z. an Am. 1878. mir wirt z. Am. 85. H. 1753.
zornlin v. W. 189.
zornherte VZ. 395.
zornliche Am. 132.
zornvar Am. 1069.
zouber *stnm.*, Zauber, Zauberei.
zu *s.* ze (*auch in Compositis*).
zücken, zucken v. W. 61. VZ. 293.

für z. *mit dat.* VZ. 230. sich ane z. VZ. 20.
zuckermæze HM. 450.
zuht Am. 29. VZ. 6. 19. 440. mit zühten wesen Sp. 50.
zühtic O. 592.
zuhtmeister, *Erzieher* O. 98.
zûn H. 237. z. zûnen H. 322.
zünden Am. 983.
zuo, zû *adv. u. præp.* HM. 402. *mit Verbis s. diese.*
zuo = dâ zuo Am. 1662.

zuovart Am. 1516.
zwangen VZ. 408.
zwâre *s.* wâr.
zweien *refl.* Am. 787.
zweinzic *num., zwanzig.*
zwî H. 623.
zwic Sp. 256.
zwir Am. 875. Sp. 248.
zwirben O. 148.
zwirnt Sp. 365.
zwiu H. 756.

Druck von F. A. Brockhaus in Leipzig.

ERKLÄRUNG EINIGER GEBRAUCHTER ABKÜRZUNGEN.

Ahd. = Althochdeutsch.
Am. = Der Pfaffe Amis.
An. = altnordisch.
Anz. s. Zeitschr.
Ben. = Benecke.
Bl. = Daz Bloch.
DHB. = Deutsches Heldenbuch. 5 Bde. Berlin 1866 fg.
Docen Miscel. = Miscellaneen von B. J. Docen.
DWB. = Deutsches Wörterbuch von J. und W. Grimm.
FB. = Frauenbuch }
FD. = Frauendienst } von Ulrich von Lichtenstein.
GA. = Gesammtabenteuer von F. H. von der Hagen.
Germ. = Germania, herausg. von Fr. Pfeiffer u. K. Bartsch.
Grimm Gr. = Deutsche Grammatik.
    » KHM. = Kinder- und Hausmärchen.
    » DM. = Deutsche Mythologie (NA. = Nachträge und Anhang im 3. Bande der 4. Ausgabe).
    » RF. = Reinhart Fuchs.
H. = Meier Helmbrecht.
HM. = Das Mære von der Minne oder Daz Herzemære.
HMS. = Minnesinger, herausg. v. F. H. v. d. Hagen.
Iw. L., Klage L. = Lachmann's Iwein u. Klage.
LB. = Wackernagel, Altdeutsches Lesebuch.
Md. = Mitteldeutsch.
MF. = Des Minnesangs Frühling, herausg. v. K. Lachmann u. M. Haupt.
Mhd. = Mittelhochdeutsch.
MSD. = Denkmäler deutscher Poesie und Prosa aus dem VIII—XII. Jahrhundert, herausgegeben von K. Müllenhoff und W. Scherer.
Nhd. = Neuhochdeutsch.
O. = Otte mit dem Barte.
Parz. = Parzival.
QF. = Quellen u. Forschungen zur Sprach- u. Culturgesch. der germ. Völker. Straßburg 1874 fg.
RA. = J. Grimm, Deutsche Rechtsalterthümer.
Schultz = Das höfische Leben zur Zeit der Minnesänger von A. Schultz. Leipzig 1879 und 1880. 2 Bde.
Sp. = Daz mære von dem Sperwære.
Ssp. H. = Sachsenspiegel ed. Homeyer.
v. W. = Der verkêrte Wirt.
VZ. = Der Vrouwen Zuht.
Wackernagel LG. = Geschichte der deutschen Litteratur von W. Wackernagel. 2. Auflage besorgt von E. Martin. I. Band. Basel 1879.
Weinhold DF. (auch nur DF.) = Die deutschen Frauen in dem Mittelalter von Karl Weinhold. 2. Aufl. Wien 1882. 2 Bde.
    » Al. Gr., B. Gr. = Alemannische, Bairische Grammatik von Karl Weinhold.
WM. = Der Winer Mervart.
Wolfram Wh. = Wolfram von Eschenbach Willehalm, herausgegeben von K. Lachmann.
Zeitschr. = Zeitchrift für deutsches Alterthum von Haupt und Steinmeyer. (Anz. bedeutet den vom XIX. Bande dieser Zeitschrift mit derselben erscheinenden Anzeiger für deutsches Alterthum und deutsche Litteratur.)

BERICHTIGUNGEN UND NACHTRÄGE.

Amis, S. 17, Z. 10: 1347, nach der Grabschrift in Peñafiel erst 1362. — Vers 699 l.: phürt. — 965 l.: hânkrât. — 1703 für 'einen stuol' schlägt R. Sprenger jetzt (Germ. XXVIII, 190) vor: ein stôl (Stola, Priestergewand). — 2378 l.: hint. — Anm. zu 347 l.: Auch der Acc. — 591 l.: 2213 st. 2203. — 636 *gewinnen* ist zuzufügen: VZ. 76. — 656 '*unde — fort.* —' gehört zu 655 vor *swenken*. — 758 l.: dû. — 1861 l.: Ans. VII, 111 fg. — 2013 l.: (Sprenger, Zacher's Zeitschr. VIII, 215). — 2053 l.: *Sælden* u. : (Karl 957. WM. 699). — Zwischen 2213 u. 2218 l.: — st. =. — 2433 nach 'nackt' einzufügen: hier der Haare beraubt (2338 fg. 2450), kahl; vgl. H. 666. — 2504 l.: 1892.

Bloch Anm. Nach d. Anm. zu 242 vor *ende* einzufügen: 243. — Nach d. Anm. zu 254 einzufügen: 262 vgl. H. 815. — Nach d. Anm. zu 368 vor *erlangen* einzufügen: 369. — Nach d. Anm. zu 566 einzufügen: 578 *werben*, thätig sein. — 623 l. H. 298.

Helmbreht, S. 134 fg. vgl. jetzt noch: Leben und Treiben der österr. Bauern im 13. Jahrh. nach Neithard, Helbling und Wernher Gartenäre von J. Seeber (Hist. Jahrb. d. Görres-Gesellsch. III, 416—444), der mit L. Guppenberger V. 411 fg. geradezu auf das Jahr 1236 bezieht und in der Heimatfrage eher für Österreich einzutreten geneigt scheint, und: Meier Helmbreht von W. d. G., eine Quelle für deutsche Alterthumskunde von Dr. A. Inowraclawer (Progr. des königl. Friedrichsgymn. in Breslau 1882). — S. 138, Z. 4 fg. L. Guppenberger (Progr. d. k. k. Gymn. zu Kremsmünster 1871, S. 32) bezieht 1478 fg. speciell auf die Krone Heinrich's v. d. Türlin. — Z. 8 'sich' zu streichen. — Vers 772 l.: binte — 829 l.: si — 1044 l.: niuwewaschen. — Anm. zu 300—301 l.: Bl. 4. 189. — 369 l.: VZ. 318. — 441: zu Am. 444. — *mit* — 743 vgl. zu 711. — 848—849 l.: auch st.: aus. — 922 l.: (*schalc*, vgl. zu O. 119). — Nach d. Anm. zu 1063 einzufügen: 1066 *dâ mit*, dazu. — 1152 u. 1166: die angeführten Stellen jetzt auch z. Th. bei Geyer, Altd. Tischzuchten (Abh. z. Osterprogr. d. herzogl. Friedrichgymnasiums zu Altenburg 1882) AB. 15 fg. u. 68, C. 125 fg. u. 85, D. 17 fg. u. 97; vgl. S. 34. — 1185 l.: Germ. V, 300. —

Der verkêrte Wirt. Anm. zu 64 l.: *enein* (= *in ein* VZ. 205) *ic*. —

Mervart Vers 624 l.: Gêrdrûden. —

Herzemære, S. 288, Z. 11 Oberbibliothekars: nunmehr Directors.

Sperware, Vers 284 l.: sôl sîn.

Einige leicht zu verbessernde Druckfehler in den Verszahlen der Anm. sind hier übergangen worden.

www.ingramcontent.com/pod-product-compliance
Lightning Source LLC
Chambersburg PA
CBHW030344230426
43664CB00007BB/527